德国继承法

【当代德国法学名著】

当代德国法学名著

Repräsentative Deutsche Rechtsliteratur der Gegenwart

德国继承法

Erbrecht

[德] 迪特·莱波尔德/著

Dieter Leipold

林佳业　季红明/译

法律出版社

—— 北京 ——

Erbrecht 22.Auflage
by Dieter Leipold

著作权合同登记号
图字：01-2020-7030

本书翻译得到德意志学术交流中心
和德国科学基金协会的支持

**Die Übersetzung erfolgte mit
Unterstützung des DAAD und des
Stifterverbandes für die Deutsche Wissenschaft**

当代德国法学名著总序

当代德国法学名著译事之缘起，在乎“取法人际，天道归一”之理念。

天地渺渺，众生芸芸；然天地何以长存不灭，众生何以繁衍不息？此中必有亘古于今之一般法则。天地者，自然之谓；众生者，乃自然所赋生灵之长，人也。而人所以居万物之首而为生灵之长，概因其不仅是生于自然，而且还能领悟于自然，进而以理性和智慧的劳动创造受益于自然。由此而论，天地间至真至善至美，莫过于人与自然之和谐融合。正如庄子所说：“知天之所为，知人之所为者，至也。”而中国哲人所言“天人合一”，实际表明人类的最高智慧和境界。但是，最高的智慧未必是功利的智慧，最高的境界往往不是现实的境界，此乃人类虽为万物灵长，但又归于万物的本性使然。尽管不无缺憾，但却理所当然。纵观古往今来，可知人类始终是在理想与现实、理性与物性的矛盾状态中存在发展。不过，人出于其自然本性但又以其理性确认的社会秩序，又使之在这种永远不会解消的矛盾状态中生存发展成为可能。

自古以来，食色之性、交往之需、名利之求、功德之义，无论国人洋人、权贵庶民，众生莫不有之;唯每人认取之价值,或此或彼因人因地因时而异。但基于人之本性所产生的社会,无论东方西方,必然有其共性。于是有老子的古训:"人法地,地法天,天法道,道法自然。"而希腊的斯多葛哲人也说:"按照自然而生活。"由此可知,同属自然之人类,本有其共同的理念与法则。以法律而言,中国、西方法律虽文化传统各异,然毕竟都是人类社会的法律,必然有其共同的人性内涵。所以,考察法律,应着眼超越地域、国度和民族,甚至超越时空的人际层面,努力发现本来属于整个人类的理念和规范,并在此基础上寻求并促进人与人、民族与民族、国家与国家之间越来越普遍深入的交往。吾人之规可为他人所取,他人之法可为吾人所用,概其皆出乎人之本性。所以"取法人际,天道归一",当为人类社会法律进步之最高思想境界。以迄今历史度之,人类生存发展的必然趋势是越来越普遍深入地相互结合和依赖,经济的全球化和文化的世界化正在相辅相成地迅速演进。在人类发展进程中,产生于人类本性的共性越来越充分地为人所认识,则人与人之间、国家与国家之间的交往就越可能有效和平地进行。作为人类社会的行为规范,任何国家的法律都是人与人之间实现交往、确定关系及秩序的最重要途径。就此而论,可断言未来人类的发展与和平,很大程度上将取决于全人类在法律法则上的沟通与趋同。

本着取法人际或取法自然的理念,当代德国法学名著译事拟系统全面地翻译当代德国法学具有代表性的学术成果。因为德国法不仅为可取之一方法律,而且还与当代中国法制有着特殊的关联。事实上,当代中国大陆与台湾地区的法制是基于清末民初之际的法律改制发展而来。当时采纳了欧洲大陆法系法制模式,而其中又以汲取德国法律,特别是民法、刑法居多。不仅如此,20世纪以来中国法制和法学的发展还颇受德国法制和法学的影响,现今中国法制和法学的不少思路实际都与后者有关联。因而,中国法制建设和法学进步自然更容易从德国法制与法学中获得启发。

此外,由于近代德国历史法学派和学说汇纂学派对罗马法和罗马普通法的系统研究与整理,近现代德国法学形成并获得了其本身独有的特色,其丰富成熟的法律理论与教条,恰恰是目前乃至21世纪我国法学与法制建设所迫切需要的。

当代德国法学名著的选题范围包括法哲学和法的基本理论、国家法、法律史、民法和商法、经济法、刑法、国际私法等内容。选题标准是:德国乃至欧洲法律界已经普遍公认为经典的名著,或在德国普遍使用的有代表性的教科书。与此同时,亦根据我国的实际需要翻译介绍一些有关法律文化背景方面的工具书和著名法学家的传记。初步选题首先由德国学者提出,然后由编委会综合各方面意见,最后根据我国实际需要确定翻译选题。为保证翻译质量,翻译工作严格采取译、校和三审程序。每部译著由一责任编委审阅或校对。译稿一审通过后,编委会和编辑部就一审提出的问题召开由德国教授和有关译者参加的翻译工作会议;在此基础上,译者还专程前往德国与作者或有关学者探讨翻译的疑难和细节问题。在此方面,德意志学术交流中心(DAAD)提供了有力的支持。在赴德改稿基础上提出的第二稿通过二审后,由译者进一步修改、润色定稿,复经审阅后交付出版社。

系统翻译德国法学名著的想法由来已久,但正式酝酿于1997年秋,经过近一年的准备筹划,于1998年秋开始实施,拟于2005年完成全部选定书目的翻译。应该说,德国文化交流中心的霍恩贝格尔先生(U. Hornberger)和法律出版社社长贾京平先生对促成此项翻译计划起了重要作用,黄闽总编亦助之鼎力。而此项翻译计划能够顺利实施,亦诚有赖编委会和编辑部各位同仁的共同志趣和辛勤工作。六位德国著名学者:考夫曼(A. Kaufmann)、克茨(H. Kötz)、克努特尔(R. Knütel)、何意志(R. Heuser)、孟文理(U. Manthe)和胜雅律(H. von Senger)教授在计划拟订、选题推荐和具体翻译工作中均给予我们宝贵帮助。德国大使馆柯灵博士(T. Klinner)和李雅思先生(M. Licharz)以多种方式推动此项翻译计划。德意志学术交流中心驻京办事处主任史翰功先生(H. Schmidt)和施密特-多尔博士(T. Schmidt-Dörr)和他的同事亦为此计划付出了劳动。德国跨国基金会(Inter Nationes)对部分书目的出版提供了支持。特别要提及的是,江平、谢怀栻、潘汉典等法学界前辈对于此项工作始终给予着关注和支持,中国政法大学有关部门亦对我们的工作提供了帮助。法律出版社张波、卞学琪先生对出版工作兢兢业业、认真负责。在此,谨对上述所有法律界同仁和有关机构表示由衷的谢意。我之所愿,所有参与此项计划和给予该计划关注和支持的人,都能从此处呈献的工作成果中得到虽非物质的,但却真实诚恳并有长久价值的酬劳。因为,倘若这些成果能够在 21 世纪和中华崛起之际被赋予些微历史和现实意义的话,那么它将胜于所有致谢和嘉言。

米　健

2002 年于京城蓟门

第22版前言

第22版全面修订过程中，笔者考虑了对继承法有影响的家庭法方面的一些修法内容——反对童婚、同意同性缔结婚姻关系。而重中之重则是对丰富多样的新近判决进行审视和评价，其中包括联邦宪法法院和联邦最高法院的有意思的判决，当然也包括欧洲法院（EuGH）适用《欧洲继承法条约》（EuErbVO）后作出的第一批判决。

关于本教科书的实用性，首先，可以适用于大学或应用科技大学的学生。继承法在实践领域的意义重大，每个将来的法律人都应掌握相关知识。其次，继承法的大部分内容也属于两次国家法律考试中必须学习的内容。最后，在大学考试中将继承法或继承设计选择为重点学习领域的学生，在本书中也能找到充足的学习资料。

为实现法教义学目标，本书在章首设置了案例，另为复习和加深之目的设置了检查试题和案例。笔者将会详尽解答这些试题。读者对主文和案例及提问都应当作为独立的单元进行理解;因为,一些在主文中未有提及或未有详细阐述的内容,在案例的解答中将得到讨论。

弗莱堡,2019 年 10 月
迪特·莱波尔德

目录

第一部分　导　论

第二部分　法定继承

第三部分　死因处分及其他基于死亡的法律行为

第四部分　继承开始后的法律效果

第一部分

导论

第一章　继承法的客体、法律渊源与适用范围

案例 1：丧偶的奥地利人 M 两年前搬至位于德国博登湖畔的旅游城市林道（Lindau）的养老院居住。M 在奥地利的萨尔茨堡有一处房产，现由女儿 T 居住。M 的儿子 S 未生育子女，现在巴黎居住。M 需要在瑞士的一家诊所中做个髋关节置换手术，故不久前去了瑞士。M 在该诊所内住了三周后死亡。

问题 1：M 的遗产应如何继承？

问题 2：S 希望拒绝继承，以使 T 取得全部遗产，S 能否向法国法院为拒绝继承表示？

一、继承法的定义和客体

德语"Erbrecht"一词有主观和客观两个方面的含义。[1] **主观意义上的 Erbrecht** 即继承权，指成为他人继承人的人——参与分配他人遗产的人——所应有的法律地位。**客观意义上的 Erbrecht** 即继承法，指在某人死亡后调整其私有财产权利义务如何继受的法律规范的总和。继承法的调整范围并不包括因死亡而引起的所有的法律问题，其效力仅限于**私财产** 1

〔1〕 Recht 有两个方面的含义，主观意义上指权利，客观意义上指法律。——译者注

法领域。[1]

2 与此相反,死亡在**公法**上引起的法律效果不受继承法调整,而受公法调整。[2] 例如,基于公务员关系的请求权即是公法性质。**公务员**死亡时,其家属是否享有**供养请求权(Versorgungsansprüche)**及请求金额多少的问题,完全按公务员法的规定而定。[3] 公务员家属能否取得公务员法上的供养请求权,与其是否是继承人无关。又如,家属因死者的**法定养老保险**可以主张赔偿金,此也与其是否是继承人无关。[4]

二、法律渊源

(一)实体法

3 继承法实体法条文主要规定于《德国民法典》第五编,即继承编(第 1922 条至第 2385 条)(有关继承法的沿革见边码 84 以下)。《德国民法典》第五编虽然内容丰富,但结构却非一目了然。其中最为重要的条文规定在前五章。第一章虽名为"继承效果",却仅对法定继承的要件做了全面规定;针对死因处分,则仅概括规定几种最重要的死因处分的内容,并承认其合法性。第二章紧接着规定的是继承人法律地位,如此衔接令人费解。死因行为的内容和类型在第三章("遗嘱")和第四章("继承契约")中才有详细规定。法定继承和遗嘱自由之间的紧张关系,在第五章有其法律

---

[1] 因此,病患意愿同意书(关于终止医疗的声明等)不属于继承法的范畴。它们在第 1901a 条和第 1901b 条中有规定。

[2] 公法中关于死因权利继受,详见 MünchKomm/Leipold, Einl. zum Erbrecht(Bd. 11), Rn. 164ff.。

[3] 关于遗属供养请求权,见《公务员供养法》第 16 条以下。

[4] 法定养老保险中的遗属养老金应依据《德国社会法典》(SGB)第六编第 46 条及以下条款予以确定。对于权利人死亡时已经届期的养老金请求权,《德国社会法典》第一编第 56 条主要规定了独立于继承法的个别权利继受。详见 MünchKomm/Leipold, Einl. zum Erbrecht(Bd. 11), Rn. 180ff.。

上的答案,即特留份制度。

《德国民法典》其他编中也有直接发生继承法效果的个别条文。例如,债编第563条以下规定,某人死亡时,其配偶、生活伴侣、非婚同居者或其他家属,优先对其死亡前所居住房屋上存在的**租赁关系**享有加入权;物编第857条规定,**占有**由继承人继受;家庭编第1371条规定,**通过增加在世配偶继承份额的方式可以实现增益分配**。《德国民法典》其他编中的条文对继承法还可起到辅助作用,尤其是**家庭编**中有关血亲、血统的规定(第1589条、第1591条以下)和有关收养的规定(第1754条以下、第1770条、第1772条),特别是在确定法定继承效果时,上述规定最为关键。此外,继承编对死因处分无特殊规定的,应适用**总则**中关于法律行为的规定。 4

含继承法内容的实体法条文也存在于**《德国民法典》以外**。例如,《商法典》第22条调整商号在商号权人死亡后的继续使用问题。一些州还出台过特别规定,用于调整农庄继承问题(**《农庄和一子继承法》,Höfe-und Anerbenrecht**)。[1] 除此之外,农产品的继承问题仍仅受《德国民法典》的调整。 5

关于**国际私法**的规则即关于德国继承法的效力范围的规定在下文进行阐述(见边码10以下)。

(二)形式法(程序法)

《德国民法典》多处规定了**遗产法院(Nachlassgericht)**的职 6

---

〔1〕《德国农场法》(Reichserbhofgesetz)于1945年被战胜国法律(Kontrollratsgesetz)废除。在前英国占领区,通过军政府的法令颁布了农场条例。该农场条例(其1976年7月26日的新版本见《联邦法律公报》第1部分,第1933页,以及后来修正)继续作为部分联邦的法律(BGHZ 33,208,213)适用于汉堡市、下萨克森州、北莱茵-威斯特法伦州和石勒苏益格-荷尔斯泰因州。此外,在巴登-符腾堡州(现在只在原南巴登州)、黑森州、莱茵兰-普法尔茨州和不来梅市的土地法中都有特别的农场法或一子继承法规定,其合法性依据是《民法典施行法》第64条。

能。例如,遗产法院负责颁发继承证书(第 2353 条);继承人的拒绝继承表示应向遗产法院作出(第 1945 条第 1 款);撤销指定继承人遗嘱处分的,撤销表示应向遗产法院作出(第 2018 条第 1 款)。根据《法院组织法》(GVG)第 23a 条第 2 款第 2 项,在法院级别上,遗产法院属于**基层法院(Amtsgericht)**。根据《家事事件暨非诉事件程序法》(FamFG)第 343 条第 1 款,被继承人死亡时经常居住地所在法院优先有地域管辖权。遗产法院处理案件应适用**《家事事件暨非诉事件程序法》**中规定的程序,详见《家事事件暨非诉事件程序法》第 342 条以下对遗产事件和财产分割事件的规定。

7　程序方面的有些法条规定在**州一级的法律**中。根据《民法典施行法》(EGBGB)第 147 条,州法可以规定由法院以外的机构行使遗产法院的职能。如巴登-符腾堡州原《非讼事件法》(LFGG)第 38 条规定,由**巴登-符腾堡州**内的国立**公证处**行使遗产法院的职能。该规定的有效期截至 2018 年 1 月 1 日,规定失效后,巴登-符腾堡州内遗产法院的职能也由基层法院行使。巴伐利亚州规定[1],该州遗产法院负有**依职权查询继承人(Ermittlung des Erben von Amts wegen)**的职责,该州是联邦境内唯一尚存类似规定的州。

8　《有关非诉事件领域事务移交公证员的法律》(Das Gesetz zur Übertragung von Aufgaben im Bereich der freiwilligen Gerichtsbarkeit auf Notare)[2]施行后,**遗产清算中的调解工作**由**公证员**负责(见《法院组织法》第 23a 条第 3 款、《家事事件暨非诉事件程序法》第 344 条第 4a 款)。

[1] Art. 37 des Gesetzes zur Ausführung des Gerichtsverfassungsgesetzes und von Verfahrensgesetzen des Bundes, BayRS IV, 483.

[2] BGBl. I 2013, 1800, 2013 年 9 月 1 日生效。

《公证书证法》(Beurkundungsgesetz)中也有一些程序方面的条文。被继承人订立公证遗嘱或继承契约时,该些条文应有适用。

有关遗产法院程序和公证的费用适用**《法院与公证费用法》(Gerichts-und Notarkostengesetz)**中的相应规定。 9

三、空间效力范围(国际私法)[1]

(一)法律渊源

处理涉外继承案件时,首先需要解决的是适用哪国继承法的 10
问题,即继承准据法问题。解决该问题的国际私法条文规定于**《欧洲继承法条约》(EuErbVO)**。[2] 该条约还含有针对国际继承案件的程序法规定,尤其是针对法院国际管辖权和继承案件裁判境外承认执行的规定。此外,该条约还引入一项新制度——欧洲遗产证书(见边码 660a 以下)。

死亡日期在 2015 年 8 月 17 日以及以后的继承案件受《欧洲 11
继承法条约》调整,条约取代了《民法典施行法》中德国的原有国际私法规定。

为使德国国内法律配合《欧洲继承法条约》,德国立法者于 12
2015 年 6 月 29 日特意颁布了一部法律,即《有关国际继承法与修订涉及继承证书及其他内容条文的法》(Das Gesetz zum Internationalen Erbrecht und zur Änderung von Vorschriften zum Erbschein sowie zur Änderung sonstiger Vorschriften)(见《联邦法

---

〔1〕 本节放在本教科书的开头是出于体系性的考虑。任何初次接触继承法的人都可以暂时跳过此处的论述。

〔2〕 欧洲议会和理事会 2012 年 7 月 4 日第 650/2012 号条例(欧盟)规定,有关继承事项中的管辖权、法律适用、决定的承认与执行以及有效文书的接受和执行,需要创建欧洲继承证书。该条例见于 2012 年 7 月 27 日之《欧盟官方公报》,法律版块,L 201/07。该条例适用于除大不列颠及北爱尔兰联合王国、爱尔兰和丹麦之外的所有欧盟成员国。关于国际公约的持续有效性见下文(见边码 14)。

律公报》第1042页），该法自2015年8月17日起生效。该法除包含**《国际继承程序法》（IntErbRVG）**外，还对此前的法律（也包括《德国民法典》和《家事事件暨非诉事件程序法》）做了多处修订。

（二）居住地主义与弱化规定

13 根据《欧洲继承法条约》第21条第1款，针对整体法律效果，原则上都应适用被继承人死亡时**经常居住地**所在国的法律。该规定适用于所有遗产，确定准据法时不受遗产标的位置的影响，即使涉及不动产。

14 德国此前采用国籍主义，即继承准据法首先是被继承人死亡时国籍国的法律（《民法典施行法》第25条第1款旧条文）。现转而采用**居住地主义（Aufenthaltsprinzip）**后，被继承人死亡时在德国有经常居住地的，对遗产继承问题均应适用德国继承法，准据法的确定不再受被继承人国籍的影响。同理，最后经常居住地在外国的德国国籍被继承人，其继承问题也应适用居住地所在国的法律。但需要注意的是，有些国际协议根据《欧洲继承法条约》第75条第1款第1句的规定继续有效，在确定继承准据法时仍应适用。[1]

15 上述规则不仅适用于欧盟成员国法律为准据法的情形，而且还是普遍适用的（《欧洲继承法条约》第20条）。例如，德国国籍的被继承人在泰国安度晚年的，对其继承问题原则上应适用泰国法。

16 《欧洲继承法条约》对**经常居住地的概念**[2]未下定义，没有明

---

〔1〕 因此，根据《德国——伊朗移民协议》（1929年），国籍国原则继续适用。根据《德国——土耳其遗产协议》（1929年），对于动产适用国籍国法律，而对于不动产则适用不动产所在国法律。详见 MünchKomm/Dutta, 7. Aufl., Bd. 11, EuErbVO Art. 75 Rn. 4, 15ff.。

〔2〕 依据 KG ZEV 2018, 343（另见 Steinmetz ZEV 2018, 317），经常居住地的概念，除需要实际居住的客观因素外，还需要居留许可或居留意愿等主观因素；依据 OLG München ZEV 2017, 333（附 Rentsch 之评论），改变经常居住地需要被继承人有行为能力。

确规定最后经常居住地的最短居住时间。针对被继承人生前经常变更居住地,同时与母国保持联系的情况,如何确定继承准据法稍显困难。为此,《欧洲继承法条约》立法理由中的第 23 点认为:应对被继承人死亡前和死亡时的生活状态作出综合考量,考量时应结合其在一国居住的时间和频率,并结合其在该国居住的原因等因素。

被继承人与他国的**联系明显更为密切**,则《欧洲继承法条约》 17
第 21 条第 2 款允许不适用居住地主义,而例外适用该他国的法律。《欧洲继承法条约》立法理由中的第 25 点举例如下:被继承人死亡前不久虽已迁至最后居住地所在国居住,但对所有因素进行考量后可知,被继承人与另一国的联系明显更加密切,则此时应适用后者的法律。

上述例外规定使准据法选择更加灵活,但同时在一定程度上也导致法律确定性和可预见性被削弱。

(三)法律选择

《欧洲继承法条约》允许被继承人就整个遗产的继承问题以 18
其他国家的法律取代居住国的法律。但实际上,被继承人的选择空间被大大限缩。根据《欧洲继承法条约》第 22 条第 1 款,被继承人可选的法律应是其作出法律选择时国籍国的法律或死亡时国籍国的法律。被继承人有多重国籍的,可选择其中一个国籍国的法律。

德国国籍的被继承人若经常居住在外国或有计划迁至外国, 19
则建议其通过选择法律,确保自己死亡时无论经常居住地在哪国,遗产都能根据德国法规定得到继承。需要注意的是,法律选择必须覆盖整个遗产的继承问题,例如,被继承人不得仅以德国不动产的继承问题为限选择法律。《欧洲继承法条约》如此规定,旨在尽量避免引发遗产区别(Nachlassspaltung)效果。

根据《欧洲继承法条约》第 22 条第 2 款,法律选择应以死因 20

处分(遗嘱、共同遗嘱或继承契约)的形式作出。被继承人法律选择的意思可以是明示的,也可以是从死因处分中能够推知的(如在死因处分中提及德国法)。法律选择也可以共同遗嘱中相互性处分(见边码 466)或继承契约中契约性处分(见边码 503)的形式作出。有意思的是,根据《欧洲继承法条约》第 83 条第 2 款,2015 年 8 月 17 日前(见边码 11)作出的法律选择符合《欧洲继承法条约》(第三章)相应规定的,自 2015 年 8 月 17 日起也为有效。而且,联邦最高法院不认为新法的此等溯及既往违法。[1]

(四)死因处分的订立条件(Zulässigkeit)、效力和形式

21 尽管原则上,继承问题适用被继承人死亡时经常居住地的法律,但针对死因处分的订立条件(如遗嘱能力)和效力问题,则应适用视被继承人**在作出死因处分当时**即已死亡情形下而应被适用的法律。对此《欧洲继承法条约》第 24 条针对遗嘱予以规定,《欧洲继承法条约》第 25 条以针对继承契约有所调整的形式予以规定。[2] 针对上述问题,被继承人也可在为死因处分时其国籍国法律和其死亡时国籍国法律之间作出法律选择(根据《欧洲继承法条约》第 24 条第 2 款、第 25 条第 3 款)。

22 针对死因处分形式的冲突规范,在《欧洲继承法条约》第 27 条中予以规定。1961 年 10 月 5 日,多国曾就遗嘱和共同遗嘱形式的法律适用问题缔结**《海牙遗嘱处分形式法律冲突公约》**

---

[1] BGH ZEV 2019,538(附 Mankowski 之评论)= ErbR 2019,633(附 Schoppe 之评论)。这是关于继承契约中的法律选择,该继承契约依以前的法律可能不生效力,但由于《欧洲继承法条约》(EuErbVO)的适用,在 2015 年 8 月 17 日应开始生效并具有约束力。

[2] 德国法的共同遗嘱给分类带来了困难。尽管《欧洲继承法条约》第 3 条第 1 款 c 项包含了对共同遗嘱的单独定义,但更多的是赞成将包含相互性继承条款的共同遗嘱定性为继承契约,即作为《欧洲继承法条约》第 3 条第 1 款 b 项意义上的“基于相互性遗嘱的协议”,从而导致适用《欧洲继承法条约》中有关继承契约的规定。详见 Leipold ZEV 2014,139;MünchKomm/Dutta,7. Aufl.,Bd. 11,EuErbVO Art. 3 Rn. 11。

(Haager Übereinkommen über das auf die Form letztwilliger Verfügungen anzuwendende Recht)。该公约如今在缔约国仍然有效(《欧洲继承法条约》第 75 条第 1 款第 2 句)。但针对继承契约的形式问题,则应适用《欧洲继承法条约》第 27 条的规定。

23 《欧洲继承法条约》第 27 条与《海牙遗嘱处分形式法律冲突公约》在内容上大致相同。两个条约均旨在尽可能地实现死因处分的有效性。因此,除应适用继承法规定的形式外,形式比如符合死因处分作成地法、被继承人作出死因处分时或死亡时的国籍国法中的任一国法律的,死因处分即为有效。

(五)反致、转致及遗产区别

23a 根据《欧洲继承法条约》的规定可以确定以某个欧盟成员国的法律为继承案件准据法的,不得再发生转致或反致。换言之,此处的准据法仅指该欧盟成员国的实体法。

与此不同的是,通过被继承人在非欧盟成员国的最后经常居住地指引该国法律为准据法的,该国准据法还包含该国的国际私法。《欧洲继承法条约》第 34 条第 1 款规定,根据非欧盟成员国国际私法规定指引适用欧盟成员国法律,或另一非欧盟成员国法律且根据该国冲突规范应适用本国法的,则允许发生此等反致或转致。但需要注意的是,根据《欧洲继承法条约》第 34 条的规定,被继承人已选择法律的,则应适用其所选择的法律,而不再考虑该国法律中的国际私法。

23b **遗产区别(Nachlassspaltung)**指针对遗产不同部分适用不同国家法律的效果。假如非欧盟成员国国际私法针对不动产(土地)和动产区别适用法律,则通过反致或转致就可能发生遗产区别的效果。[1]

---

〔1〕 相同观点见 Schaal BWNotZ 2013,29,30.

(六)公共秩序条款

23c 根据《欧洲继承法条约》第 35 条,根据本条约要求适用的一项法律规定,仅在其与审理法院所在国的公共秩序(ordre public)存在明显冲突的情形下,才不得被适用。该规定与《民法典施行法》第 6 条所规定的迄今为止也可适用于继承法领域的公共秩序条款(ordre-public-Klausel)并无不同,即便《欧洲继承法条约》中未如《民法典施行法》第 6 条一样明确提及基本权利。

有关**公共秩序条款**在继承法领域的适用[1]举例如下:假如某外国法律规定,持与被继承人不同信仰的子女不享有法定继承权,那么,由于与《德国基本法》第 3 条第 3 款第 1 句规定的禁止歧视原则明显冲突,根据公共秩序条款,该规定不得适用。[2] 又如,假如某国法律规定,丈夫死亡时妻子的法定继承权劣于妻子死亡时丈夫的法定继承权,那么由于违反《德国基本法》第 3 条第 2 款第 1 句规定的男女平等原则,根据公共秩序条款,该规定也应被禁止适用。[3]

(七)对物权效力遗赠的直接承认

23d 德国继承法仅规定了债权效力的遗赠(Damnationslegat),即继承发生时,受遗赠人享有向继承人请求转移遗赠标的所有权的权利(第 2174 条)。例如,遗赠土地的情况下,为实现遗赠,继承人必须通过生前行为(物权合意以及在土地登记簿中做相应登记,第 873 条第 1 款、第 925 条第 1 款第 1 句)向受遗赠人转移土地所有权(有关德国继承法上遗赠的内容详见边码 41、边码 768)。然而,不少外国继承法规定了物权效力的遗赠(Vindik-

---

[1] 详见 Hohloch, Festschr. für Leipold(2009), S. 997.

[2] 参见涉及埃及继承法的裁判 OLG Hamm ZEV 2005, 436(附 Lorenz 之评论); KG ZEV 2008, 440(附 Pattar u. Dörner 之评论)。

[3] 参见涉及伊朗继承法的裁判 OLG München ZEV 2012, 591; OLG Hamburg FamRZ 2015, 1232(附 Köhler 之评论)。

ationslegat),其效果为,继承发生时,所遗赠土地的所有权将直接转移给受遗赠人。由于德国物权法不承认此种方式的权利取得,德国法此前不承认位于德国境内的土地能够发生此等效果。为此,遗赠涉及位于德国境内的标的时,通过作适应德国法的调整,外国继承法上的物权效力遗赠此前被当作仅有债权效力的遗赠处理。[1]

然而,对此问题,欧洲法院(EuGH)在《欧洲继承法条约》的影响下作出了相反的裁决。[2] 欧洲法院认为,所适用的继承法规定遗赠有物权效力情形下,不得因为不动产所在其他成员国的法律中没有规定直接物权效力遗赠的法律工具继而拒绝其物权效力。同时,欧洲法院予以明确,基于物权效力遗赠取得所有权的事项应当记载于欧洲遗产证书上,且证书应发挥其应有的效力(证书效力见《欧洲继承法条约》第 69 条)。针对该问题的讨论在下文另作详述(另见边码 660d、边码 660h)。因此,类推适用《土地登记条例》(GBO)第 35 条第 1 款第 1 句,在土地登记法上,欧洲遗产证书可用于证明基于物权效力的遗赠已取得所有权。[3] 23e

(八)增益共同财产制情形下提高 1/4 配偶继承份额的继承法上等同解决方案

夫妻采用法定财产制,即增益共同财产制情形下,根据第 1371 条第 1 款,增益通过将在世配偶的法定继承份额提高 1/4 的方式实现分配(见边码 165)。在德国继承法和德国夫妻财产法同时适用的情形下,适用上述规则没有问题。适用何种夫妻财产法问题由《欧洲夫妻财产法条约》(die Europäische Güterrechtsverordnung, Verordnung[EU]2016/1103)予以规定。不无疑问的是,适 23f

---

〔1〕 BGH NJW1995,58.

〔2〕 EuGH NJW 2017,3767. 详见 MünchKomm/Leipold § 1939 Rn. 4 ff. 。

〔3〕 OLG Düsseldorf ErbR 2019,645.

用德国夫妻财产法,但同时又适用外国继承法(该外国法没有规定类似继承份额提高的规则)情形下,继承份额是否仍可以提高。对此问题的争论由来已久,联邦最高法院最终认可,以提高继承份额的方式等同处理该夫妻财产法上的问题,即即便适用外国继承法,也仍发生同样的法律效果。[1] 但是,外国继承法规定的继承份额已经考虑到夫妻财产法上的补偿的,联邦最高法院认为,须就个案作出调整,以免对夫妻财产法上的增益进行重复分配。

23g 经由联邦最高法院判决平息上述争论的预期被证明是错误的。与此刚好相反的是,欧洲法院在《欧洲继承法条约》的影响下认为,第 1371 条第 1 款规定的继承份额提高规则应**归入继承法规则**。[2] 其理由在于,基于第 1371 条第 1 款得以提高的继承份额也应记载于欧洲遗产证书上。这一点直接促使欧洲法院采取上述观点。但是,欧洲法院支持第 1371 条第 1 款规定的继承法上等同解决方案的观点极为笼统。故可暂且作为结论的是,仅德国继承法与增益共同财产制内容的德国夫妻财产法一并适用情形下,才可发生配偶继承份额的提高。由此可以看出,针对适用德国夫妻财产法,但不适用德国继承法的情形存在一项法律漏洞:如果第 1371 条第 1 款无法适用,那么增益在该情形下该如何分配?该漏洞必将通过类推适用第 1371 条第 2 款,赋予配偶以计算后得出的具体增益分配金额的请求权的路径得到填补。[3] 由此,仅死亡配

---

〔1〕 BGHZ 205,290=NJW 2015,2185(希腊继承法与德国夫妻财产法同时适用).

〔2〕 EuGH ZEV 2018,205.

〔3〕 相同观点见 Dörner ZEV 2018,305,309;Mankowski ErbR 2018,295,301,303;Weber NJW 2018,1356,1358。与此相反,即使在不适用第 1371 条第 1 款的情况下,给予在世配偶以名义遗产份额价值 1/4 的支付请求权,在现行法上亦不成立,见 Bandel ZEV 2018,207,209;Kleinschmidt ErbR 2018,327。通过类推适用第 1371 条第 1 款提升继承份额来解决问题更没有说服力(此种观点见 Sonnentag JZ 2019,657,662);此与欧洲法院新近拒绝的观点无异,而这种观点导致侵害可适用的外国继承法的继承份额。

偶在婚姻存续期间比在世配偶取得更高增益的情况下，在世配偶才可主张增益分配；这一结果是必须忍受的，因为与增益共同财产制的基本理念相较，通过提高继承份额的公式化地解决增益分配问题的方案无论如何是有问题的。

案例 1 答案：

问题 1：根据《欧洲继承法条约》第 21 条第 1 款，针对整体继承法律效果，均应适用被继承人死亡时经常居住地所在国法律。M 最后居住地虽在瑞士，但其前往瑞士仅是出于短期治疗的目的，瑞士不应被认定为经常居住地。M 的经常居住地应认定为德国的林道，就其遗产继承问题由此应适用德国继承法。若能认定 M 与奥地利存在明显更密切的联系，则根据《欧洲继承法条约》第 21 条第 2 款，奥地利继承法可作为准据法。但毕竟 M 在德国已居住两年，难谓其与奥地利有明显更密切的联系。仅凭 M 在奥地利有一处房产（现由女儿居住），尚不足以认定 M 与奥地利有明显更密切的联系。 23h

根据由此得出的应适用的德国继承法，鉴于 M 未作死因处分，故 T 和 S 作为第一顺位血亲成为法定继承人，两人继承份额各为 1/2（第 1924 条第 1 款和第 4 款）。

问题 2：拒绝继承表示（第 1942 条第 1 款），依照第 1945 条第 1 款，应当向遗产法院作出。根据《欧洲继承法条约》第 4 条，对受领拒绝继承表示有国际管辖权的法院是被继承人死亡时经常居住地所在国的法院，本案中为德国法院。[1] 事务管辖方面，有管辖权的是基层法院（《法院组织法》第 23 条第 1 款第 1 句第 2 项、第 2 款第 2 项）。地域管辖方面，有管辖权的是被继承人死亡时经常居住地所在行政区的法院（《家事事件暨非讼事件程序法》第 343 23i

[1] 于此涉及的并非在此前国家保留惯常居所的“跨境通勤者”［就此见 KG ErbR 2016，382 = FamRZ 2016，1203（附 Mankowski 之评论）］。

条第 1 款),本案中是林道基层法院。

23j 除上述法院有管辖权外,根据《欧洲继承法条约》第 13 条第 1 款,拒绝继承人经常居住地所在成员国的法院也可管辖受领拒绝继承表示。[1] 故此,S 也可向法国法院为拒绝继承表示。具体哪一个法国法院在事务管辖和地域管辖方面有管辖权,应依法国法律予以确定(《欧洲继承法条约》第 2 条)。

[1] 关于与此相关联的有疑义的问题,见 Leipold ZEV 2015,553。

第二章　基本概念

案例 2：Wenzel 和其妻 Rosalinde 在一起交通事故中受重伤。Wenzel 在事故发生地死亡；几分钟后，Rosalinde 在被送往医院的路上死亡。Wenzel 有一处房产和一个银行账户。Wenzel 还有一辆小轿车，但欠 Dreier 4000 欧元购车款没有付清。Rosalinde 留下一些首饰和有价证券。夫妻俩育有两个孩子：4 岁的 Josef、8 岁的 Leopold。Rosalinde 在与 Wenzel 结婚前有过一段婚姻，期间育有一女 Olga（现 11 岁）。夫妻俩的父母均还在世。Rosalinde 生前订过一份符合形式要求的遗嘱，其内容为："我去世后，我的所有财产归我的女儿 Olga 取得。我朋友 Berta 取得我的琥珀项链，以资留念。"

问题 1：两位死者的财产由谁取得？

问题 2：Dreier 可向谁主张支付 4000 欧元？

一、被继承人与继承事件

有必要以继承法进行调整的情况是**人的** 24
死亡，即有**继承事件（Erbfall）**（立法定义见第 1922 条第 1 款）发生。围绕其财产展开的死者，法律上称作**被继承人（Erblasser）**。仅**自然**

人可以作为被继承人。法人或有权利能力的团体解散时发生的法律后果(如财产继受或清算),不受继承法调整,而由社团法或公司法调整[例如,有关有权利能力团体的解散见第 45 条以下;有关股份公司解散后的清算见《股份法》(AktG)第 264 条以下]。

25 任何人死亡都会引发一起继承事件。换言之,每起继承事件有且仅对应一位被继承人。如案例 2 中有两人死亡,就引发两起继承事件。做法律判断时,应**仔细区分不同的继承事件**。检查继承事件应**按照其发生的先后顺序**。如案例 2 中,应先考虑由 Wenzel 引发的继承事件,再考虑由 Rosalinde 引发的继承事件。做法学试题时尤其应注意:只需对被提问的继承事件作答。

二、继承人和继承能力

26 根据第 1922 条第 1 款,继受被继承人死亡时财产的人是继承人。继承人应有**权利能力(继承能力,Erbfähigkeit)**。自然人和法人均有权利能力,故有继承能力。法人包括私法上的法人(例如已经登记的社团、股份公司、有限公司和有权利能力财团)和公法上的法人(如联邦、州、镇和大学等)。商法上的人合团体,如无限公司(OHG)和两合公司(KG),也视为有权利能力,有继承能力。[1] 自联邦最高法院在判决[2]中承认拥有合伙财产的民法上合伙[3]的权利能力后,此类民法上合伙也视为有继承能力。此外,虽然第 54 条将未登记社团归入“无行为能力团体”的范畴,但很大程度上,其与有权利能力社团被同等对待,故也应将其视为有

[1] MünchKomm/Leipold § 1923 Rn. 40;Palandt/Weidlich § 1923 Rn. 7.

[2] 相同观点见 Ulmer ZIP 2001,585,596;Staudinger/Otte(2017) § 1923 Rn. 29.

[3] BGHZ 146,341 = NJW 2001,1056.

继承能力。[1]

继承发生时,继承人原则上应已具备继承能力(对胎儿和设立中的财团的扩张见边码 28、边码 29)。但法律对继承人**没有设置年龄要求**。刚出生的婴儿也能成为继承人。由于遗产转移是自动完成的(见边码 601),不需继承人作成法律行为,故继承人无须具备行为能力。 27

继承人在**继承事件发生**,即被继承人死亡时,必须**尚且在世**(第 1923 条第 1 款),或至少已**被孕育**[2](**胎儿**,拉丁语:nasciturus)且之后出生时为活胎(第 1923 条第 2 款)。胎儿在法律上视为在继承发生时已经出生。胎儿出生前,依第 1912 条第 2 款有代理权的父母可为胎儿作拒绝继承表示。[3] 28

当前**人工授精**的可能性引发一些法律难题。**子宫外授精**的情况下,产生继承能力的关键时刻是胚胎生成的那个时刻,而非其植入子宫的时刻。[4] 针对**死后授精**,即利用死者死亡前保存的精子生育小孩[根据《胚胎保护法》(Embryonenschutzgesetz)第 4 条第 1 款第 3 项,此种情况在德国是被禁止的,但现实中依然存在]的情况,主流观点不认可,胚胎有对精子捐赠者的继承能力,试想,若予以认可,则在继承事件发生后还可能产生新的法定继承人,此将对法律确定性(Rechtssicherheit)构成不利影响。但是,至少出于宪法(根据《德国基本法》第 1 条和第 2 条,法律制度有义务赋予 28a

---

[1] MünchKomm/Leipold § 1923 Rn. 41;Palandt/Weidlich § 1923 Rn. 7. ——根据普遍观点(例如,KG MDR 2003,1197;K. Schmidt NJW 2001,993,1002),从对民法上合伙的权利能力的承认(见脚注 3)中如今已能推导出,未登记社团有普遍的权利能力。见 Leipold,BGB I:Einführung und Allgemeiner Teil,10. Aufl.,§ 32 Rn. 10 ff.。

[2] 根据 BeckRS 2016,13050 法兰克福州高等法院判决,应以着床(卵子在子宫内的植入)时间点为准。鉴于第 1923 条第 1 款的保护性目的,似乎更为合理的是以卵子受精的时间点为准,MünchKomm/Leipold § 1923 Rn. 20。

[3] OLG Stuttgart NJW 1993,2250;OLG Oldenburg FamRZ 1994,847.

[4] 见 MünchKomm/Leipold § 1923 Rn. 21。

每个人以受法律保护的与其父亲、母亲间的关系;《德国基本法》第14条对继承权的保障)上的考量,此种情况下,胚胎对父亲的继承能力(类推适用第1923条第2款)还是有必要被认可的。[1]

依据第2101条第1款第1句之规定,在继承事件发生时尚未被孕育的人可以被指定为后位继承人(见边码672)。

29 法人被指定为继承人的,在继承发生时必须还有法律主体资格。第84条对**在捐助人死亡后权利能力才被认可的财团**有例外规定:就捐助人的给予而言,该财团视为在捐赠人死亡前已经成立,因此在继承发生时可成为捐助人的继承人。[2] 根据第83条,捐助人可经死因处分(遗嘱[3]或继承契约)创设财团。

30 早于被继承人死亡或与被继承人同时死亡的人不能成为继承人。案例2中,Rosalinde 可以成为其夫 Wenzel 的继承人;相反,Wenzel 不得成为 Rosalinde 的继承人。发生多人死亡,但无法查明谁先死亡的情况,法律推定其**同时死亡**[《失踪法》(VerschollenheitsG)第11条,**同时死亡推定**]。其效果为该多人间不能相互继承。

30a 《欧洲继承法条约》第32条包含与上述规则在内容上**一致的规定**。若针对两人或多人死亡后的继承效果适用不同法律,而各法律对死亡先后顺序无法查明的情况有不同规定的,则适用《欧洲继承法条约》第32条。

31 法律没有规定**死亡时间**的认定标准。传统观点将心脏停搏和

---

〔1〕 对继承能力持肯定者:MünchKomm/Leipold §1923 Rn. 23ff.;Brox/Walker §1 Rn. 10;Schlüter/Röthel §6 Rn. 9。持不同意见者:Schack JZ 2019,868,869/870;Staudinger/Otte(2017) §1923 Rn. 25ff.;Erman/Lieder §1923 Rn. 3;Lange §7 Rn. 15a。

〔2〕 这同样适用于外国的基金会,如果它们根据其本国法获得了权利能力,见 OLG München FamRZ 2009,1358。

〔3〕 关于捐助行为(Stiftungsgeschäft)必须遵守遗嘱形式的问题,见 LG Berlin FamRZ 2001,450。

血液停止循环的时间认定为死亡时间。一般情况下,该观点还应继续适用[1],但在人工(机器)维持心跳和呼吸的情况下,应以脑死亡[2]时间为准。

三、遗产和遗产债务

被继承人的财产是**遗产**(第 1922 条第 1 款)。既然在概念上归为“财产”,那么仅具有**金钱价值**的权利才可计入遗产,如对现金和家庭用具的所有权、银行账户上的余额、不动产所有权和合伙份额等。非财产性权利,如亲属法中的权利(如亲权)、人格权[如尊严权、一般人格权中非财产性质部分(根据通说),见边码 635],不属于遗产。非财产性权利,继承人不能继受,在被继承人死亡时即告消灭。 32

遗产不仅包括**积极财产**,还包括**消极财产**(义务和债务)。消极财产称作**遗产债务(Nachlassverbindlichkeit)**。根据第 1967 条第 1 款,继承人对遗产债务承担责任(见边码 696)。有多位继承人时,全体继承人作为共同债务人负连带责任(第 2058 条),债权人可向任一继承人主张全部给付(但总共仅能主张一次)(第 421 条)。德语单词**“Nachlass”**和“Erbschaft” 在法律上均有遗产的意思。但有时,使用“Nachlass”一词,更倾向于指遗产中的积极财产。 33

四、法定继承

被继承人生前未作成死因处分(遗嘱或继承契约)的,继承人直接依法律规定予以确定。法定继承的目的既是使法律效果普遍与利益状况契合,也符合被继承人的典型的推定意愿。可成为法 34

---

〔1〕 见 MünchKomm/Leipold § 1922 Rn. 12 f.。不同观点(认为脑死亡始终是决定性的):OLG Köln FamRZ 1992,860;Brox/Walker § 1 Rn. 5。

〔2〕 OLG Frankfurt NJW1997,3099.

定继承人的仅有被继承人的**血亲**(第 1924 条至第 1929 条)、**配偶**(第 1931 条)、**生活伴侣**[《生活伴侣关系法》(LPartG)第 10 条]和作为最后顺位继承人的**国家**(第 1936 条)。

35 被继承人有前一顺位血亲的,后顺位血亲不得继承(**按顺位继承**,第 1930 条)。案例 2 中,在 Wenzel 的血亲中,仅子女可以继承(第一顺位继承人,第 1924 条第 1 款),父母作为第二顺位继承人不得继承(第 1925 条第 1 款)。除血亲外,被继承人的**配偶**或**生活伴侣**亦可作为法定继承人参与继承。配偶或生活伴侣的继承份额,视其与被继承人的哪些血亲共同参与继承(第 1931 条第 1 款和第 2 款、《生活伴侣关系法》第 10 条第 1 款和第 2 款)及其与被继承人采用哪种财产制,而有不同。若采用法定财产制(即增益共同制),则在第 1931 条之外,还应适用第 1371 条这个重要规定(在世配偶的法定继承份额应当提高)。

五、死因处分、意定继承和特留份

36 被继承人可经法律行为,全部或部分排除法定继承效果。被继承人可以指定他人为继承人(第 1937 条);可以仅排除法定继承人参与继承,但不指定其他人继承该法定继承人的份额(第 1938 条)。为死亡情形所作的法律行为称作**死因处分(Verfügungen von Todes wegen)**。基于死因处分发生意定继承效果,意定继承效果优先于法定继承效果。凡在被继承人死亡时才生效的继承法上的法律行为,均属于死因处分。死因处分中“处分”并非指生前法律行为意义上的处分行为,后者指对现有权利直接产生效果的行为,如权利转让、权利内容的变更、权利废止等。两者之区别还在于,若经生前处分行为取得权利(如所有权转移),则在该处分行为外,还应存在一项法律原因(最常见的法律原因是债法性质合同,如买卖合同),否则权利取得可经不当得利请求权被主张返还(第 812 条第 1 款第 1 句);与之不同的是,经死因处分作成的给予本身内嵌法律原因。

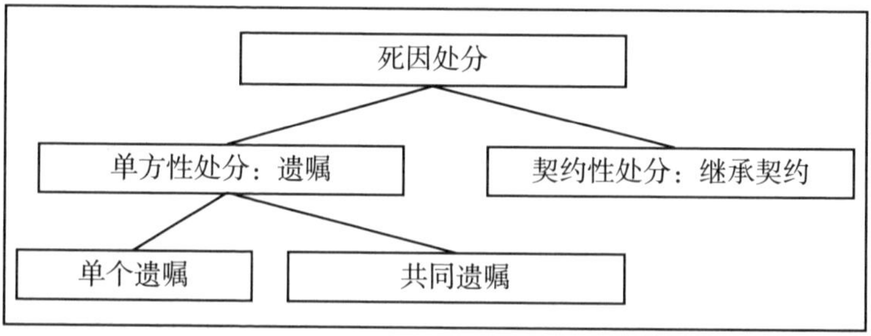

37 死因处分是上位概念，包括单方法律行为（**遗嘱**，第1937条）和契约法律行为（**继承契约，Erbvertrag**，第1941条）。以遗嘱方式作出的死因处分称作**终意处分**（**letztwillige Verfügungen**，第1937条）。遗嘱可随时被撤回（第2253条），故继承效果以被继承人最后作成的遗嘱处分为准。与此不同的是，契约性处分一般有拘束力。遗嘱的一个特殊类型是夫妻双方或生活伴侣双方订立的**共同遗嘱（gemeinschaftliches Testament）**（第2265条）。夫妻或生活伴侣双方在共同遗嘱中作出的死因处分，虽都属于单方性处分，但两者构成相互性处分（第2270条）时，两者之间就存在相互依存性。其中一方死亡后，在世另一方受相互性处分的拘束（第2271条第2条第1句）。因此，共同遗嘱兼具单方遗嘱和继承契约的法律特征。

38 法定继承人即使是被继承人的至近亲属、配偶或生活伴侣，被继承人仍可通过死因处分**排除其继承**。法律未给上述人员保留最低的继承份额。案例2中，Rosalinde经遗嘱指定女儿Olga为唯一继承人，两儿子Josef、Leopold因此被排除继承。直系血亲卑亲属、配偶或生活伴侣及父母经死因处分被排除继承的，可以主张**特留份权**，特留份权的价值是法定继承份额所值的1/2（第2303条）。但需要注意的是，特留份权在性质上不属于继承权，特留份权人对遗产标的不享有物权,仅可向继承人主张金钱给付(**金钱请求权,Geldanspruch**)(第2317条)。

六、概括继受、继承人共同体和继承份额

39 继承法上适用**概括继受原则(Gesamtrechtsnachfolge,又称Universalsukzession)**,其意指被继承人的财产作为一个整体由继承人继受(第1922条第1款)。案例2中,Wenzel死亡时,其所有财产性权利,包括动产所有权、不动产所有权、向银行请求支付账户余额的权利等,将整体性地转移给全体继承人(配偶和子女)。原则上,德国继承法上不存在个别继受效果(Einzelrechtsnachfolge,Singularsukzession)[1],而且,被继承人也无法通过法律行为实现该效果。如案例2中,Wenzel无法以订立遗嘱的方式达成以下效果:Wenzel死亡时,一个儿子直接取得不动产所有权,另一个儿子直接取得对银行账户余额的权利。但被继承人可以在遗嘱中作成**分割指示**(Teilungsanordung,第2048条),指示某一继承人在遗产分割时取得特定遗产标的。分割指示没有物权效力,仅在继承人之间产生债法上的效力,即属于为继承人设立的一项债务。实现分割指示应在继承人之间作成法律行为,如转让行为。

40 被继承人有多个继承人的,继承人之间不成立按份共有关系,继承人在遗产标的上不享有份额。案例2中不发生以下效果:Rosalinde在Wenzel的不动产上享有1/2份额,两儿子在不动产上各享有1/4份额(继承份额的计算见边码45)。根据第2032条第1款,所有继承人组成一个**继承人共同体**(**Erbengemeinschaft**),共同共有遗产标的。单个标的上的权利不分份额的归属于继承人

〔1〕 例外主要存在于农场法领域,只有特殊法律(参见边码5)(有关农场的个别继承)适用于此,以及人合团体(Personengesellschaften)(民事合伙、无限公司、两合公司)上份额的继承(见边码584及以下)。

共同体。根据第 2033 条第 1 款第 1 句,单个继承人仅对遗产享有份额(该份额对应继承份额)。

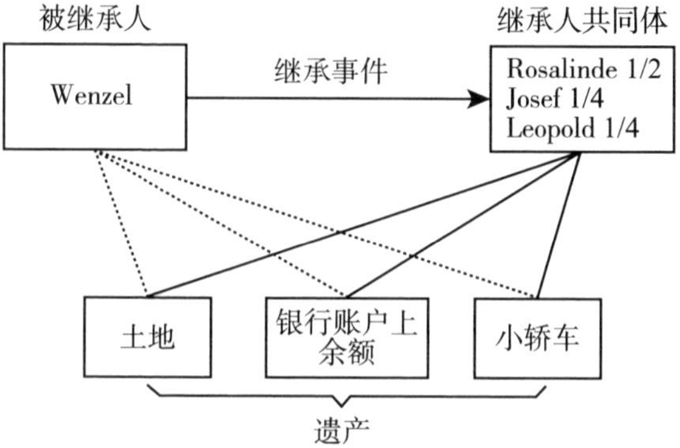

七、继承人地位与遗赠

由于适用概括继受原则,单个遗产标的的给予无法经死因处分以直接发生物权效力的方式进行。被继承人如希望给予单个标的,可在该标的上设立**遗赠**(第 1939 条),但遗赠的效力应与指定继承人处分的效力严格区分。案例 2 的遗嘱中,Rosalinde 为朋友 Dreier 设立一项遗赠。遗赠并不创设继承份额,仅创设**请求权**(性质上属债权),受遗赠人基于此,可向继承人(存在多位继承人时向继承人共同体)请求转移遗赠标的的所有权(第 2174 条)。继承发生时,受遗赠人在遗赠标的上尚不享有权利,遗赠的实现应通过作成法律行为。遗赠与指定继承人处分之间的此项区别十分重要。但由于民众中,不少人认为,针对单个标的也可发生直接继承的效果,故有时需经解释方可得知,针对单个标的的死因处分是遗赠,还是指定继承人处分。(有关外国法上物权效力的遗赠见边码 23d、边码 23e。) 41

案例 2 答案:

提示:做继承法试题时,为避免混乱,有必要先画一个亲属 42

关系图，而且针对每个继承事件应单独画一张亲属关系图。亲属关系图不用出现在正式答案中。各个继承法著作使用的符号不同。

图例

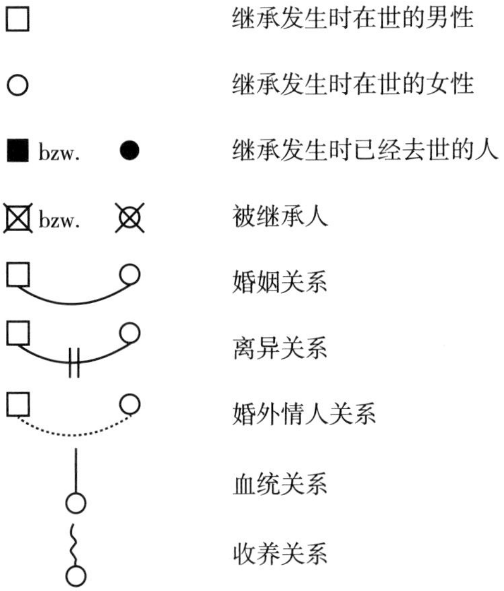

案例2的图

针对Wenzel的继承效果

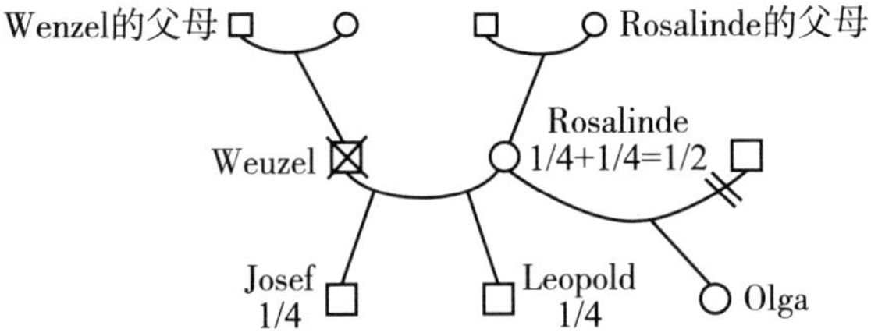

（一）针对 Wenzel 的继承效果

1. 发生法定继承 43

Wenzel 未作过死因处分[1]，故应发生法定继承效果。

2. 继承人的确定[2] 44

（1）血亲：儿子 Josef 和 Leopold 是被继承人的第一顺位继承人（第 1924 条第 1 款）。Wenzel 的父母是第二顺位继承人（第 1925 条第 1 款）。由于有前顺位血亲存在，Wenzel 的父母不得参与继承（第 1930 条），血亲中仅有两个儿子可以成为继承人。Olga 不是 Wenzel 的直系血亲卑亲属（Olga 根本不是 Wenzel 的血亲），故不属于 Wenzel 的法定继承人。

（2）配偶：Rosalinde 是 Wenzel 的配偶，与 Wenzel 的两个儿子同为法定继承人（第 1931 条第 1 款第 1 句）。

3. 继承份额大小[3] 45

（1）Rosalinde 的继承份额：Rosalinde 与第一顺位继承人一起参与继承，故继承份额为 1/4（第 1931 条第 1 款第 1 句）。Rosalinde 与 Wenzel 采用法定夫妻财产制（增益共同制，第 1363 条第 1 款）[4]，故作为对增益的分配，Rosalinde 的继承份额应提高 1/4（第 1371 条第 1 款），Rosalinde 的继承份额最终为 1/2。

（2）两个儿子的继承份额：两个儿子 Josef 和 Leopold 取得的继承份额应该相同（第 1924 条第 4 款）。Rosalinde 已取得 1/2 份额，故 Josef 和 Leopold 各取得 1/4 份额。

结论：Wenzel 的继承人是 Rosalinde、Josef 和 Leopold。

---

[1] 案情中没有提及死因处分时，除非有特殊情况，否则应认为不存在死因处分。

[2] 建议在答案的结构上将人员查明与继承份额大小两个问题区分开。

[3] 应当先查明配偶的继承份额，而剩余的继承份额将在直系血亲卑亲属之间进行分配。

[4] 案情中没有提及夫妻订立过夫妻财产制契约，故以法定夫妻财产制为准。

Rosalinde 的继承份额为 1/2,Josef 和 Leopold 的继承份额各为 1/4。Rosalinde、Josef 和 Leopold 三人成立继承人共同体。

针对Rosalinole的继承效果

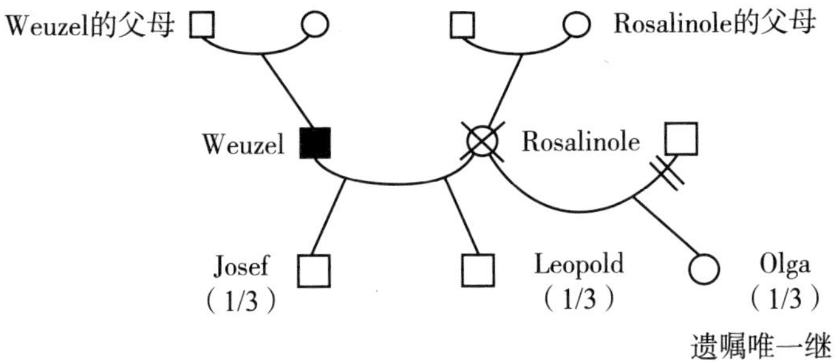

(二)针对 Rosalinde 的继承效果

46 **1. 基于遗嘱发生继承**

基于 Rosalinde 的终意处分(指定继承人处分,第 1937 条),其女儿 Olga 是唯一继承人。

47 **2. 与针对 Wenzel 的继承效果间的关系**

针对 Wenzel 的继承效果不因 Rosalinde 的死亡而发生变化。Rosalinde 在 Wenzel 遗产上的 1/2 份额将作为 Rosalinde 的遗产,与 Rosalinde 的其他遗产一并由 Olga 继受。

48 **3. 特留份请求权**

Rosalinde 的遗嘱排除两个儿子 Josef 和 Leopold 参与继承。根据第 1924 条第 1 款和第 4 款,Josef 和 Leopold 的法定继承份额各为 1/3。根据第 2303 条第 1 款,Josef 和 Leopold 可向 Olga 主张特留份请求权(金钱请求权),金额为 Rosalinde 遗产所值的 1/6。

49 **4. 遗赠**

为 Berta 创设的给予是一项遗赠(第 1939 条)。负给付义务的是继承人 Olga(第 2147 条第 2 句)。Rosalinde 死亡时,Berta 取得请求 Olga 交付琥珀项链及转移琥珀项链所有权的权利(第

2174 条)。

(三)Dreier 的请求权

对 Wenzel 的债务的清偿责任首先由 Wenzel 的继承人 Rosalinde、Josef 和 Leopold 承担,三人是连带债务人(第 1967 条和第 2058 条)。Rosalinde 死亡后,Rosalinde 的责任转由 Olga 承担。根据第 421 条,Dreier 可向三位债务人中的每一位主张全部给付,但不得重复主张清偿。Wenzel 的遗产被分割前,Josef、Leopold 和 Olga 有权拒绝以遗产以外的财产清偿债务(第 2059 条第 1 款第 1 句)。 50

第二章自检试题:[1]

1. 法人可以是被继承人或继承人吗?

2. 被继承人的债务在其死亡后如何清偿?

3. 法定继承与意定继承之间的关系是怎样的?

4. 何为特留份权?

5. 死因处分最重要的两种类型是什么?

6. 财产在发生继承时如何继受?

根据哪项原则,即使通过终意处分也无法达成个别继受效果?

根据前一原则,给予单个遗产标的不能有哪种效力?

7. 指定继承人处分与遗赠之间的区别是什么?

8. Maier 仅指定两个女儿为继承人。遗产中有两处不动产。Maier 死亡时,两处不动产的所有权状态是怎样的?

答案:

1. 第 1922 条第 1 款将继承事件定义为自然人的死亡。由此可知,**法人不得成为被继承人**。法人不会“死亡”,而是可能解散,但法人解散的后果不在继承法中调整,而是在社团法和公司法等当中予以调整。 51

[1] 请以书面形式草拟答案,然后再翻页查看答案。

从法人的权利能力来看,它也可以成为**继承人**。在这方面,人们不能被第1923条第1款所迷惑,该款说的是继承人之生存。从第2044条第2款第3句、第2101条第2款、第2109条第2款可以得知,《德国民法典》的继承法直接认为法人可以成为继承人。

52 2. 根据第1922条第1款转移给继承人的被继承人**财产**,既包括**积极财产**,也包括**消极财产**(债务)。第1967条对遗产债务的负担问题明确规定:遗产债务由继承人继受。

53 3. 基于死因处分发生的意定继承效果**优先于**法定继承效果。仅被继承人对继承效果未作死因处分的情况下,才发生法定继承效果(第1937条、第1938条和第1941条)。

54 4. 基于特留份权所建立的是**金钱债务**。特留份权人可向继承人主张债权,数额为其法定继承份额所值的1/2(第2303条)。

55 5. 死因处分最重要的两种类型是**单方**死因处分(**遗嘱**,也称终意处分)和**契约性**死因处分(**继承契约**)。

56 6. 发生继承时,财产的转移遵循概括继受原则。

根据概括继受原则,被继承人即使通过终意处分,也无法达成个别继受效果。

根据前一原则,给予单个遗产标的不能有物权效力(绝对效力)。

57 7. 基于指定继承人处分所产生的效果是,遗产在发生继承时依法律规定由被指定的继承人继受。换言之,继承人在继承发生时**直接**取得属于遗产的**所有**权利。与此不同,受遗赠人在继承发生时不能取得遗赠标的的物权。遗赠标的的物权也由继承人继受。根据第2174条,继承发生时,受遗赠人仅取得一项请求转移遗赠标的所有权的**债权**,根据第2174条第2句,该债权的债务人一般是继承人。

58 8. 两个女儿各取得1/2的继承份额(第2091条)。两个女儿成立**继承人共同体**。两个女儿共同共有两处不动产(第 2032 条第 1 款)。两个女儿在不动产上既不享有份额,也不分别取得其中一处不动产。该效果的达成必须经过遗产清算(作成生前行为)。

第三章　社会体系中的继承法

一、继承法的功能

59 法是服务于生者的，继承法亦是如此。继承法的目标正在于建立一套制度，使因一个人的死亡引起的**财产变动问题得到公正的解决**。继承法需要解决以下问题：由谁继受遗产；被继承人的债务由谁承担；多人继承时，遗产如何分割。当然，所有这些问题在有人死亡时才变得迫切需要得到解决。

60 继承法的另一功能在于，赋予被继承人以对自己身后事**作出安排的权利（Regelungsmacht）**。**遗嘱自由**容许被继承人通过遗嘱或继承契约，对财产在自己死亡后如何处置作出安排。例如，被继承人经**死因处分**可作出包括但不限于如下安排：使与自己关系较近的人按自己意愿得到供养；自己的企业如何存续；为公益目的捐赠部分财产。死因处分也允许被继承人在有生之年使用自己的财产，而财产在自己在世时不会发生转移（如指定照顾人为继承人，将照顾人取得的继承人地位作为照顾的对价）。继承法以此方式服务于被继承人的人格发展和个人自由。值得注意的是，继承法应在多大范围内、以何种方式实现上述的诸多目标，与社会制度的基本问题——对个人自由和私有财产的评价——休戚相关。[1]

二、作为私法自治原则一部分的遗嘱自由原则

遗嘱自由原则(Testierfreiheit)是**私法自治原则(Privatautonomie)在继承法领域**的具体映射。被继承人遗嘱自由的空间很大,因此不存在不可被其剥夺的继承权,仅被继承人配偶、生活伴侣或至近血亲的特留份请求权不受被继承人的安排约束。当然,被继承人为死因处分也受法律行为形成自由的一般限制条件的限制,尤其是不得违反善良风俗(第138条第1款)。被继承人在如此大的自由空间下,可能会作出不公平的死因处分。立法者愿意承担这一风险,相信每个被继承人对公平正义的感知。事实证明,该套遗嘱自由原则和特留份权相结合的继承法制度是完全可靠的。 61

三、继承权与财产制度

存在所有形式标的上的财产权,在财产权人死亡时可在私人之间发生转移,此是私有财产权制度的应有之义。遗嘱自由归根结底也只是财产权可处分性的一方面,因此也是**财产权私有**的一方面。这一联系在《德国基本法》第14条第1款第1句规定的对财产权和继承权的宪法保障中得到了明确(见边码65)。历史上,私有财产权——尤其涉及对生产资料的私有财产权——受到攻击时,继承权一般也难免受牵连。不得不提的是,继承权作为一项财产权又显得不无问题:一项经济制度中,人们多因自己付出而取得财产,财产是对自己付出的回报,与此相反的是,继承人取得遗产通常属于不劳而获。但是,由于**自由经济制度**将财产视为对经济活动者的激励和回报,因此,将保障财产的可继承性也作为这一激 62

---

〔1〕 有关继承法的教义学历史见 Hattenhauer, Grundbegriffe des Bürgerlichen Rechts, 2. Aufl. (2000), 204ff.。

励的一部分,才是逻辑一致的,如此一来,参与经济活动的个体就可以将自己取得的财产用于保障家庭的存续和发展。

63 所有私有财产均可继承,使参与经济活动的个体更加愿意积累财富和做长期投资。故此,在自由市场经济制度中,私有财产的可继承性无疑构成**对财产制度的有益补充**。若将私有财产视为刺激经济活动的发动机,视为实现人格发展和个人自由的工具,则私有继承权不可或缺。

64 社会主义国家(如**原民主德国**)曾适用计划经济制度,马克思主义作为理论工具,也被用来尝试设计美好的未来,但这些现在看来都已成为过去。作为私有财产权组成部分的继承权,在社会主义国家也已得到承认。[1] 然而,鉴于生产性资源以前在社会主义国家普遍不在私人手中,私人也不富裕,所以继承权在经济方面的权重仍然不大。此也可直接印证继承权依附于财产制度的观点。

四、继承权和继承制度的宪法保障

(一)保护范围

65 《德国基本法》第 14 条第 1 款第 1 句规定,继承权受宪法保障。[2] 该宪法保障既是对**法律制度**的保障,也是对**个人权利**的保障。[3] 作为制度性保障,宪法不仅限制立法者废止继承制度,而

〔1〕 见 MünchKomm/Leipold,4. Aufl. ,Einl. zum Erbrecht(Bd. 9),Rn. 9,308ff.(关于民主德国的内容)。

〔2〕 一些州的宪法中也包含对继承权的保障。《欧洲联盟基本权利宪章》第 17 条第 1 款第 1 句赋予每个人其合法财产得以继承的权利。关于《欧洲人权公约》第 8 条结合第 14 条之于继承权的意义将在后文详述(见边码 96 和边码 257d)。

〔3〕 参见 BVerfGE 67,329,340 = NJW 1985,1455;BVerfGE 91,346,358 = NJW1995,2977;BVerfGE 99,341,350=NJW1999,1853;Maunz/Dürig/Papier/Shirvani,GG(Stand 2018),Art. 14 Rn. 404;von Münch/Kunig/ Bryde,GG,6. Aufl. ,Art. 14 Rn. 43;MünchKomm/Leipold,Einl. zum Erbrecht(Bd. 11),Rn. 25;Staudinger/Otte,Einl. zum Erbrecht,Rn. 60。

且立法者对继承法进行修订也受一定限制。继承权宪法保障的范围不仅包括被继承人的处分自由,还延伸至财产权宪法保障未及之处。[1] 作为个人权利保障,宪法既保障**被继承人**使他人继承其财产的权利,也保障**继承人**根据继承效果继受遗产的权利。[2] 对被继承人基本权利的保障止于被继承人死亡之时,故仅对被继承人的权利进行保障是不充分的;最晚在继承开始之时,继承人可以紧接着主张在被继承人身上已经终止的基本权保障。[3] 继承人死亡后,由他的继承人继受遗产,此属于继承程序的延续,继承人的继承人的基本权利也受《德国基本法》第 14 条第 1 款第 1 句的宪法保障。[4]

此外,联邦最高法院在判决[5]中认为,《德国基本法》第 14 条第 1 款第 1 句的宪法性保障还包括**"消极继承自由"(negative Erbfrei-heit)**。所谓消极继承自由指受益人有权拒绝从遗产中受益。虽然《德国民法典》规定,受益人有权拒绝继承或拒绝遗赠,但将对该权利的保障上升到宪法性保障的高度,联邦宪法法院似应进一步说理。[6] 65a

宪法对继承权未作定义。解读继承权概念时,应兼顾其与财产权概念之间的联系,关注继承权保障属于个人自由保障的范畴, 66

[1] BVerfG NJW 2005,1561,1563. 关于这一(其中确认了对被继承人子女特留份权利的宪法保障)裁判的更多细节已在下文阐明(见边码 72 及以下)。

[2] BVerfGE 91,346,360;BVerfGE 93,165,174.

[3] BVerfG NJW 2005,1561,1562. 更进一步的意见见 Vyas ZEV 2002,1,4f.,据此,潜在继承人的基本权利保护应该在被继承人在世时就已开始了。

[4] BVerfGE 99,341,349.

[5] BGHZ 188,96,104(zu Nr. 27)= NJW 2011,258,261. 联邦最高法院以"消极的继承自由"为论据,反对将接受社会福利的残疾人之拒绝继承(见边码 602 处脚注 1)或放弃特留份(见边码 545c)认定为违背善良风俗。

[6] 见 Leipold ZEV 2011,528;也持反对意见者为 Menzel MittBayNot 2013,289,290。对联邦最高法院表示赞同者,von Proff RNotZ 2012,272,273 f.。

并参考德国继承法的历史沿革。根据《德国基本法》第 14 条第 1 款第 2 句,**继承权的内容和限制**由法律作出规定。由此可知,宪法为立法者预留了规定继承法细节的立法空间,而且该立法空间在很多方面还很大。[1] 但立法者不得侵害继承权的**核心内容**(《德国基本法》第 19 条第 2 款的规定)。另需要注意的是,财产权行使时应承担社会责任的原则(《德国基本法》第 14 条第 2 款)不适用于继承权[2],不能基于该原则对财产继承设置更多限制条件。

(二)宪法保障的组成部分

1. 继承的私有性

67 继承权宪法保障的核心内容首先是承认**继承的私有性**。[3] 继承权与财产权的紧密关系在此得到明显体现。财产权人在私有财产的基础上可按对自己负责的方式安排生活,而通过继承权宪法保障,私有财产在财产权人死亡后得以存续(Der Fortbestand des Privateigentums als Grundlage der eigenverantwortlichen Lebensgestaltung wird durch die Erbrechtsgarantie auch für den Fall des Todes des Eigentümers gesichert.)。因此,财产权宪法保障和继承权宪法保障共同构成规定于《德国基本法》中的私有财产制度的基础。[4]

68 若法律规定,一般情况下遗产由国家取得,则其是违反《德国基本法》第 14 条第 1 款第 1 句的。但被继承人既未指定继承人,也不存在配偶和作为法定继承人的血亲的情况下,**国家成为法定继承人**的法律规定,并不违宪。而且,在该问题上,立法者还有一定的裁量空间,既可以选择国家在所有(甚至最远的)血亲之后继

---

〔1〕 参见 BVerfGE 99,341,351。

〔2〕 就此存在争议,见 MünchKomm/Leipold, Einl. zum Erbrecht (Bd. 11), Rn. 27。不同意见见 von Münch/Kunig/ Bryde, GG 6. Aufl. Art. 14 Rn. 42。

〔3〕 BVerfGE 67,329,340;BVerfGE 91,346,358.

〔4〕 BVerfGE 91,346,358.

承的方案(现行法律采用此方案,见边码 88),也可选择将有继承权的血亲限制在一定范围内的方案。

2. 遗嘱自由原则

69 正如联邦宪法法院[1]和联邦最高法院[2]所一致强调的:**遗嘱自由原则**属于继承制度的核心内容,根据宪法规定,立法者不得对其施加影响。如此解读遗嘱自由原则,既符合继承法的传统构造方式,也符合宪法中对个人自由保护的原则(《德国基本法》第 2 条第 1 款)。[3] 联邦宪法法院将遗嘱自由原则列为"继承权宪法保障的关键要素"[4],并认为:遗嘱自由作为财产权人对身后事的处分权,与财产权宪法保障的关系紧密;遗嘱自由应与财产权同样作为保障个人自由发展的要素,受到特别保护。[5]

70 宪法虽为遗嘱自由提供保障,但并未限制立法者为被继承人所应具备的必要**自我决定能力(Selbstbestimmungsfähigkeit)**创设具体条件(如规定被继承人订立遗嘱时应达到一定年龄),也未限制立法者规定死因处分所应具备的**形式要件**[6]。但依联邦宪法法院的观点[7],立法者若完全剥夺无书写能力且无言语能力的人作死因处分的可能性,则属违宪(见边码 299a)。

3. 家庭继承权

71 法定继承权的基本内容,即**家庭继承权(Familienerbrecht,**也称**血亲继承权,Verwandtenerbrecht)**,是继承制度中不可或缺的

---

[1] 参见 BVerfGE 58,377,398;67,329,341;99,341,350。
[2] BGHZ 118,361,365 = NJW1992,2827.
[3] BVerfGE 99,341,350 对此点予以强调。
[4] BVerfGE 112,332,348 = NJW 2005,1561,1562.
[5] BVerfGE 91,346,358.
[6] BVerfGE 99,341,351 f.
[7] BVerfGE 99,341,353.

核心内容。[1] 宪法对婚姻和家庭的保护(见《德国基本法》第6条第1款)也可用于支撑这种理解。联邦宪法法院(第一庭)起先在一则判决[2]中认为,从宪法中能否得出应对法定家庭继承权和血亲继承权进行保护的结论,属未决问题。但在另一则判决[3]中,联邦宪法法院(第二庭)已明确承认,血亲继承权原则与遗嘱自由原则同属继承权宪法保障的基本内容。联邦宪法法院第一庭第一合议庭在后来的判决[4]中也已采纳后者观点。此外,在有关特留份权(见边码72)的联邦宪法法院判决中也暗含下述观点,即作为特留份权基础的法定家庭继承权被纳入继承权宪法保障的范围。另一个问题是,法定家庭继承权和血亲继承权的宪法保障范围具体有多广。对此已形成一致观点的是,血亲的无限法定继承规则,正如德国继承法所采纳的(见边码88),并非宪法所确立。但是,如果法律规定被继承人的配偶或在世直系血亲卑亲属都不属于法定继承人,则该法律是违宪的。而且,考虑到继承法的传统,第二顺位血亲的法定继承权也应视为是受宪法保障的。[5]

4. 特留份权

72 家庭继承权与遗嘱自由间有时存在冲突,比如,被继承人在死因处分中优待一位亲属、慢待另一亲属,或将亲属完全排除继承且将遗产给予非亲属。两者之间的这种紧张关系由特留份制度负责协调。特留份制度保障至近家庭成员对被继承人的财产享有原则

[1] 此为通说,例如 Maunz/Dürig/Papier/Shirvani, GG (Stand 2018), Art. 14 Rn. 409 ff.; von Münch/Kunig/Bryde, GG, 6. Aufl., Art. 14 Rn. 45; Staudinger/Otte (2017) Einl. zum Erbrecht, Rn. 78 ff.。不同意见见 Dreier/ Wieland, GG, 3. Aufl., Art. 14 Rn. 82。

[2] BVerfGE 91,346,359.

[3] BVerfGE 93,165,173.

[4] BVerfG NJW 2001,141 = ZEV 2000,399. 见 J. Mayer ZEV 2000,447; Leisner NJW 2001,126。

[5] 此种观点见 Staudinger/Otte, (2017) Einl. zum Erbrecht, Rn. 80; MünchKomm/Leipold, Einl. zum Erbrecht (Bd. 11), Rn. 38。

上不可被剥夺的最低分享权(Mindestbeteiligung),该项权利在性质上属于金钱请求权,在价值上等于其法定继承份额所值的 1/2(见边码 821 以下)。一方面,现行特留份制度的合宪性已得到普遍肯定,但另一方面,对于特留份制度是否受宪法保障,以至于立法者在今后修订特留份法时也受到限制的问题,则存在极为不同的观点。**联邦宪法法院**在一则 2005 年作出的重要判决[1]中就上述问题,尤其是针对被继承人子女的特留份权问题,曾发表观点。联邦宪法法院不仅再次确认子女根据现行制度取得特留份权是合宪的,而且对以下权利作出肯定:子女对被继承人遗产享有的,不可被剥夺的且与需求无关的最低分享权,是受宪法保障的。作为理由,联邦宪法法院援引了特留份制度的历史沿革:特留份制度起源于罗马法,德国与欧洲其他国家(该制度的构造在欧洲其他国家可能存在一定差异)一样都将该制度作为继承法的核心组成部分,因此,特留份制度是**德国继承法的传统核心要素**,应该包含在《德国基本法》第 14 条意义上的继承权概念中。除上述溯及传统的理由外,作为支撑子女特留份权受宪法保护的理由,联邦宪法法院还强调了《德国基本法》第 14 条规定(继承权宪法保障)与第 6 条第 1 款规定(保护被继承人与子女之间的关系)之间的紧密联系。联邦宪法法院认为,原则上,被继承人与子女之间存在不可解除的亲属间的相互扶持关系,子女对被继承人遗产的参与权是**相互扶持关系的一种体现**。联邦宪法法院还认为,一般而言,财产在家庭共同体中得以增长和保值,不仅有被继承人的贡献,而且还与子女在经济和精神上作出的贡献密不可分,即使较之于当今社会,

[1] BVerfGE 112,332=NJW 2005,1561=JZ 2005,1001(附 Otte 之评论)= FamRZ 2005,1441(附 J. Mayer 之评论). Dazu Stüber NJW 2005,2122;Kleensang DNotZ 2005,509;ders. ZEV 2005,277;Schöpflin FamRZ 2005,2025;Gaier ZEV 2006,2,5ff.;Frank,FS Wahl(2011),303.

这更与旧时情形相吻合(农业和手工业在旧时一般作为家族产业,家庭成员都需参与)。据此也知,以宪法为依据推导出亲属的与其需求无关的最低分享权[1],并非有其逻辑必然性。

72a 在特留份制度的设计问题上,联邦宪法法院为**立法者**预留很大的**裁量空间**。立法者可在以下两个方案中任选其一:特留份权在性质上属于继承权,特留份权人享有最低的继承份额;特留份权在性质上属于特留份权人向继承人可以主张的金钱请求权。现行法律采纳后一方案。另外,联邦宪法法院认为:宪法对特留份的数额未作详细规定,但必须给以一个不可剥夺的适当分享。因此,对于现行特留份法的修改尚有一定的裁量空间。但迄今为止,立法者只是极为谨慎地使用了这一裁量空间(见边码85、边码86)。

72b 仅在特殊且严格的前提条件(见第2333条以下)下,被继承人才能经死因处分**剥夺特留份**。依联邦宪法法院的观点,立法者对特留份剥夺事由的现行规定是符合宪法要求的。但联邦宪法法院特意提及,若将特留份权人与被继承人关系长期疏远的情形定为剥夺事由,则是不合理的。联邦宪法法院在此援引规范明确性(Normenklarheit)、司法裁判性(Justiziabilität)和法律安定性(Rechtssicherheit)三项原则,并认为:基于这些宪法原则,立法者不应将导致被继承人和特留份权人关系破裂或疏远的情形都上升为特留份剥夺事由。[2] 子女但凡存在不当行为,被继承人就可剥夺其特留份的,将使特留份制度失去实际意义。

73 在针对特留份法的宪法诉愿中,联邦宪法法院仅在一则裁判中就一个争议点认定普通法院法律适用错误。该案件中,患有精

[1] 对与需求无关的最低分享权的保障的批评性意见,见 MünchKomm/Leipold, Einl. zum Erbrecht(Bd. 11), Rn. 44; Frank(Fn. 27)309 ff.。

[2] 对此持批评的意见,见 MünchKomm/Leipold, Einl. zum Erbrecht(Bd. 11), Rn. 45; Frank(Fn. 27), 315 ff.。

神疾病的儿子对母亲存在严重的身体攻击行为，母亲最终被儿子杀害。普通法院认为，由于儿子不具备刑法意义上的罪责能力，故第 2333 条第 1 项规定的**特留份剥夺事由**不成立。联邦宪法法院否定普通法院的上述观点，并认为：从第 2333 条第 1 项的文义和目的出发，成立特留份剥夺事由不必存在刑法上的罪责；本案中，无论如何，儿子都能识别自己行为的不法性，仅基于此就存在“自然”故意，应认定成立第 2333 条第 1 项的特留份剥夺事由。

关于 2009 年的继承法改革有关特留份的规定将在下文详述（见边码 85）。

五、作为国家份额的遗产税

（一）宪法规定与法政策考量

原《魏玛宪法》第 154 条第 2 款曾明文规定，国家对遗产的份额由法律作出规定。虽然《德国基本法》第 14 条未明文提及国家可分享遗产，但这不影响为了国家利益，继而最终为了社会公众的利益，国家可以分得遗产的一部分。此为国家可以制定法律规定继承权的内容和限制（《德国基本法》第 14 条第 1 款第 2 句）之情形。国家分享遗产体现为《德国基本法》第 106 条第 2 款第 2 句所规定的**遗产税（Erbschaftsteuer）**。[1] 需注意的是，**国家有法定继承权**（见第 1936 条）并不旨在确保国家分享遗产。该制度重在以下的管理功能：由于遗产必须有人负责清算，故不应出现遗产无人继承的情况。作为法定继承人，国家的继承顺位排在全体血亲之后，以此方式国家不可能获取大规模的财产。 74

继承制度受宪法保护，遗产税制度不得动摇其**根基**。因此，遗产税若致继承人所继承的财产几乎被剥夺（**褫夺性遗产税，** 75

---

〔1〕 1997 年 2 月 27 日修订的《遗产税和赠与税法》见 BGBl. I S. 378，嗣后亦有许多修订。详细情况见 MünchKomm/Leipold，zum Erbrecht（Bd. 11），Teil F。

konfiskatorische Erbschaftsteuer)，则违反《德国基本法》第 14 条第 1 款第 1 句。但是，遗产税的界限在何处却不明确。[1]

75a 针对遗产税存在极为不同的**法政策考量**。遗产税在奥地利[2]和瑞典[3]虽然已被完全废除，但类似趋势的发展在德国几乎不可能出现。正相反的是，德国立法有提高遗产税的趋势，而且长期来看[4]，趋势也是如此。

（二）联邦宪法法院的重要判决及发展

76 遗产税的发展深受联邦宪法法院判决的影响。立法者虽不断尝试修法，但至今为止基本未能实现这方面法律规定较为稳定的状态。起先，在 1995 年的两则重要判决中，**联邦宪法法院**认为，不管在财产税征收领域[5]，还是在遗产税征收领域[6]，对不动产资产和资本性资产采用极为不同的课税方法是违宪的，并据此督促立法者对遗产税法作合宪修订。

77 为确保修订后的法律符合**继承权受宪法保障的原则**（《德国基本法》第 14 条），联邦宪法法院在上述判决中还指出修法时应遵守的重要**准则**：遗产税税负不能如此之高，以至于对有经济头脑

---

〔1〕 出乎意料的是 BFH NJW 2002,239 这一判决，据此，即使税负达到 70%也不会产生窒息效应，因此不构成对源自法治国原则的禁止任意性和过度性的违反。联邦财政法院认为，《德国基本法》第 14 条不适用，因为本案仍受原民主德国遗产税法的约束。

〔2〕 见 Jülicher ZEV 2008,64；Hannes/Onderka/von Oertzen ZEV 2008,456。

〔3〕 Bergstén/HoppeZEV 2005,157.

〔4〕 关于遗产税从应急和危机税向再分配税的发展，见 Leipold AcP 180(1980),160,163ff.。遗产税是否像 BVerfG NJW 2015,303(327)特别意见所认为的那样——"有助于创造社会机会平等"——似乎非常值得怀疑，关于遗产税的法律政策讨论见 MünchKomm/Leipold, Einl. zum Erbrecht(Bd. 11), Rn. 219ff. mwN。

〔5〕 BVerfGE 93,121=NJW 1995,2615=JZ 1996,31(mit Anm. Vogel).

〔6〕 BVerfGE 93,165=NJW 1995,2624=JZ 1996,40(mit Anm. Vogel). 见 Leisner NJW 1995,2591；Ummer ZEV 1995,345；Langenfeld ZEV 1995,348；Leipold JZ 1996,287。

的财产所有人而言,遗产由他人继承已无意义[1];遗产税立法一方面需要考虑对遗嘱自由的保护,另一方面需要顾及对婚姻和家庭的保护(《德国基本法》第 6 条)——应将第一税级意义上**家属**(被继承人的配偶和子女)的遗产税税负控制在一定范围内,给继承人保留遗产的主要部分,或者在遗产数额不高情形下,甚至可以免征遗产税。此外,联邦宪法法院还特别提醒,立法者应特别照顾**中小企业**,使其生存不会因为过高的遗产税税负而有危险。

1996 年完成修订的遗产税法遵照联邦宪法法院的前述要求,对不动产价值评估作出新规定,对企业资产的继承问题作出照顾性的特别规定。但对企业资产、不动产资产和股份公司股票等的价值继续适用不同的评估规则,不同种类资产上遗产税税负差异极大的问题未得到解决。 78

此次修订后的法律维系时间不长。联邦财政法院(BFH)提请审查新遗产税法的合宪性[2]后,联邦宪法法院又作出一则重要判决[3]。联邦宪法法院再次确认,**2006 年**设置的不同的评估规则违反平等原则(《德国基本法》第 3 条第 1 款),且认定,以差异评估结果为基础结合《遗产税和赠与税法》第 19 条规定的统一税率进行征税的做法是违宪的。 79

2008 年的《遗产税改革法》(Erbschaftsteuerreformgesetz 2008)[4]吸收了联邦宪法法院前述判决中的观点。评估目标统一调整为财产的**普通价值(gemeiner Wert)**,评估方法也被细化。新规则(《遗产税和赠与税法》第 13a 条和第 13b 条)主要旨在通 79a

---

[1] BVerfGE 93,165,172.

[2] BFHE 198,342=NJW 2002,3197.

[3] BVerfGE 117,1=NJW 2007,573.

[4] Vom 24. 12. 2008, BGBL I S. 3018. 随后,《职务互助指令实施法》(Amtshilferichtlinien-Umsetzungsgesetz)(2013 年 6 月 26 日的 BGBl. I S. 1809)对关于企业资产优惠待遇的规定进行了部分修正。

过税法上的优惠措施**稳定就业**。满足一定条件的情况下,企业资产的85%可从评估结果中扣除(《遗产税和赠与税法》第13b条第4款),仅需对资产的15%缴纳遗产税;企业达到继续经营方面的一些更严格条件的,对整个企业资产甚至可以免征遗产税。

79b 以普通价值为目标的新评估规则适用后,尤其涉及不动产时,其评估价值较以前有明显提高,因此,为使至近家庭成员在继承中小规模遗产时,至少可以保留部分只需征收较少遗产税或免征遗产税的取得,新法也相应**调高免税额(Freibeträge)**。此外,新法还引入一项对**"家庭住房"**免征遗产税的措施(《遗产税和赠与税法》第13条第1款第4b项和第4c项):对被继承人原自己居住,死亡后由在世配偶或子女取得并自己继续居住超过十年的房屋,免征遗产税。该项措施旨在确保,在房产价格极高地区生活的至近家庭成员不用为缴纳遗产税而出售家庭住房。但是,该项优惠措施的适用随机性很大(如子女是否正好可以在该地区接手住房?),在是否符合平等原则方面引发诸多质疑。

79c 此次修法仍不能平息异议。联邦财政法院再次提请审查[1]后,联邦宪法法院于**2014年**作出回应[2],认定对企业资产的税收优惠措施违宪:立法者的出发点——希望借助遗产税和赠与税法上对企业资产的优惠征税措施,达到企业存续和就业稳定的目的——虽值赞同,但该项措施在很多方面违反宪法的平等原则(《德国基本法》第3条第1款)。联邦宪法法院认为,管理性资产占到企业资产总额50%以上的企业在继受时可享受税收优惠,及对巨型企业继受中的税收优惠不以其实际需要——该企业是否有税负能力——为条件的做法,均与宪法原则相悖。

79d 针对上述修法必要性,立法者于**2016年**对遗产税和赠与税法

〔1〕 BFH ZEV 2012,599.

〔2〕 BverfGE 138,136 = NJW 2015,303.

作出修订(2016 年 11 月 4 日通过的《关于继承税和赠与税法适应联邦宪法法院判例的法律》,联邦法律公报第 1 部分,第 2464 页)。修订内容主要涉及对可被优惠对待的企业资产的界定作出调整,针对员工数额不多企业进行税收优惠的新规则,以及取得高额企业资产(可被优惠对待的财产超过 2600 万欧元)情形下引入优惠必要性审查。

(三)遗产税计算概述

80 根据《遗产税和赠与税法》第 1 条至第 8 条,遗产税不仅涉及继承人的财产取得,还包括受遗赠人、特留份权人和负担受益人的财产取得。此外,鉴于国家对生前**赠与**和基于死亡的赠与(Schenkungen auf den Todesfall)也征收遗产税,所以给予人无法通过此种给予方式避税。

81 《遗产税和赠与税法》第 15 条将财产取得人归入以下三个**税级(Steuerklasse)**,至于财产取得是通过法定继承抑或死因处分,则在所不问。

第一税级(Steuerklasse Ⅰ):

1. 配偶[1]和生活伴侣;
2. 子女[2]和继子女;
3. 第 2 项中子女和继子女的直系血亲卑亲属;
4. 有死因取得的父母和更高辈分长辈。

第二税级(Steuerklasse Ⅱ):

1. 不属于第一税级的父母和更高辈分长辈;
2. 兄弟姐妹;

---

〔1〕 非婚姻共同生活关系中的伴侣不属于第一类纳税人,不能申请为配偶所规定的免税额。这一规定并不违反《德国基本法》。至少根据 BVerfG NJW 1984,114;BVerfG NJW1990,1593 是为如此。

〔2〕 包括养子女。

3. 兄弟姐妹的一世直系血亲卑亲属;
4. 继父母;
5. 儿媳和女婿;
6. 作为姻亲的父母[1];
7. 离婚后的前配偶和解除生活伴侣关系后的前生活伴侣。

第三税级(Steuerklasse Ⅲ):

其余财产取得人和目的赠与(Zweckzuwendungen)。

82 不同税级的财产取得人享受不同金额的**免税额**优惠(《遗产税和赠与税法》第16条第1款),如配偶和生活伴侣的免税额为500,000欧元,子女的免税额为400,000欧元;第二税级和第三税级的免税额为20,000欧元。免税额应从财产取得金额中扣除。根据《遗产税和赠与税法》第5条,对在世配偶或在世生活伴侣因采用法定夫妻财产制即增益共同制而分配取得的增益,免征遗产税;增益分配若以提高继承份额的方式实现,则为方便计算遗产税,应核算出该拟制增益分配请求权的金额(另见边码176处的脚注27)。

83 第一税级的**税率**(Steuersätze)显著低于第二和第三税级的税率(见《遗产税和赠与税法》第19条),且随着取得财产数额的增加,税率也累进提高。财产取得总额超过26,000,000欧元时,适用最高税率。

[1] 公公、婆婆和岳父、岳母。——译者注

需征税的取得金额（含本数）/欧元《遗产税和赠与税法》第10条	对应不同税级%		
	第一税级	第二税级	第三税级
75 000	7	15	30
300 000	11	20	30
600 000	15	25	30
6 000 000	19	30	30
13 000 000	23	35	50
26 000 000	27	40	50
超过26 000 000	30	43	50

六、继承法修订

（一）已有重要修订和新修订讨论

《德国民法典》施行以来的百余年中，继承法未曾有过整体性 84
修订，但继承法的一些部分经历过重要修订。[1] "二战"后，1958年生效的**《平等权利法》（Gleichberechtigungsgesetz）**给配偶继承权带来了若干重大的修订，这主要体现在当时新引入的法定夫妻财产制即增益共同制的框架中（第1371条）。紧接着，1969年的**《非婚生子女法律地位法》（Nichtehelichengesetz）**对非婚生子女的继承问题作出规定：非婚生子女依该法对亲生父亲享有继承权及遗产替代请求权（Erbersatzsnsprcuh）（见边码93）。完全平等的继承权直至1997年**《继承权平权法》（Erbrechtsgleichstell-**

[1] 例如，《遗嘱法》（1938年）对遗嘱和继承契约的订立作出了新规定（相应的内容早已重新纳入《德国民法典》）。

ungsgesetz)出台后才得以实现(见边码 94)。2011 年出台的《关于非婚生子女继承权平权法第二法案》承认 1949 年 7 月 1 日以前出生的非婚生子女对亲生父亲及血亲的继承权(见边码 97)。

84a 2001 年的《**生活伴侣关系法**》(**Lebenspartnerschaftsgesetz**)引入生活伴侣的法定继承权和特留份权(见边码 208 以下)。《州高等法院代理制度修订法》(OLG-Vertretungsänderungsgesetz)2002 年出台后,既无言语能力也无书写能力者开始有机会订立遗嘱(见边码 299a)。

85 2010 年 1 月 1 日起生效的《有关修订继承法和消灭时效法的法》(Gesetz zur Änderung des Erb-und Verjährungsrechts)虽未作出新的重大修订,但为配合联邦宪法法院对特留份权的判决(见边码 72 以下),从多个角度致力于实现继承法的现代化和发展。如该法修订了特留份制度中的特留份剥夺事由和特留份补充请求权,扩大了延期支付特留份的适用情形。另外,该法对继承法上请求权的消灭时效亦有修订(见边码 641a)。

85a 对继承法修法的讨论并未止于上述修订。如 2010 年的**德国法学家大会**(**Deutscher Juristentag**)就选取了较为宏观的议题"我们的继承法是否还合乎时代?"[1]会上受到诸多肯定的建议有:应尝试建立一套有关配偶法定继承的新制度,配偶的法定继承权应与夫妻财产制相独立,将第 1931 条中存在直系血亲卑亲属情形下配偶的继承份额统一提高至 1/2,且在继承案件中不再对夫妻财产法上的增益进行分配。另外,会上还提出针对共同遗嘱的修法建议:强制适用公证书证形式;相互性处分约束力的成立条件

[1] 见 Verhandlungen des 68, Deutschen Juristentages Berlin 2010, Bd. I Teil A (Gutachten Röthel), Bd. II 1 Teil L(Referate Beckert, Lange, Frieser, J. Mayer), Bd. II 2 Teil L(Diskussion und Beschlüsse)。最近关于改革的文献:Klingelhöffer ZEV 2010, 385; Kroppenberg NJW 2010, 2609; Lange DNotZ 2010, 749; Leipold JZ 2010, 802; Röthel AcP 210(2010), 32; dies. JZ 2011, 222。

应更加严格。但会上对特留份制度是否要进行重大修订未作讨论。[1] 近年来还有以下讨论:是否应创设保护高龄或残疾被继承人在订立遗嘱时不受不当影响的新规定。此外,针对死因处分的形式也存在反思:在当今电脑时代,将自书作为强制性要求是否合适?[2]

(二)继承法与欧盟法

《欧洲继承法条约》出台后,有关**欧盟**内继承问题的国际私法规定即冲突规范得以统一(见边码 10 以下,也涉及有关条约实施的内容)。 85b

长远来看,在欧盟范围[3]内建立一套统一的**实体继承法**是值得考虑的。[4] 然而,欧盟大力扩张后,各成员国法律传统的差异性变大,导致要找到一个适用于欧盟各国的统一继承法模板尤显困难。欧盟在现阶段还不具有订立相关法律的立法权限,即使嗣后被赋予立法权,立法权也应限制在一定范围内。联邦宪法法院在涉及《里斯本条约》的判决[5]中针对限制范围的界限曾有论述:就一个依宪治理的国家的民主自我形塑能力而言,**有关家庭关系的法律**属于极为敏感的内容(见判决边码 252),其是建立在各国 85c

---

〔1〕 依笔者之见,有很多论据支持通过改革当前的特留份制度以扩展遗嘱自由,见 Leipold JZ 2010,802,803 ff.。

〔2〕 关于这些主题的参考文献,见 MünchKomm/Leipold, Einl. zum Erbrecht(Bd. 11),Rn. 63;关于数字遗嘱见 Scholz AcP 219(2019),100。

〔3〕 一份精心准备的关于欧盟各成员国继承法的概览见 http://www.successions-europe.eu。

〔4〕 见 Kuchinke, Festschrift für Söllner(2000),589;Leipold, Festschrift für Söllner(2000),647;Pintens FamRZ 2003,329,417,499;ders. FamRZ 2005,1597;Zimmermann JZ 2016,321(反驳继承法的文化属性自始阻碍法律统一的观点)。比较法方面的重要基础内容见 Henrich/Schwab(Hrsg.), Familienerbrecht und Testierfreiheit im europäischen Vergleich(2001);Reid/de Waal/Zimmermann(Hrsg.),Comparative Succession Law, Vol. I, Testamentary Formalities(2011),Vol. II, Intestate Succession(2015)。

〔5〕 BVerfG NJW 2009,2267.

经历史发展而形成的独特信念和价值观之上的(见判决边码260);因此,赋予欧盟在此领域的立法权应极为谨慎,除非欧盟在协调跨境事务中确有必要制定相应的实体法规范(见判决边码251)。继承法也属于此处讨论意义上的亲属法(虽然联邦宪法法院未曾明确这点),因此,基于上述论述,通过欧盟立法似不可能实现继承法的完全统一。较可行的操作是,先由欧盟编制出一部模范法,然后由各国自行决定是否选用其中的规定。

第二部分

法定继承

第四章　血亲法定继承权——直系血亲卑亲属(第一顺位法定继承人)的法定继承权

案例 3： Max 在 2019 年春天去世，未留下遗嘱。Max 的父母 Erich、Erna 及其兄 Moritz 均在世。Max 的女儿 Berta 也在世，Berta 与 Bruno 是夫妻，两人生育两个子女，外孙 Bernd 和外孙女 Beate。Max 的妻子 Maria 和儿子 Anton 在 2010 年均已去世。Anton 的妻子 Anna 和他们的三个儿子(Alfred、Anselm 和 Albert)均在世。Maria 在自己前一段婚姻中生一子 Sebastian，Sebastian 在 Max 生前与 Max 一起生活。Max 的遗产该如何继承？

一、家庭继承权的基础

(一)目的

血亲和配偶的继承权可以统称为**家庭继承权**。以此使得与作为社会现实的家庭的联系凸显出来。配偶和血亲享有法定继承权，首先是基于被继承人与前者之间的私人关系。其次是(正是因为两者的私人关系也)基于被继承人与前者在经济方面的交织关系。配偶和血亲(特别是父母)，对被继承人财富的增长一般都作出过不小的贡献，这种贡献可能是直 86

接的，也可能是间接的。最后，承认家庭继承权在于其对家庭的供养功能。这主要体现在对直系血亲卑亲属的供养方面。被继承人既然生前对子女负有广泛的抚养义务，那么死亡后，其财产由该些人员在法定继承权范围内享受也不失其合理性。

87 身份关系、经济交织关系和相互供养关系这三点是承认血亲继承权和配偶继承权的内在理由。在不少案例中，法律规定的法定继承效果确可反映**被继承人的意愿**。但需注意的是，被继承人有此典型意愿缘于紧密的家庭关系，后者才是因，前者仅是果，故论证法定继承权的合理性时，不应将被继承人的典型意愿作为首要理由。（有关宪法对家庭继承权的保护见边码 71）

（二）无限血亲继承主义

88 根据《德国民法典》的规定，血缘关系较近的血亲不在世时，**血缘关系较远的血亲**可成为法定继承人；被继承人的血亲均不在世时，国家才成为法定继承人。德国承认无限血亲继承主义，仅出自立法者的法政策考量。一个国家虽然承认亲属继承权，但不必须承认无限血亲继承主义。民法典制定当时就存在限制血亲继承范围的讨论，民法典草案中也曾出现国家优先于远顺位血亲法定继承的方案[1]，民法典嗣后修订时就此问题又有过讨论。[2] 即使立法者今后采纳在宪法允许范围内（见边码 68）限制血亲继承范围的修订方案，其所能产生的效果也不应被夸大。远顺位血亲（至少第二顺位以后的血亲）按照现有法律成为法定继承人的情

---

〔1〕《德国民法典》草案一稿在血亲继承方面，将无限血亲继承主义作为重要原则予以规定。但草案二稿将法定继承人范围限定在前四顺位及更远的先辈。在原帝国议会委员会（Reichstagskommission）的建议下，二稿中的范围限定又被取消。见 Mugdan, Materialien zum Bürgerlichen Gesetzbuch, Band V（1899）, S. 194, 391f., 849, 878f.。

〔2〕另见 Going, Verhandlungen des 49. Deutschen Juristentags（1972）, Bd. I, A 38f.; Dieckmann aaO Bd. II, K 11f.; Strätz FamRZ 1998, 1553, 1559ff.。

况本就很少,再加之,仅有远顺位血亲时,被继承人一般会通过死因处分处理遗产继承问题,因此,在财产政策方面,通过该修订方案几乎无法达到对被继承人遗产作有利于社会公众利益的再次分配的效果。

二、血亲关系和血统关系

(一)血亲关系

血亲关系(Verwandtschaft)和作为血亲关系前提的血统关系(Abstammung)是确定血亲继承权的基础,血亲关系和血统关系由亲属法规定。根据第1589条对血亲关系的定义,血亲指一方在血统上出自于另一方(双方为**直系血亲**,如父母、子女与孙辈子女之间),或双方在血统上均出自于同一第三方(双方为**旁系血亲**,如亲兄弟姐妹之间、堂兄弟姐妹之间、表兄弟姐妹之间、伯伯与侄子之间、舅舅与外甥之间)。**法律意义上的血统关系**与生物学上的生育关系并不完全一致[1],在继承法领域和亲属法领域均是如此。 89

只有被继承人的血亲才是法定继承人,被继承人的**姻亲**(见第1590条)不是法定继承人。 90

配偶不属于法律意义上的血亲。配偶的法定继承权(见第六章)与血亲的法定继承权之间有体系性的区别。已登记的**生活伴侣**的法定继承权(见第七章)也是如此。 91

(二)平等对待婚生子女和非婚生子女

1. 法律沿革

《德国基本法》第6条第5款所要求的平等对待婚生子女和 92

---

[1] Abstammung作为法律概念译作血统或血统关系,Abstammung在生物学上则仅指一方在血统上出自另一方的情形(直系血缘关系),生物学上该概念的范围窄于法律上该概念的范围。——译者注

非婚生子女的效果是逐步得到实现的。直至1969年,**《非婚生子女法律地位法》**才首次建立起子女和与母亲没有结婚的父亲之间及子女和该父亲的血亲之间在法律上的血亲关系。

93 《非婚生子女法律地位法》实施后,非婚生子女原则上享有对父亲和父亲血亲的**法定继承权**和**特留份权**。但该法对非婚生子女继承问题又规定了特殊的法律制度——**遗产替代请求权(Erbersatzanspruch)**和**预先遗产补偿请求权(Anspruch auf vorzeitigen Erbausgleich)**。遗产替代请求权指作为继承人的非婚生子女与被继承人的配偶或婚生子女并存时,非婚生子女对遗产不享有物权性质的权利,只能请求支付金钱。预先遗产补偿请求权指非婚生子女以丧失继承权为代价,在父亲在世时可预先主张财产给付。以上两项请求权见《德国民法典》第1934a条以下的旧条文。

94 **《继承权平等法》**(1997年制定)自1998年4月1日起实施后,上述继承法上的特殊法律制度已被废除。自此以后,对非婚生子女[1]与婚生子女适用完全相同的继承法规定。

2. 平等对待的时间节点[2]

95 在处理非婚生子女与父亲、父亲血亲之间的法定继承权和特留份权问题时,曾一度需要关注**时间节点**:根据《非婚生子女法律地位法》第12条第10节第2款旧条文的规定,对在1949年7月1日以前出生的非婚生子女(根据当时的法律,在《非婚生子女法律地位法》生效时已经成年),适用旧法,即非婚生子女与父亲、父亲血亲互不享有法定继承权和特留份权。如此规定旨在保护民众对旧法的信赖,也在避免嗣后进行父子关系确认而可能产生的困境。

---

〔1〕《亲子关系改革法》(1997年,Kindschaftsrechtsreformgesetz)施行后,《德国民法典》在概念上不再对婚生子女和非婚生子女进行区分。

〔2〕见 MünchKomm/Leipold, Einl. zum Erbrecht (Bd. 11) Rn. 94 ff.。

上述旧规定经由**欧洲人权法院(EGMR)**的一则判决才被修正。欧洲人权法院在该判决[1]中认为,不承认一位 1948 年出生的非婚生子女对 1998 年死亡的父亲的法定继承权违反《欧洲人权公约》(EMRK)第 14 条(歧视禁止)和第 8 条(保护家庭)。而在此之前,就同一事实,德国联邦宪法法院在一则不予审查裁定中已经表示,《非婚生子女法律地位法》第 12 条第 10 节第 2 款旧条文是合宪的。[2] 由此可见,欧洲人权法院的观点与联邦宪法法院的观点存在明显冲突。 96

作为这则欧洲人权法院的判决引发的效果,德国在 2011 年 4 月 12 日通过《关于非婚生子女平等继承权、修正民事诉讼法和捐税法的第二部法律》(2011 年《联邦法律公报》第 1 部分,第 615 页)。根据该法,所有 1949 年 7 月 1 日以前出生的非婚生子女对父亲、父亲血亲享有法定继承权和特留份权。[3] 该法适用于 2009 年 5 月 29 日(欧洲人权法院作出上述判决之日)以后发生的继承事件。由此可见,上述法案有溯及力。立法者认为,在欧洲人权法院作出上述判决后,民众对旧法的信赖应不再值得保护,法案可以发生溯及效力。 97

但根据上述法案,在**早于 2009 年 5 月 29 日发生的继承事件**中,非婚生子女仍不享有对父亲、父亲血亲的法定继承权和特留份权。仅在联邦或州根据《德国民法典》第 1936 条之规定此前已成为法定继承人的情形下,非婚生子女才可根据《非婚生子女法律地位法》第 12 条第 10 节第 2 款新条文,要求对其已无法主张的继 97a

---

〔1〕 判决见 EGMR v. 28. 5. 2009, Brauer v. Germany, Application no. 3545, 04, 摘要性德译本见 ZEV 2009, 510 = FamRZ 2009, 1293(附 Henrich 赞同性评论)= BWNotZ 2009, 203(附 Krug 之评论);另见 Leipold ZEV 2009, 488. 。

〔2〕 BVerfG ZEV 2004, 114.

〔3〕 有关排除以第 2079 条(特留份权人被忽略的情形)为依据的撤销权在下文详细阐述(见边码 431)。

承法权利做相同价值的补偿。[1] 针对其他情形,立法意见认为,对早于 2009 年 5 月 29 日发生继承的结果不再做调整。

97b 针对**早于 2009 年 5 月 29 日发生的继承事件**所适用的裁判观点也并非是终局的。[2] 虽然联邦最高法院(针对一起 2006 年发生的继承事件[3])和联邦宪法法院(针对一起 2007 年发生的继承事件[4])在相关裁判中曾坚持,非婚生子女在早于 2009 年 5 月 29 日发生的继承事件中不享有法定继承权和特留份权,且该规则并不违宪。但欧洲人权法院却认为,在早于 2009 年 5 月 29 日发生的继承事件中,不承认非婚生子女对生父的法定继承权是违反《欧洲人权公约》的。[5] 欧洲人权法院尽管原则性同意,立法者有权确定一个节点日,但还要求进行一项在具体个案中严格适用节点日是否符合比例原则的审查(欧洲人权法院在其裁决的该案中认为违反比例原则)。鉴于该则判决的影响,联邦最高法院根据学术建议[6]作出一则新判决。[7] 对原先针对 2009 年 5 月 29 日以后发生的继承事件制定的法律规定进行目的性扩张后,联邦最高法院如今认为,假如在更早发生的具体继承事件中,不承认非婚生子女对其生父的法定继承权或特留份权将构成对比例原则的违

---

〔1〕 联邦最高法院 BGH ZEV 2017,705 驳回了补偿节省或赚取的利息形式的用益请求,因为缺乏请求权基础。对此的批评意见,见 MünchKomm/Leipold, Einl. zum Erbrecht(Bd. 11),Rn. 108。

〔2〕 见 MünchKomm/Leipold,Einl. zum Erbrecht(Bd. 11)Rn. 110 bis 114。

〔3〕 BGHZ 191,229=NJW 2012,231.

〔4〕 BVerfG NJW 2013,2103.

〔5〕 针对 2009 年继承事件的判决见 EGMR BeckRS 2017,101431(原始英文文本)= FamRZ 2017,656(德译本);针对 2006 年和 2007 年继承事件的判决见 EGMR ZEV 2017,507。

〔6〕 Leipold FPR 2011,275(279);ZEV 2014,449(455);Erman/Lieder § 1924 Rn. 10;Lieder/Berneith FamRZ 2015,1528.

〔7〕 针对一起 1993 年就已发生的继承事件的判决,见 BGH ZEV 2017,510(另见 Leipold,ZEV 2017,489,493ff.)= FamRZ 2017,1620(附 Lieder/Berneith 之评论)。

反,继而导致违反《欧洲人权公约》的,则应承认非婚生子女的相关权利。

(三)母亲方面的血统

根据第 1591 条,**孩子的母亲**恒为**生育**该孩子的女子。即使用 98
于孕育孩子的卵子或胚胎源自他人的捐赠[1],生育该孩子的女子也仍是母亲,卵子或胚胎由他人捐赠不得成为撤销母子关系的事由。与该孩子的生母结婚[2]的女子不得经由类推适用第 1592 条第 1 项而被认定为共同母亲。[3] 使他人代孕的委托人若希望与孩子建立起血亲关系,依据德国法的规定,只能通过收养该孩子的方式(见边码 107)。需要注意的是,假如根据**外国法**一子二母制度得到承认[4],或两位委托代孕的男性在德国均可被承认为父亲[5]的,则也应适用由此所产生的继承法上的效果。

(四)父亲方面的血统

1. 基于婚姻确立父的身份

根据第 1592 条第 1 项,孩子的**父亲**是该孩子出生时**与其母亲** 99
有婚姻关系的男子。母亲的丈夫无需作承认父子关系的表示,也无需存在该孩子系由母亲的丈夫所生育的证据。第 1592 条第 1 项规定的上述效果在继承法中也同样适用。由上述规定确定的父

---

[1] 根据《胚胎保护法》(Embryonenschutzgesetz),在德国禁止相关医学措施。1997 年新增入《德国民法典》的第 1591 条也旨在阻止代孕。供卵者即使是产妇的生活伴侣,也不得通过类推适用第 1592 条而被认定为母亲,见 OLG Köln BeckRS 2015,14263。

[2] 有关同性间的婚姻在下文详述(见边码 154)。

[3] BGH NJW 2019,153;相反观点见 Löhnig NJW 2019,122。

[4] 有关判决见 KG IPRax 2016,160(关于南非同性婚姻;另见 Coester/Waltjen IPRax 2016,132);联邦最高法院支持原审判决,见 NJW 2016,2322(Rauscher 作评)。

[5] BGHZ 203,350=NJW 2015,479(男性同性生活伴侣作为父母);不同观点见瑞士联邦法院判决 IPRax 2016,167(承认亲子关系违反瑞士的公共秩序);相同观点见 Thomale IPRax 2016,177。

子关系只有经撤销,被法院裁判确认不存在后,孩子才不再是其母亲的丈夫的法定继承人。

2. 基于承认表示确立父的身份

100 根据第 1592 条第 2 项,男子经作出承认父子关系的表示(孩子的母亲对此也表示同意,第 1595 条第 1 款),也可建立父子关系。根据第 1597 条第 1 款,承认父子关系的表示和母亲的同意表示应采用公证书证形式。母亲在生育孩子时**尚未结婚**的,父亲经由此途径可较为简便地与该孩子建立起父子关系。若已有男子承认与该孩子的父子关系,则有待该承认表示的效力经撤销被法院生效裁判废止后,其他男子才可另行作承认与该孩子存在父子关系的表示(第 1594 条第 2 款、第 1599 条第 1 款)。

101 若孩子出生时,母亲的**婚姻关系尚且存续**,则母亲的丈夫与该孩子的父子关系只有**经撤销被法院生效裁判否定**后,其他男子才可经承认父子关系表示与该孩子建立起父子关系(第 1594 条第 2 款、第 1599 条第 1 款)。若孩子出生前,对母亲婚姻关系提出的离婚申请已发生诉讼系属,且在离婚判决生效后的一年内,第三人作出承认父子关系表示,则经由该承认表示优先于经由孩子出生时母亲的婚姻关系建立父子关系(第 1599 条第 2 款)。

102 根据第 1594 条第 1 款,承认表示所生的法律效果一般在**承认父子关系表示生效时**起才被可主张。但承认表示在继承开始后才做出或者生效的,不妨碍他人主张基于该承认表示所生的继承法上的效果。

3. 基于法院裁判确认父的身份[1]

103 父子关系还可通过法院裁判得以确认(第 1592 条第 3 项、第

[1] 通过第三人捐精生育孩子的情形适用特别规定,见第 1600 条第 4 款(排除由母亲或法律上的父亲提起撤销父子关系的权利);另关注第 1600d 条第 4 款(特定情形下不得承认捐精者的父亲身份)。

1600d 条），但法院裁判的前提是不存在基于婚姻关系或基于承认父子关系表示而建立的父子关系。父子关系的不存在，可以是自始不存在婚姻关系或承认父子关系的表示，也可以是父子关系经撤销被法院生效裁判废止（第 1599 条第 1 款、第 1600 条以下）。自 2008 年《家事事件暨非诉事件程序法》施行后，请求法院确认父子关系不再通过起诉，或是通过向家事法院（基层法院的一个部门）提出申请，法院依非诉事件程序（《家事事件暨非诉事件程序法》第 169 条以下有关血统关系事件的程序）进行审理。根据第 1600d 条第 2 款，母亲受孕期间与之同居的男子**推定为孩子的父亲**。

父亲或子女死亡后，两者的父子关系仍可经法院裁判得到确认。父亲死亡后，子女申请确认父子关系，法院裁判确认的，该子女取得对父亲、父亲血亲的法定继承权。同理，子女死亡后，法院裁判确认父亲与子女的父子关系的，父亲、父亲血亲取得对该子女的法定继承权。 104

法院在父亲死亡后确认的父子关系仍可产生继承法上的效果，对此**没有时间限制**。亲生父亲死亡时，其亲生子女基于母亲的婚姻关系与母亲的丈夫存在父子关系，但该父子关系嗣后经撤销被废止，子女经法院裁判又与自己的亲生父亲建立父子关系的，亲生子女仍可取得对亲生父亲的法定继承权。若父子关系确认程序尚在审理中，则为保障子女对遗产将来可能的权利，法院可以为遗产指定遗产保佐（Nachlasspflegschaft，第 1960 条，见边码 627）。[1] 105

根据第 1600d 条第 5 款，除非法律另有规定，否则，**父子关系所生的法律效果，在法院确认父子关系的裁判生效后**才得主张。但是，上述规定并不阻却权利在法院裁判生效前已经生成：即使父子关系在继承开始后才被确认，子女和父亲、父亲血亲仍可互相主 106

〔1〕 BayObLG FamRZ 1998，839.

张法定继承权。

(五)收养

107 根据第1754条,被收养人在被**收养**后,取得作为收养人子女的法律地位,是收养人的法定继承人。若**被收养人在被收养时尚未成年**,则在被收养人与收养人的血亲之间也建立起完全的血亲关系,与之相对应的是,被收养人与其此前亲属的血亲关系消灭(第1755条),但收养血亲或继子女时适用例外规定[1](第1756条)。此谓之**完全收养原则(Grundsatz der Volladoption)**。由此可知,被收养人是收养人血亲的法定继承人,收养人及其血亲是被收养人的法定继承人;收养关系建立后,被收养人对其此前血亲的法定继承权消灭。

108 收养关系的效力限于收养人本人的不完全收养,仅发生在**被收养人在被收养时已经成年的情形下**。在此情形下,一方面,一般情况下,被收养人与收养人的血亲之间不建立起血亲关系,两者互不享有法定继承权(第1770条第1款);另一方面,被收养人与其原血亲的血亲关系和在继承法上的法律关系仍然存续(第1770条第2款)(另见边码153)。

109 收养人在死亡前已提出收养申请的,法院**在其死亡后**可以宣告成立收养关系,被收养人可以据此取得对收养人的法定继承权(第1753条第2款和第3款)。[2]

109a 根据《德国民法典施行法》第22条第3款,收养人(或其血亲)通过死因处分,可以使依**外国法**收养的未成年人享有与依德国法收养的被收养人相同的继承法上的权利。[3]

---

〔1〕 另见本章自检试题4。

〔2〕 见BayObLGZ 1995,245 = FamRZ 1995,1604(继承人不得通过撤回收养申请的方式阻却收养关系的成立;可以理解为撤回权随收养人的死亡而消灭)。

〔3〕 见0MünchKomm/Leipold § 1924 Rn. 31。

三、按顺位继承(亲系继承体系)

(一)顺位

如果被继承人近亲的继承权优先于远亲的继承权,这与血亲继承权的内在理由相吻合。在认定血亲的亲疏远近问题上存在多个规则体系。亲属法中,血亲亲疏的确定以**亲等(Grad der Verwandtschaft)**为标准(第1589条第3句)。亲等指连结两位血亲的生育次数。例如,一个自然人与父母、子女的都是(直系)一等亲,与孙辈则为直系二等亲,与亲兄弟姐妹则为旁系二等亲。但在继承法中,血亲继承权问题并非首先通过亲等标准得以解决。民法典制定时,立法者决定不采用**亲等继承体系(Gradualsystem)**。 110

继承法对被继承人的所有血亲按**顺位(Ordnung)**标准进行区分。血统出自被继承人或同一辈祖先(父母辈、祖辈、曾祖辈……以此类推)的所有血亲,各自组成一个顺位。顺位又称作**亲系(Parentelen**,该词源自拉丁语 parentes,意为父母)。每个辈分的祖先各组建一个顺位。根据第1924条第1款,被继承人的直系血亲卑亲属(指子女、子女的子女……以此类推)组成第一顺位血亲;根据第1925条第1款,被继承人的父母和父母的直系血亲卑亲属组成第二顺位血亲;根据第1926条第1款,被继承人的祖辈血亲和祖辈血亲的直系血亲卑亲属组成第三顺位血亲。可同理往下类推。 111

以被继承人为原点展开的血亲关系图如下: 112

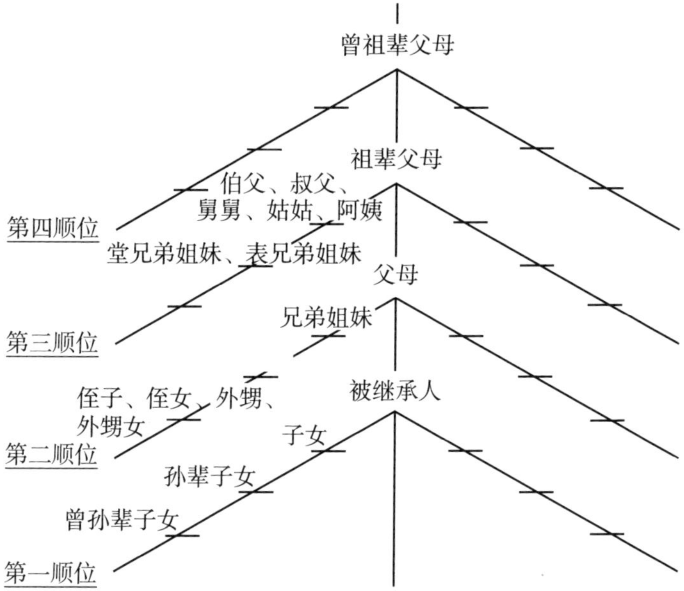

（二）低顺位血亲优先继承

113 第 1930 条规定，继承发生时，**有低顺位血亲在世的**，高顺位血亲不参与继承——**顺位继承原则或亲系继承体系（Parentelsystem）**。该规定旨在优先照顾年轻辈的血亲。例如，即使被继承人仅有一位孙辈子女在世，被继承人的父母也不得参与继承。若以第 1589 条第 3 句规定的亲等论，则孙辈血亲为二等亲，父母为一等亲，孙辈血亲在亲等上低于父母。但是，继承法中不以亲等标准，而以顺位高低标准确定血亲的继承权。孙辈是被继承人的直系血亲卑亲属，属于第一顺位血亲，父母则属于第二顺位血亲。案例 3 中，继承发生时，作为被继承人第一顺位血亲的直系血亲卑亲属（子女和孙辈子女）在世，父母和兄弟属于第二顺位血亲，故根据第 1930 条，父母和兄弟不得参与继承。

四、按支继承

（一）支的概念

血亲按顺位进行区分，及低顺位血亲优先继承的规则，尚不能完全解决如何确定法定继承人的问题，因为有时同一顺位中可能存在诸多与被继承人以不同方式有血亲关系的人员。确定法定继承人及其继承份额，应在顺位继承原则外，补充按支继承原则。根据第 1924 条第 3 款，经同一直系血亲卑亲属与被继承人建立血亲关系的所有人，属于同一**支（Stamm）**。依此规定，被继承人的每个子女，与其自己的直系血亲卑亲属一起，各自组建一个独立的支。例如，案例 3 中有两个支：一个支由 Anton 组建，该支除 Anton 本人外，还包括 Alfred、Anselm 和 Albert；另一个支由 Berta 组建，该支除 Berta 本人外，还包括 Bernd 和 Beate。 114

第一顺位中支关系的结构图如下： 115

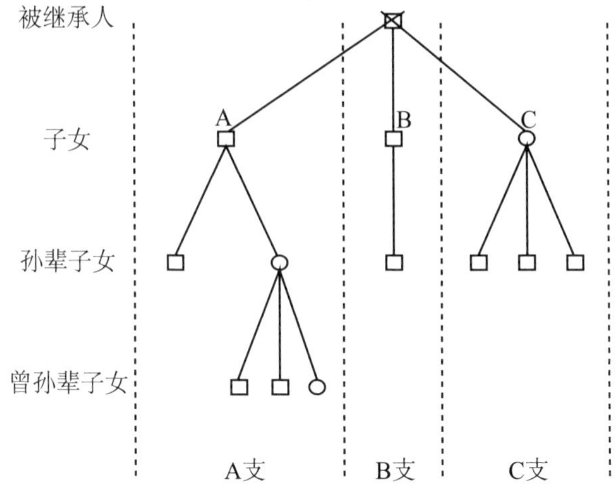

（二）代表原则和代位原则

采用按支继承原则，意味着同一顺位内的继承权按支进行分配。为实现该效果，法律规定了代表原则和代位原则。**代表原则** 116

(**Repräsentationsprinzip**)指一个支内与被继承人血亲关系最近的人排除该支内其他人参与继承(第 1924 条第 2 款),即关系最近者代表该支所有人参与继承。如案例 3 中,被继承人的女儿 Berta 排除自己的子女 Bernd 和 Beate 参与继承。

117 被继承人的直系血亲卑亲属在继承开始前死亡的,经其与被继承人建立起血亲关系的人,即该支内的其他人,根据第 1924 条第 3 款,代位其参与继承——**代位原则(Eintrittsprinzip)**。代位人仅取得被代位人原来的继承份额。如案例 3 中,Anton 作为父亲在继承开始前死亡,故三个子女 Alfred、Anselm 和 Albert 代位其参与继承。

(三)各支份额相同

118 根据第 1924 条第 4 款,被继承人的各子女享有相同的继承份额。由此可知,**各支的继承份额应是相等的**。继承开始前死亡的子女的继承份额应往下传递,由其子女取得。一个支内可往下传递的继承份额,应是在考虑所有支后,该支所分得的份额。继承份额往下传递到某一辈分的血亲时,该辈分的各血亲又根据第 1924 条第 4 款(各子女平分份额)平分份额。因此,不管被继承人只有一个子女在继承开始前死亡,还是所有子女在继承开始前都已死亡,都应首先计算各个支内最高辈分血亲(被继承人的子女)所能取得的继承份额,不然就无法算清被继承人的在世直系血亲卑亲属的继承份额。只有出现一个支内的所有人都不在世的情况,才不考虑为该支分配继承份额。

119 案例 3 中,应首先计算 Berta 和 Anton——视其尚在世的情况下——的继承份额。根据第 1924 条第 4 款,两人的继承份额各为 1/2。根据第 1924 条第 3 款,Anton 的继承份额由其儿子 Alfred、Anselm 和 Albert 代位取得,三个儿子平分份额,故 Anton 该支的 1/2 继承份额被平分后,三个儿子各取得 1/6 的继承份额。若将 Alfred、Anselm、Albert 三人和 Berta 归入同一档,并据此根据第

1924 条第 4 款得出每人各取得 1/4 继承份额的结论,则由于没有考虑按支继承原则,是错误的计算方式。

案例 3 答案: 120

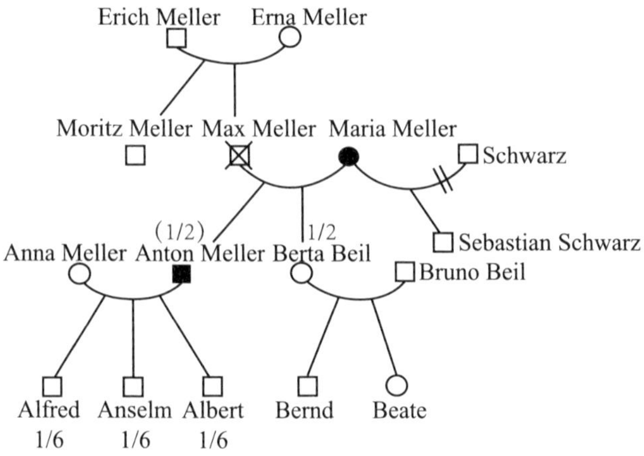

1. 继承人的确定

(1) 继承权限制在血亲范围内

Max 未作死因处分,因此发生法定继承。Max 的配偶已经死亡,故仅 Max 的血亲作为法定继承人参与继承。根据第 1589 条第 1 句和第 2 句,Anna 作为儿媳、Bruno 作为女婿和 Sebastian 作为继子,与被继承人均无血亲关系,不得作为法定继承人。因姻亲关系(第 1590 条第 1 款第 1 句)无法取得法定继承权。继子 Sebastian 虽与继父即被继承人及母亲一同生活,但凭此无法取得继承权。 121

(2) 可参与继承的顺位

根据第 1924 条第 1 款,被继承人的女儿 Berta、外孙子女 Bernd、Beate、Alfred、Anselm、Albert 均属于第一顺位法定继承人。根据第 1925 条第 1 款,被继承人的父母和兄弟属于第二顺位继承人。根据第 1930 条,因存在第一顺位继承人,第二顺位继承人被 122

排除继承。

(3)第一顺位中可参与继承者

123 根据第1924条第2款,Berta排除其子女Bernd和Beate参与继承。根据第1924条第3款,Anton在继承开始前死亡,其直系血亲卑亲属Alfred、Anselm和Albert代位其继承。因此,法定继承人最终为Berta、Alfred、Anselm和Albert。

2.继承份额的确定

124 根据第1924条第4款,Berta和Anton若在世,则各取得1/2的继承份额。根据代位原则,Anton该支内的继承份额由其子女取得(第1924条第3条);根据1924条第4款,各子女的继承份额相等。故,Alfred、Anselm和Albert三人的继承份额各为1/6,Berta的继承份额为1/2。四位继承人成立继承人共同体(第2032条第1款)。根据第1922条第1款,被继承人的财产在被继承人死亡时由该继承人共同体继受。

第四章自检试题:

1.《德国民法典》在被继承人的血亲中根据什么原则确定法定继承人?

2.第一顺位法定继承人有哪些?被继承人的配偶是否属于第一顺位继承人?

3.Severin Stark丧偶,死亡时有诸多后辈血亲在世,包括3个子女、8个孙辈子女和4个曾孙辈子女。法定继承效果如何?

4. Werner丧偶,死亡时三个子女中仅女儿Christine在世。Werner的妻子曾生育一子Franz,Franz与Werner无血缘关系。Werner的儿子Bernhard死亡时未留下子嗣。Werner的女儿Alma死亡时,其丈夫Karl尚且在世。Alma与Karl的两个婚生子女Josef和Josefine,及另一个不是与Karl生的女儿Else,均尚在世。Alma在结婚前收养一子Erwin,Erwin被收养时两岁。Werner死亡后的法定继承效果如何？

答案：

1. 根据继承法的规定，被继承人的血亲首先按**顺位**进行区分，低顺位血亲可以排除高顺位血亲参与继承（顺位继承原则，第1924条至第1930条）。在同一顺位内，被继承人的血亲又按**支**进行区分。按支继承时适用代表原则和代位原则（第1924条第2款和第3款）。 125

2. 根据第1924条第1款，第一顺位的法定继承人是被继承人的**直系血亲卑亲属**，即子女、孙辈子女、曾孙辈子女等。仅针对被继承人的血亲才适用按顺位继承原则，被继承人的配偶不是被继承人的血亲，故配偶不属于任何顺位。有关配偶的法定继承权适用特别规定（第1931条以下，见边码154以下）。 126

3. 此问题有陷阱。子女、孙辈子女和曾孙辈子女系**第一顺位**继承人（第1924条第1款），故本案仅可以得出以下结论：只有第一顺位继承人可以参与继承。至于在这些在世的直系血亲卑亲属中，谁可以参与继承及继承份额多少，则由于案情不详，无法得出结果。同一顺位内的血亲应**按支继承**，而不是按人头继承，故，如需计算继承份额，则必须知道孙辈子女、曾孙辈子女与被继承人之间的血亲关系，即孙辈子女和曾孙辈子女出自哪位在世或不在世的子女。 127

4. 128

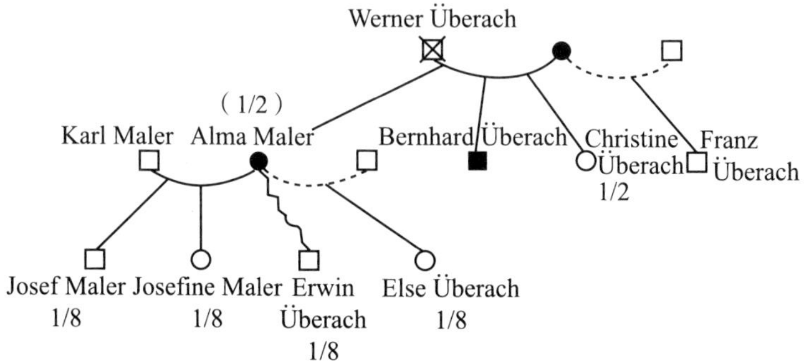

(1)继承人的确定

129 根据第 1924 条第 1 款,女儿 Christine、孙辈子女 Josef、Josefine、Else 和 Erwin 均是第一顺位继承人。Else 非婚生,对其享有继承权并无影响。Erwin 被 Alma 收养后,取得作为 Alma 子女的法律地位(第 1754 条第 2 款),与被继承人 Werner 也建立起血亲关系,属于 Werner 的第一顺位法定继承人。Franz 与 Werner 无血亲关系,不是法定继承人。

(2)继承份额的确定

130 Bernhard 在继承开始前死亡,且死亡时未留下子嗣,故其所代表的支不予考虑。Christine 和 Alma 的继承份额各为 1/2。Alma 在继承开始前死亡,由其子女代位其继承,四个子女的继承份额各为 1/8。综上,继承人为 Christine(继承份额 1/2)和 Josef、Josefine、Else 和 Erwin(继承份额各为 1/8),所有继承人组成继承人共同体。

第五章　其他顺位法定继承人

一、第二顺位继承人

案例4:被继承人 Martin 未婚,死亡时未留下子嗣。其母 Maria 早于其死亡。其父 Max 认为自己应是唯一继承人。Martin 唯一的兄弟 Theo 已经死亡,Theo 的四个子女 Hans、Fritz、Otto 和 Erna 都在世。四人都认为可以取得遗产。Maria 还有一个不是与 Max 一起生的女儿 Angelika。Angelika 现也主张继承权。Angelika 与丈夫 Anton 的儿子 Olaf 则认为,因其与被继承人的血亲关系和其四个兄弟姐妹与被继承人的血亲关系一样近,故自己也应分得遗产。该如何进行法定继承?

(一)继承人范围

131 根据第 1925 条第 1 款,第二顺位法定继承人是**被继承人的父母及父母的直系血亲卑亲属**(如兄弟姐妹、侄子、侄女、外甥、外甥女等)。

(二)父母的继承权及父母死亡时其直系血亲卑亲属的继承权

132 被继承人的父母均在世的,由父母独自继承,两人的继承份额各为 1/2(第 1925 条第 2 款)。父母中有一方死亡的,死亡方的 1/2 份额由其直系血亲卑亲属取得(第 1925 条第 3 款第 1 句)。该原则称作**按系继承**[1](**Erbrecht nach Linien**)。第二顺位血亲可区分为父系血亲和母系血亲。在确定兄弟姐妹与自己是同父异母还是同母异父时,系的概念较为关键。父母中有一方死亡的,死亡方的直系血亲卑亲属参照有关第一顺位继承人的法律规定进行继承。故此,死亡方的子女应平分份额,在母系或父系内按支进行继承。死亡方未留下子嗣,则由在世方独自继承(第 1925 条第 3 款第 2 句)。

133 **收养成年人**的情况下有特殊规定:根据第 1770 条第 2 款,被收养人与亲生父母的血亲关系不断,养父母和亲生父母均属于第二顺位继承人,每人的继承份额各为 1/4。

134 **案例 4 答案:**

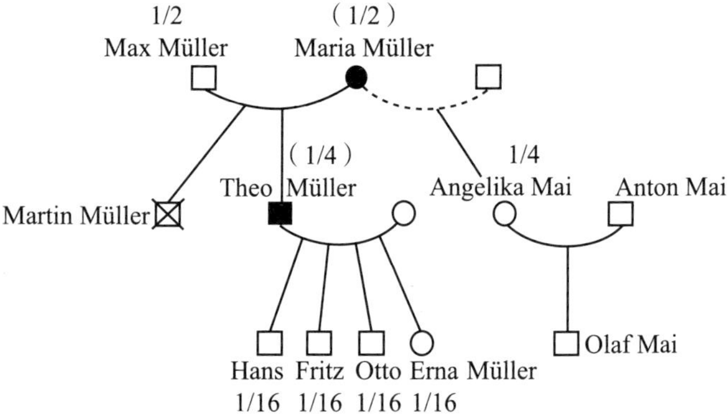

135 被继承人没有第一顺位继承人(被继承人的直系血亲卑亲属),故**第二顺位血亲**参与继承。本案中现主张继承权的人,或是被继承人的父母,或是被继承人父母的直系血亲卑亲属,这些主体均属于第二顺位继承人。假如被继承人的母亲尚且在世,则父母两人各应取得 1/2 的继承份额(第 1925 条第 2 款)。现 Max 在

[1] 为组词方便,"系"在下文中也译作"方面"。——译者注

世，故 Max 应取得 1/2 的份额。Maria 的 1/2 份额由其**直系血亲卑亲属**代位取得（第 1925 条第 3 款第 1 句），母系血亲的继承问题参照有关第一顺位继承人的法律规定。根据子女平分份额规则（第 1924 条第 4 款），Angelika[1] 和 Theo 一支各取得 1/4 的份额。根据第 1924 条第 2 款，Angelika 排除其子 Olaf 参与继承。根据第 1924 条第 3 款和第 4 款，早于 Martin 死亡的 Theo 的子女代位 Theo 继承，各子女继承份额相等，故各子女继承份额为 1/16。综上，继承人为 Max（继承份额 1/2）、Hans、Fritz、Otto 和 Erna（继承份额各为 1/16）和 Angelika（继承份额 1/4），所有继承人组成继承人共同体，遗产由该继承人共同体继受。

二、第三顺位继承人

案例 5：丧偶的 Anna 死亡时，血亲中在世的有外祖父、两个表姐和祖父。法定继承效果如何？

（一）继承人范围

根据第 1926 条第 1 款，第三顺位法定继承人是被继承人的**祖辈血亲及其直系血亲卑亲属**（如被继承人的伯伯、姑姑、舅舅、阿姨等）。 136

（二）祖辈血亲的继承权及祖辈血亲死亡时其直系血亲卑亲属的继承权

祖辈血亲均在世的，根据第 1926 条第 2 款，祖辈血亲独自继承，平分继承份额，各人继承份额为 1/4。祖辈血亲中有人已经死亡的，**死者的直系血亲卑亲属代位该死者继承**（第 1926 条第 3 款第 1 句）。某位早于被继承人死亡的祖辈血亲未留下直系血亲卑亲属的，其继承份额由该对祖辈血亲中的另一方取得；该另一方也早于被继承人死亡的，则该对祖辈血亲的所有继承份额由该另一 137

[1] Angelika 不是其父母的婚生子女这点对法律效果不造成影响。

方的直系血亲卑亲属代位取得(第 1926 条第 3 款第 2 句)。一对祖辈血亲没有共同的直系血亲卑亲属的情况下,应适用上述规则。由此可知,第三顺位继承人也按**系**进行继承,即由祖父母及祖父母方面的直系血亲卑亲属组成一个系,由外祖父母及外祖父母的直系血亲卑亲属组成另一个系。仅一个系内的祖辈血亲及其直系血亲卑亲属均已死亡时,该系的继承份额才由另一系取得:该情形下,另一系的祖辈血亲或其直系血亲卑亲属将独自继承(第 1926 条第 4 款)。针对第三顺位内**直系血亲卑亲属的代位继承**问题,也适用有关第一顺位继承人的法律规定,即适用按支继承原则、代表原则、代位原则和子女平分份额规则(第 1926 条第 5 条)。

138 **案例 5 答案:**

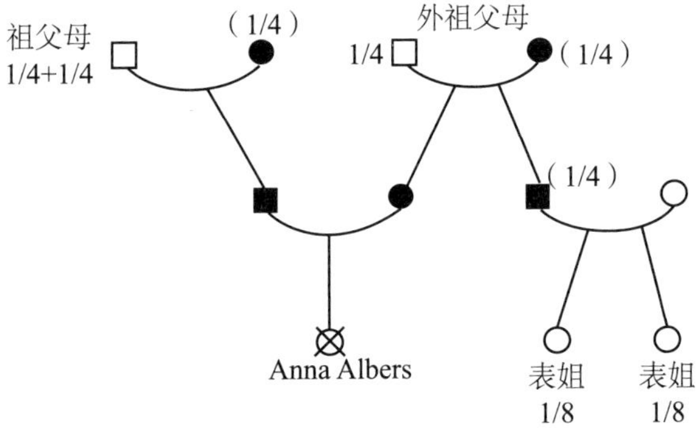

139 祖父、外祖父和两个表姐(作为外祖父母的直系血亲卑亲属)均属于**第三顺位**法定继承人(第 1926 条第 1 款)。前顺位血亲都已死亡,故由第三顺位血亲参与继承(第 1930 条)。四位祖辈血亲若均在世,则每人各取得 1/4 的继承份额(第 1926 条第 2 款)。祖母早于被继承人死亡且未留下子嗣,根据 1926 条第 3 款第 2 句,祖母的 1/4 份额由祖父取得。外祖父母系中,本由外祖母取得 1/4 份额,但其已经死亡,故由其直系血亲卑亲属即被继承人的两个表姐取得该份额;两个表姐平分份额,各取得 1/8(第 1926 条第

3 款第 1 句和第 5 款、第 1924 条第 4 款)。[1] 综上,继承人是祖父(继承份额 1/2)、外祖父(继承份额 1/4)和两个表姐(继承份额各 1/8)。所有继承人组成继承人共同体,遗产由该继承人共同体继受。

三、第四顺位、第五顺位及更高顺位法定继承人

案例 6:未婚的 E 死亡时,其血亲中仅有以下人员在世:母亲方面一位曾祖辈血亲的两个孙辈血亲 A 和 B,和父亲方面一位曾祖辈血亲的曾孙辈男性 C。法定继承效果如何?

(一)继承人范围

根据第 1928 条第 1 款,第四顺位法定继承人是被继承人的**曾祖辈血亲及其直系血亲卑亲属**。根据第 1929 条第 1 款,第五顺位法定继承人是被继承人的曾曾祖辈血亲及其直系血亲卑亲属。 140

(二)针对第四顺位起法定继承的特别规定

自第四顺位起,不再适用按支继承原则或按系继承原则,每个顺位内可参与继承的人按**血亲亲等远近**确定。例如,在世的曾祖辈血亲,不再区分属于哪个系,而是各人平分遗产(第 1928 条第 2 款)。曾祖辈血亲都已死亡的,其直系血亲卑亲属中与被继承人的**血亲亲等最近者**成为继承人(第 1928 条第 3 款)。曾祖辈血亲的直系血亲卑亲属是否属于不同的支,已不再重要,与被继承人血亲亲等相同的血亲平分份额。针对第五顺位及更高顺位的法定继承问题,参照第四顺位的继承规则(第 1929 条第 2 款)。由此可知,自第四顺位起,针对本顺位内的法定继承问题,应适用**亲等继承原则**和**按人数分配份额的规则**。该规定不违反宪法,因为立法 141

[1] 两个表姐与被继承人的外祖母间是何种血亲关系并不重要。即使血亲关系并非如关系图中所画的那样,比如两个表姐由外祖母不同的子女所生,两个表姐各自的继承份额也仍是 1/8。

者有权裁量，针对血缘关系较远血亲的法定继承问题是否适用与前三顺位不同的规则。[1]

142 **案例 6 答案：**

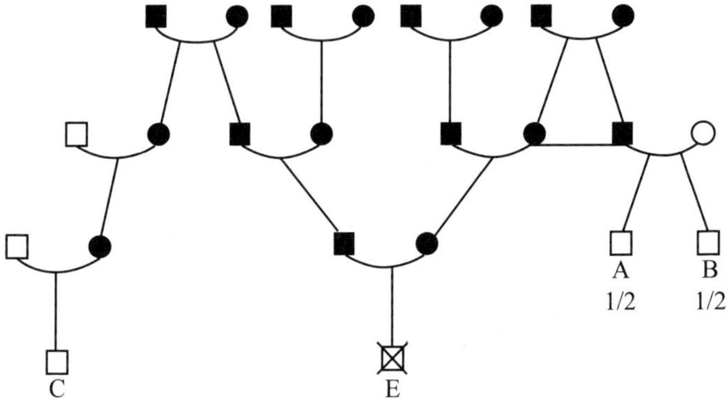

四、多重血亲关系的继承问题

143 两个血亲之间可能存在多重血亲关系，如两个血亲结婚（或建立类似的紧密关系），两个血亲结婚后生育子女，或血亲收养血亲为养子女（以养子女的原血亲关系没有消灭为限，见第 1756 条）。根据第 1927 条第 1 句，第一顺位至第三顺位内，同一顺位的法定继承人同时属于不同支的，其在各支内取得的**继承份额可以累加**。并且，各支内取得的继承份额**各自独立**（第 1927 条第 2

---

〔1〕 OLG Frankfurt FamRZ 2017, 481 = BeckRS 2016, 18010. 不同观点见 AG Starnberg FamRZ 2003, 1131（认为违反《德国基本法》第 3 条、第 14 条）。另不值赞同的是在该则判决中所持的以下观点，即仍将第 1928 条和第 1929 条视为“立宪之前的法律”（vorkonstitutionelles Recht），继而认为，认定该等法律的违宪性无需根据《德国基本法》第 100 条第 1 款第 1 句之规定呈交联邦宪法法院裁决。但以笔者之见，无论如何，在 2001 年通过《债法现代化法》（Schuldrechtsmodernisierungsgesetz）为《德国民法典》各条文新增官方标题后，整个《德国民法典》应视为是“立宪之后的法律”（nachkonstitutionelles Recht），见 Leipold NJW 2003, 2657；相同观点见 BeckOK BGB/Müller-Christmann § 1928 Rn. 1。

句)。换言之,继承人对不同的继承份额可单独为拒绝继承表示(第 1951 条),不同继承份额对应的遗产债务也各自独立(第 2007 条)(另见本章自检试题第 3 题)。自第四顺位起,不得因不同的血亲关系累计继承份额。

A、B 和 C 均属于**第四顺位**法定继承人(第 1928 条第 1 款)。 144
由于不存在较低顺位的法定继承人,故第四顺位法定继承人参与继承(第 1930 条)。根据第 1928 条第 3 款,曾祖辈血亲的直系血亲卑亲属中与被继承人血亲世数近者可参与继承。根据第 1589 条第 3 句,**亲等**根据连结两位血亲间的生育次数确定。本案中,A、B 与 E 的亲等均为五等[1],C 与 E 的血亲亲等为六等。因此,A 和 B 最终作为 E 的法定继承人参与继承,两人继承份额相同,各为 1/2(第 1928 条第 3 款末尾)。

第五章自检试题:

1. 按系继承原则是什么意思?如何适用?

2. 第四顺位起的法定继承效果有何特别之处?

3. 被继承人 Engelbert 未婚,死亡时未留下子嗣。Engelbert 的父母只生育 Engelbert,Engelbert 的祖辈父母早于其死亡。祖父母另有一子 Erwin,Erwin 仅有一个女儿 Ellen。Erwin 和 Ellen 均已死亡。Ellen 未婚,但育有一子 Eduard。Eduard 与 Sabine 结婚后离婚,两人均已死亡。Eduard 与 Sabine 有一个女儿 Esther。Sabine 是 Engelbert 外祖父母的曾孙辈子女。Engelbert 母亲方面的血亲中,除 Sabine 的两个兄弟 Sebastian 和 Severin 外,无其他人在世。Engelbert 死亡时,谁成为法定继承人?

4. Sepp 和 Max 是兄弟。Sepp(姓 Belei)和妻子 Gunda(出生

[1] A 与 B 无论是亲兄弟姐妹关系(如关系图所画的那样),还是由曾祖辈血亲不同的子女所生,对本案结果均不产生影响。

时姓 Schwer)育有两个儿子 Franz(本案的被继承人)和 Gregor。Franz 在 16 岁时,Max 和妻子 Marga(出生时姓 Zinn)收养其为养子。Franz 未婚,死亡时未留下子嗣。Franz 死亡时,养父母均已死亡,但亲生父母在世。Gunda、Sepp、Max 和 Marga 各人的父母中,除 Gunda 的父亲和 Sepp、Max 的父亲已经死亡外,其他人都在世。现 Gregor 主张自己是 Franz 的唯一继承人。该主张有理吗?(除案情中提及的血亲外,Franz 无其他在世血亲。)

5. Olga 的亲生父母 Max 和 Maria 夫妇死亡后不久,Olga 满 19 岁,那一年她被 Felix 和 Isidora 夫妇收养。Olga 一直未婚,在 30 岁那年的一场交通事故中死亡,未留下子嗣。Olga 死亡后,Felix 与 Isidora、Olga 的亲姐姐 Elly 就遗产继承问题陷入纠纷。谁成为 Olga 的法定继承人?

答案:

145 1. **父母或更高辈血亲中的每一方及这一方的直系血亲卑亲属**各自组成一个系。按系继承原则指遗产首先按系进行分配,归属一个系的继承份额应保留在该系内。如父母中有一方早于被继承人死亡,则这一方的直系血亲卑亲属代位取得该系的继承份额,而不是父母中的另一方取得份额。仅先死亡方未留下直系血亲卑亲属的,属于该系的继承份额才由另一系取得。第二顺位和第三顺位内的法定继承适用按系继承原则。

146 2. 自第四顺位起,法定继承问题适用**亲等继承原则**,不再适用按系继承原则和按支继承原则。同一顺位内,与被继承人亲等最近者可成为继承人,亲等相同的血亲平分份额(第 1928 条第 2 款和第 3 款、第 1929 条第 2 款)。

3. 147

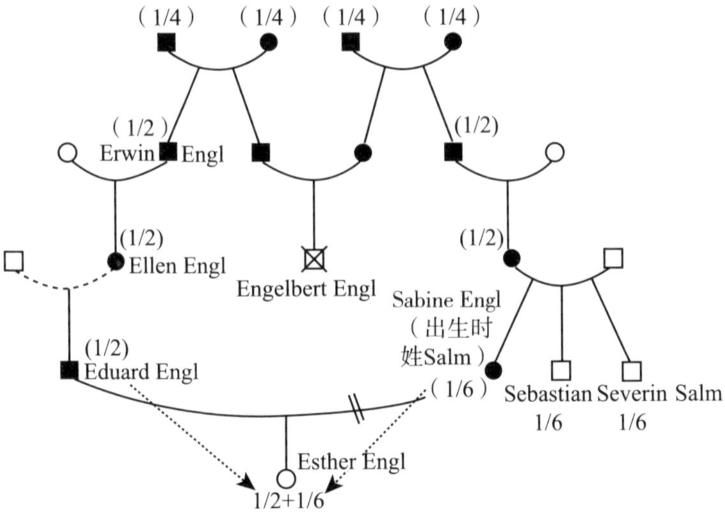

(1)继承人的确定 148

本案中,第三顺位法定继承人(祖辈血亲的直系血亲卑亲属,第1926条第1款)参与继承。Esther作为被继承人祖父母的唯一在世直系血亲卑亲属,代位被继承人祖父母继承(第1926条第3款)。外祖父母系内,Sebastian、Severin和Esther代位被继承人外祖父母继承(第1926条第3款和第5款、第1924条第3款)。

(2)继承份额的确定 149

归祖父母系的1/2继承份额由Esther取得(第1926条第2款和第3款)。归外祖父母系的1/2继承份额由Sebastian、Severin和Esther三人平分,各自取得1/6(第1926条第5款、第1924条第3款和第4款)。Esther**与被继承人有双重的血亲关系**,故根据第1927条第1句,取得两个继承份额。根据第1927条第2句,两个继承份额各自独立。[1] 综上,继承人为 Sebastian、Severin(两人继承份额各 1/6)和 Esther(1/2+1/6,继承份额合计为 2/3)。

150 4.

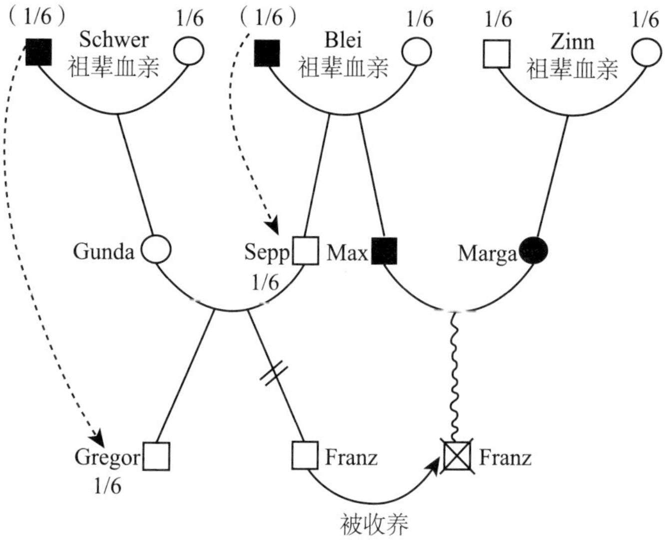

151 Franz 没有直系血亲卑亲属,故没有第一顺位法定继承人(第 1924 条第 1 款)可参与继承。接下来需检查是否存在第二顺位继承人(第 1925 条)。**养父母与养子女 Franz 的血亲亲等为三等,**法律对此种情形下收养关系的法律效果有特别规定。根据第 1756 条第 1 款,Franz 与亲生父母间的血亲关系消灭,故亲生父母不得作为第二顺位继承人参与继承。虽然亲兄弟 Gregor 与 Franz 仍有血亲关系,但 Gregor 并非第二顺位继承人(第 1925 条第 4 款)。由于不存在第二顺位继承人,故由第三顺位继承人继承(第

[1] 此效果在诸如拒绝继承方面是有意义的,根据第 1951 条第 1 款,拒绝继承可仅限于针对某一继承份额。不同继承份额上也可能存在不同债务,尤其是存在遗赠。

1930 条)。Franz 被收养后,有**三对祖辈血亲**。每个祖辈血亲可继承 1/6 的份额(第 1926 条第 2 款)。Gunda 的父亲早于被继承人 Franz 死亡,但由于 Gunda 与 Franz 已无血亲关系,故 Gunda 不得代位其父亲继承,而应由 Gregor 代位继承。根据第 1926 条第 3 款,Gregor 继承 1/6 份额。Franz 被收养后,Gregor 作为第二顺位法定继承人的地位虽已消灭,但经由其与祖辈血亲的血亲关系,仍可作为第三顺位继承人参与继承。Sepp 的父亲早于 Franz 死亡,根据第 1926 条第 3 款,其 1/6 的份额由 Sepp 代位取得。该结果看似令人奇怪,但分析后可知:Franz 被收养后,Sepp 与 Franz 的亲子关系虽已消灭(第 1756 条第 1 款),但根据第 1754 条第 1 款又与 Franz 建立起血亲关系(因收养关系成为 Franz 的伯伯),故 Sepp 取得第三顺位继承人的地位。[1] Sepp 的情况与 Gunda 的情况不同。

5. 152

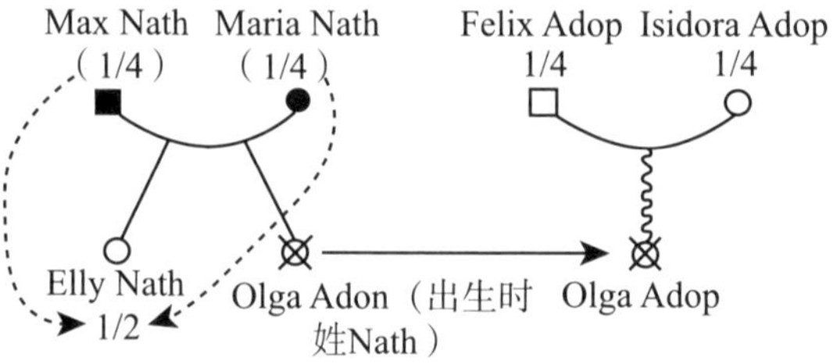

Olga 被收养时已经**成年**(第 2 条),本案案情未提及监护法院作过特别指示(第 1772 条),故 Olga 被收养后,取得 Felix 和 Isidora 女儿的身份(第 1767 条第 2 款、第 1754 条第 1 款)。而且,Olga 与**亲生父母及亲兄弟姐妹的血亲关系不受**收养关系的**影响**,由该血亲关系所生的权利义务存续(第 1770 条第 2 款),其中也 153

---

[1] 详细论述见 Dieckmann FamRZ 1979,389,393 ff. ,395;Scmitt-Kammler FamRZ 1978,570,573;MünchKomm/Leipold § 1925 Rn. 13f. , § 1926 Rn. 7f. 。

包括继承权。由于不存在第一顺位继承人,故由第二顺位继承人参与继承。养父母和亲生父母若均在世,每人各继承 1/4 份额(第 1925 条第 2 款)。尽管第 1925 条没有明文规定,四位父母中一位或多位死亡的情形下该如何继承,但从该法条的规范目的应可推知:此情形也应适用按系继承原则,亲生父母[1]中有人死亡的,由亲生父母的直系血亲卑亲属代位继承。[2] 现亲生父母均已死亡,故 Olga 的亲姐姐 Elly 可代位继承。综上,法定继承人为 Felix、Isidora(继承份额各 1/4)和 Elly(继承份额 1/2)。

---

〔1〕 与之相反,养父母的直系血亲卑亲属不得代位继承,因为根据第 1770 条第 1 款第 1 句,其与被继承人之间不存在血亲关系,见 MünchKomm/Leipold § 1925 Rn. 9。

〔2〕 OLG Zweibrücken FGPrax 1996,189;MünchKomm/Leipold § 1925 Rn. 9.

第六章　配偶的法定继承权

案例 7：Ludwig 死亡时未留下子嗣，生前与妻子 Maria 约定采用分别财产制。Ludwig 的父母和兄弟姐妹都已死亡，亲属中还只有祖母、外祖父和一个阿姨（母亲的妹妹）在世。问：谁成为法定继承人？

一、一般要件

154 自 2017 年起，不仅男女双方，同性双方也可缔结婚姻关系（第 1353 条第 1 款第 1 句）。对同性婚姻适用与对传统婚姻相同的继承法规则。同性双方不可再缔结生活伴侣关系。（有关生活伴侣关系转化为婚姻关系的途径见边码 209。）

154a **在世配偶**取得法定继承权，以与被继承人的婚姻关系持续**至继承开始之时**为前提。婚姻关系在继承开始**前**因废止（第 1313 条以下）或离婚（第 1564 条以下）已经解除的，配偶的法定[1]继承权和特留份权随之消灭。

---

〔1〕 存在使配偶受益的遗嘱处分（死因处分）情况下有类似规定（见第 2077 条）（见边码 373）。根据第 2279 条第 1 款、第 2 款，继承契约中契约性处分有使配偶受益的内容时也有类似效果（见边码 506）。

155 婚姻关系解除的法律效果一般在废止婚姻关系判决(第1313条第2句)或离婚判决(第1564条第2句)发生既判力时才产生。但根据第1933条,继承开始时**第1564条至第1568条规定的离婚条件已经满足**,且**被继承人此前已申请离婚**[1]或已同意配偶的离婚申请[2]的,配偶也丧失法定继承权,即婚姻关系解消的法律效果**提前产生**。根据该规定,一方在离婚条件满足下申请离婚,另一方同意离婚,则双方都丧失对对方的法定继承权。此效果与宪法不冲突。[3] 但在一方申请离婚的情况下,仅有被申请人丧失法定继承权,申请人还有法定继承权。[4] 此效果在法政策层面值得商榷[5],本身也有违宪之嫌。[6] 此外,先死亡配偶有废止婚姻的理由(第1314条),死亡前已**申请废止**婚姻的,被申请方也丧失法定

---

[1] 离婚程序必须经由离婚申请在继承开始前的送达而已发生系属[《民事诉讼法》(ZPO)第262条第2句、《家事事件暨非诉事件程序法》第124条第1句、第2句、《民事诉讼法》第253条第1款、第261条第1款];但不发生时间回溯至申请提交之时的效果(《民事诉讼法》第167条),见BGHZ 111,329 = NJW 1990,2382;MünchKomm/Leipold § 1933 Rn. 5。至于申请文书是否包含《家事事件暨非诉事件程序法》第133条第1款第2项中所要求的内容,则在所不论,见OLG Köln NJW 2013,2831;系通说。

[2] 同意表示必须作为诉讼行为发生效力,即以下列方式作出(无需律师强制代理,见《家事事件暨非诉事件程序法》第114条第4款第3项):以书面方式向法院作出,或以言词由书记处予以记录的方式作出(《家事事件暨非诉事件程序法》第134条第1款),或在言词辩论中作出,见OLG Köln NJW 2013,2831;MünchKomm/Leipold § 1933 Rn. 9。

[3] BverfG NJW 1995,769.

[4] 根据现有规定,夫妻一方申请离婚,另一方在离婚判决未生效前死亡的,申请方仍有法定继承权。——译者注

[5] 见MünchKomm/Leipold § 1933 Rn. 2。

[6] 认为违宪者见Zopfs ZEV 1995,309;Muscheler Rn. 1440;认为合宪者见OLG Koblenz ZEV 2007,378,380;Staudinger/Werner(2017) § 1933 Rn. 3。以下裁判文书中对该问题未给出结论:BVerfG NJW 1995,769;BGHZ111,329,333 = NJW 1990,2382,2383;BGHZ 128,125,135 = NJW 1995,1082,1085。

继承权。[1]

156 作为**对丧失法定继承权的一种补偿**,根据第1933条第3句结合第1569条至第1586b条,在世配偶有权**请求扶养费**(根据第1586b条,扶养费义务应当发生继受,见边码696)。此外,夫妻采用法定财产制即增益共同财产制的,没有成为继承人的在世配偶可向死亡配偶的继承人请求**分配夫妻财产法上的增益**(第1371条第2款)。[2]

157 **非婚共同生活关系**中的在世一方没有法定继承权。由于非婚共同生活关系与婚姻关系存在本质区别,故针对非婚共同生活关系不可类推适用第1931条。[3] 这一点根本就不是一处法律漏洞。尽管有一些因素可以用于支持非婚共同生活者可依法分配遗产的观点,尤其在一些极端情形(Härtefälle)下[4],但这还需立法者引入该等条款。根据现行法仅能通过死因处分向非婚共同生活者设立继承权或遗赠。

二、配偶法定继承份额一般规定

158 《德国民法典》首先在第1931条第1款和第2款,总则性地规定各种夫妻财产制下配偶的继承份额,然后再根据不同的夫妻财产制作调整(见边码163以下)。根据第1931条第1款和第2款,配偶与作为被继承人法定继承人的不同血亲共同继承时,配偶的**继承份额的数额**有别。总的原则是血亲与被继承人血缘关系越疏

---

〔1〕 即使不存在发生诉讼系属的废止申请,根据第1318条第5款,在特定情形(如重婚)下,结婚时已知悉废止事由的夫妻一方也丧失法定继承权。见 MünchKomm/Leipold § 1931 Rn. 11f.,有关重婚在继承法上产生的其他效果见该处边码14。

〔2〕 BGHZ 99,304=NJW 1987,1764(增益以在离婚申请发生诉讼系属时的金额为准)。

〔3〕 OLG Saarbrücken NJW 1979,2050;OLG Frankfurt NJW 1982,1885.

〔4〕 见 MünchKomm/Leipold § 1931 Rn. 8,有比较法上的讨论。

远,则配偶的继承份额**越大**。由此可知,与血亲关系相较,立法者更重视由婚姻而形成的紧密关系。

159 **配偶的继承份额**数额具体如下:

1. 存在第一顺位血亲(被继承人的直系血亲卑亲属)时,配偶继承份额为 1/4;

2. 存在第二顺位血亲(父母及父母的直系血亲卑亲属[1])时,配偶继承份额为 1/2;

3. 存在祖辈血亲时,配偶继承份额为 1/2,另外,祖辈血亲的直系血亲卑亲属的继承份额归配偶取得;

4. 存在比祖辈血亲更远的血亲时,配偶继承全部遗产。

160 配偶作为法定继承人的法律地位在内容上与血亲的并无不同。立法时曾有意见认为,配偶成为法定继承人的情况下应发生前后位继承,配偶成为前位继承人,夫妻双方共同的子女成为后位继承人,但该意见最终未被采纳。在配偶与血亲共同继承的情况下,两者组成**继承人共同体**。配偶若兼有血亲身份,则既可取得作为配偶的继承份额,也可取得作为血亲的继承份额(第 1934 条)。

161 **案例 7 答案:**

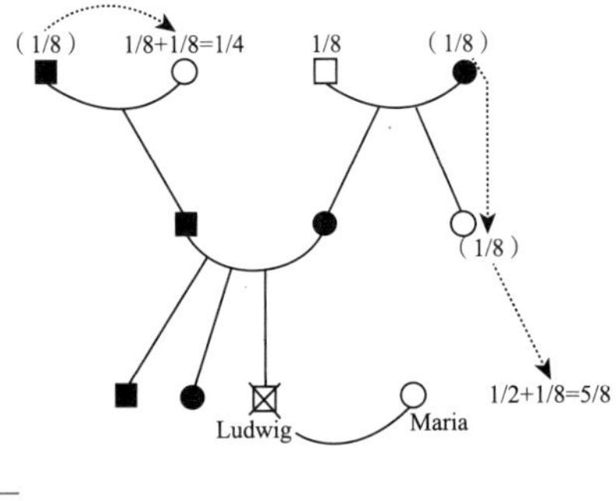

---

[1] 参见 OLG Celle FamRZ 2003,560(至于是父母双方的,还是父母一方的直系血亲卑亲属,在所不同。两者情形下,根据第 1931 条第 1 款第 1 句,配偶的继承份额均为 1/2)。

本案发生法定继承[1],继承人为配偶(第 1931 条第 1 款)和第三顺位血亲(第 1926 条第 1 款)。根据第 1931 条第 1 款第 1 句,存在祖辈血亲时,配偶的继承份额为 1/2。祖父母、外祖父母若均在世,则根据第 1926 条第 2 款,应取得相同的继承份额,即每人继承 1/8。祖父没有直系血亲卑亲属在世,故祖母取得祖父的继承份额(第 1926 条第 3 款第 2 句),祖母的最终继承份额为 1/4。[2] 根据第 1926 条第 3 款第 1 句,外祖母的女儿(被继承人的阿姨)本可取得外祖母的继承份额,但根据第 1931 条第 1 款第 2 句,这部分继承份额应由配偶继承,即配偶排除被继承人阿姨的继承权。配偶最终共可继承 5/8(1/2 + 1/8)。本案中,夫妻采用分别财产制,故上述继承效果不受夫妻财产制的影响。综上,Maria、祖母和外祖父均为继承人,三人组成继承人共同体,继承份额分别是 5/8、1/4、1/8。 162

三、增益共同财产制下的继承效果

案例 8:Maria 和 Sebastian 结婚时,Maria 在银行有 20,000 欧元存款,Sebastian 没有值钱的财产。婚姻关系存续期间,Sebastian

---

[1] 检查顺序源于法律规定的体系。据此,应首先查明配偶与哪些血亲共同继承,继而查明配偶的继承份额,最终才根据亲属继承法的规则在血亲之间分配剩余份额。在第 1931 条第 1 款第 2 句规定的特殊情况下,还会最终发生亲属继承份额转由配偶取得的效果(见本题解答内容及边码 203 以下)。

[2] 若有祖父的直系血亲卑亲属在世,则本由其根据第 1926 条第 3 款第 1 句可以取得的 1/8 份额,根据第 1931 条第 1 款第 2 句转由在被继承人的世配偶取得。若祖父的直系血亲卑亲属早于被继承人死亡,则该 1/8 份额根据第 1926 条第 3 款第 2 句由祖母取得,而不是转由被继承人的在世配偶取得。该答案是否有其逻辑必然性,尚值疑问(见 Kipp/Coing § 5 Ⅲ 1[该处 Fn. 14];Staudinger/Werner(2017) § 1931 Rn. 26;Lange/Kuchinke § 12 Ⅲ 4 a);因为该情形下,尽管配偶的继承权优先于祖父的直系血亲卑亲属,但还是劣后于代直系血亲卑亲属继承的祖母。不过,对此的法律条文内容明确,不存在作其他解释的空间(采同样观点的见前文 Kipp/Coing 和 Staudinge/Werner 书相同位置)。

取得价值70,000欧元的有价证券和价值250,000欧元的房产。婚姻关系存续期间,除存款数额增至25,000欧元外,Maria没有取得其他财产。双方在婚内共生育四个子女,分别是Anna、Armin、Alfons和Adalbert,子女现都在世。

问题:1. 若Sebastian先死亡,遗产该如何继承?

2. 若在世配偶拒绝继承,遗产该如何继承?

(一)增益共同财产制

163 根据第1363条第1款,夫妻没有订立夫妻财产契约约定采用其他夫妻财产制的,应适用**法定夫妻财产制**,即增益共同财产制。为更好地理解配偶继承权的内容,有必要先了解增益共同财产制的本质。设立增益共同财产制的思想基础是:夫妻一方(如有全职工作的一方)的财产,在婚姻关系存续期间之所以能够增长(产生增益),归根结底,也得益于另一方(如主要从事家务、不全职工作的另一方)的贡献。因此,夫妻双方应有权均享婚姻关系存续期间取得的财产。然而,虽有上述思想基础,增益共同财产制也被冠以"共同"(Gemeinschaft)之名,但在增益共同财产制下,夫妻双方的财产其实是各自独立的,**不成立共有关系**。根据第1363条第2款第1句,双方的婚前财产和婚后各自取得的财产归各自所有。案例8中,银行存款归Maria个人所有,有价证券和不动产归Sebastian个人所有。

164 仅在**婚姻关系终止**时,增益源于夫妻双方共同创造的思想基础才真正发挥作用。根据第1363条第2款第2句,婚姻关系终止时,夫妻双方的**增益才应被平均分配**。

(二)继承份额的提高

165 尽管当今大约1/3的夫妻最后会选择离婚,但婚姻关系最常见的**解除**方式还是**夫妻一方的死亡**。不巧的是,对于这种最常见的婚姻关系解除方式,立法者却未按增益共同财产制的一般规定处理配偶遗产继承问题。根据增益共同财产制的一般规定,对夫妻双方的增益本应先进行核算,再进行平均分配。但在夫妻一方死亡的情形下,增益却以一种十分**公式化的方式(schematische Weise)**得以分配:根据第 1371 条第 1 款,在世配偶的继承份额提高 1/4。此分配方案称作**继承法上方案(erbrechtliche Lösung)**。根据第 1931 条第 3 款,提高的基础是配偶根据第 1931 条第 1 款所能取得的继承份额。举例而言,若被继承人的直系血亲卑亲属在世,则在增益共同财产制下,配偶共可取得 1/2 的继承份额。这将导致,血亲与配偶共同继承的情况下,血亲的继承份额相应减少。[1] 例如,根据第 1931 条第 1 款,被继承人的子女本可取得 3/4 的继承份额,但被削减后,子女实际共仅可继承 1/2 的遗产。(在世配偶与祖辈血亲及祖辈血亲的直系血亲卑亲属共同继承情况下的继承效果,见本章自检试题第 3 题。)

上述方案被称作继承法上方案,意指以之能够实现增益分配 166
的效果,而第 1371 条第 1 款的文义也有此意。但效果实际能否实现,却值得推敲。第一,该方案**没有考虑**婚姻关系存续期间是否确有增益产生,第 1371 条第 1 款明文规定:法律后果不受是否有增益产生的影响。第二,该方案不考虑夫妻中哪一方的增益较多。在**国际私法**层面上,第 1931 条第 1 款被定性为**继承法规则**,故仅涉及以德国继承法为准据法时,才有该条款的适用(见边码 23f、边码 33g)。

---

[1] (出自因死亡而终止的婚姻关系的)共同直系血亲卑亲属的继承份额虽然以此种方式被削减,但他们毕竟可以盼望,作为被继承人配偶的法定继承人重新取得起初由配偶取得的财产。(当然,重新取得财产还以财产在配偶死亡时尚还存在,且配偶没有作出其他内容的死因处分为前提。)针对先死亡一方的单方直系血亲卑亲属则情况更为不利,因为他们在血统上并非出自后死亡一方,无法成为其法定继承人。有鉴于此,第 1371 条第 4 款规定,后者情形中的直系血亲卑亲属有需求时,后死亡一方应从其根据第 1371 条第 1 款额外取得的 1/4 份额中,给予他们接受合理教育所必需的费用。

167 **继承法上方案**可使增益分配问题处理起来**简便明了**，增益数额的查实有时颇费周折，借助该方案却可避开难题，此为该方案的优势所在。[1] 值得注意的是，继承法修订时曾有以下建议：无论夫妻采用哪种夫妻财产制，也无论是否有增益产生，任何情况（尤指配偶与子女共同继承的情况）下，配偶的继承份额都应提高。[2] 假设承认该建议具有合理性，那么第 1371 条第 1 款规定份额提高不以实际增益为依据，也不无道理。从增益分配角度出发，继承法上方案也并非完全不合理：迄今为止的大多数情况都是，男方取得的增益高于女方，并且统计数据也显示，男方一般早于女方死亡。[3] 因此，多数情况下，根据第 1371 条第 1 款算得的数额虽然与实际增益分配额有出入，但在大方向上至少还是正确的。再者，该方案上存在的缺陷，当事人通过自行修正是可以避开的：被继承人订立遗嘱剥夺配偶继承权，以及在世配偶拒绝继承，都可排除第 1371 条第 1 款的适用，使增益改按一般规定进行分配（见边码 168 至边码 176）。

（三）被完全剥夺继承权的配偶的权利

1. 增益分配请求权

168 被继承人既通过遗嘱或继承契约剥夺在世配偶的继承权，又未向其作出遗赠的，继承法上方案不再适用，增益的分配无法以提高配偶继承份额的方式实现。此情形下，根据第 1371 条第 2 款，在世配偶有权请求分配根据第 1373 条以下计算得出的增益差额，即对婚姻关系存续期间据实取得的增益进行补偿。此分配方案称

---

〔1〕 有关对此法律目的的阐述见 BGHZ 37,58,65;42,182,187。但由于在核算遗产税时仍需计算该部分所得的金额，故该法律目的在一定程度上将会落空（见边码 27）。

〔2〕 参见 BGHZ 37,58,63;42,182,188。联邦最高法院认为，这种考虑有可能在法律的创制过程中发挥了作用。

〔3〕 参见 Leipold AcP Bd. 180(1980),160,185 ff.。

作**夫妻财产法上方案**(**güterrechtliche Lösung**),与增益在婚姻关系因离婚而终止情形下的分配方式相同:夫妻一方的**最终财产**(**Endvermögen**,夫妻财产关系终止时的财产,详见第1375条)扣除其**起始财产**(**Anfangsvermögen**,夫妻财产制启用时的财产,详见第1374条),就是该方取得的增益;假如死亡方的增益高于在世方的增益,那么,在世方有权请求分配增益,分配数额是**双方增益差额的一半**(第1378条第1款)。该请求权的义务人是死亡方的继承人,在性质上属于遗产债务(第1967条)。

自己取得**更多增益的在世配偶**,无权请求分配增益。但值得 169
注意的是,根据第1371条第2款和第1372条的反向推理解释结果,该情况下,死亡配偶的继承人也不得向在世配偶请求分配增益。[1] 根据联邦最高法院的观点[2],死亡配偶即使在死亡前就已启动离婚程序,并主张增益分配请求权,死亡配偶的继承人也无权请求分配增益。换言之,取得较少增益的一方若先行死亡,则其潜在的增益分配请求权即告消灭。该规则在宪法层面上是否合理,无论站在保护婚姻和家庭的角度(《德国基本法》第6条第1款),还是站在保护所有权和继承权的角度(《德国基本法》第14条第1款),都值得商榷。[3]

2. 请求给付小特留份

被剥夺继承权的配偶,除可主张增益分配请求权外,还可请求 170
给付**特留份**(第2303条第2款),即要求继承人给付数额为配偶

---

〔1〕 BGH JZ 1982,207,208;Soergel/Lange § 1371 Rn. 9(以第1378条第3款为线索)。即使夫妻双方同时死亡,或根据《失踪法》第11条推定为同时死亡(见边码30),根据通说,他们的继承人也无权主张分配增益,见BGHZ 72,85;LG Augsburg FamRZ 1976,523;Werner FamRZ 1976,249。不同观点见Gernhuber/Coester - Waltjen, Familienrecht,6. Aufl.,§ 37 Rn. 26。

〔2〕 BGH NJW1995,1832. 另见本章自检试题第4题。

〔3〕 见Leipold NJW 2011,1179;MünchKomm/Leipold § 1931 Rn. 46 ff.。

法定继承份额所值一半的金钱。根据第 1371 条第 2 款,计算该特留份数额的基数是提高前的配偶法定继承份额,即第 1931 条第 1 款和第 2 款规定的法定继承份额(称作**小特留份, kleiner Pflichtteil**)。试举一例:被继承人的直系血亲卑亲属在世,计算被继承人配偶的特留份时,先假设其未被剥夺继承权,法定继承份额根据第 1931 条第 1 款是 1/4,以此为基础,小特留份是遗产价值的 1/8;除此之外,配偶还可请求分配增益。计算特留份的具体给付金额(以欧元为单位)之前,应先从积极遗产的价值中扣除遗产债务(第 2311 条第 1 款第 1 句、第 1967 条);增益分配请求权属于遗产债务,故若配偶有权请求分配增益,则计算其特留份时,应先从积极遗产中扣除增益分配额。

171 《德国民法典》明确规定,配偶主张增益分配请求权后,只能再请求给付小特留份。但在世配偶既不主张分配增益,又不主张给付小特留份的,是否可以转而主张**大特留份(größer Pflichtteil)**呢? 大特留份指根据第 1371 条第 1 款提高后的法定继承份额所值的一半。对上述问题曾存在很大争议。举例而言,被继承人有直系血亲卑亲属在世,根据第 1931 条第 1 款和第 1371 条第 1 款,配偶的法定继承份额是 1/2,则大特留份是遗产总值的 1/4。联邦最高法院在一份说理充分且令人信服的判决[1]中,拒绝授予被剥夺继承权的配偶以该项选择权,即配偶不可在小特留份加增益分配额和大特留份两者间进行选择。联邦最高法院的说理主要参考第 1371 条第 1 款的规范目的即提高配偶继承份额的目的仅在于,为被继承人提供一个使概括性分配增益成为可能的方案,但被继承人未被强制接受该方案。倘若被继承人通过死因处分排除配偶取得遗产,则意味着,被继承人不愿意对增益进行概括性分配,故而,增益分配问题应按增益共同财产制的一般规定予以处理,即在

〔1〕 BGHZ 42,182=NJW1964,2404;另见 BGH NJW1982,2497;系通说。

世配偶只得请求按实分配增益差额,除此之外,配偶还仅可请求给付小特留份。综上,在世配偶在既不是继承人也不是受遗赠人的情况下[1],只能请求给付以提高前的法定继承份额为基础计算得出的小特留份。

(四)遗嘱指定为受益人的配偶的权利

172 适用第 1371 条第 1 款的前提条件是,配偶作为法定继承人参与继承。被继承人若已指定在世配偶为继承人或受遗赠人,则增益分配的实现不能通过在遗嘱给予基础上增加 1/4 份额的方式。适用第 1371 条第 2 款按实分配增益的前提条件是,在世配偶既不是继承人也不是受遗赠人,因此,在世配偶若已被指定为继承人或受遗赠人,则不得请求按实分配增益。在世配偶如希望按实分配增益,则必须先行**拒绝继承**或**拒绝遗赠**(见边码 174)。

173 在世配偶不拒绝继承或遗赠的,需视给予的数额具体确定,其是否还有权请求给付**特留份不足额(Zusatzpflichtteil)**——也称作特留份不足额请求权(Pflichtteilsrestanspruch)。**给予数额低于特留份价值**(法定继承份额所值的 1/2)时,被指定的继承人根据第 2305 条第 1 句,受遗赠人根据第 2307 条第 1 款第 2 句,可以请求补足特留份。由于该情形下,在世配偶除特留份外,无权请求分配夫妻财产法上的增益,故选择以提高后的法定继承份额为基础计算特留份数额(**大特留份**)[2]有其合理性,即特留份应是提高后的法定继承份额所值的 1/2。给予数额没有超过大特留份的,作为遗嘱受益人的配偶有权请求补足特留份,特留份不足额是给予数额与大特留份(有被继承人直系血亲卑亲属在世的情况下为 1/4)

---

[1] 有关在被指定为继承人或被给予遗赠情形下潜在的特留份不足额的计算问题(见边码 173)。

[2] 此为绝对的通说,诸如 Reinicke NJW 1958,121;Staudinger/Otte(2015)§2305 Rn. 12;Palandt/Weidlich § 2303 Rn. 16;§ 2305 Rn. 1;Lange/Kuchinke § 37 V B 4b。

之间的差额。

（五）拒绝继承或遗赠的配偶的权利

174 在世配偶拒绝法定继承份额或遗嘱继承份额的（第 1942 条第 1 款），不发生遗产继受效果（第 1953 条第 1 款）。受遗赠人拒绝遗赠的，不发生受遗赠人取得遗赠的效果（第 2176 条、第 2180 条第 3 款和第 1953 条第 1 款）。因此，配偶为有效拒绝行为后，不再成为继承人或受遗赠人。此情形下，根据第 1371 条第 2 款，在世配偶有权请求**在夫妻财产法上对增益进行分配**。

175 除可主张增益分配请求权外，在世配偶还有权请求给付**（小）特留份**。根据第 2307 条第 1 款，配偶拒绝遗赠的，可转而请求给付特留份。根据有关特留份权的一般规定即第 2302 条第 2 款，配偶取得特留份请求权的前提条件是被继承人以死因处分剥夺其继承权，故继承人拒绝法定继承份额或遗嘱继承份额的，通常[1]不得再请求给付特留份。但针对夫妻采用增益共同财产制的情况，第 1371 条第 3 款做出特别规定：配偶拒绝继承后，在增益分配请求权外，还可请求（小）特留份。[2] 鉴于配偶在被剥夺继承权情形下无权请求大特留份（见边码 171），故配偶自己为拒绝行为后，同样不可请求大特留份，只得请求增益分配额和小特留份。

176 由于作为继承人或受遗赠人的在世配偶拒绝继承或拒绝遗赠后，可转而请求分配增益，因此，配偶总是面临**抉择**。为找到经济上更优的方案，配偶必须先计算夫妻双方各自的增益，并据此计算出潜在增益分配请求权的数额。配偶作为法定继承人参与继承的情况也是如此。进行上述计算后，可能出现以下结果：增益分配额

---

〔1〕 有例外情形，如继承份额上存在限制（如已制定后位继承人）或负担（如遗赠）。该情形下，根据第 2306 条第 1 款，继承人通过拒绝继承可以取得特留份权（另见边码 824b）。

〔2〕 但若后死亡一方已签订放弃法定继承权（第 2346 条第 1 款）或特留份权（第 2346 条第 2 款）的协议，则不得再主张特留份（第 1371 条第 3 款后半句）。

加小特留份的价值总和高于提高后的继承份额的价值。比如,配偶和被继承人直系血亲卑亲属共同继承,增益分配请求权的价值接近遗产总值的一半时,就可能出现上述结果。[1] 根据第1375条第2款计算增益分配额时,婚姻关系存续期间有些情况下减少的财产(比如赠与)仍将被计入配偶的最终财产,此为选择请求增益分配和小特留份方案的优势。根据第1371条第4款,必要时,在世配偶须向被继承人自己一方的直系血亲卑亲属支付教育费用,但选择请求增益分配方案后,配偶无须再支付教育费用,此也是该方案的优势所在。当然该方案也有劣势:在世配偶拒绝法定继承后,无权再请求给付第1932条规定的先取份。两个方案的不同之处还在于:若选择请求增益分配和小特留份,则配偶只可请求给付金钱;若选择继承提高后的继承份额,则配偶在遗产上享有物权份额。综上,选择夫妻财产法上方案优劣并存,弊端在于在世配偶丧失对遗产标的的物权,优势在于无须参与到易起纠纷的遗产管理和遗产清算过程中去。不过,在税法效果上,两个方案原则上并无差别。[2]

---

〔1〕 较精确的边界值为3/7,即增益分配请求权金额超过遗产的3/7时,仅就金额计算角度而言,选择夫妻财产法上方案更为有利。

〔2〕 针对根据第1371条第2款分配到的增益(夫妻财产法上方案)不征收遗产税(《遗产税和赠与税法》第5条第2款)。采用继承法上方案情形下,针对与在世配偶增益分配请求权金额相当的金额不征收遗产税(《遗产税和赠与税法》第5条第1款)。但这也导致即使采用继承法上方案,一旦配偶的所得总额超出免税额,则税收部门也必须计算出(拟制的)增益分配请求权的金额。见 MünchKomm/Leipold, Einl. zum Erbrecht(Bd. 11),Rn. 372 ff.。

177 **案例 8 答案：**

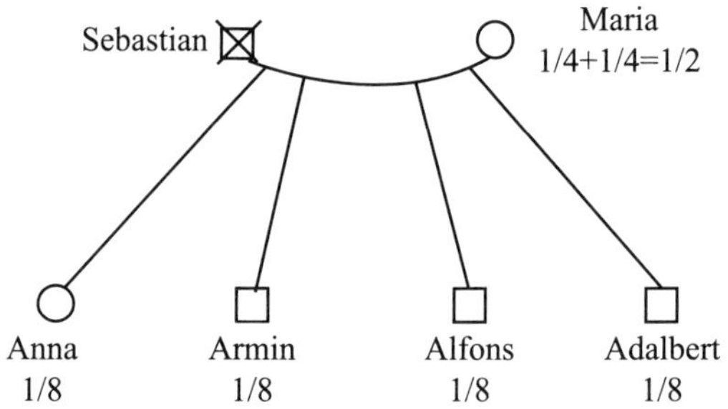

1. 未作拒绝行为情形下的法律效果

178 **（1）继承人**

Sebastian 的继承人是作为第一顺位法定继承人的四个子女（第 1924 条第 1 款）和配偶 Maria（第 1931 条第 1 款第 1 句）。

179 **（2）继承份额**

根据第 1931 条第 1 款第 1 句，与被继承人直系血亲卑亲属共同继承时，配偶 Maria 的继承份额是 1/4。案情中未提及夫妻曾以夫妻财产契约约定采用其他夫妻财产制（第 1408 条），故应默认夫妻采用法定财产制即增益共同财产制。根据第 1371 条第 1 款的规定，配偶 Maria 的继承份额应提高 1/4。Maria 继承份额合计为 1/2。根据第 1924 条第 4 款，其余的另一半遗产由四个子女平分。每个子女各继承 1/8。

180 **（3）先取份权（见边码 194）**

根据第 1931 条第 1 款第 2 句，在继承份额以外，Maria 以维持适当家庭生活所必需者为限，还可请求给付婚姻家庭生活用品和结婚礼物。

2. Maria 拒绝继承后的法律效果

(1)有关继承 181

Maria 拒绝继承后,不再是继承人(第 1953 条第 1 款)。遗产归四个子女,每人继承 1/4(第 1924 条第 4 款)。

(2)增益分配请求权 182

根据第 1371 条第 2 款,拒绝继承后,Maria 有权请求分配增益,具体规定见第 1373 条以下。如 Sebastian 的增益超过 Maria 的增益,则 Maria 有增益分配债权(第 1378 条第 1 款)。根据第 1373 条,增益指夫妻一方最终财产与起始财产的差额。Sebastian 的最终财产是 320,000 欧元(第 1375 条),起始财产为零(第 1374 条),增益为 320,000 欧元。Maria 的最终财产为 25,000 欧元,起始财产为 20,000 欧元,增益为 5000 欧元。比较两人的增益后,Sebastian 的增益超出 Maria 的 315,000 欧元。因此,根据第 1378 条第 1 款,Maria 的增益分配债权为上述差额的一半,即 157,500 欧元。

(3)小特留份 183

除增益分配请求权外,根据第 1371 条第 3 款,Maria 还可请求特留份。计算此特留份时,以提高前的继承份额为基准(小特留份)。提高前的继承份额为 1/4(第 1931 条第 1 款第 1 句),故特留份为遗产总值的 1/8(第 2303 条)。Maria 若需在接受继承方案和拒绝继承方案两者中,比较哪个方案在经济上更为有利,则应先计算出特留份的实际价值。需要注意的是,增益分配债权使遗产有负担,根据第 2311 条第 1 款第 1 句和第 1967 条,属于遗产债务。因此,遗产扣除掉该笔债务后,价值为 162,500 欧元(320,000 欧元减去 157,500 欧元),特留份价值为 20,312.5 欧元。拒绝继承方案中,Maria 可以从遗产中共取得 177,812.5 欧元(增益分配额 157,500 欧元和小特留份 20,312.5 欧元)。接受继承方案中,Maria 的继承份额价值 160,000 欧元(320,000 欧元的 1/2)。若

Maria 拒绝继承,转而请求增益分配额和小特留份,则单从经济角度出发,前者方案更为有利。不过,Maria 拒绝继承后,对遗产标的不再享有物权,仅有权请求给付金钱。此外,第 1932 条第 1 款规定,先取份权以权利人是法定继承人为前提,Maria 拒绝继承后,不再是法定继承人(1932 条第 1 款),因此也无权取得先取份。

184 **(4)是否有权选择大特留份方案?**

依据通说(有关论证见边码 171、边码 175),Maria 无权在增益分配额加小特留份方案和大特留份方案之间做选择。大特留份指以提高后的继承份额为基础计算得出的特留份(遗产总值的 1/4)。大特留份仅价值 80,000 欧元,远低于增益分配额和小特留份价值的总额,故本案中,大特留份方案本也不占优势。

185 **增益共同财产制下在世配偶权利概览***

死因处分情况	未作拒绝的情况下 自动发生的效果	拒绝后的效果
不存在死因处分	第 1931 条、第 1371 条第 1 款: 法定继承份额提高 1/4(1/4+1/4=1/2)	第 1371 条第 2 款、第 3 款: 小特留份(1/8) + 增益分配额
给予超过提高后法定继承份额一半的继承份额或遗赠(>1/4)	被给予的继承份额或遗赠	第 1371 条第 2 款、第 3 款或第 1371 条第 2 款、第 2307 条第 1 款第 1 句: 小特留份(1/8) + 增益分配额

续表

死因处分情况	未作拒绝的情况下自动发生的效果	拒绝后的效果
给予少于提高后法定继承份额一半的继承份额或遗赠(<1/4)	第 2305 条第 1 句或第 2307 条第 1 款第 2 句： 被给予的继承份额或遗赠 + 以大特留份为限的特留份不足额(1/4)	第 1371 条第 2 款、第 3 款或第 1371 条第 2 款、第 2307 条第 1 款第 1 句： 小特留份(1/8) + 增益分配额
被完全剥夺继承	第 1371 条第 2 款、第 2303 条： 小特留份(1/8) + 增益分配额	—

注：* 括号中的份额适用于配偶与直系血亲卑亲属并存的情形。

四、分别财产制下的继承效果

案例 9：Herta 为被继承人。Herta(妻)和 Kurt(夫)签订过夫妻财产契约，约定采用分别财产制。两人生育两个子女，Franz 和 Frieda。Frieda 早于 Herta 死亡。Frieda 生前与其丈夫 Werner 生过三个女儿，三个女儿现都在世。

问题：Herta 的法定继承人是谁？

夫妻双方签订过夫妻财产契约，约定采用**分别财产制**(第 186
1414 条)的，第 1371 条不再适用。因此，原则上，在世配偶只享有第 1931 条第 1 款和第 2 款规定的继承份额，即**提高前的继承份额**。例外规定为第 1931 条第 4 款：在世配偶与被继承人的**一个或**

两个子女共同参与继承的,配偶与子女取得**相同的继承份额**。配偶与被继承人的一个子女共同继承时,每人的继承份额为 1/2;与被继承人的两个子女共同继承时,每人的继承份额为 1/3。在相同的情况下,配偶根据第 1931 条第 1 款第 1 句仅可取得 1/4 的继承份额,故配偶根据第 1931 条第 4 款的继承待遇更优。

187 第 1931 条第 4 款是值 1970 年施行《非婚生子女法律地位法》之际新增入《德国民法典》的。立法者针对配偶应取得**继承法上更优待遇**的法律考量是:即使夫妻采用分别财产制,配偶在婚姻关系存续期间也提供过无偿劳作,对被继承人财产的增值是有贡献的。[1] 正是基于这一视角,若配偶的继承份额低于被继承人子女的继承份额,则在立法者看来似乎是不公平的,尤其是对被继承人财产的增值有特殊贡献的子女有权请求相应补偿(第 2057a 条),但对配偶却无类似规定。尤其要考虑的是,如不存在第 1931 条第 4 款,则被继承人的非婚生子女参与继承的情况下,根据一般规定取得的继承份额可能比配偶的更大,这更是不合理的。

188 但是值得注意的是,第 1931 条第 4 款新增入《德国民法典》后,**在一定程度上**导致**分别财产制与增益共同财产制**两者的情况下继承效果的**差距缩小**。比如,被继承人仅留下一个有继承权的子女时,在世配偶的继承份额为 1/2(第 1931 条第 4 款);增益共同财产制下,配偶的继承份额提高后也是 1/2(根据第 1931 条第 1 款第 1 句取得 1/4,根据第 1371 条第 1 款提高 1/4)(见边码 165)。此外,特留份方面的效果也可能不甚合理:若被继承人仅有一个直系血亲卑亲属,则在分别财产制的情况下,被完全剥夺继承权的在世配偶的特留份为 1/4;在增益共同财产制的情况下,配偶的特留份仅为 1/8(虽然这种情况下,配偶还有增益分配请求

[1] 相关理由参见联邦议会法律事务委员会(Rechtsausschuss)的报告 Bundestagsdrucksache V/4179,S. 5 f。批判性意见见 Muscheler Rn. 1426。

权，但增益分配额可能为零）。

案例 9 答案： 189

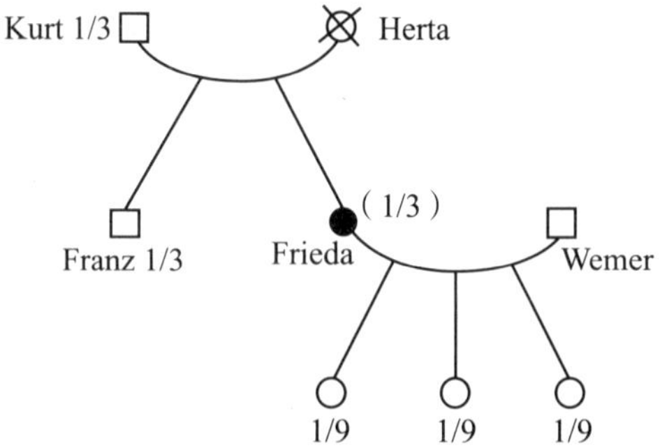

Herta 的法定继承人为直系血亲卑亲属（第一顺位法定继承人，第 1924 条第 1 款）和丈夫（第 1931 条）。夫妻采用分别财产制，根据第 1931 条第 4 款，两个子女 Franz、Frieda 和丈夫 Kurt 取得相等的继承份额，即每人 1/3。根据第 1931 条第 4 款后半句和第 1924 条第 3 款，Frieda 的三个女儿代位 Frieda 继承。三个女儿平分属于 Frieda 这一支的继承份额（第 1924 条第 4 款），每人继承 1/9 的遗产。综上，Herta 的继承人是 Kurt、Franz（每人 1/3）和 Frieda 的三个女儿（每人 1/9）。 190

五、共同财产制下的继承效果

（一）未约定存续的共同财产制

夫妻双方通过订立夫妻财产契约，可以约定采用共同财产制。 191
采用共同财产制后，丈夫的个人财产和妻子的个人财产转化为双方的**共同财产**（第 1416 条第 1 款）；但属于特别财产（第 1417 条）和保留财产（第 1418 条）的财产标的仍属夫妻一方的个人财产。夫妻一方死亡时，原则上，由夫妻双方组成的财产共同体即告终止;根据第 1482 条第 1 句,死亡配偶在共同财产上的份额[1](连同特别财产标的和保留财产标的)转化为遗产。有关继承效果和继承份额大小仍适用**一般规定**(第 1482 条第 2 句)。故在世配偶的法定继承份额应根据第 1931 条第 1 款和第 2 款进行计算。

192 继承开始后,夫妻的**共同财产**归属于另一**财产共同体**(第 1471 条第 2 款、第 1419 条)。该财产共同体由两方组成,一方是在世配偶(份额为其之前在共同财产上持有的份额),另一方是死亡配偶的单个继承人或是由全体继承人组成的共同体。在世配偶如同时也是继承人,则将以两种身份持有共同财产。对夫妻共同财产应进行**清算**;清偿债务后有剩余的,其中一半归在世配偶,另一半归死亡配偶的继承人(可能也包括在世配偶在内)(第 1471 条第 1 款、第 1476 条第 1 款)。

(二)约定存续的共同财产制

193 根据第 1483 条第 1 款第 1 句,夫妻双方可在夫妻财产契约中约定:夫妻一方死亡时,原财产共同体在**在世配偶**和**夫妻双方共同的直系血亲卑亲属**间存续。如有此约定,则在后死亡一方死亡前,共同财产的整体性得以维持。夫妻一方死亡后,财产共同体的成员有两方:一方为在世配偶,另一方为发生法定继承的情况下可成为继承人的夫妻双方共同的直系血亲卑亲属(第 1483 条第 1 款第 2 句)。针对死亡配偶遗产的继承问题,包括在世配偶的继承权在内,仍应适用一般规定。但需要注意的是,根据第 1483 条第 1 款第 3 句,此时,死亡配偶在共同财产上的份额不属于遗产。换言之,死亡配偶的遗产只包括特别财产标的和保留财产标的(如有)。在世配偶可以拒绝财产共同体的存续(第 1484 条)。为拒

[1] 所谓财产指包括所有财产标的和债务在内的集合体。夫妻双方在单个财产标的(如一处房产)上成立共同共有关系,对其不享有份额;份额只存在于共同财产这个集合体之上。——译者注

绝后，视为夫妻双方关于财产共同体存续的约定不存在。财产共同体的存续状态开始后，在世配偶可随时**废止**。废止的方式有两种：一种为在世配偶向遗产法院做出意思表示；另一种为在世配偶与在共同财产上有份额的直系血亲卑亲属订立协议，协议应采用公证书证形式（第 1492 条第 1 款和第 2 款）。在世配偶再婚或又缔结生活伴侣关系（第 1493 条第 1 款），或在世配偶死亡（第 1494 条）的，财产共同体**依法终止**。终止后应首先进行**清算**，有剩余财产的，其中原先属于先死亡配偶的一半全部归夫妻双方共同的直系血亲卑亲属；另一半归（再婚情况下）在世配偶，或（后死亡一方也死亡情况下）后死亡一方的继承人。归直系血亲卑亲属的那一半，在直系血亲卑亲属之间应按先死亡配偶死亡时的法定继承效果进行分配（第 1503 条第 1 款）。

六、德法选择性增益共同财产制

夫妻双方还可选择采用第 1519 条规定的夫妻财产制。德法 193a
两国于 2010 年 2 月 4 日就德法选择性增益共同财产制（Wahl-Zugewinngemeinschaft）订立协议（以下简称《德法两国协议》），后该协议在德国被制定成法律[1]，该夫妻财产制经该法律引入《德国民法典》，第 1519 条在内容上援引《德法两国协议》。一对**在德国或法国的夫妻**，若在夫妻财产法上受德国物权法或法国物权法的调整，则可选择采用德法选择性增益共同财产制。[2] 该夫妻财产制虽然主要是为德法跨国婚姻而设计的，但选用该财产制不以夫妻双方拥有两国国籍为前提。双方均为德国国籍的夫妻亦可经

〔1〕 见 BGBL 2012 II，178。《德法两国协议》作为该法律的附件。该协议于 2013 年 5 月 1 日起施行，见 BGBL 2013 II，431。

〔2〕 对此见 Jäger DNotZ 2010，804；Martiny ZEuP 2011，577；M. Stümer JZ 2011，545；Süß ZErb 2010，281；Jünemann ZEV 2013，353；MünchKomm/Leipold § 1931 Rn. 58ff.。

订立夫妻财产契约,选用该夫妻财产制。

193b 在继承法层面上,德法选择性增益共同财产制的效果与德国本土的增益共同财产制有较大不同。如采用该夫妻财产制,则发生继承时,**必须按夫妻财产法的规定对增益进行按实分配**,不可经提高配偶法定继承份额(见边码 165 以下)的方式对增益进行概括性分配。在确定配偶法定继承份额时,仅适用作为一般规定的第 1931 条,即存在被继承人的直系血亲卑亲属时,配偶的继承份额恒为 1/4(第 1931 条第 1 款)。如在世配偶的增益低于死亡配偶的增益,则在世配偶有权请求先行对增益进行分配。如在世配偶的增益更高,则根据对《德法两国协议》第 12 条第 3 款的解释,死亡配偶的增益分配请求权应可被继承[1],即该请求权不会自行消灭,而是归入遗产。[2] 因此,该法律效果与通说视角下德国自有的增益共同财产制的效果间存在冲突(有关此方面的讨论及在宪法上的疑问见边码 169)。

193c 由于德法选择性增益共同财产制有上述特点,双方均是德国国籍的夫妻,视具体情况和所欲达到的目的,也可考虑选用该夫妻财产制。比如,适用该财产制可避开德国法上配偶继承份额较高的问题;增益分配额很高,且希望在世配偶取得十分强势的继承地位时,也可选用该夫妻财产制。[3]

七、先取份权

194 第 1932 条规定,在世配偶有先取份权,即有权请求取得属于

---

〔1〕 见 MünchKomm/Leipold § 1931 Rn. 61ff. 。

〔2〕 相同观点见 Süß ZErb 2010,281,285;Dutta FamRZ 2011,1829,1838;认为对该问题尚不能形成结论见 Jünemann ZEV 2013,353,359;Becker ErbR 2018,686,691。

〔3〕 见 Süß ZErb 2010,281,285 f.;Jäger DNotZ 2010,804,824f.,M. Stürner JZ 2011,545,550。此外,有观点(Amann DNotZ 2013,252,279)认为,采用德国法上增益共同财产制情况下,通过夫妻财产契约也可排除配偶继承份额提高的效果。

被继承人的**家庭生活用品**(以其不属于第 97 条和第 98 条规定的不动产之从物为限)和**结婚礼物(Hochzeitsgeschenke)**。[1] 先取份权旨在保障在世配偶能够维持现有的生活水平。凡服务于夫妻共同家庭生活目的的标的,均属于家庭生活用品,如家具、厨房用具、餐具等。家庭生活用品并不一定是生活必需品,有时奢侈品亦属之,如名画或贵重的毯子。此外,家用轿车如今也算是家庭生活用品。[2] 相反,服务于夫妻一方工作目的或只为满足一方个人需求的物品,则不属于家庭生活用品。

在世配偶取得先取份权的前提是,其**以法定继承人的身份参与继承**。如在世配偶拒绝法定继承(第 1953 条第 1 款)或被继承人以死因处分剥夺其继承权,则在世配偶无先取份权。被继承人经死因处分也可只排除配偶的先取份权,而不排除其继受其他遗产的权利。[3] 根据第 1932 条,经**遗嘱或继承契约被指定为继承人**的配偶无先取份权:此情况下,被继承人的意思通常是仅指定配偶继受与继承份额对应的遗产份额。不过,被继承人在遗嘱或继承契约中除指定配偶取得继承份额外,也可给予其与法定数额相当的先取份。遗嘱字面上即使无此内容,但只要从死因处分中可解读出被继承人有希望授予配偶与法定继承人相同的继承地位的意思,则配偶也同样有先取份权。因此,适用第 2066 条的情况下, 195

〔1〕 若标的为夫妻共同共有或按份共有,则先取份涉及被继承人的财产份额。有关对家庭财产的权利参见 Baur/Stürner, Sachenrecht, 18. Aufl., § 51 Rn. 26f.。尽管根据司法意见(BGHZ 114, 74 = NJW 1991, 2283),在日常家事代理权(第 1357 条第 1 款)范畴下的取得不会依法律规定成立按份共有(第 1357 条没有无权效力),但拟取得家庭财产标的的夫妻一方作出的物权合意表示一般会被解释为,该标的应由夫妻双方按份共有。对此见 Leipold, FS Gernhuber(1993), 695, 696 ff.。

〔2〕 AG Erfurt FamRZ 2002, 849; MünchKomm/Leipold § 1932 Rn. 10.

〔3〕 Staudinger/Werner(2017) § 1932 Rn. 30; Erman/Lieder § 1932 Rn. 15.

配偶应有先取份权。[1]

196 配偶先取份的**范围**视与配偶共同继承的血亲的顺位而定。与第二顺位法定继承人或被继承人的祖辈血亲共同继承时,配偶有权全数取得上述提及的物品(第1932条第1款第1句)。与被继承人的直系血亲卑亲属共同继承时,配偶有权取得的家庭生活用品和结婚礼物的范围,以其为操持适当的家庭事务所必需者为限(第1932条第1款第2句)。

197 配偶的先取份计算**在继承份额之外**。换言之,配偶有权先行请求给付该些标的,再在(已经缩减的)遗产上取得正常的份额。先取份权在性质上属于**法定先取遗赠**,对其适用有关遗赠的规定(第1932条第2款)。

八、三十天扶养费

198 根据第1969条,继承人负有如下义务:在继承开始后的30天内,向与被继承人一同生活且从被继承人处领取扶养费用[2]的家庭成员给付与之前同样数额的扶养费用,同意其**使用房屋和家庭生活用品**。家庭成员包括配偶、子女和其他亲属,也包括被照看的儿童、非婚共同生活关系中的伴侣。[3] 三十天扶养费请求权在性质上也属于法定遗赠(第1969条第2款)。

九、胎儿继承人的母亲的扶养请求权

199 继承开始时尚有继承人待产(胎儿的继承能力源于第1923条

---

[1] MünchKomm/Leipold § 1932 Rn. 5; Soergel/Stein § 1932 Rn. 3; Staudinger/Otto (2013) § 2066 Rn. 6; Erle FamRZ 2018, 1885, 1890. 不同观点见 Staudinger/Werner (2017) § 1932 Rn. 11; Palandt/Weidlich § 1932 Rn. 2(有保留的默示给予); Eigel MittRhNotK 1983, 1, 4。

[2] 抚养费、扶养费或赡养费,视具体情况而定。——译者注

[3] OLG Düsseldorf NJW 1983, 1566.

第2款,见边码28),且胎儿的母亲不能自力维持生计的,根据第1963条,母亲有权从遗产或胎儿的继承份额中请求给付直至分娩期间的适当的扶养费。母亲的该项请求权不以其有继承人地位或与被继承人存在婚姻关系为前提。

第六章自检试题:

1. 增益共同财产制下的“继承法上方案”与“夫妻财产法上方案”是什么意思?

2. 大特留份和小特留份的含义。哪些情况下在世配偶有权请求大特留份或小特留份?

3. 牙医Ulrich与妻子Margot采用法定夫妻财产制。两人未生育子女。Ulrich死亡时,其祖父母与舅舅尚在世。

(1)法定继承效果是怎样的?

(2)Ulrich有一个图书馆,藏书诸多(包括经典书籍和现代书籍),这个图书馆归谁?

4. F申请与丈夫M离婚,同时请求取得增益分配额450,000欧元。两人已分居4年。F在离婚诉讼过程中死亡。F在之前的另一婚姻关系中生育两个子女。现两个子女和M都主张继承遗产。两个子女还向M主张增益分配请求权。该如何解决?

答案:

1. 继承法上方案与夫妻财产法上方案是指解决以下问题的方案:夫妻采用法定财产制即增益共同财产制,一方死亡致婚姻关系终止时,增益该如何进行分配。如采用**继承法上方案**,则以在配偶原有继承份额基础上提高1/4的方式实现增益分配(第1371条第1款)。配偶成为法定继承人且未拒绝继承的情况下,适用继承法上方案。如采用**夫妻财产法上方案**,则在死亡配偶增益高于在世配偶的增益时,在世配偶可请求向自己给付双方增益差额的一半。根据第1371条第2款,在世配偶既非法定继承人又非受遗赠人 200

的,应适用夫妻财产法上方案。此情况下,除增益分配额外,在世配偶还可请求特留份。

201 2. 夫妻采用增益共同财产制的情况下,有必要讨论在世配偶可主张的特留份是大特留份还是小特留份。**大特留份**是根据第1371条第2款提高后的法定继承份额所值的一半。**小特留份**是提高前根据第1931条第1款和第2款得出的继承份额所值的一半。通说认为,在世配偶既非法定继承人又非受遗赠人的,仅可请求小特留份。相反,在世配偶被指定为继承人或受遗赠人的,计算其可能的特留份不足额时应以大特留份为基础。

202 3.

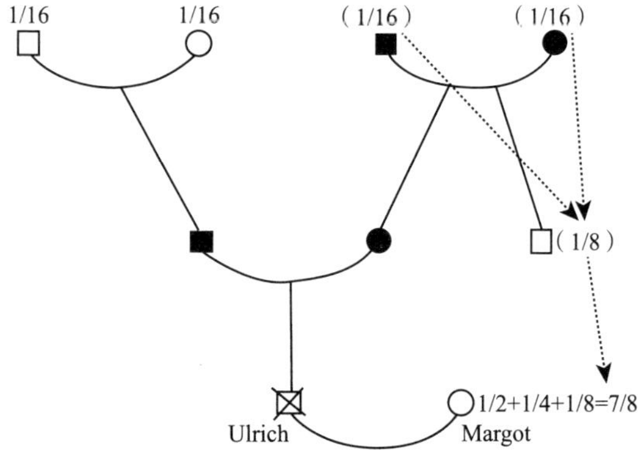

203 (1)法定继承人是Margot(第1931条第1款)、祖父母和舅舅(第三顺位法定继承人)(第1926条第1款)。Margot与祖父母共同继承,根据第1931条第1款第1句,Margot的继承份额为1/2;这对夫妻采用法定财产制即增益共同财产制(1363条第1款),根据第1371条第1款,配偶的继承份额应提高1/4。两者合计,Margot的继承份额为3/4。根据第1926条第2款,祖父母、外祖父母若均在世,则由所有人均分剩余的1/4份额,即每人本应取得1/16的份额。现外祖父母已经死亡,根据第1926条第3条第1

句，两人的份额本应由作为两人直系血亲卑亲属的舅舅代位取得，即舅舅本应取得 1/8 的份额。但根据第 1931 条第 1 款第 2 句，舅舅的份额**也由在世配偶取得**。综上，法定继承人是妻子 Margot（继承份额 7/8）和祖父母（每人继承份额 1/16）。

有些学者认为[1]，应按以下效果发生继承：先不考虑配偶继承份额的提高；适用第 1931 条第 1 款第 1 句、第 1926 条第 2 款、第 3 款第 1 句和第 1931 条第 1 款第 2 句后，Margot 的继承份额为 3/4，祖父母每人继承份额为 1/8；然后再根据第 1371 条第 1 款，配偶 Margot 的继承份额提高 1/4，最终效果是 Margot 成为唯一继承人。由于全部遗产已经分配完毕，故祖父母不得继承。但该继承效果应**无法律依据**，因为立法者的出发点为：配偶的继承份额即使根据第 1371 条第 1 款提高后，本有权继承的血亲也仍应有权继承部分遗产。因此，正确的方法是：先考虑提高配偶的继承份额，然后再计算血亲的继承份额。[2] 由于配偶继承份额根据第 1931 条第 1 款第 2 句发生提高的数额是由血亲的继承份额而定的，故根据第 1931 条第 1 款第 2 句提高配偶继承份额这一步应放至最后考虑。与采用分别财产制的情况[3]相比，配偶在本案中最终仅多继承 1/8 的份额，这一效果与第 1931 条第 1 款第 2 句构造上的特殊性有关，即配偶仅是代祖辈血亲的直系血亲卑亲属取得继承份额。 204

---

〔1〕 见 Schlüter/Röthel § 9 Rn. 13；Brox/Walker § 5 Rn. 11；Jauernig/Stürner § 1931 Rn. 4。

〔2〕 相同观点见 v. Olshausen FamRZ 1981, 633；Lange Kap. 5 Rn. 77；Muscheler Rn. 1480；Erman/Lieder § 1931 Rn. 25；MünchKomm/Leipold § 1931 Rn. 43；Palandt/Weidlich § 1931 Rn. 7；Staudinger/Werner（2017）§ 1931 Rn. 37。

〔3〕 如采用分别财产制，则适用第 1931 条第 1 款第 1 句、第 1926 条第 2 款、第 3 款第 1 句和第 1931 条第 1 款第 2 句后，配偶取得 3/4 的份额，祖父母每人取得 1/8 的份额。——译者注

205 (2)图书馆并非服务于被继承人的工作目的或专为满足被继承人的个人需求,故属于家庭生活用品。图书馆应作为继承份额外的**先取份**,Margot 可以请求取得(第 1932 条第 1 款,性质上属于法定遗赠,见第 1932 条第 2 款)。

4.(1)有关继承人

206 被继承人已提出离婚申请,离婚条件又已满足(第 1565 条第 1 款第 1 句、第 1566 条第 2 款),故根据第 1933 条第 1 句,**M 丧失**第 1931 条第 1 款、第 3 款和第 1371 条第 1 款规定的**法定继承权**。F 的法定继承人是两个子女,每人各继承 1/2 的遗产(第 1924 条第 1 款和第 4 款)。

207 **(2)增益分配请求权**

若夫妻两人在婚姻关系存续期间的增益差额正如 M 所主张的,则根据第 1372 条和第 1378 条第 1 款,M 诉请分配增益的理由成立。但需要注意的是,夫妻财产关系因离婚而终止,而离婚的效力在法院作出离婚判决且判决发生既判力时才发生(第 1564 条第 2 句),因此增益分配请求权应在离婚判决发生既判力时才生成。根据通说,增益分配请求权在离婚判决发生既判力后才可被继承(第 1378 条第 3 款第 1 句)。据此,F 的继承人不得在遗产继承中主张增益分配请求权。婚姻因夫妻一方死亡而终止时,仅在世配偶取得增益分配请求权,增益分配的实现方式可以是继承法上方案或夫妻财产法上方案(第 1371 条第 1 款至第 3 款)。因此,根据通说的观点,F 的子女**不得**向 **M 主张分配增益**。[1] 通说的实际效果为:先死亡配偶的增益分配请求权在类似案件中自行消灭,但这一效果与《德国基本法》第 6 条(对婚姻和家庭的保护)、第 14 条第 1 款(对财产和继承权的保护)是存在冲突的(见边码 169)。

---

[1] BGH NJW 1995,1832=ZEV1995,262(附 Klumpp 批判性评论).

第七章 生活伴侣的法定继承权

《生活伴侣关系法》(LPartG)自 2001 年 8 月 1 日施行后,同性双方可以缔结**登记生活伴侣关系(eingetragene Lebenspartnerschaft)**。继承法上的效果由《生活伴侣关系法》第 10 条予以规定,尤其在《生活伴侣关系法》经过 2004 年的修订后,该效果在内容上与夫妻的继承权没有差别。 208

自 2017 年起,同性双方可以缔结婚姻关系(第 1353 条第 1 款第 1 句),而不能再缔结生活伴侣关系。经生活伴侣双方生前在民政部门作成相互性的表示,现有的生活伴侣关系可以**转化为婚姻关系**(《生活伴侣关系法》第 20a 条)。若不进行转化,则仍适用《生活伴侣关系法》中的继承法规定。对此本书不再赘述(详见本书第 21 版边码 208 至边码 228)。 209

【已删除】 210–228

第八章　国家作为法定继承人

一、前提条件与目的

229 被继承人未以死因处分指定继承人，又不存在配偶、（登记）生活伴侣或任何血亲的[1]，根据第 1936 条，**国家（der Staat）**[2]作为法定继承人继承遗产。若不由国家继承则成为无人继承的财产，以此方式可使全体民众受益。第 1936 条第 1 句［2009 年经《继承法修订法》（Erbrechtsänderungsgesetz）修订，见边码 85］规定：被继承人在继承开始时最后居住地所在的**州（Land）**有法定继承权；若最后居住地无法查明，则被继承人经常居住地所在的州有法定继承权。上述条件无法满足时（如被继承人最后居住地在外国），根据第 1936 条第 2 句的规定，**联邦（die Bund）**成为法定继承人。自 2009 年修法后，上述规定是否适用，不再以被继承人的国籍为前提，只要针对继承问题应当适用德国继承法，那么，即使被继承人是**外国人**，也

---

〔1〕“存在”以有继承权为前提，因此，如血亲经遗嘱被排除继承或拒绝继承，则其不“存在”。

〔2〕按照传统，国家作为私法主体被称作国库，如以下条文中就使用该表述：第 1942 条第 2 款、第 1964 条以下、第 2011 条。

应适用上述规定。

被继承人只有通过积极订立遗嘱,即指定继承人的方式,才可排除国家的法定继承权(第1938条的反面解释)。与其他继承人不同,国家既不能拒绝法定继承,也不能订立放弃法定继承权的协议(第2346条第1款的反面解释)。由此可知,国家是**强制法定继承人(gesetzlicher Zwangserbe)**。如此规定旨在避免出现遗产无人继承的情形,也旨在确保遗产可以得到清算(此有利于遗产债权人)——此为**国家法定继承权的管理功能(Ordnungsfunktion des Staatserbrechts)**。[1] 230

二、程序

根据第1966条,仅**遗产法院**(基层法院,《法院组织法》第23a条第1款第2项和第2款第2项)**确认**不存在继承人后,国家才可作为法定继承人继承遗产或被他人主张权利。法院确认不存在继承人前,应先行**公示催告申报继承权**(第1965条)。法院确认不存在继承人后,国家推定为法定继承人(第1964条第2款),但该推定可被推翻。 231

三、国家作为法定继承人的法律地位

国家成为法定继承人后,其在私法上的地位与其他继承人的地位并无不同。例如,国家通过开启遗产管理程序或遗产破产程序(第1975条),可将**对遗产债务的责任**(第1967条)**限定**在遗产 232

〔1〕 BGH NJW 2016,156 Rn. 9(国家作为法定继承人占有遗产后又出现有继承权的血亲情形下,第2018条、第2021条规定的相关责任),BGH NJW 2019,988 Rn. 11.

价值范围内[1](见边码706以下)。由此可知,设置国家法定继承权的目的不在于出现诸如所有继承人因遗产资不抵债而拒绝继承情形时,为遗产债权人找到一个有清偿能力的债务人。根据第2011条的规定,法院不能为国库指定编制遗产清册的期限(而根据第1994条,其他继承人未按期编制遗产清册时,应承担无限责任,见边码698)。[2]

四、德国享有的先占取得权

232a 第1936条的适用以就继承问题适用德国继承法为前提。如按照《欧洲继承法条约》的规定(见边码13以下),就继承问题适用**外国继承法**,则一般也应按照该国法的规定处理无人继承的遗产。根据《欧洲继承法条约》第33条,成员国可以制定法律,以规定国家对位于其主权范围的无人继承遗产享有先占取得权。为此,德国立法者在《国际继承程序法》第32条(见边码12)为(被继承人经常居住地所在的)州或联邦创设先占取得权。[3] 遗产法院确认不存在继承人后(详见《国际继承程序法》第32条第1款和第2款),州或者联邦通过行政决定,对位于德国的被继承人财产之全部或部分可以行使先占取得权。当然,遗产债权人要求以整个遗产清偿债务的权利不受国家先占取得的影响(《国际继承程序法》第32条第7款)。

[1] 针对继承发生后产生的国家的个人债务,如排污费、不动产税等,不适用责任限制,见VGH Baden-Württemberg BeckRS 2017,117504 Rn. 44。但继承发生后针对遗产中的公寓所产生的住房补贴债务(Wohngeldschulden)则一般不属于国家的个人债务,见BGH NJW 2019,988。

[2] BGH NJW 2019,988 Rn. 11.

[3] 见MünchKomm/Leipold § 1936 Rn. 32ff.。

第三部分

死因处分及其他基于死亡的法律行为

117

第九章　遗嘱自由与限制——法律禁止性规定与违背善良风俗

一、遗嘱自由

(一)定义和内容

遗嘱自由(Testierfreiheit)是指自然人的一项权利,自然人根据该项权利可以按自己的意愿针对自己的财产做出死亡时始生效的法律行为(**死因处分**)。遗嘱自由构成对继承法、继承权的**宪法保障**的核心组成部分(见边码69)。遗嘱自由作为一项原则,是**私法自治原则(Privatautonomie)**在继承法上最重要的体现。[1]《德国民法典》对作为基本原则的遗嘱自由原则虽未作明文规定(对私法自治原则亦无明文规定),但其内容反映在第1937条至第1941条的法律条文中。该些法律条文涉及死因处分的**方式**:作为单方死因处分的遗嘱(又称遗嘱处分)和作为契约方式的继承契约。两种方式的中间方式是共同遗嘱(见第2265条)。基于遗嘱自由原则所能做成的死因处分的重要**内容**在第1937条至第1941条中也有提及,如指定继承人处分、剥夺继承权处分、遗赠 233

〔1〕 私法自治也体现在继承法中,如放弃继承的自由(见边码602),或缔结放弃继承协议的自由(见边码545)。

或负担的设定。

234 家庭继承原则(Prinzip der Familienerbfolge)以法定继承权为基础,故涉及具体继承效果时,遗嘱自由原则应**优先于家庭继承原则被适用**。对两项原则进行协调(有关宪法上的评价见边码72以下)的是**特留份制度**(见第2303条以下)。该项制度规定,被继承人的至近亲属,如配偶、直系血亲卑亲属或父母,以其在法定继承效果下可参与继承为限,享有金钱请求权(但不享有继承份额),且原则上[1],被继承人不得剥夺之。除此之外,遗嘱自由受私法自治原则框架下的一般性限制,其主要指法律行为不得违反法律禁止性规定(第134条,见边码241以下)和不得违反善良风俗(第138条,见边码243以下)。

(二)对遗嘱自由的保障

235 现实生活中,或多或少借助不良手段对被继承人形成终意施加影响的情况时有发生。为此,法律中设置了诸多保障措施,用于保护被继承人享有真正的遗嘱自由,使被继承人作出的死因处分与其自由形成的意愿尽量保持一致。从某些方面来看,对遗嘱自由的保护力度**甚至超过了**对私法自治原则的一般性保护:

236 1. 第2302条规定,以应订立或不应订立、应废止或不应废止一项死因处分为内容所创建的**合同义务**是**无效**的。换言之,遗嘱自由被构建成被继承人无法放弃的权利。由此在于保障,死因处分符合其由被继承人做出时的真意。法律允许订立继承契约(见边码491以下)与第2302条并不冲突:第2302条仅针对债务内容的合同,而继承契约所包含的则是死因处分本身。

237 2. **亲自为死因处分原则(Grundsatz der persönlichen Errrichtung)**(第2064条和第2274条,另见边码277以下)也旨在保护遗嘱自由。若允许被继承人交由他人做出死因处分的全部或部

[1] 若有剥夺特留份的法定事由,情况则有不同,见第2333条。

分，则等于变相允许被继承人放弃遗嘱自由。

3. 单方死因处分（遗嘱处分）可随时被**撤回**（第 2253 条，见边 238
码 329 以下）。做遗嘱处分时自由意愿的形成受限制（如受错误影响或受欺诈、胁迫）的被继承人，如希望摆脱该死因处分，无需为撤销，做撤回足矣。死因处分受错误或不法胁迫影响的，继承开始后，该死因处分于己不利者享有**撤销权**（第 2078 条）（见边码 418 以下）；此也在间接保障遗嘱自由。

4. **契约性处分**对被继承人有**拘束力**。被继承人作成继承契约 239
后，嗣后的遗嘱自由在该继承契约所及的范围内受限。但受错误或胁迫影响订立的继承契约，可由被继承人**撤销**（第 2281 条，见边码 515 和边码 516）。

5. 侵犯被继承人遗嘱自由（如强迫或欺诈被继承人）可能导 240
致**丧失继承资格（erbunwürdig）**（第 2339 条第 1 款第 1 项至第 4 项）（见边码 628）。

二、法律禁止性规定——尤以安养院法中的规定为例

违反**法律禁止性规定（gesetzliches Verbot）**的死因处分，根据 241
第 134 条**无效**。

原规定于联邦层面《安养院法》（Heimgesetz）第 14 条第 1 款， 242
现存于各州安养院法[1]中的限制性条款，在实践中有重大意义。根据该些规定，养老机构或护理机构的运营主体在约定的报酬外，不得使居住人或申请人额外允诺或提供金钱或有金钱价值的给付。该些规定也适用于第三人为有利于居住人或申请人做出给予

---

〔1〕 随着 2006 年联邦制的改革，安养院法（Heimrecht）的立法权限被移交给各州，因此现在要适用各州自彼时起颁布的安养院法律（名称不同，内容细节也不同），就此见 Burandt/Rojahn/Müller-Engels unter Nr. 92 HeimG；MünchKomm/Leipold vor § 2064 Rn. 32f.。

的情形。通说[1]认为：上述规定禁止居住人做出**使安养院运营主体受益的继承契约处分或遗嘱处分**，因此，若安养院运营主体在居住人生前[2]就已知悉该等死因处分，但未根据《安养院法》第14条第6款及各州继受规定取得官方例外许可的，则根据第134条，该等死因处分无效。[3] 根据《安养院法》第14条第5款及各州继受规定，使安养院的负责人、工作人员或其他从业人员受益的给予，在类似的情况下也无效。[4] 上述规定旨在防止安养院居住人被利用，也旨在保障安养院内的宁静和和睦，避免不必要的打扰。联邦宪法法院和通说均认为，对遗嘱自由的该等限制不违宪。[5] 但不少观点认为：从比例原则角度出发，其合宪性应受到严重质疑[6]，因为立法者完全可以选择较为缓和的方法，如将安养院运营主体施加不当影响的情形规定为死因处分的一项特别的不生效力事由。

---

〔1〕 禁止订立遗嘱的理由有问题，但被各州的安养院法所强化，见 Leipold, Hereditäre-Jahrbuch für Erbrecht und Schenkungsrecht, Bd. 3(2013), 1ff.。

〔2〕 第三人(如居住人的亲属)向安养院为给予的情况下，安养院运营主体在第三人(被继承人)生前对该等给予的知悉是决定性的，而继承发生后安养院运营主体的知悉则无害于该给予行为的效力，即使居住人继续住在安养院，参见联邦最高法院因 OLG Karlsruhe BeckRS 2011, 10418 提请而做出的裁判 BGH NJW 2012, 155。仍有不同意见如下：OLG München NJW 2006, 2642。

〔3〕 BayObIG NJW 1992, 55; 1993, 1143; NJW-RR 1999, 1454; KG ZEV 1998, 437(即使在搬入安养院之前遗嘱已经立下). 如果安养院运营者是一家有限责任公司，该禁令类推适用于使唯一管理人股东或(如果存在规避法律的情况)其亲属受益的处分，BayObLG NJW 2000, 1875; ZEV 2001, 121。

〔4〕 见 OLG Frankfurt NJW 2001, 1504(该项禁止也适用于向工作人员亲属提供的给予，如果存在规避《安养院法》第14条第5款的情况)。

〔5〕 BVerfG NJW 1998, 2964(不接受裁定, Nichtannahmebeschluss); Staudinger/Otte(2013) vor §§2064-2086 Rn. 136. 关于权衡该禁止所追求的诸目的，见 BGH NJW 2012, 155。

〔6〕 见 Brox/Walker Rn. 261(bis zur 24. Aufl.); Muscheler Rn. 1925; MünchKomm/Leipold vor §2064 Rn. 45ff.; Leipold(Fn. 5), 12ff.。

针对**辅助人(Betreuer)**辅助被辅助人的情形(有关法律上的辅助见边码270),由于与上述针对安养院运营主体的情形相较,缺乏利益状况的可比性,故不得类推适用《安养院法》第14条及各州继受规定。[1] 同理,针对**家庭照管(häusliche Pflege)**的情形似也不应类推该些规定。[2] 但是,个别州如今明文将流动辅助机构和照管机构纳入禁止给予规定的适用范围内。[3] 242a

三、死因处分违背善良风俗

案例10:被继承人E丧夫,其死亡时,儿子48岁,女儿52岁。女儿患有不可治愈的精神疾病,在照管机构长期居住。E在世时负担女儿的供养费用。E生前立过遗嘱——指定儿子继承3/4的财产(价值大约450,000欧元);针对其余1/4的财产,E指定女儿为前位继承人,指定儿子为前位继承人死亡时的后位继承人。E还为女儿的继承份额指定了遗嘱执行人D,遗嘱执行期限至女儿死亡时止。此外,遗嘱中还有以下详细规定:遗嘱执行人应从女儿继承份额所生收益中按月支付女儿零花钱,负担女儿每年一次的旅游费用;但女儿若可享受社会救济金,则遗嘱执行人无需再向其支付已由社会救济金覆盖的部分。S市在E死亡后,一直向E的女儿支付社会救济金。S市现主张E的遗嘱无效,并认为女儿应享有法定继承份额,继而其支付社会救济金的条件不成立。女儿的指定辅助人在取得监护法院的许可后,已拒绝主张女儿的特留份请求权。本案的法律状况如何?

---

〔1〕 BayObLGZ 1997,374=NJW 1998,2369;也见BayObLG FamRZ 2003,713,715(在指定已被授予预立照护综合授权书者作为唯一继承人的情况下,也无类推适用的空间)。

〔2〕 OLG Düsseldorf NJW 2001,2338.不同意见见Niemann ZEV 1998,419。然而,在这些情况下,第138条或第2078条第2款(见边码429)有介入的可能。

〔3〕 黑森州即是如此,见OLG Frankfurt NJW 2015,2351。

(一)遗嘱自由作为出发点

243 根据第138条第1款,无论其是在遗嘱中抑或继承契约中做出的死因处分,违反善良风俗的无效。[1] 历史上,情人遗嘱(Geliebten-oder Mätressentestamente)——指被继承人将配偶排除继承,优先将遗产给予其他伴侣的遗嘱——是否违反善良风俗的问题,在司法[2]中曾长期备受关注。但如今关注焦点已转移至残疾人遗嘱(Behindertentestamente,见案例10)的效力问题。现今在继承法中更以趋于宽容的视角对待违反善良风俗的认定问题。此与被继承人遗属如今对遗产的依赖程度弱于从前有关。作是否违反善良风俗的判断应以**遗嘱自由**为出发点,遗嘱自由原则上允许被继承人按自己的喜好分配遗产,允许其全部或部分排除法定继承效果。[3] 被继承人至近亲属对遗产的最低参与度,已由金钱请求权性质的特留份权(见边码821以下)予以保障,其在遗产上无最低的继承份额。[4] 因此,不能仅出于被继承人优先考虑至近亲属中的某一位或非亲属的第三人,排除或限制(其他)至近亲属的法定继承权的原因,就认定该遗嘱违反善良风俗。[5]

---

[1] 违背善良风俗的情况,不仅在死因处分中可能发生,在拒绝接受遗产(见边码602)和放弃继承或特留份协议(见边码545c)的情况下也可能发生。

[2] 例如 BGHZ 52, 17; 53, 369; BGH NJW 1983, 674。见 Simshäuser, Zur Sittenwidrigkeit der Geliebten-Testamente(1971)。Zur Entwicklung der Rechtsprechung des BGH aus-führlich Leipold, in: 50 Jahre Bundesgerichtshof, Festgabe aus der Wissenschaft (2000), Bd. I, 1011. 概述见 Karow, Die Sittenwidrigkeit von Verfügungen von Todes wegen in historischer Sicht (1997); Falk, Zur Sittenwidrigkeit von Testamenten, Grundlinien der Rechtsprechung im 19. und 20. Jahrhundert, in: Falk/Mohnhaupt (Hrsg.), Das Bürgerliche Gesetzbuch und seine Richter(2000), S. 451。

[3] 参见 BGH NJW1983, 674, 675; BGHZ111, 36, 39。

[4] 不存在遗产上的不可剥夺的物权性的分享权利,例如在法国和瑞士即是如此,参见 Lange/Kuchinke §37 I 1d。

[5] BGHZ 52, 17, 19f.; 53, 369, 374.

（二）判断标准

判断是否违背善良风俗，早先援引的主要是法律外的价值标准，如一般伦理观念、道德规范或以为不会随着时间推移而发生改变的“道德法则”。新近发展中，适用第138条第1款时愈加注重作**法律上的判断**，判断时应照顾作为评价标准的基本权利（见边码251）。继承法领域内亦有此趋势。在一份针对残疾人遗嘱（详见边码258以下）的重要判决[1]中，联邦最高法院针对受宪法保障的遗嘱自由与法律行为禁止违反善良风俗之间的关系问题，有以下阐述：除非基于立法者清晰且明显的评价标准或基于一般法律观念可以认定违反善良风俗，否则不得适用第138条第1款限制遗嘱自由。判断标准法律化后，重在考量法律行为的内容，至于被继承人的想法是否应受谴责，则退居其次。[2] 244

（三）对法律行为作综合性评价

法院在处理情人遗嘱案件中发展出以下判断方法：判断第138条第1款是否适用于某一死因处分时，不应对被继承人与受益人间的关系或当事人的生活作风做评价。[3] 作评价的客体应是**法律行为本身**。通说认为：作综合评价时应考察法律行为的内容、效果、动机及所追求的目标。[4] 245

1. 被继承人的动机

根据处理**情人遗嘱**的新近判决中的观点，除非终意处分仅在 246

---

〔1〕 BGHZ 123,368,378；还有 BGH NJW 2020,58 Rn. 15。这一公式也被巴伐利亚州高等法院所采用，见 BayObLGZ 1997,374,377；BayObLG FamRZ 2003,713,715。

〔2〕 见 Leipold（Fn. 14），1035 ff.。

〔3〕 BGHZ 53,369,375 f.；综合性意见见 OLG Frankfurt NJW-RR 1995,265,266（已婚被继承人在特殊情况下指定同性恋伴侣的问题）。

〔4〕 BGHZ 52,17,20；53,369,375. 但 BGH NJW 1983,674,675 仍然提出了关键性问题，即该死因处分本身是否表达了不正直的（应受谴责的）态度并试图实现之。这是否仍然符合在此期间可以观察到的评价标准的合法化和客观化（见边码244），似乎值得怀疑。

于追求维持有悖婚姻的不当关系或奖励情人在性关系上委身于己的目标，否则不得认定为违反善良风俗。[1] 由于实践中极少出现此类单一动机的遗嘱（发生争议时，根据一般证明责任原则，由主张死因处分违反善良风俗一方对此证明事项负证明责任[2]），故遗嘱极少仅由于动机原因被认定为违反善良风俗。实践中做出类似给予一般是基于双方长期的伴侣关系或婚外情关系，或在对双方间的友谊表示感谢，或在为另一方今后的生活提供帮助。《卖淫法》（Prostitutionsgesetz）[3]实施后，该法第 1 条甚至已赋予职业性性服务所约定的报酬以法律上的可履行性[4]，故而，死因处分形式的财产性给予即使目的仅在于支付性服务的对价，也不应再被认定为违反善良风俗。正如联邦最高法院在电话性服务协议案件中所阐述的观点[5]：尽管从伦理道德角度出发，此类涉及性服务报酬的法律行为尚存在值得批判之处，但根据现有法律（《卖淫法》第 1 条）内含的价值观和民众已经转变的观念，其不应再因第 138 条第 1 款而无效。该观点在对死因处分作是否违反善良风俗的判断时也应适用。[6] 被继承人订立**残疾人遗嘱**时一般希望达到两个目的：一方面使残疾子女能够享受遗产，另一方面不希望国

---

〔1〕 BGHZ 53,369,376;OLG Frankfurt NJW-RR 1995,265,266.

〔2〕 BGHZ 53,369,379；关于违反善良风俗的证明责任，见 Stein/Jonas/Leipold, ZPO,22. Aufl., § 286 Rn. 91。

〔3〕 Gesetz zur Regelung der Rechtsverhältnisse der Prostituierten vom 20. Dezember 2001,BGBl. I 3983.

〔4〕 当然，这只适用于性工作者已提供服务的情形，该类合同并未建立法律上可供执行的提供性服务的义务。然而，通过遗嘱为给予的情况涉及的恰恰是受益人的请求权，而非受益人的义务，因此，《卖淫法》第 1 条所表达的价值评价应有相应适用。

〔5〕 BGH NJW 2008,140,141;NJW 2006,3490,3491. 关于价值评价的变化，也见 Leipold,BGB I:Einführung und Allgemeiner Teil,10. Aufl., § 20 Rn. 23f.。

〔6〕 Armbruster NJW 2002, 2763, 2765; ders. JZ 2007, 479, 480; Staudinger/Otte (2013) vor §§ 2064ff. Rn. 147. 搁置问题，但在个案中无论如何不认定为违反善良风俗的论述见 OLG Düsseldorf FGPrax 2009,25,26。

家因此减少社会救济金的发放。原则上,被继承人的类似动机不应受到指责,毕竟被继承人一般本可自由决定将遗产留给其他子女,而不为社会救济机构运营人减轻负担。详见案例 10 的解答(见边码 258 以下)。

2. 死因处分的效果

247 作是否违反善良风俗的判断时,涉及对法律行为内容的考察,而内容主要由**其效果**体现,故有必要关注死因处分的效果,如谁在遗产取得问题上被慢待,如此安排将产生何种效果。[1] 仅以法定继承人被排除继承的理由,尚不能得出死因处分违背善良风俗的结论,但再结合其他效果则可能得出此结论,如结合个案情况——被排除继承的配偶的生活状态(如配偶将被驱逐出其至今一直居住的家庭住房,或配偶经济状况因此将变得拮据),或考虑遗产的原始来源等因素[2]——可能认定死因处分违反善良风俗。例如,某个血缘关系较远的亲属常年忘我地照顾被继承人,被继承人起先指定其为继承人,最后又剥夺其继承权,并指定未照顾过自己、在道德层面不应享受遗产的第三人为继承人,根据联邦最高法院的观点[3],该死因处分应认定违反善良风俗。

248 针对**残疾人遗嘱**[4]的效力存在以下观点:此类死因处分使国家支出更多社会救济费用,加重了社会负担,故应认定违反善良风俗。但需注意的是,社会救济固然以后位补充性[5]为特征,但后

〔1〕 BGHZ 53,369,377;OLG Düsseldorf FamRZ 1997,1506.

〔2〕 在肯定一份遗嘱的效力时走得相当远的案例见 BayObLG NJW 1987,910:在剥夺妻子和独子继承权的情况下,指定一个朋友作为唯一的继承人是有效的,即使该遗产的很大一部分来自妻子的给予。

〔3〕 BGHZ 53,369,377 f.

〔4〕 例证见案例 10 解答(边码 258 以下)。

〔5〕 指被救济人如能以自己的劳动或自己的收入、财产实现对自己的照顾,则不能取得社会救济金(见《社会法典》第十二章第 2 条第 1 款)。——译者注

位补充的基础仅是社会救济需求人本人的财产，社会救济不得为他人创设债务，使该他人在需求人对其的供养请求权和特留份权请求权之外，还应优先向需求人为给予。有关残疾人经其辅助人做出的**拒绝继承表示**是否有效问题见下文（见边码602处脚注1）；有关**放弃特留份请求权表示**的效力在下文阐述（见边码545c）。

（四）判断时关注的时点

249 死因处分做出与继承开始中间可能间隔一段时间，在这段时间内据以判断是否适用第138条的**事实基础**，以及法律领域内和非法律领域内的**判断标准**均可能发生重大变化。因此有必要回答以下问题：做出当时违反善良风俗的死因处分是否一直无效，还是应适用继承开始时的判断标准，甚至适用法官作判断时的判断标准[1]？例如，针对在《卖淫法》第1条（见边码246）施行前做出死因处分，在《卖淫法》施行后才开始继承的情况，该如何判断死因处分的效力？又如，与上述情况正好相反，做出当时不受指责的死因处分，能否因继承开始时的判断标准而被认定为违反善良风俗？

250 在司法实践中，针对上述问题尚未有明确答案。在普鲁士霍亨索伦家族的继承纠纷（见边码253以下）中，联邦最高法院明确表示，违反善良风俗的判断以哪个时间为准属于未决问题，而联邦宪法法院则表示，死因处分是否违反善良风俗不应仅以其做出当时为准（见边码257b）。针对事实方面的变化，联邦最高法院在一

[1] 持此种观点者见 OLG Hamm MDR 1980,53；Lange/Kuchinke §35 V 9b（S. 836）。相反意见见 Staudinger/Otte（2013）vor §§2064–2086 Rn. 181，且有根据地提及法律确定性的需要。

则早先判决[1]中认为：原则上应以死因处分做出当时的事实为准；如事实嗣后发生重大变化，被继承人有机会做出可不视为违反善良风俗的处分的，应重新做出死因处分。法院支持该观点与以前作判断时的侧重点有密切关系：以前据以判断违反善良风俗的关键是，被继承人在死因处分中所表达的、希望实现的不当想法。[2] 如今，法院作判断不再以被继承人的想法为重[3]，而更重视终意处分的内容和效果（如考虑谁被排除继承的效果等），据此，鉴于死因处分在继承发生时才最终体现其效果，故无论在判断标准上，还是在事实基础上，将据以判断的时间调整为**继承开始时**更为妥当。[4] 而且，遇到以下案情时，根据该观点得出的结论也更具说服力：死因处分在做出时并无不当，事实嗣后发生变化致其效果违反善良风俗（示例：被继承人起先剥夺与其分居的配偶的继承权，指定远亲为继承人，但配偶嗣后又与其和好并长期进行照顾），则该死因处分应认定违反善良风俗。[5]

（五）违反善良风俗与基本权利

在法律行为是否违反善良风俗的判断标准具体化过程中，**基** 251

---

〔1〕 BGHZ 20,71. 持同样意见者：OLG Köln OLGZ 1968,490；Palandt/Ellenberger § 138 Rn. 9；Jauernig/Stürner § 2077 Rn. 6. ——根据 BGH NJW 1983,2692（但不涉及继承法下的法律行为），法律行为是否违背善良风俗从根本上取决于做出时的情势和价值观念。同样观点见 Schmoeckel AcP Bd. 197（1997），1,55f.，78。

〔2〕 BGHZ 20,71,73.

〔3〕 关于这一背景详见 Leipold（Fn. 15），1025。

〔4〕 持相同意见者：Brox/Walker § 18 Rn. 18；Ebenroth Rn. 292；Eidenmüller/Fries，Fälle zum Erbrecht，6. Aufl.，S. 37；Flume，Allgemeiner Teil des Bürgerlichen Rechts，2. Bd.，Das Rechtsgeschäft，4. Aufl.，§ 18，6（S. 378f.）（anders für den Erbvertrag）；Simshäuser [Leipold（Fn. 15），1025] S. 40；Eckert AcP Bd. 199（1999），337，357f.；Paal JZ 2005，436，441. —OLG Frankfurt NJW-RR1995，265，266，在整体考虑的框架内，考虑到立遗嘱时和继承发生时的情况。

〔5〕 在 BGHZ 20,71,75 案中，法官试图在这种情况下结合不允许权利行使之抗辩施予援手。

本权利作为从宪法中得出的**客观价值秩序**日趋得到重视。引入该标准后,尤其在债法领域,对合同的内容和订立条件已开展更为严格的审查。该标准的适用,始于联邦宪法法院对为家庭成员提供保证担保案件所作的判决。[1] 但继承法领域适用遗嘱自由原则,将以基本权利为导向的内容审查嫁接于死因处分时,应尤为谨慎。2006 年出台的《一般平等对待法》(das Allgemeine Gleichbehandlungsgesetz)中就已明确,该法不适用于死因处分和继承法上的债务关系(见《一般平等对待法》第 19 条第 4 款)。

252 遗嘱自由原则允许被继承人按自己的意愿和自己的价值观处分其遗产。死因处分不能为第三人创设负担,仅能做出给予或排除受益,单凭死因处分的这一特性,原则上就不应促发以保护他人为目的的基本权利审查。死因处分与债法合同不同,基本不干涉他人的自由空间。法定继承人对遗产也不享有权利,死因处分排除其继承不可谓对其的侵犯。但是,被继承人经死因处分给他人施加压力,借此侵犯他人以基本权利形式受保护的自由时,死因处分就应受到审查,如被继承人设置门当户对条款(Ebenbürtigkeitsklausel,见边码 256)和相对方意愿条件(Postativbedingungen,见边码 448)的情况。除此之外,仅出现被继承人无正当理由严重罔顾基本权利所蕴含的价值标准,或目的仅在贬低特定人员的情况,死因处分才可能被认定违反善良风俗。

253 稍近一段时期内,可用于对遗嘱自由和基本权利间关系作思考的素材主要是,联邦最高法院[2]和联邦宪法法院[3]针对普鲁

[1] 基础性的意见见 BVerfGE 89, 214 = NJW 1994, 36; 见 Leipold, BGB I: Einführung und Allgemeiner Teil, 10. Aufl., § 20 Rn. 32 f.。

[2] BGHZ 140, 118 = NJW 1999, 566.

[3] BVerfGE 110, 141 = NJW 2004, 2008.

士霍亨索伦家族继承纠纷[1]所作的判决。在该纠纷和类似纠纷中,所涉及的问题是以下内容的继承契约条款是否有效:贵族家族财产仅能由**男性直系血亲卑亲属中最长者**继承,且该继承人(或后位继承人)自己不能缔结**门不当户不对**(与族章规定的原则有悖)**的婚姻**,也不应出自门不当户不对的婚姻。

巴伐利亚州高等法院在另一案件中认可死因处分中上述内容的效力,理由是,上述内容在做出时(1925 年)不违反善良风俗。[2] 联邦最高法院虽对违反善良风俗判断时关注的时点未下结论,但认为,即使以今日的判断标准,继承契约中的上述内容也不违反善良风俗。[3] 根据该观点,被继承人即使当下做出类似死因处分,似乎也是有效的。联邦最高法院虽然强调基本权利标准在判断违反善良风俗时的重要性,但同时也指出,仅在极端个例情形下,死因处分才可被认定违反善良风俗,处理该问题时应优先考虑同样作为基本权利而受保护的**遗嘱自由**(《德国基本法》第 14 条第 1 款)。 254

联邦最高法院的以下观点应值肯定:不应从**一般平等原则**(《德国基本法》第 3 条第 1 款)中推导出被继承人负有平等对待各子女的义务。[4] 联邦宪法法院支持该观点。[5] 此外,**男女平等原则**(《德国基本法》第 3 条第 2 款第 1 句)也不能阻止被继承人在具体个案中优待儿子或女儿。但若被继承人明显违反《德国基本法》第 3 条第 2 款第 1 句,做出内容为女性直系血亲卑亲属都 255

[1] 该法律争议的标的是前德国皇帝威廉二世之子前普鲁士王储威廉 1951 年死亡后的继承效果(后位继承效果)。

[2] BayObLGZ 1996,204,227 = ZEV 1997,119.

[3] BGHZ 140,118,128.

[4] BGHZ 140,118,130.

[5] BVerfG NJW 2000,2495(不接受裁定,Nichtannahmebeschluss);BVerfG NJW 2004,2008,2010(Fn. 41).

不得继承的一般性处分,则因其涉嫌公然歧视女性,笔者认为,其合法性应受到质疑。[1]

256 在普鲁士霍亨索伦家族的继承纠纷中,最应受到质疑的还是对继承人资格的下列要求:男性直系血亲卑亲属的**婚姻门当户对**的情况下才能继承家族财产。联邦最高法院认为,该要求尽管影响《德国基本法》第 6 条第 1 款保护的**婚姻缔结自由**,但侵犯的程度并不严重,故不得认定违反善良风俗。[2] 联邦宪法法院则以联邦最高法院在宪法角度对上述要求的审查不够充分为由,撤销上述判决,将该案发回州法院重审。[3] 根据联邦宪法法院的观点,在判决中有必要对两项冲突的基本权利——遗嘱自由和婚姻缔结自由——做出权衡。联邦宪法法院还认为:联邦最高法院未充分考虑该案中存在的可能使宪法诉愿人无法忍受的压迫,如遗产的价值、巨额遗产对诉愿人生活方式所能产生的影响,及门当户对条款(将妻子人选范围限定在以前执政家族的成员)导致诉愿人可选配偶范围过窄,等等。

257 联邦最高法院和联邦宪法法院对下列问题所持观点是一致的:门当户对条款已侵犯婚姻缔结自由,因此在决定是否适用第 138 条第 1 款时必须考虑该两项基本权利,结合具体案情作出权衡。但是,对此观点也有诸多反对意见:该条款并未限制当事人缔结何种婚姻,另外,当事人对取得遗产也本无权利,因而本案自始

---

〔1〕 类似的考虑见 Volhard, FS Sigle(2000), 439, 446ff.,作者认为,如果公司章程(Gesellschaftsverträgen)中的反妇女继承条款含有一般性歧视内容,则这些条款无效。根据性别或血统进行歧视性的抽象的一般性区分是违反善良风俗的,见 Foerster AcP Bd. 213(2013), 179ff.(特别是关于继承协会成员权的规定)。

〔2〕 BGHZ 140, 118, 130f.

〔3〕 本案(继承效果仍有争议)又多次占据法院,关于执行遗嘱的期限见 BGHZ 174, 346(关于这一点见边码 794);关于更换遗嘱执行人见 BGHZ 189, 20 = NJW 2011, 1733(关于这一点见边码 505a);关于遗嘱执行人的原物返还请求权见 KG ZEV 2013, 442。

不存在对婚姻缔结自由的侵犯。[1] 该反对观点对作为客观判断标准的基本权利在私法领域内的意义认识不够,故不值赞同。基本权利在此处还应保护,当事人的决定自由不因事实上无法忍受的压迫而受到间接侵害。[2]

因联邦最高法院对婚姻缔结自由未作充分考虑,上述宪法诉愿已获支持,故联邦宪法法院对以下问题没有过多涉及:该死因处分还规定,继承人自己必须出身于门当户对的婚姻。联邦最高法院对此的意见是:该规定的目的不在于,在**出身**问题上进行(构成违反《德国基本法》第 3 条第 3 款的)歧视;被继承人仅在遵循与族章原则相符的本贵族家族的家庭传统和理念。[3] 当然,在该问题上也存在不同观点。[4] 257a

联邦宪法法院在判决中对下述问题也未作审查:皇位世袭继承规则早已被废除,门当户对条款如今是否还能作为侵犯继承人婚姻缔结自由的正当理由。尽管联邦宪法法院对判断时关注的时点未作明确表态,但该问题再次印证,判断死因处分是否违反善良风俗,不应只考虑死因处分做出当时的法律规定和社会状态。[5] 当然,还需考虑的是:在贵族制度废除已逾百年的今天,国家法院是否还有义务对婚姻和出身的门当户对进行审查。[6] 257b

---

〔1〕 持此种意见者如 Gutmann NJW 2004,2347,2348;Isensee DNotZ 2004,754,762。

〔2〕 相同意见见 Gaier ZEV 2006,2,4;Karczewski,Hereditäre-Jahrbuch für Erbrecht und Schenkungsrecht,Bd. 3(2013),20,25f.。类似意见见 Otte ZEV 2004,393,397;Staudinger/Otte(2017)Einl. zum ErbR Rn. 77。

〔3〕 BGHZ140,118,131ff.

〔4〕 参见 Leipold(Fn. 15),1042f.。

〔5〕 见 Staudinger FamRZ 2004,768,770;Otte ZEV 2004,393,395。

〔6〕 在霍亨索伦家族的继承案中,斯图加特州高等法院(OLG Stuttgart FGPrax 1997,230)在提请联邦最高法院审理的裁定中就已提出过此类考虑。

（六）对死因处分作符合基本权利和人权的解释

257c 另一需要探讨的问题是：在对基于很久以前的状况做出的死因处分进行**解释**时，是否有必要考虑已发生重大变化的法律判断标准。死因处分的内容若与当下宪法和人权法所禁止的歧视原则相违背，维持原内容的死因处分是否符合被继承人可能的意愿？在此有必要介绍欧洲人权法院的一则裁判。[1]

257d 若存在违反《欧洲人权公约》规定的情况，当事人可向欧洲人权法院提起诉愿。《欧洲人权公约》虽然没有明文规定保护继承权，但第 8 条涉及对家庭生活权利的保护，欧洲人权法院在早先的判决[2]中也已表明：父母与子女之间、祖辈父母与孙辈子女之间的继承权问题，与家庭生活有着如何密切的联系，以致应纳入《欧洲人权公约》第 8 条的适用范围。欧洲人权法院适用《欧洲人权公约》第 8 条时，一般结合第 14 条的禁止歧视规定，根据后者规定，在保护公民根据公约享有的权利和自由时，不应歧视其性别、种族和出生等。由此可知，剥夺非婚生子女法定继承权的法律规定违反公约。但是，此处所讨论的案件中，是否违反公约的争论并不涉及一国法律规定，而仅涉及在安道尔发生的一起继承纠纷中的遗嘱解释。被继承人在 1939 年订立的遗嘱中有以下规定：若儿子的儿子或孙子是在自己父母的为法律所认可的且在教堂内缔结的婚姻关系中出生，则儿子应将自己继承的遗产传给自己的该儿子或该孙子，若儿子的儿子或孙子不满足上述条件，则儿子所继承的遗产应传给被继承人其他子女的后代。安道尔最高法院对该遗嘱条款做以下解释：儿子和其妻子收养的子女不属于被继承人指定的受益人。欧洲人权法院认为该解释（注意：不是遗嘱条款本身）违反《欧洲人权公约》第 14 条和第 8 条，理由是，该遗嘱条款

[1] EGMR NJW 2005,875.
[2] EGMR NJW1979,2449,2453.

在文义上并未区分亲生子女和养子女，因此，区分两者的解释是多余的，此解释属于法院代被继承人做出排除养子女继承权的处分。另，欧洲人权法院指出：即使本案确有必要进行遗嘱解释，解释结果也不应仅参照被继承人在订立遗嘱当时的意愿，该遗嘱条款应尽量被赋予与现行法律相符的含义。

欧洲人权法院对上述遗嘱自始仅做了文义解释，并未检查被 257e
继承人经该表示所欲表达的意愿，该解释方法应值批评。[1] 但与此同时，该裁判也明显预示着：继承法领域内对歧视的敏感性越来越高。在该趋势下，即使解释被继承人很久以前订立的遗嘱，遗嘱内容存在疑义时，也应优先考虑采纳与社会现状、与现行宪法和人权法中所表达的评价（Wertungen）相符的解释结果。该种解释方法可称为对死因处分做符合基本权利和人权的解释。[2]

案例 10 答案：

引言：被继承人通过订立遗嘱很明显希望达到以下目的：使社 258
会救济机构运营人无法动用留给女儿的遗产。理解该案例需要对特留份制度（见第二十四章）、前后位继承制度（见第十九章）和遗嘱执行制度（见第二十三章）有基础的了解，但该案例不涉及上述制度中的细节问题。

1. 根据第 1924 条第 1 款和第 4 款，女儿的法定继承份额为 259
1/2。根据第 2303 条第 1 款，女儿若被剥夺继承权，则享有遗产所值 1/4（25%）的特留份请求权，其性质为金钱请求权。女儿被给予的继承份额为 1/4，虽与其特留份份额持平，但使女儿受益的死因处分受指定遗嘱执行人和指定后位继承人的限制，故根据第 2306 条第 1 款，女儿有条件主张**特留份请求权**，但必须由自己或

〔1〕 持此种意见者如 Staudinger ZEV 2005，140，141。反对性意见还有 Staudinger/Otte（2017）Einl. Zum ErbR Rn. 108。

〔2〕 遵循法律解释中的诸多通常表述，而不忽视与这一解释之差异。

由其辅助人以其名义先行**拒绝继承**。留给女儿的继承份额已超过其特留份份额[1]，在计算继承份额的价值时不考虑其上面所受的限制，故，女儿若不拒绝继承，则也不得主张特留份不足额（第2305条第1句和第2句）。S市作为社会救济机构运营人无法取得拒绝继承的权利[2]，也不得强制女儿的辅助人做出拒绝继承的表示。

260 2. 遗嘱中规定了**遗嘱执行**（具体属于第2209条意义上的继续遗嘱执行，根据第2210条第2句，执行期限可长至继承人死亡时），根据第2214条，继承人的个人债权人——社会救济机构运营人也属于女儿的个人债权人[3]——在女儿生前，不得在被继承人的遗产上行使债权。尽管社会救济机构运营人在女儿死亡后，可依据《社会法典》（SGB）第12章第102条第1款，向社会救济金受领人的继承人请求补偿，但该请求权对应的责任财产仅是女儿的遗产。根据《社会法典》第12章第102条第2款第1句，该请求权属于女儿的遗产债务。然而，女儿在被继承人E遗产上的份额，在女儿死亡后由E的**后位继承人**即儿子取得（注意：后位继承

---

〔1〕 原文如此，此处应为原著作者有误，第21版该案例中女儿被指定收益的份额超过1/4。——译者注

〔2〕 此为通说，BGHZ 188, 96, 106（zu Nr. 30）= NJW 2011, 1586, 1589；OLG Frankfurt ZEV 2004, 24, 25。与此同时，社会救济机构运营人可以根据《社会法典》第12章第93条第1款将社会救济受领人现有的（不取决于拒绝接受遗产）的特留份请求权转移给自己，并在法庭上予以主张，即使特留份权利人（或其法定代理人，例如辅助人）不愿意主张特留份，见BGH ZEV 2005, 117。某残疾人的父母订立共同遗嘱中有一个关于该残疾人的特留份的惩罚条款，根据该条款，如果其在父母一方死亡时主张特留份权利，那么其对父母另一方的继承权就会丧失（见边码465）；联邦最高法院（BGH ZEV 2005, 117）作出与（作为前一审级的）OLG Karlsruhe ZEV 2004, 26一致的解释，认为社会救济机构运营者（主张将社会救济受领人的特留份请求权转移于自己）的行为不会触发该惩罚条款。

〔3〕 例如，如果社会救济是作为金钱借贷予以提供的，那么社会救济机构的请求权可能来自《社会法典》第12章第91条。

人即儿子不是女儿的继承人)。[1] 由于社会救济机构运营人的补偿请求权不属于E遗产上的遗产债务,故社会救济机构运营人届时也不得在E的遗产上行使请求权。

根据遗嘱的规定,遗嘱执行人向女儿支付金钱[2],以女儿的 261
社会救济金不被削减为限。其产生的效果是:不管女儿生前还是
死后,**社会救济机构**均不得在女儿的继承份额上行使债权。 262

3.本案中较难回答的问题是:该遗嘱是否**违反善良风俗**。虽然儿子的继承份额高达3/4(远高于女儿),而且儿子还被指定为后位继承人,但仅以此为由尚不得认定遗嘱违反善良风俗,原因在于,基于受宪法保障的遗嘱自由(第14条第1款,见边码69),被继承人原则上可以任意分配遗产,分配结果无须与法定继承效果保持一致。

本案遗嘱,即所谓的"残疾人遗嘱",追求的目标正在于,有针对性地使社会救济机构运营人不得染指遗产,此将导致社会救济法上对女儿的供养义务全部由社会承担,相反,若发生法定继承效果,则部分供养费用本可由女儿的继承份额负担。因此,值得考虑的是:社会救济法的**后位补充原则(Subsidiaritätsprinzip)**——指仅在被救济人无其他经济来源时,社会救济才覆盖其供养费用——是否可以作为认定遗嘱违反善良风俗的重要法律标准。有观点可能以上述原则在社会救济法中也存在例外规定为由,反对

---

〔1〕 这一点对于理解前位继承和后位继承至关重要,关于此点见下文(见边码670)。

〔2〕 依据BGHZ 123,368,371,这些利益是"受保护的财产"(Schonvermögen),根据《联邦社会救济法》(Bundessozialhilfegesetz-BSHG)第88条第2款(现在的《社会法典》第12章第90条第2款),社会救济机构不能对此类财产采取措施。——根据被继承人做出的指示或对这些指示所作的解释,辅助人的报酬一般不从遗产中支付,因此残疾人仍然是赤贫的;该辅助人(Betreuer)享有针对国库的请求权。见BGH ZEV 2017,267;2017,407。

立遗嘱。

267 (2)**年满16岁**的未成年人具备遗嘱能力(第2229条第1款),且订立遗嘱无须征得法定代理人的同意(第2229条第2款)。但法律对**遗嘱方式**有重大限制:该年龄段的未成年人不得订立自书遗嘱(第2247条第4条)。其如需订立公证遗嘱,应向公证人为意思表示或向公证员递交开启状态的书面文件(第2233条第1款);不得以向公证员递交密封状态书面文件的方式——第2232条第2句规定的方式——订立公证遗嘱。如此规定,旨在确保公证员能向未成年人提供充分的法律咨询,防止未成年人不经思考就做出终意处分。

268 (3)成年人(**年满18岁**,第2条)可通过所有方式订立遗嘱。

2. 精神错乱导致的无遗嘱能力

269 根据第2229条第4款,被继承人因**精神错乱、神志虚弱或意识障碍**而不能理解自己所做表示的含义,不能据此实施行为的,不能订立遗嘱。该规定在内容上与第104条第2项、第105条第2款并无二致。被继承人**订立遗嘱当时**的状态至为关键。被继承人不仅应该可以理解死因处分的效果,而且在精神状态上应该清楚自己为死因处分的缘由,有能力不受他人的影响。[1]

269a 不无疑问的是,被继承人的精神状态可以理解简单遗嘱处分的法律效果,但不能理解复杂遗嘱处分情形下,是否可以肯定被继承人具备**相对的遗嘱能力(relative Testierfähigkeit)**。司法界普遍不承认存在一种由所做死因处分的难度所决定的、相对的遗嘱能力[2],但在学术界对此却日趋采肯定观点。[3] 针对此种情形

---

〔1〕 BGH FamRZ 1958,127,128;OLG Celle ZEV 2007,127.

〔2〕 OLG München ZEV 2008, 37; OLG Hamm BeckRS 2016, 115426 Rn. 174; BeckRS 2017,140093 Rn. 54;OLG Frankfurt BeckRS 2017,126066 Rn. 25.

〔3〕 见 MünchKomm/Sticherling §2229 Rn. 22ff.; Staudinger/Baumann (2018) §2229 Rn. 19 ff.。不同的观点见 Muscheler Rn. 1671;Lange Kap. 3 Rn. 21。

需要注意的是,如被继承人的病态感受或想法影响其对支持或否定一项死因处分的做出原因形成清晰判断的,则由此已能推出,被继承人不具备遗嘱能力。正如司法界中所强调[1]的,被继承人是否能清晰理解死因处分的效果,并非判断其遗嘱能力的最终因素。被继承人有妄想及动机受病情影响的类似情况下[2],不应肯定其具备相对的遗嘱能力。但是,若被继承人遗嘱不能的决定因素是,其由于失智症,如年事高引出的痴呆,不能识别其死因处分的效果,则有必要考虑该等死因处分的具体内容及难度,以便适时地接受其具备相对的遗嘱能力。

实务中,因被继承人的病情或年事已高的原因,对其在精神上 269b
不具备订立有效遗嘱的能力所提出的意见,不在少数,如认为被继承人患有疾病或年事已高等。**证明责任**分配方面:谁主张遗嘱因被继承人欠缺遗嘱能力而无效的,应对此负证明责任。[3] 此项规则在实务中意义重大,因为要明确查明一项事实情况经常是无法实现。[4]

禁治产制度(Entmündung)[5]在1992年被废除。与禁治产制 270

〔1〕 BayObLG NJW-RR 2000,6,8;OLG München ZEV 2008,37,39;ZEV 2017,148,149;OLG Frankfurt BeckRS 2017,126066 Rn. 25.

〔2〕 见 BayObLG NJW-RR 2000,6。然而,尽管被继承人存在病态妄想,BayObLG NJW1992,248 也并不认为无遗嘱能力。

〔3〕 BGH FamRZ 1958,127;BayObLG NJW 2000,1959,1961;KG NJW 2001,903. 因此,如果未能证明无遗嘱能力,则应假定有遗嘱能力。然而,如果根据调查结果,在订立遗嘱之前和之后都无遗嘱能力,那么初步证据表明,在订立遗嘱时也无遗嘱能力。另外,任何主张遗嘱是在被继承人"精神正常的一刻"拟定的人,必须举出并证明动摇表面证据的情况,见 BGH ZEV 2012,100。OLG München ZEV 2013,504 对慢性进行性痴呆者出现精神正常的一刻的可能性表示怀疑。

〔4〕 慕尼黑州高等法院 OLG ZEV 2017,148(Gurlitt 案)提供了一个难以确定妄想或痴呆为由否认遗嘱能力的案例;法院最终无法说服自己相信被继承人没有遗嘱能力。

〔5〕 宣告成年人无行为能力的制度。——译者注

约是否需要取得 Max 母亲的同意，或需要为 Max 指定一位补充保佐人(Ergänzungspfleger)？

2. Karl 拥有一家金属制品厂，其订立的符合形式要件的遗嘱如下："在我死亡时，三个儿子中年龄和所受职业教育最适合接手我的企业的那位应作为我的唯一继承人。另两个儿子和我妻子每人各取得 85 万欧元的遗赠。"Karl 死亡时，三个儿子的情况如下：Christoph 还在上高中；Anton 已考过第一次法律国家考试，正在接受法律职业候补人(Rechtsreferendar)[1]的培训；Bastian 学习企业经济学专业，读到大学第四学期。Karl 的遗产该如何继承？

答案：

285 1. 儿子 Max 自己不做死因处分，故**不属于**第 2275 条第 1 款意义上的**被继承人**，无须具备完全行为能力。对 Max 适用**行为能力的一般规定**，不适用针对遗嘱订立的第 2229 条第 1 款。Max 虽系限制行为能力人(第 106 条)，但经该法律行为纯获法律上利益，根据第 107 条，其订立该继承契约无须取得法定代理人的同意。因此，不需要母亲同意或指定补充保佐人。

2. (1) 根据遗嘱发生的继承效果

286 A. 指定某个儿子为继承人的处分

遗嘱未直接规定哪一个儿子成为继承人，故有必要检讨该指定继承人处分是否违反第 2065 条第 2 款。被继承人已对继承人挑选范围做了限定，且也设置了挑选的**客观标准**。故该终意处分已符合帝国法院对此类遗嘱的要求。至少根据帝国法院的观点，第三人挑选继承人时需对人选的合适性为价值判断，不会导致终

---

[1] Rechtsreferendar 译为法律职业候补人。德国的司法考试(称为国家考试，Staatsexamen)分前后两次。通过第一次国家考试后正在接受后续培训的人称作法律职业候补人。后续培训为期两年。培训结束且通过第二次国家考试后方可正式法律执业。——译者注

意处分无效。

本案遗嘱的关键瑕疵在于，被继承人未明确**继承人人选的挑选人**。该瑕疵经遗嘱解释也无法补全：首先，遗嘱中不存在交由他人（如妻子）为识别继承人工作的充分暗示。其次，从遗嘱中也无法推知被继承人有希望交由遗产法院为挑选工作的意愿。而且，被继承人做出交由遗产法院选定继承人的表示本身是否有效，也尚值疑问。遗产法院在类似案例中不具备选定继承人的法定职权；且，由于缺乏相应的法律基础，被继承人经死因处分也无法赋予法院该项职权。综上，本案指定继承人处分与第2065条第2款规定的确定性要求不符，该处分无效。[1] 287

B. 遗赠

本案其他死因处分的效力是否受指定继承人处分无效的影响，应根据第2085条判定。被继承人之所以向妻子和不参与继承的儿子做遗赠，原因在于认为其中一个儿子可以成为唯一继承人。如指定继承人处分不生效力，正如本案现在的情况，则被继承人应不会再做遗赠。因此，根据第2085条后半句，指定继承人处分不生效力将致遗赠也不生效力。 288

（2）法定继承效果

遗嘱无效后应发生法定继承效果。Karl的遗产应按以下效果进行继承：妻子继承1/2遗产（第1931条第1款第1句和第3款、第1371条第1款）；三个儿子各自继承1/6遗产（第1924条第1款和第4款）。 289

〔1〕 BGH NJW 1965,2201；赞同意见见 Grossfeld JZ 1968,113,120（原文中脚注99）。

第十一章　遗嘱的订立与撤回

一、遗嘱形式的作用和种类

290 由于遗嘱只有在遗嘱人死亡并且自己不能再作任何解释时才会生效,因此,经常出现对遗嘱的有效性和内容的怀疑和争议是可以理解的。遗嘱属**无须受领的意思表示(nicht empfangsbedürftige Willenserklärung)**,即被继承人的意思表示无须向他人做出。被继承人即使对至近亲属(nächsten Angehörige)也可能保密遗嘱内容。为使经遗嘱产生的法律关系尽量明晰,法律规定订立遗嘱应遵守特定形式。遗嘱采用**法定形式**后,尤其在遗嘱文书确出自被继承人和并非伪造等问题上的**证明**难度将会减轻。被继承人以特定形式固定自己终意,还可使他人在探究遗嘱内容时更加确信,也可使遗嘱区别于草稿或预告。除上述**证据功能(Beweisfunktion)**外,形式要求还能防止被继承人做出死因处分时过于草率(如通过口头形式),被继承人不得不思量再三(**警示功能,Warnfunktion**)。

291 被继承人在任何情况下订立遗嘱均可使用《德国民法典》中规定的**常规遗嘱形式(ordentliche Testamentsformen)**。法律还规定了数种**特殊形式(außerordentliche Formen)**,

被继承人在特殊情况下方可使用（见边码 324 以下）。根据第 2231 条，遗嘱的常规形式包括公证遗嘱形式和自书遗嘱形式。被继承人以任一形式均可做出所有允许的死因处分，遗嘱形式在这方面的**效力是平等**的。效力的平等性还体现在，一种形式的遗嘱（如自书遗嘱）可起到补充或**撤回**另一种形式遗嘱（如公证遗嘱）的效果。

法律对于形式的规定属于**强制性规定**。根据第 125 条第 1 句，与所有法定形式均不相符的遗嘱**无效**。即使援引诚信原则也无法克服遗嘱在形式上的瑕疵，毕竟遗嘱可被任意撤回，第三人在遗嘱上不存在值得保护的信赖利益。[1] 292

二、公证遗嘱[2]

（一）公证书证形式的作用

引入公证员为被继承人提供法律咨询有助于实现**法律确定性**（**Rechtssicherheit**）和**法律明确性**（**Rechtsklarheit**）。公证员的工作便于被继承人将自己的意愿转化为有效的死因处分，也便于被继承人了解自己拟做出的死因处分将产生何种法律效果。以公证书证形式订立遗嘱，除具备证据功能和警示功能外，还兼具**咨询功能**（**Beratungsfunktion**）。公证遗嘱订成后，一般不会出现遗嘱是否存在、遗嘱是否伪造及遗嘱如何解释的问题。此也是公证遗嘱的优势所在。公证遗嘱由官方保管，故还可防止遗嘱事后被篡改。 293

---

〔1〕 继承契约并非如此，但即使在继承契约那里也只是在非常例外的情形才可援引诚信原则以克服形式上的瑕疵（见边码 501）。关于继承法上严格形式的原则上的优先性，见 OLG Köln NJW-RR 2006，225 = JuS 2006，655 附 Hohloch 之评论。

〔2〕 公证遗嘱被称为公的遗嘱（öffentliches Testament）（在属于法律文本的第 2232 条的标题中也是如此称之），是因为与私人书写的遗嘱相比，有一个公共机关（公证人）参与了遗嘱的订立。当然，公证遗嘱之公并不是可以接受一般查阅意义上的公开（öffentlich）。

294 订立公证遗嘱须支付一定**费用**,[1]此为与自书遗嘱相较,公证遗嘱的劣势所在。这一点也可能使有意愿订立公证遗嘱的人却步。但公证遗嘱在某些方面可代替遗产法院依申请颁发的继承证书(第2353条)。故公证遗嘱有时也可为继承人节省继承证书的费用。如《土地登记法》中规定:继承人向土地登记部门证明遗产继承效果,不仅可通过继承证书证明,也可通过公证遗嘱(或以公证书证形式订立的继承契约)证明[《土地登记簿条例》(GBO)第35条第1款]。有关继承权的证明问题会在下文中阐述(见边码642)。

(二)被继承人意思的做出

根据第2232条,被继承人向公证员表示终意处分内容可通过不同的方式。具体如下:

1. 被继承人表示终意

295 2002年修法(《州高等法院代理修订法》,OLG-Vertretungsänderungsgesetz)(v. 23. 7. 2002, BGBl. I S. 2850, 2858)后,被继承人做出表示不再需要以口头方式。该规定适用于所有人,不仅针对无言语能力的被继承人。[2] 修法前的司法观点要求,公证员宣读遗嘱后,被继承人必须至少口头说出"同意"一词。该观点现已不再适用。遗嘱所有内容可由被继承人向公证员口头表述。除此以外,终意也可经以下方式做出:公证员为被继承人提供咨询后,向被继承人宣读遗嘱初稿,被继承人认可该死因处分符合自己的意愿。被继承人的认可可以是口头同意,也可以是点头或手势,只要从被继承人的表示中可以明确推知被继承人同意即可。当然,被继承人也可书写"同意"二字。

---

[1] 其数额取决于被处分财产的价值。参见《法院和公证费用法》第102条。

[2] 关于立法理由见 Bundestagsdrucks. 14/9266, S. 49。关于批评性意见见 Dickhuth-Harrach FamRZ 2003, 493, 497; Reimann FamRZ 2002, 1383, 1384。

2. 被继承人递交内含终意内容的书面文件

被继承人向公证员递交书面文件的同时，应表示该文件内含自己的终意，该表示可经口头、书面或手势的方式做出。 296

至于被继承人所递交的文件是否由其本人签字，以及该文件是否出自其本人，则在所不论。例如，该文件可以由公证员或向被继承人提供咨询的律师制作。根据第2232条第2句，文件递交时可处于**开启**状态，也可处于**密封**状态。公证员不得开启密封状态的文件。公证员虽可向被继承人询问文件中的内容，但被继承人不愿意透露内容的，公证员仍必须进行公证。被继承人以此方式订立公证遗嘱的，因公证员无法对遗嘱内容提供具体咨询，故公证书证形式的咨询功能无法实现。 297

3. 对被继承人选择表示方式的限制

根据第2233条第1款，**未成年人**订立遗嘱必须通过向公证员做出表示或递交开启状态文件的方式。该规定旨在确保公证员有机会向未成年人提供具体咨询。 298

根据第2233条第2款，被继承人自称**无识字能力**，或者公证员确信其**无识字能力**的，被继承人订立公证遗嘱，只能通过向公证员做出表示的方式，不能选择递交文件的方式。由该法律规定的规范意旨还可推知：无识字能力的被继承人也不得以书面形式向公证员做出表示。 299

4. 无书写言语能力者订立遗嘱不受限制

经过前述修法（见边码295）后，既不会说也不会写的被继承人只要通过其他方式能够表达自己的意思，也能订立公证遗嘱（形象的说法：“通过眨眼订立遗嘱。”[1]）无书写言语能力者订立遗嘱既可以通过向公证员为终意表示的方式，也可以通过递交书面文件时表示文件内含终意内容的方式。被继承人选择任一方 299a

[1] Dickhuth-Harrach FamRZ 2003,493.

式,都可用手势语言表示自己的意思。联邦宪法法院此前作过一项重要判决:[1]确认以前限制无书写言语能力者订立遗嘱的规定系侵犯宪法保障的遗嘱自由(作为继承权保障的一部分,《德国基本法》第14条第1款第1句,见边码69),还违反一般平等原则(《德国基本法》第3条第1款)和禁止歧视残疾人原则(《德国基本法》第3条第3款第2句)。修订法律正在于照顾联邦宪法法院的该判决。根据《公证书证法》第24条第1款第2句,被继承人不具备完全的听说能力,且与其无法通过书面方式沟通的,在公证过程中必须引入一名能够与被继承人(如通过手语)正常交流的人员。另根据《公证书证法》第22条第1款第1句,若被继承人欠缺听说能力或视觉能力,则在公证过程中应引入一名见证人或追加第二位公证员。(有关该些强制性要求和建议性要求在效力方面的区别见边码300。)

(三)遗嘱公证书证程序

300 公证员在公证书证程序中应注意哪些细节在**《公证书证法》**中有规定。判断形式效力问题时应区分建议性规定和强制性规定。遗嘱形式违反**强制性规定(Muss-Vorschrift**,法条中表述为"必须")的,遗嘱**无效**;违反**建议性规定(Soll-Vorschrift**,法条中表述为"应当")的,效力不受影响。

301 有关《公证书证法》中的详细规定在此仅试举几例。有关公证员的资格问题,《公证书证法》第6条第1款规定:与被继承人存在**人身关系**的公证员,如被继承人的配偶,不得进行公证;由不适格的公证员进行公证的,整个公证书证程序无效。遗嘱指定公

[1] BVerfGE 99,341=NJW 1999,1853.

证员自己、其配偶或近亲属受益或指定上述人员为遗嘱执行人的[1]，公证员不得对该死因处分进行公证。根据《公证书证法》第7条和第27条，公证员违反上述规定进行公证的，仅其所涉及的死因处分（而非整个遗嘱）不生效力。特殊情况下，如被继承人听力、言语或视觉方面的能力有欠缺（《公证书证法》第22条第1款第1句），或被继承人不会书写自己的姓名（《公证书证法》第25条），公证程序中应引入一位**见证人**或第二位公证员。被继承人不具备完全的听说能力且与其无法书面沟通的情况下如何开展公证程序已在上文详述（见边码299a）。

公证员负有核实被继承人身份的义务，若其对被继承人声称 302
的身份有疑问，则应将此记录在公证文书中（《公证书证法》第10条）。公证员确信被继承人缺乏必要的遗嘱能力的，应拒绝公证（《公证书证法》第11条）；公证员应在公证文书中备注其察觉被继承人具备必要遗嘱能力的事项（《公证书证法》第28条）。公证员的下列义务尤为关键：查明被继承人的意愿，对其提供**咨询**（比较《公证书证法》第17条和第30条第4句）。

公证员在任何情况下都必须制作**公证文书**（《公证书证法》第 303
8条）。公证文书内含经被继承人口头表示而订立的遗嘱，或者内含公证员对被继承人递交书面文件一事的确认。根据《公证书证法》第13条，公证文书必须在公证员在场时向被继承人宣读，且须经被继承人认可和亲笔签名[2]（被继承人无书写能力时，由引

---

〔1〕 依《公证书证法》第7条第1款的规定，由公证员指定遗嘱执行人的条款也不生效力，因为公证员因此获得了法律上的利益，见 BGH NJW 2013,52。有趣的解决办法：可以在被继承人并行订立的自书遗嘱中指定公证员为遗嘱执行人，见 OLG Bremen ZEV 2016,273。

〔2〕 签名必须在空间上终结记录，因此在单独的纸张上与记录没有任何联系的空白处签名不符合要求，见 OLG Hamm ZEV 2001,21。关于签名时的协助见下文（见边码308）。

入的见证人或第二位公证员签名,《公证书证法》第 25 条第 3 句)以及经公证员签名。此后该份遗嘱(公证员的公证文书,特定情况下还包括被继承人递交的文件)应密封在一个信封中,信封上应加盖印章。公证员应在信封上记载被继承人的身份信息和遗嘱订立时间。

(四)遗嘱的特别官方保管、登记和开启

304 根据《公证书证法》第 34 条第 1 款第 4 句,公证员应不迟延地将遗嘱送交有管辖权的基层法院进行**特别官方保管(besondere amtliche Verwahrung)**。此步骤在于防止遗嘱遗失或损毁。

为确保遗嘱在继承发生时能被发现,公证遗嘱(确切而言是指由公证员按照《公证书证法》第 34a 条告知的遗嘱保管信息)应在联邦公证员协会下属的**遗嘱登记中心**[1]**(Zentrales Testamentsregister)**作相应登记[《联邦公证员法》(BNotO)第 78d 条第 1 款第 1 项[2]]。被继承人死亡后,民政局将死亡信息通知联邦公证员协会,再由联邦公证员协会通知遗嘱保管机构和有管辖权的基层法院。

304a 被继承人死亡后,公证遗嘱由遗产法院**开启**(《家事事件暨非诉事件程序法》第 348 条以下)。

三、自书遗嘱

案例 13: Rex Semmelroth 在旅途中患上重病。他给妻子 Pia Semmelroth 写了一张明信片。由于圆珠笔不出水,Rex 使用了复写纸。明信片的内容如下:

---

〔1〕 法律依据可以在《联邦公证员法》第 78 条第 2 款、第 78c 条及以下条款和 2011 年 7 月 11 日《联邦法律公报》第一部分第 1386 页公布的《遗嘱登记簿条例》中找到。详细情况见 Diehn DNotZ 2011,676;Bormann ZEV 2011,628。

〔2〕 原文为第 78b 条第 1 款第 1 项,似有错误。——译者注

2019 年 1 月 1 日

亲爱的 Pia,

我的病看起来真是挺重的。以防万一,我想做个安排。我如有不测,你可以取得所有财产。

不久见!

你的 Rex

又及,2019 年 1 月 2 日:我死后,我姑姑 Claudia 可以取得 6,500 欧元。

Rex 几日后死亡。Pia 主张自己是唯一继承人。但被继承人的儿子 Justus(被继承人的唯一直系血亲卑亲属)也同样要求继承遗产。Semmelroth 夫妇曾约定两人采用夫妻分别财产制。该如何处理这起继承纠纷?

(一)自书遗嘱的优势和风险

305 根据第 2231 条第 2 项和第 2247 条第 1 款,被继承人也可通过**亲自书写并签名**的方式订立遗嘱,该方式不需要文书人员的参与。法律允许订立自书遗嘱(又称私书遗嘱,与公证遗嘱相对应),旨在**方便**被继承人实现**遗嘱自由**。被继承人可在任何时间订立自书遗嘱,无需为此支付令人畏惧的费用。但是,简便的订立形式也容易引发遗嘱造假、未经允许被销毁或继承开始时无法发现的问题。出现这些问题时证明责任如何分配见下文叙述(见边码 337)。此外,由于被继承人通常没有经过专业法律咨询,遗嘱内容不明确的问题也时常发生,甚至一份文件是否应被认定为遗嘱也可能存疑。但为使被继承人的意愿能够尽量得到实现,**法律在形式方面的要求极为宽松**。这也导致订立自书遗嘱的风险相应增大,一份全文伪造的或经他人改动过的遗嘱都有可能被当作真遗嘱。

306 根据第 2247 条第 4 款,具备遗嘱能力(第 2229 条第 1 款)但尚未成年的被继承人(16 岁至 18 岁之间的被继承人)不能订立自书遗嘱,但可根据第 2233 条第 1 款,在公证员处通过做出表示或递交开启状态书面文件的方式订立遗嘱(见边码 298)。根据第 2247 条第 4 款,不具备识字能力的被继承人也不能订立自书遗嘱,因为通常存在以下风险:被继承人不能理解书写内容的含义,而只是机械地临摹别人的文字。为保护这类被继承人,第 2233 条第 2 款特意规定:无识字能力的被继承人只能在公证员处通过做出表示的方式订立遗嘱(见边码 299)。

(二)亲自书写

307 按照第 2247 条第 1 款,被继承人不仅必须亲自签名,而且遗嘱的**整个内容均必须由被继承人亲自书写**。与第 126 条对书面形式的规定(仅要求亲自签名)相较,法律对自书遗嘱的要求更为严格。遗嘱内容必须亲自书写,不得使用电子形式(elektronische Form,第 126a 条)或文本形式(Textform,第 126b 条)。每个人的笔迹不同,这体现了书写人的特征,所以凭借亲自书写的文字可对遗嘱的真伪性进行鉴定(笔迹比对)。[1] 鉴于此,遗嘱中的**文字**[2]必须由被继承人**亲自书写**,被继承人借助机械或电子工具(如打字机、电脑、打印机或印章)形成文字尚不能满足上述要求。该要求满足后,只要文字是可以阅读的,则被继承人究竟使用哪种书写工具(铅笔或粉笔也可)[3]、在哪种材料上、以哪种语言、用哪

[1] 关于亲笔签名的这一目的以及以下的个别问题,见 BGHZ 47,68,70ff.。希望从遗嘱中导出法律后果的人对签名的真实性负有证明责任,参见例如 BayObLGZ 1998,167,170=FamRZ 1999,331,332;另见边码 337。

[2] 箭形图不符合形式要求,参见 OLG Frankfurt ZEV 2013,334。

[3] 一张"蓝图"亦为足够,参见 BGHZ 47,68;BayObLG Rpfleger 1993,405。

种字体[1]书写遗嘱，已不重要。[2] 被继承人仅援引某一死因处分，但含有该死因处分的书面文件不符合第2247条第1款的形式要求的，该项援引亦不符合自书遗嘱的形式要件。[3]

由于**个人笔迹**在遗嘱书写中极为重要，所以他人**把着被继承人的手写字**，以致该他人的笔迹体现在其中时，该遗嘱是无效的。[4] 但他人仅提供稍许帮助，比如扶着被继承人的胳膊[5]，则是允许的。被继承人完全描摹他人事先写好的文字，由于无法体现其个人笔迹，遗嘱也是无效的。 308

（三）内容要求

1. 遗嘱文件中**无需出现"遗嘱"一词**，只要从文件中——有时需要通过解释——能够推知被继承人是在做终意处分即可。但**预告**或**草稿**不能视作遗嘱。遗嘱处于怎样的前后文中并不重要：它可以是一份独立的文件，也可置于其他内容框架下（如在自己的日记中），甚至在一封信件中。[6] 不过对待后两种情况必须极为谨慎，应该查明被继承人是否确有做出终意处分的意愿，抑或文件 309

---

[1] 盲文（由手工制作）似乎也可以接受，持此种观点者如 Neuner NJW 2000, 1822, 1826；不同观点见 MünchKomm/Sticherling §2247 Rn. 14, 55；Palandt/Weidlich §2247 Rn. 7。

[2] 关于可读性的要求，见 OLG Hamm FamRZ 1992, 356；KG FamRZ 1998, 1396（文义必须能够从做成的记录本身得出）；持同样见解者有 OLG Schleswig FamRZ 2016, 583。

[3] BayOblGZ 1973, 35；1979, 215. ——如果在形式有效的遗嘱中可以找到这样的处分，而对另一份文件的提及只是为了解释（例如，BGH MDR 1980, 831 = JR1981, 23 附 Schubert 否定性评论），所提及的文件不需符合形式；对于遗嘱以外的情况也可以用于解释（见边码364）。

[4] 参见 BGH NJW 1981, 1900；OLG Hamm NJW-RR 2002, 222。如果在这种情况下，遗嘱只有部分缺乏形式上的有效性，那么依第2085条（见边码411）的规定，其余的处分一般仍然有效，参见 BayObLG FamRZ 1986, 726, 727。

[5] 参见 BayObLG FamRZ 1985, 1286（亲手签署公证遗嘱）。

[6] 例如 BayObLG FamRZ 2001, 944。

只涉及被继承人的前期思考,又或仅体现了被继承人将另行做出终意处分的意思。[1] 遗嘱系**无需受领的意思表示**,故遗嘱是否生效,与被继承人是否告知他人该份遗嘱的存在及内容无关。但为避免被继承人死亡后遗嘱无法被发现,被继承人应做出妥善安排(有关官方保管见边码316)。

310 2. 被继承人的**签名**应包含名和姓(第2247条第3款第1句)。但以其他方式签名的遗嘱有时也是有效的。必要的是,以该签名足可认定遗嘱出自被继承人本人以及体现了被继承人订立遗嘱的严肃性(第2247条第3款第2句)。如符合上述要求,则签名即使只包含名或姓,甚至只签署自己的亲属称谓(如"你们的爸爸")[2],遗嘱也是有效的。仅签署姓名首字母缩写(如以"O. K."代替Oskar Knapp),但可查明遗嘱确由被继承人订立及其确有订立遗嘱的真意(而非起草草稿)的,遗嘱也为有效。[3]

311 签名的功能还在于查明遗嘱的真伪性、完整性及方便将草稿和遗嘱区分开来,故签名必须体现**终结终意处分**的功能,换言之,一般而言,签名应该位于遗嘱的末尾。[4] 文件在开头部分提到姓名(如"我,Karl Erl,在此做出以下处分……")不符合上述要

[1] 参见OLG Köln FamRZ 1995,1301(在提交给法院的书面声明中的——可以想象的——遗嘱);BayObLG FamRZ 1999,534(仅仅宣布授权书框架下的指定继承人处分的情况);FamRZ 2001,1161(意定授权书在此不能解释为遗嘱)。

[2] BayObLG MDR 1980,403.

[3] 有争议,持肯定见解者为OLG Celle OLGZ 1978,59;Soergel/J. Mayer §2247 Rn. 22;持否定见解者为Staudinger/Baumann(2018) § 2247 Rn. 92;Kipp/Coing § 2612 a。——在《德国民法典》第126条或者《民事诉讼法》第130条第6项的情况下,司法裁判认为缩写是不够的(BGH NJW1997,3380,3381;此为一贯的判例),但第2247第3款第2句的要求不那么严格。

[4] (由于文字下方缺乏空间)在边上空白处签名亦为足够,见BayObLG FamRZ 1986,728。OLG Celle NJW 1996,2938认为在特殊情况下(纸上没有其他空间),即使是在文字上方"已签名"一词之后的签名也已足够。

求。[1] 遗嘱由多页组成时,只要各页同属一份文件可以辨认,则各页未装订在一起亦无不可。此情形下,被继承人在最后一页签名即可。[2] 被继承人在内含遗嘱的**信封**上签下姓名,若姓名仅在标注寄信人或此信内容(标注功能,Kennzeichnungsfunktion)[3],则不能构成对遗嘱的有效签名。但如根据被继承人的意愿(和习惯观念),信封上的签名是对信封内文件的一种延续和终结,即信封在一定程度上作为遗嘱末页,则信封上的签名构成对遗嘱的有效签名(终结功能,Abschlussfunktion)。[4]

3. 不无疑问的是,被继承人事后在遗嘱上**附加内容**时,针对该附加内容是否必须另外签字。通说认为:若后续内容**在空间上**为旧签名所**覆盖**,则被继承人不必须重新签名。[5] 按照日常生活习惯,被继承人在对遗嘱文本做改动或补充时一般不会考虑到重新签名,因此通说有合理性。但这无疑将增加证明改动处为真的难度。 312

如果缺少附加内容的**补充**,位于签名上方的内容将存在漏洞、不完整或不具可操作性的,则即使该附加内容在空间上不为旧签名所覆盖,其形式有效性也应被认可。[6] 从签名的作用角度出发,该观点不无问题。可以肯定的是,若附加内容包含**独立的死因** 313

---

[1] BayObLG FamRZ 1988,1211;OLG Hamm FamRZ 1986,728.

[2] OLG Karlsruhe FamRZ 2003,1507.

[3] 雷纳·弗兰克与托比亚斯·海尔姆斯著、王葆莳与林佳业译《德国继承法》(中国政法大学出版社 2015 年版)第五章边码 15。——译者注

[4] BayObLG ZEV 2003, 26. 在个案中的界限划定造成了困难,参见例如 BayObLG FamRZ 1988,1211;ZEV 1994,40;Palandt/Weidlich §2247 Rn. 12。

[5] BayObLGZ 1965,258,262;BayObLGZ 2002,359 = FamRZ 2003,1590(在嗣后删除和替换受益人的名字的情况下,旧的签名即已足够);Palandt/Weidlich §2247 Rn. 14f. 在单独一页上附加内容的,必须单独签名,见 EOLG Hamm MDR 1983,131(环形活页夹);OLG Hamm FamRZ 2013,907。

[6] BayObLGZ 2003,352,355 = DNotZ 2004,801;BayObLGZ 2005,57,58.

处分[1],或给签名文本中的指定继承人处分设置附加条件,则位于签名外的附加内容应**不生效力**。[2] 例如,共同遗嘱中在夫妻签名后附加的再婚条款(见边码478)应不生效力。[3]

314 4. **遗嘱订立行为无需具备一致性**[4]:遗嘱各部分书写和签名的时间先后顺序并不重要,各部分在书写时间上可以间隔很长。[5] 被继承人也可将以前自书遗嘱中的文本部分与新订立并签名的文本部分合并在一起,合并时只要新签名根据被继承人的意愿可以覆盖整个意思表示即可。[6] 被继承人划去之前遗嘱中(除签名外)的所有文本,并代之以(未有再次签名的)新文本的,该遗嘱在形式上也为有效。[7]

315 5. 根据第2247条第2款,被继承人应在遗嘱中记明书写**时间**(包括年月日)和书写**地点**。[8] 但该规定仅是建议性规定,缺少这些信息并不导致遗嘱无效。但是,这不意味着无需结合书写时间和书写地点审查遗嘱的效力,遗嘱缺少书写时间或地点信息可能引起他人**对遗嘱效力的质疑**。例如,针对未注明日期的遗嘱可能产生以下疑问:该遗嘱是早于还是晚于被继承人的其他遗嘱。该疑问之所以重要,原因在于第2258条第1款的以下规定:各死因

---

〔1〕 OLG Köln FamRZ 1994,330(指定遗嘱执行人).

〔2〕 OLG München BWNotZ 2011,200=MDR 2011,1298.

〔3〕 BayObLG FamRZ 2004,1141(附 Leipold 之评论).与前述巴伐利亚州高等法院的裁判相反,人们也不能就因为在缺少再婚条款的情况下此一处分不符合配偶双方的意愿,而从再婚条款中推断出形式有效的遗嘱中包含的配偶双方相互指定对方为唯一继承人的处分不生效力,见 Leipold aaO。

〔4〕 BayObLG FamRZ 1991,370,371.

〔5〕 BayObLG FamRZ 1999,1392.

〔6〕 OLG Zweibrücken FamRZ 1998,581.

〔7〕 BayObLGZ 1984,194=FamRZ 1984,1268.

〔8〕 被继承人自己关于遗嘱订立地点和时间的陈述本身就具有正确性的推定,除非有相反的证据,见 OLG München ZEV 2010,50。

处分相矛盾时，以后订立的遗嘱为准。出现上述情形时，根据第2247条第5款第1句，除非通过其他方法可查明遗嘱的订立时间，否则未注明订立时间的遗嘱无效。[1] 有关同一天订立的数份遗嘱的效力问题见下文（见边码335）。遗嘱的书写地点在国际私法中可能具有重要意义（遗嘱只需遵守订立地的形式要件即可，见边码23）。根据第2247条第5款第2句，因书写地点不明对遗嘱效力产生疑问时，除非可通过其他方法查明，否则遗嘱也是无效的。

（四）自书遗嘱的保管、递交和开启

根据第2248条，**依被继承人的要求**，自书遗嘱也可由基层法 316
院特别**官方保管**。[2] 官方保管可防止遗嘱被篡改或遗失。官方保管的自书遗嘱的信息也会录入到联邦公证员协议下属的**遗嘱登记中心**（见边码304a）的信息库中。有关信息通知见《家事事件暨非诉事件程序法》第347条。法律对自书遗嘱并未规定强制官方保管；藏于抽屉中的自书遗嘱也是有效的。被继承人死亡后，任何持有遗嘱的人员都有义务不迟延地**向遗产法院递交该份遗嘱**（第2259条）。遗产法院可作出命为递交遗嘱的裁定（《家事事件暨非诉事件程序法》第358条），该裁定可以《家事事件暨非诉事件程序法》第35条规定的强制措施得以执行。有关遗嘱的开启见《家事事件暨非诉事件程序法》第348条。

案例13答案：

1. 终意处分

（1）是否成立遗嘱及遗嘱内容

法律对遗嘱外观无特殊要求，Rex书写的明信片可作为一份 317

[1] OLG Schleswig FamRZ 2016, 585.

[2] 官方保管也可由代理人申请，也可依被继承人预立的照护授权书（Vorsorgevollmacht）申请，见OLG München ZEV 2012, 482。

自书遗嘱(第 2231 条第 2 项和第 2247 条第 1 款)。Rex 虽未将其所做的安排称作遗嘱或死因处分,但该安排经解释(第 133 条)后确系死因处分的,可认定为死因处分。此处的解释不适用第 2084 条的规定(见边码 386)。从明信片的文义可知,被继承人希望直接通过明信片安排自己的后事,而不仅仅只是在预告将订立一份遗嘱。Rex 书写"你(妻子)可以取得所有财产",意味着,被继承人希望将所有财产给予妻子。即使被继承人未使用继承人的用语(第 2087 条第 1 款),该给予也应被认定为指定妻子为唯一继承人的处分。给予姑姑 Claudia 一笔钱款的内容应视为被继承人创设的一项遗赠(第 1939 条,另见第 2087 条第 2 款)。

(2)遗嘱的亲自书写性

318 根据第 2247 条第 1 款,自书遗嘱中的文本和签名均应由被继承人亲自手书。只要文字符合被继承人直接书写的要求,则被继承人使用哪种书写工具并不重要。Rex 在圆珠笔不出水的情况下,使用复写纸书写,所以复写纸其实起到圆珠笔笔芯的作用。遗嘱中所有文字均由被继承人独立书写,这与被继承人描摹他人笔迹有别。因此,该份遗嘱符合文本和签字亲自书写的要求。[1]

(3)签名

319 被继承人签名中只有名,没有姓,不符合第 2247 条第 3 款第 1 句规定的要求。但结合明信片文本,可从所签署的名中得知,该遗嘱确出自被继承人,且在明信片的邮寄地址中也会出现妻子的姓氏,该姓氏就是被继承人的姓氏。从遗嘱的文义也可知,被继承人做出该意思表示是严肃的。因此,根据第 2247 条第 3 款第 2 句,虽然签名不完整,但遗嘱仍为有效。

320 对死因处分的效力还存在以下疑问:创设遗赠的内容是**在签名之后**才在明信片上书写的。签名的法律规定旨在使死因处分的

[1] BGHZ 47,68;BayObLG Rpfleger 1993,405.

完整性和严肃性尽量得到澄清。依此规范意旨可得出以下恰当结论:签名在空间上必须位于遗嘱的末尾。遗嘱中的指定继承人处分满足该项要求,但创设遗赠的内容则不满足。明信片上存在两个日期,由此可以看出,遗赠的内容是被继承人后添加的。此类后续内容是否必须由被继承人再次签名的问题,应值讨论。通说认为:如果后续内容在空间上可为原签名覆盖,则被继承人无需再次签名。但后续内容在本案中位于签名以外,通说的条件无法满足。因此,遗赠由于欠缺签名要件,不符合第 2247 条第 1 款规定的形式要求,故为无效(第 125 条第 1 句)。

(4)地点信息

被继承人在本案遗嘱中未记明书写地点,违反第 2247 条第 2 321
款的规定。但该规定仅是建议性规定,遗嘱存在此类瑕疵并不当然无效。本案中欠缺地点信息不会引起他人对遗嘱效力产生质疑。因此,本案不应根据第 2247 条第 5 款第 2 句得出遗嘱无效的结论。

(5)部分无效后的效果

根据第 2085 条,多个终意处分中的一个(本案中的遗赠)无 322
效的,原则上,其他处分(本案中的指定继承人处分)的效力不受影响。但若能推知被继承人在欠缺该不生效处分的情况下不会做出其他处分的,上述法律原则不再适用。本案中无证据表明,Rex在遗赠无效情形下将不指定妻子为继承人,故指定继承人处分仍为有效,Pia 是丈夫的唯一继承人。

2. 儿子的特留份权

由于被继承人排除儿子 Justus 的法定继承权,故 Justus 有权 323
主张特留份,特留份金额为其法定继承份额所值的一半(第 2303 条第 1 款)。儿子(第 1924 条第 1 款)与妻子同为被继承人的法定继承人,被继承人夫妻两人生前采用分别财产制(第 1931 条第 4 款),故儿子的法定继承份额为 1/2,其特留份金额为遗产所值的 1/4。

四、特殊遗嘱形式(紧急遗嘱)

(一)作用和有效期

324 与常规遗嘱相较,紧急遗嘱的形式要求较为宽松。但仅存在**例外情况**,即被继承人有以特殊方法订立遗嘱的需求时,法律才允许订立。例外情况举例如下:被继承人因事故或疾病丧失书写能力或由于其他原因不希望订立自书遗嘱,且在自己死亡前无法及时引入公证员订立公证遗嘱。

325 对此类遗嘱效力的一项重大限制规定于第 2252 条第 1 款:其**有效期仅为 3 个月**。换言之,被继承人在遗嘱做成的 3 个月后若仍在世,则遗嘱视作未曾订立。但根据第 2252 条第 2 款,紧急遗嘱的上述有效期自被继承人有能力在公证员处订立遗嘱时才予起算。被继承人如已有能力订立常规遗嘱,且又希望此前做成的终意处分继续有效的,必须将紧急遗嘱替换成常规遗嘱。此法律规定旨在确保,紧急遗嘱的内容确实符合被继承人的真意,因为紧急遗嘱通常是被继承人在极为仓促的情形下做成的。

(二)特殊遗嘱形式的种类

1. 市长见证下订立的紧急遗嘱(第 2249 条)

326 根据第 2249 条第 1 款,被继承人已濒死亡,且无可能订立公证遗嘱的,可在**市长**和市长必须邀请的**两名见证人**的见证下订立遗嘱。处于密闭空间内的被继承人也可以该方式订立遗嘱,详见第 2250 条第 1 款。此类遗嘱的详细订立方法由第 2249 条和《公证书证法》规定。其中第 2249 条第 6 款特意降低了此类遗嘱书写过程中的形式瑕疵对遗嘱效力所产生的负面影响。

2. 三名见证人见证下订立的紧急遗嘱(第 2250 条)

被继承人处于密闭空间内(第 2250 条第 1 款)或已濒死期,
327 以致无法再在公证员或市长在场的情况下订立遗嘱(第 2250 条第

2 款)的[1],**可在三名(私)见证人的见证下以口述意思的方式**订立遗嘱,但对口述内容必须形成文书。[2]

3. 海上订立的紧急遗嘱(第 2251 条)

乘坐**德国籍船舶**在海上航行的被继承人可按第 2250 条第 3 条规定的方式——在三名见证人的见证下口述意思——订立遗嘱,订立此类遗嘱无需存在特别危险之情势。 328

五、遗嘱的撤回

案例 14:Fred Wankel 的妻子已故,Fred 有两个儿子(Martin、Franz)和一个女儿(Olga)。Fred 在 Olga 处已居住一段时间。2018 年 6 月 1 日,Fred 订立了一份符合形式要求的遗嘱——指定 Olga 为唯一继承人。Fred 给 Olga 看过这份遗嘱。2018 年圣诞节期间,Fred 的两个儿子送给父亲一箱顶级法国葡萄酒,Olga 只送了一本有关老年人信仰的小书。子女的礼物大有差别,于是 Fred 在 2018 年 12 月 26 日又写下一份形式有效的遗嘱——指定两儿子为继承人,每人继承份额各为 1/2。Olga 获知此事后,强烈谴责父亲。Fred 遂于 2019 年 2 月 15 日又手书遗嘱一份,内容为废止在 2018 年 12 月 26 日订立的那份遗嘱。Fred 于 2019 年 4 月死亡。家人整理 Fred 的物件时,在纸篓里发现了最后那份遗嘱——遗嘱已被撕成五瓣。Fred 的遗产该如何继承?

(一)遗嘱的可自由撤回性

根据第 2253 条,无论整个遗嘱,还是遗嘱中的单个处分,被继 329

---

[1] 司法对该前提条件提出了非常严格的要求,见 OLG Düsseldorf NJW-RR 2017,905;OLG Hamm BeckRS 2017,103966。

[2] 对作成之记录的形式要求大大降低,因此,如若证人在记录的开始处签名(题词),即为足够,见 BayObLG NJW1991,928. 关于强制性的形式要求见 BGHZ115,169=NJW 1991,3210:被指定的继承人(根据第 2250 条第 3 款第 2 句,《公证书证法》第 7 条第 1 款、第 27 条,其被排除在证人行列之外)的额外签名并无害处。

承人都可**随时且不给出任何理由地撤回**。这是遗嘱自由的一个方面;遗嘱处分仅在符合被继承人所表示的意愿时,才有效力。纵被继承人曾将遗嘱内容告知予第三人(如案例 14 中的指定继承人),甚至向其承诺将指定其为继承人(当然以此为内容的合同债务无效,见第 2302 条及边码 236),遗嘱仍可被自由撤回。受益人如希望确保能够从遗产中受益,则必须与被继承人订立继承契约。

330 遗嘱撤回可能使因之建立起的预期落空。第三人**向被继承人做出**大量**给付**,经常出于被继承人指定自己为继承人的原因。如给付人与被继承人曾(至少默示的)达成一致,给付人做出给付是以自己之后被指定为继承人为目的的,则被继承人嗣后没有指定其为继承人,致使预期效果无法得到实现的,给付人有权根据第 812 条第 1 款第 2 句的规定主张**不当得利返还请求权**。[1] 该请求权应先向被继承人主张,被继承人死亡后则作为遗产债务可向继承人主张。第 2316 条规定的**特留份数额增加**,及作为法定继承人的**诸直系血亲卑亲属之间的补偿义务**(第 2057a 条,见边码 754),也可视作是对预期落空做出的一种补偿。

331 遗嘱撤回行为在性质上也属于**终意处分**,故被继承人为撤回时应**具备**第 2229 条规定的**遗嘱能力**。通过损毁遗嘱文件或在遗嘱文件上作改动方式为撤回(第 2255 条),或通过取回官方保管的遗嘱为撤回(第 2256 条)[2],被继承人均应具备遗嘱能力。

(二)撤回方式

332 撤回**方式有多种**,被继承人可**选择**使用之。

1. 撤回性遗嘱(第 2254 条)

333 撤回性遗嘱指以撤回之前遗嘱为内容的**遗嘱表示**。至于撤回的意思是明示的还是经解释而可推知的,则在所不论。在内容方

[1] BGHZ 44,321.

[2] BGHZ 23,207,211.

面，撤回性遗嘱可仅撤回之前的遗嘱，而不必新设死因处分，如重新指定继承人。在**形式方面**，撤回性遗嘱应遵守遗嘱的一般要求，但撤回性遗嘱的形式无需与被撤回遗嘱的形式保持一致——遗嘱形式效力的平等性。

2. 嗣后订立在内容上与之前遗嘱相冲突的遗嘱（第 2258 条）

以此方式为撤回，其关键在于前后死因处分**在内容上存在冲突**。至于在新遗嘱中是否提及旧遗嘱，则无关紧要。即使被继承人在订立新遗嘱时已经忘记此前订过的遗嘱，也仍发生第 2258 条规定的效果。[1] 新遗嘱（如指定 B 继承 1/4 份额）与旧遗嘱（如指定 A 为唯一继承人）之间仅部分存在冲突的，则旧遗嘱中的其余部分（指定 A 继承 3/4 份额）仍然有效——第 2258 条第 1 款的表述为“以……为限”。新旧遗嘱在内容上不相冲突时，唯可探知被继承人存在只希望通过新遗嘱处理遗产继承事宜的意愿的，方可根据第 2258 条第 1 款认定旧遗嘱被新遗嘱撤回。[2] 同理，新遗嘱与旧遗嘱在特定部分的规定相冲突（如两份遗嘱对同一人的遗赠内容不同），且可探知被继承人在该特定部分仅希望发生新遗嘱中规定的效果的，则旧遗嘱中针对该特定部分的规定根据第 2258 条第 1 款被撤回。[3] 334

存在**多份标注同一订立日期的遗嘱**，且无法确定订立顺序的，应推定所有遗嘱是同时订立的；该多份遗嘱内容相冲突时，视其互 335

〔1〕 BGH LM § 2258 Nr. 1.

〔2〕 GH NJW1981，2745；BayObLG FamRZ 1989，441.

〔3〕 BGH FamRZ 1985，175.

相废止对方的规定。[1]

3. 以废止为目的损毁遗嘱文件或在遗嘱文件上做改动(第2255条)

336 被继承人撤回遗嘱还可通过以下方式:将遗嘱文件焚毁、撕碎或揉成一个纸团;[2]将遗嘱中的一些句子或词擦掉、划掉或剪去。在遗嘱文件上作类似"该遗嘱无效""该遗嘱已废止"等标注的,遗嘱也应视为被撤回。由第2255条可知,法律**没有规定**撤回遗嘱必须遵守遗嘱订立的形式要求,故被继承人做此类使遗嘱失效的标注时无需签名。[3] 损毁遗嘱文件或在遗嘱文件上做改动须**由被继承**人完成,但被继承人也可指使他人完成该行为,被指使之人在此仅充当被继承人工具的作用。[4] 他人损毁遗嘱文件或在遗嘱文件上做改动未经被继承人指使的,不生遗嘱失效的效果。遗嘱文件被损毁或无法找到的情况下,不得径行作销毁是由被继承人完成的推定。[5] 遗嘱中有些段落被剪掉的情形下,也不得推定裁剪行为是由被继承人做出的。[6]

---

〔1〕 BayObLG FamRZ 2003,711;KG FamRZ 1991,486. 例如,若两份遗嘱指定了不同的唯一继承人,则适用法定继承。不同的意见见 E. Schneider MDR 1990,1086(每人一半的继承权);类似观点见 Notariat Gernsbach BWNotZ 1993,61(只要不被视为单纯的草稿)。如果无法确定具有相互性处分的共同遗嘱和偏离此共同遗嘱的个人遗嘱的时间顺序,则共同遗嘱有效,因为依第2271条第1款第2句之规定,共同遗嘱不能被后来的个人遗嘱所废止,见 Notariat Gernsbach BWNotZ 2010,210。

〔2〕 BayObLGZ 1980,95.

〔3〕 RG JW1911,545;KG NJW 1957,1364;Palandt/Weidlich §2255 Rn. 6.

〔4〕 OLG Hamm NJW-RR 2002,222,223. 在这种情况下,遗嘱人不能给第三人留下任何行动的余地,销毁必须在继承发生之前进行,见 OLG München ZEV 2011,652。相反,如果被继承人嗣后(且非要式地)追认第三人已进行的销毁或更改,这并不足够(见边码350)。

〔5〕 BayObLG FamRZ 1985,839,841;1989,1234;OLG Düsseldorf FamRZ 1994,1283;OLG Zweibrücken FamRZ 2001,1313.

〔6〕 OLG Hamm NJW-RR 2008,21.

337 **原件不复存在的遗嘱**的效力不受影响。但发生纠纷时,证明人应通过其他证据——如该遗嘱的复印件[1]或提供证人证言[2]——对该遗嘱的形式有效性和内容进行证明,在该等证据的采信方面应采用较严的标准。[3] **客观的证明责任(objektive Beweislast**,亦称确认责任,Feststellungslast)分配如下:从该遗嘱中受益之人应对遗嘱的形式有效性[4]和内容[5]承担客观的证明责任;主张因该遗嘱嗣后不生效力而能享有权利之人,应对该遗嘱撤回符合要件承担客观的证明责任。[6]

338 成立遗嘱被废止的效果,除存在遗嘱文件被损毁或改动的客观事实外,还应具备**被继承人废止该遗嘱的意思**。但应注意的是,第 2255 条第 2 句在很大程度上减轻了对被继承人废止意思的证明负担——只要能认定遗嘱文件[7]的损毁或改动系由被继承人做出的,则**推定被继承人有废止的意思**。根据《民事诉讼法》第 292 条,该项推定是可推翻的。例如,若能证明被继承人销毁遗嘱文件系由于疏忽,或被继承人虽划去遗嘱内容,但本意是在订立相同内容的遗嘱前保留该处分,则第 2255 条第 2 句的推定可被推翻。[8] 上述情形下,原终意处分继续有效。

339 以损毁遗嘱文件或在遗嘱文件上做改动的方式撤回遗嘱,本

---

[1] BayObLG FamRZ 2002,1327;OLG Köln FamRZ 1993,1253.

[2] OLG Stuttgart BWNotZ 2002,157(附 Fröschlin 之评论).

[3] OLG München ZEV 2010,572;OLG Frankfurt ErbR 2019,505(附 Baumann 之评论)(若所谓的遗嘱继承人自陈其在继承发生后损毁了遗嘱,那就更是如此). 这同样适用于遗嘱缺页,见 BayObLG FamRZ 2005,1866。

[4] BayObLG FamRZ 1986,1043,1045.

[5] BayObLG FamRZ 1985,839,840;FamRZ 2005,1866.

[6] 参见 OLG Düsseldorf FamRZ 1994,1283。

[7] 如果被继承人只是对遗嘱副本进行了修改,则不适用该推定;在此情形,必须证明撤回的意图,见 KG ZEV 1995,107。

[8] BayObLG ZEV 1997,453.

质上也属于**终意处分**,即属于法律行为,而非事实行为。因此,特定情形下可根据第 2078 条的规定将其撤销[1],例如被继承人销毁遗嘱受不法胁迫(第 2078 条第 2 款)。

4. 取回官方保管的遗嘱(第 2256 条)

340 官方保管的**公证遗嘱依被继承人的取回要求**交还给被继承人的,公证遗嘱视为被撤回。[2] 遗嘱因疏忽被交还给被继承人的,其效力不受影响。根据第 2256 条第 1 款第 2 句,交还时应向被继承人特别提醒取回遗嘱所产生的效果。[3] 但第 2256 条第 1 款第 2 句仅是建议性规定,即使被继承人未得到提醒,取回遗嘱仍发生撤回的效果。[4] 根据第 2256 条第 3 款,取回官方保管的自书遗嘱(第 2248 条),不发生撤回效果。

(三)对撤回的撤回

341 以遗嘱方式做成的撤回还能被撤回。根据第 2257 条,撤回性遗嘱被撤回后,如不能查明被继承人有相反意思,则推定**旧死因处分恢复效力**。同理,根据第 2258 条第 2 款,与旧遗嘱相冲突的新遗嘱被撤回后,存在疑义时,推定旧遗嘱恢复效力。示例:被继承人在第一份遗嘱中指定妻子为唯一继承人,在第二份遗嘱中指定子女为唯一继承人,第二份遗嘱被撤回后,指定妻子为继承人的处分恢复效力。需特别注意的是,唯存在疑义,即无法查明被继承人有其他意思时,之前订立的遗嘱才会复活。

342 以**损毁**或改动遗嘱文件的方式(第 2255 条)或以**取回官方保**

---

[1] RGZ 102,69.

[2] 被继承人可随时请求返还(第 2256 条第 2 款第 1 句)。被继承人必须亲自(不通过代理人)主张取回,见 LG Augsburg Rpfleger 1998,344;存有争议。

[3] 由于撤回是死因处分(BGHZ 23,211),它以撤回时的遗嘱能力为前提,见 BayObLG ZEV 2005,480。基于同样的原因,撤回可依第 2078 条予以撤销,见 BayObLG aaO;OLG München ZEV 2005,482 = Rpfleger 2005,606(也涉及撤销期限的起算)。

[4] KG NJW 1970,612.

管的遗嘱的方式（第 2256 条）为撤回的，对该撤回行为不得再为撤回。[1] 例如，被继承人仅在新遗嘱中规定，被损毁的遗嘱恢复效力的，无法产生预期的效果，被继承人必须重新订立一份与已损毁遗嘱的内容相同的遗嘱。以第 2255 条规定的方式撤回后，被继承人又将该遗嘱文件恢复至原有状态的，如将划痕擦掉、将撕碎的遗嘱粘起来[2]、将“本遗嘱无效”标注中的“无效”一词划掉等，该遗嘱不会恢复效力。但被继承人在原（自书）遗嘱文件[3]上自书标注[4]“本遗嘱确为有效”并签名的，由于该行为属于订立一份符合形式要件的新遗嘱，故该新遗嘱应为有效。

案例 14 答案[5]：

Olga 经 2018 年 6 月 1 日的遗嘱曾被指定为唯一继承人。 343
2018 年 12 月 26 日的遗嘱指定 Martin 和 Franz 各继承 1/2 的遗产，因前一份遗嘱与其存在冲突，故前一遗嘱根据第 2258 条第 1 款被废止。被继承人紧接着在 2019 年 2 月 15 日所做的表示属**自书撤回性遗嘱**（第 2254 条），根据该遗嘱，2018 年 12 月 26 日的遗嘱被撤回。由于遗嘱撤回后不能探知被继承人有其他意思，故根据第 2258 条第 2 款，**原有遗嘱**——指定 Olga 为唯一继承人——恢复效力。

---

[1] BayObLGZ 1973，35＝DNotZ 1973，630；BayObLG FamRZ 1990，1404. 持怀疑态度者见 KG NJW 1970，612。

[2] BayObLGZEV 1996，271.

[3] 与此相反，在已从官方保管中撤回的（打字并仅由遗嘱人签字的）公证遗嘱上加以这种标注，并未满足形式要求，见 BayObLGZ 1973，35，39＝DNotZ 1973，630。

[4] 仅仅在被撤回的遗嘱上增加一个新的地点和日期是不够的，见 BayObLGZ 1992，181＝MDR 1992，1156。

[5] 如果连续拟定了几份遗嘱，那么应在一张辅助用纸上列出顺序，以免陷入混乱：2018 年 6 月 1 日遗嘱：Olga 唯一继承人。2018 年 12 月 26 日遗嘱：Martin 和 Franz 是继承人，各 1/2。2019 年 2 月 15 日废除 2018 年 12 月 26 日的遗嘱。2019 年 4 月发现 2019 年 2 月 15 日的遗嘱被撕毁了。

344 若 2019 年 2 月 15 日的撤回性遗嘱的文件是**由被继承人**在废止该遗嘱的意思下被撕毁的,则根据第 2255 条第 1 句,该遗嘱失效。本案案情未明确遗嘱撕毁系出何人之手。虽可猜测撕毁是被继承人所为,但仍须查明他人在被继承人死亡前或死亡后是否有机会接触到被继承人的物件。本案结果需**分情况讨论**:

345 a. 若能查明该遗嘱是由被继承人撕毁的,则依第 2255 条第 2 句,应推定被继承人有废止该遗嘱的意思。2019 年 2 月 15 日的撤回性遗嘱因此失效。根据第 2257 条,2018 年 12 月 26 日的遗嘱恢复效力,Martin 和 Franz 成为继承人,继承份额各为 1/2。

346 b. 若不能证明 2019 年 2 月 15 日遗嘱的文件是由被继承人撕毁的,则应认定其有效。第 2255 条第 2 句规定的法律推定在此不适用。Olga 基于 2018 年 6 月 1 日的遗嘱成为唯一继承人。

第十一章自检试题:

1. 遗嘱的订立形式有哪些?

2. 哪种常规遗嘱形式最具优势?

3. Karl 订过一份形式有效的遗嘱——指定其兄 Eduard 为唯一继承人。遗嘱中有这么一句话:“指定继承人的处分有最终效力;我明确放弃任何撤回该遗嘱的机会。”Karl 告知过其兄该遗嘱的内容。若干年后,Karl 咨询律师:是否确实不能再废止该遗嘱。律师该如何作答?

4. Valentin 丧妻,自书过一份形式有效的遗嘱——指定女儿继承 1/2 遗产,指定三个儿子各继承 1/6 遗产。该遗嘱在一次火灾中被烧毁。火灾事故发生几天后,Valentin 向子女解释道:他很高兴遗嘱被烧毁了,因为现在可以发生法定继承了;即使遗嘱没被烧毁,他本来也打算销毁它。Valentin 死亡后,遗产该如何继承?

答案：

1. 347

(1)**常规遗嘱形式：**

a. 由公证员形成文书的遗嘱(公证遗嘱)；

b. 自书遗嘱(私书遗嘱)。

(2)**特殊遗嘱形式(紧急遗嘱)：**

a. 市长遗嘱；

b. 三名见证人遗嘱；

c. 海上遗嘱。

2. 每种遗嘱形式各有优劣,优势和劣势的权重视实际情况具 348
体而定,故该问题无统一答案。被继承人订立**公证遗嘱**可得到专业的法律咨询,因此,遗嘱内容若较为复杂,则尤其推荐采用公证遗嘱形式;其缺点是,将产生一定的费用。公证遗嘱在不动产登记机关可代替继承证书使用,故遗产中有不动产时,公证遗嘱也可为继承人省去继承证书程序的费用。**自书遗嘱**订立起来既快速又不产生费用,但是隐藏较大风险,如遗嘱可能无效、被造假或死后被密而不发。

3. 根据第 2253 条第 1 款,遗嘱可被**自由撤回**。被继承人放弃 349
撤回权的行为**不生效力**,即使通过终意处分做出相应的意思,也无法达此目的。[1] 被继承人曾告知其兄遗嘱内容,其兄对此表示同意,由此可以认定,双方达成一项以被继承人不得撤回遗嘱为债务内容的合同约定。但此类约定根据第 2302 条无效。因该约定不符合继承契约的形式要件(第 2276 条第 1 款规定,继承契约应采公证书证形式),故其也不得依第 140 条转化为对被继承人有拘束力的继承契约。因此,Karl 可随时撤回遗嘱。撤回方式如下:订立撤回性遗嘱(第 2254 条);在废止遗嘱意思下销毁遗嘱文件(第

〔1〕 参见 BayObLG FamRZ 2001,771,773(类推适用第 2302 条)。

2255 条);订立一份与前遗嘱在内容上相冲突的新遗嘱(第 2258 条)。

350 4. 如 Valentin 已有效撤回遗嘱,则应发生法定继承。本案中仅可能成立第 2255 条规定的撤回方式,但前提是**被继承人在废止该遗嘱意思下**损毁遗嘱文件。本案遗嘱文件的销毁并非由被继承人完成,而是在被继承人**无相应意思**的情况下发生的。该情况本身不会对遗嘱的效力产生影响。那么,被继承人对遗嘱损毁为**事后认可**是否构成撤回呢?首先,以事后认可方式为第 2255 条规定的撤回,其证明难度极大。其次,本案被继承人以事后认可方式表示废止遗嘱的意思未采用特殊形式,此与第 2254 条的规定——表示废止意思必须采用遗嘱形式——相较后,也不宜认可本案适用第 2255 条。因此,被继承人未采用特殊形式做出的事后认可**不构成有效的撤回**。[1] 综上,基于本案遗嘱所生的效力,女儿可继承 1/2 遗产,三个儿子各可继承 1/6 遗产。

〔1〕 BGH NJW 1951,559=JZ 1951,591(附 Coing 赞同性评论);Palandt/Weidlich § 2255 Rn. 8;Staudinger/Baumann(2018) § 2255 Rn. 24.

第十二章 遗嘱内容与遗嘱解释

案例 15：Viktor 生前未婚，于 2016 年死亡。Viktor 死亡时，血亲中仅哥哥 Walter 及 Walter 的两个儿子 Erich、Severin 还在世。Viktor 在 2001 年订过一份形式有效的遗嘱，内容为："我侄子 Erich 取得本人一部分遗产（本人的房屋）。从本人的现金和有价证券中，巴伐利亚州红十字会继承 4000 欧元，侄子 Severin 继承 12,000 欧元。本人的哥哥负责上述事宜得到顺利执行。"遗产包括现值 480,000 欧元的房屋、现金 40,000 欧元及价值 200,000 欧元的有价证券。2001 年时，房屋价值 240,000 欧元，有价证券价值 60,000 欧元，现金 200,00 欧元。法律状况如何？

一、允许的遗嘱内容

（一）类型强制与选择自由

《德国民法典》在第 1937 条至第 1940 条 351
及诸多散落条文中规定，被继承人可做出特定种类的死因处分。由被继承人死因处分权限的逐项列举模式可知，针对终意处分的内容适用**类型强制原则(Typenzwang)**。[1] 换言之,被继承人不可随意创设**终意处分种类**。仅法律有明文规定,或者对法律进行解释或类推适用后所允许的死因处分类型,被继承人方可为。例如,被继承人不能向他人做出物权效力的个别财产标的给予。德国继承法以遗产概括继受为原则[2],故为达成上述目的,被继承人应将受益人指定为唯一继承人或共同继承人,使其分享遗产。

352 被继承人可自由决定,在遗嘱中**选用哪种或哪几种为法律允许的终意处分**:一份遗嘱不必包含指定继承人之处分;被继承人可仅做出一个终意处分,如设定一项负担(第 1940 条),也可同时做出多个终意处分(letztwillige Anordnungen)。被继承人的死因处分若仅覆盖部分遗产,则**意定继承和法定继承并存**(见第 2088 条,另见边码 374),此有别于罗马法。[3]

(二)终意处分种类概览

353 法律允许的终意处分的种类繁多,下文仅列举其中**最重要者**。

1. 指定继承人处分

354 被继承人可从正面**指定某人为继承人及其继承的份额**(第 1937 条),也可从反面仅将配偶、生活伴侣或特定血亲**排除于法定继承之外**(第 1938 条)。于后者情形下,计算法定继承效果时被排除继承者视为不存在。示例:被继承人的父母、配偶和两个孩子在世,配偶被排除法定继承权,则遗产由两个孩子继承,每人继承份额为 1/2(第 1924 条第 1 款和第 4 款),配偶仅可请求特留份(第 2303 条第 2 款)。如除配偶外,两个孩子也被一并排除法定继承权,则在第 1930 条意义上,两个孩子也视为不存在,父母根据

---

[1] Lange Kap. 4 Rn. 9;Muscheler Rn. 331;MünchKomm/Leipold § 1937 Rn. 10;Staudinger/Otte(2013)vor § § 1937-1941 Rn. 14.

[2] 在农庄法领域(见边码 5)和合伙以及公司股份的继承方面(见边码 590 以下)存在例外。

[3] 参见 Lange Kap. 9 Rn. 60;Muscheler Rn. 825。

第 1925 条第 1 款成为继承人。但被排除继承的法定继承人的直系血亲卑亲属可以代位继承，如上述案例中，被继承人的孙子可代位被继承人的儿子继承遗产（第 1924 条第 3 款），除非遗嘱中明确规定或经遗嘱解释后可推知，被继承人也希望排除被排除继承者的直系血亲卑亲属的继承权。[1] 指定继承人处分还有以下两种特殊类型值得关注：指定**替代继承人**（**Ersatzerben**，第 2096 条）和指定**后位继承人**（**Nacherben**，第 2100 条）。

2. 其他种类的给予

355 被继承人可以创设**遗赠**（**Vermächtnisse**，第 1939 条）或**负担**（**Auflage**，第 1940 条），使他人享受财产利益或以财产利益满足特定目的，同时受益人不具有继承人的地位。

3. 针对遗产清算的指示

356 被继承人可以做出**遗产分割指示**（**Teilungsanordnungen**，第 2048 条），规定遗产在共同继承人之间如何分割。被继承人可以指定**遗嘱执行人**（**Testamentsvollstrecker**，第 2197 条），使其承担执行终意处分的职责（第 2203 条）。

4. 仲裁条款

356a 被继承人可以在遗嘱中规定，由**仲裁庭**（**Schiedsgericht**）管辖继承人之间的纠纷[2]（《民事诉讼法》第 1066 条），只要这些法律关系在仲裁庭的处分权限内。[3] 可交由仲裁庭管辖的纠纷类型包括遗产分割纠纷及有关遗嘱效力、遗嘱解释和遗嘱撤销的纠纷。鉴于被继承人不能处分特留份请求权，故仲裁庭不能管辖特留份

---

〔1〕 BGH FamRZ 1959, 149, 150; BayObLG FamRZ 1989, 1006 u. 1232.

〔2〕 关于继承权争议的仲裁条款是允许的，但并不意味着继承证书程序不被允许，见 KG ErbR 2016, 337, 339；不同意见见 OLG Celle NJW-RR 2016, 331 = ErbR 2016, 268。只有在仲裁程序尚未终结的情况下，才能考虑中止继承证书程序，见 Wendt ErbR 2016, 248, 249。

〔3〕 见 MünchKomm/Leipold § 1937 Rn. 30ff.。

请求权纠纷。[1] 被继承人也不能将解雇遗嘱执行人的决定权交给仲裁员。[2] 遗嘱执行人不能被被继承人指定为仲裁员，以决定他与继承人之间的纠纷，否则他会在自己的事务中充当法官。[3]

5. 剥夺特留份

357 被排除继承者可以主张特留份请求权（第 2303 条），原则上，该法律效果不受遗嘱调整。但若特留份权人犯有严重过错，则被继承人根据第 2333 条可以经终意处分（第 2336 条）剥夺其特留份（见边码 854 以下）。

6. 家庭法上的指示

358 除继承法外，家庭法中也有多处被继承人可经终意处分调整法律状况（Rechtslage）的规定。例如，继承人与配偶选用夫妻共同财产制时，被继承人可以通过终意处分规定，该继承人继承的财产属于保留财产[4]（第 1418 条第 2 款第 2 项）。针对未成年的继承人，被继承人通过遗嘱可以排除继承人父母对其所继承财产的管理权（第 1638 条第 1 款）。[5] 父母还可在遗嘱中为未成年子女指定监护人（第 1777 条）。

7. 终意处分的撤回

359 被继承人通过新订遗嘱的方式可以撤回已经做出的终意处分（第 2254 条）（其他撤回方式见边码 333）。

---

〔1〕 BGH NJW 2017, 2115; MünchKomm/Leipold § 1937 Rn. 35.

〔2〕 BGHZ 215, 109 = NJW 2017, 2112.

〔3〕 BGH NJW 2019, 857 Rn. 25.

〔4〕 共同财产制不是德国家庭法上的法定夫妻财产制，夫妻选用该财产制必须订立协议。根据第 1415 条和第 1416 条，夫妻选用共同财产制后，双方财产成为共同共有财产。但在共同财产外，双方还可各自保留独立财产（第 1417 条、第 1418 条）。此处的保留财产即一方的独立财产。——译者注

〔5〕 然后，根据第 1909 条第 1 款第 2 句，指定一名保佐人为未成年子女管理这些财产。父母也不能行使拒绝接受遗产的权利，此种意见见 BGH BeckRS 2016, 13607。

8. 法律选择

根据《欧洲继承法条约》第 22 条,被继承人可经死因处分选择适用自己死亡时经常居住地以外的法律(见边码 18-20)。

9. 创设财团(第 83 条,见边码 29) 360

(三)将生前意思表示纳入遗嘱中

在遗嘱中也可以纳入不属于继承法范畴的意思表示。需受领的意思表示,比如针对委托人死亡后的代理权授予或者一项赠与要约,可以依据第 130 条第 2 款在表意人死亡之后到达受领人并因此而产生效力。但是,它们必须是由被继承人做出且被继承人意在使其到达受领人,否则就缺失表示的发出。在这一方面,联邦最高法院的观点[1]——在官方保管的遗嘱中包含的意思表示应被视为已向任何相关人员发出,似乎是有问题的。 360a

二、遗嘱解释概述

(一)法律基础

出于各种原因,遗嘱经常需要被解释。被继承人在订立自书遗嘱前很少经过法律咨询,所以遗产内容存在疑义的情况不在少数。不少遗嘱订立与继承开始之间时间相隔较长,继承开始时实际状况已有重大变化,因此也经常引发遗嘱解释问题。 361

对遗嘱处分进行解释适用第 133 条的一般规定。第 157 条系针对合同解释的规定,故不适用于系单方法律行为的遗嘱。[2] 继承法中还有一些关于解释的特殊规定。一项重要原则是第 2084

---

[1] BGH ZEV 2018,278. 联邦最高法院认为,被继承人以遗嘱处分其全部财产,同时也是默示地撤回之前在利他合同中发出的赠与要约,并且认为,撤回之到达以相关人员在继承发生后知悉该遗嘱为已足。对此的批评意见见 Strobel WM 2019,1477; MünchKomm/Leipold § 1937 Rn. 43。

[2] 与之相反,第 157 条适用于继承契约的解释,依 BGH NJW 1993,256,第 157 条同样适用于共同遗嘱。

条规定的**倾向于有效的遗嘱解释方法(wohlwollende Testamentsauslegung)**(见边码 385)。针对一些典型疑义的情况,第 2066 条以下规定了一系列法定**解释性规则(Auslegungsregeln)**(见边码 366 以下)。此外,还应特别关注**补充性解释方法(ergänzende Auslegung)**(见边码 391 以下)。有关**合基本权利和人权法的解释方法(grundrechts-und menschenrechtskonforme Auslegung)**已在上文阐述(见边码 257c 以下)。

(二)解释目的和解释方法

362 遗嘱解释旨在发现被继承人在具体情形下做出的遗嘱处分在法律上有效的含义。解释的客体是被继承人做出的意思表示,而不是表意人的纯粹内心意愿。联邦最高法院对该问题的看法[1]是,遗嘱解释“不在探求脱离于表示的意愿,而在探求被继承人经语言所表达的意愿”。第 133 条规定,解释不受表示字面意思的束缚,应探求(表示的)真实意思,该规定对遗嘱解释尤其重要。对需受领的意思表示解释时应从表示受领人角度出发,此对于遗嘱解释则不适用,因为遗嘱处分属于无须受领的意思表示。遗嘱可随时被撤回,他人在遗嘱上无信赖利益可言,故遗嘱解释时原则上不存在保护他人信赖利益的问题。综上,遗嘱解释更应以被继承人的意愿为导向,与其他法律行为相较,遗嘱解释的自由度更高。

(三)死因处分的文义

363 既然是探求被继承人所表达的意愿,理所当然,遗嘱文义应成为解释的起点。[2] 除非能探知存在例外情况,否则,遗嘱表示应

[1] BGH NJW 1993,256;内容一致的联邦最高法院裁判有 BGH FamRZ 1987,475,476;ZEV 2002,20。

[2] BayObLGZ 1997,59,65=FamRZ 1997,1365,1367;BayObLGZ 2001,127,130=FamRZ 2002,775,776.

按通常的语言习惯进行理解。但解释不受看似明确、无歧义的文义的束缚。[1] 因此,法官不能局限于对文义的分析。[2] 若可查明被继承人的用语习惯与一般语言习惯不同,即被继承人希望以自己的语言表达其他意思,则应以被继承人的意思为准。继承法中同样适用"误言无害真意"(falsa demonstratio non nocet)原则。例如,被继承人习惯将自己的酒窖称作"图书馆"(该案例在教科书中经常使用,但可能是杜撰的),其给予该图书馆时应被理解为给予酒窖中的藏酒。尤其需要注意的是,解释时不应将遗嘱中的各死因处分相互割裂地对待,而应照顾遗嘱的整体内容。整体性地看待遗嘱后,粗看字面无歧义的死因处分也可能有其他理解。但在做偏离通常字面意思的解释时应尤其谨慎,以防被继承人的意愿经解释被篡改。解释赋予遗嘱以偏离字面意思的内容,但在遗嘱中却不能找到相应依据时,该解释在法律上存在瑕疵。[3]

由不明确的文义引起的解释困难的一个实际的常见例子是针 363a
对配偶"**共同死亡**"(gemeinsames Versterben)或"**同时死亡**"(gleichzeitiges Ableben)的情况而订立的共同遗嘱中的处分,特别是指定继承人。[4] 这种处分往往可以通过解释的方式扩张到相隔很短的时间内发生的死亡,而在死亡之间有相当间隔的情况下,只有在遗嘱中找到"同时死亡"这种理解的线索的情况下才能支

---

〔1〕 BGHZ 86,41 = JZ1983,709(mit Anm. Leipold) = NJW1983,672. 虽然"看似"的补充没有包含在本裁判的相关指导原则中,但第 46 页的解释表明,没有其他意思。BayObLG FamRZ 2002,1745,1747;OLG Hamm FamRZ 2011,1172,1174;KG ZEV 2019,108 Ls. = BeckRS 2018,32120 等都谈到了看似明确、无歧义的文义(scheinbar klaren und eindeutigen Wortlaut)。

〔2〕 BGH NJW 2019,2317 Rn. 15.

〔3〕 BGHZ 121,357,363 = NJW 1993,2168,2170;BayObLG FamRZ 2002,1745,1746.

〔4〕 关于不同的表述变体和众多的裁判,见 MünchKomm/Leipold §2084 Rn. 48ff.。

持作“同时死亡”之理解。[1]

（四）兼顾遗嘱外因素及解释的界限（暗示说）

364 **存在于遗嘱外的因素**若能为探求被继承人订立遗嘱时[2]的意思提供线索，则遗嘱解释时可以且必须兼顾之。[3] 遗嘱外因素包括但不限于被继承人订立遗嘱之前、当时或之后[4]所作的口头表述，还包括遗嘱文件外的纸面文件。需要注意的是，解释的客体恒为**遗嘱中的已有表示**。经解释不应得出一项遗嘱中未有最低限度暗示的死因处分[5]，否则遗嘱必须使用法定形式的法律规定就不能得到充分的遵守。[6] 此原理称作**暗示说**或**线索说**（**Andeutungs**-oder **Anhaltstheorie**）。出于法的安定性的考虑，法律对于法律行为形式的规定必须得到遵守。基于暗示说，当遗嘱中不存在相应暗示时，一项可证实是被继承人希望做出，但却因疏忽未纳入遗嘱的死因处分，应无效力（keine Geltung erlangen）。[7] 同理，被继承人在遗嘱中援引一份不符合遗嘱形式要求的文件，从该文件中方能查明被继承人做出一项死因处分的意思时，该死因

---

〔1〕 BGH NJW 2019，2317.

〔2〕 BayObLG FamRZ 1993，1250.

〔3〕 BGHZ 86，41，45（Fn. 15），BGHZ 94，36，38 = NJW 1985，1554；BGH ZEV 2009，459，461；BayObLG NJW 1988，2742，2743；MünchKomm/Leipold § 2084 Rn. 30ff.

〔4〕 关于证据评价的要求，参见 BayObLG FamRZ 1989，1118，1119。

〔5〕 参见 BGH ZEV 2002，20；BayObLG FamRZ 1988，986；NJW 1988，2742；FamRZ 1991，231，232。大部分的文献也是基于暗示说，比如 Staudinger/Otte（2013）vor § § 2064－2086 Rn. 28ff.；MünchKomm/Leipold § 2084 Rn. 16ff.；Soergel/Loritz § 2084 Rn. 8ff.；Lange Kap. 9 Rn. 16；Schlüter/Röthel § 19 Rn. 6；Michalski/J. Schmidt Rn. 327，338；对赞成和反对理由的详细说明见 Muscheler Rn. 1838ff.。不同意见见 Brox/Walker § 16 Rn. 4；Harder/Kroppenberg Rn. 195；Foerste DNotZ 1993，84；Berneith，Die Konversion（2016），64ff.。关于补充解释中的暗示说见下文（见边码 396）。

〔6〕 BGH NJW 2019，2317 Rn. 17.

〔7〕 BGHZ 80，242，245 = NJW 1981，1737（针对 OLG Frankfurt Rpfleger 1980，87－先予裁决）；MünchKomm/Leipold § 2084 Rn. 17.

处分亦为无效(另见边码 307 尾端)。

(五)解释性契约

继承发生后,相关当事人可能就死因处分的解释内容达成有 365
约束力的协议,但对该种协议的法律效力问题尚未形成统一观点。现可以明确的是,该种协议至少具备债法效力,其效果是,协议解释内容在订约人之间应视为是有效的,订约人有义务通过相应的履行行为,如第 2033 条第 1 款规定的继承份额转让,使协议得到履行。[1] 但订约人不能改变死因处分的内容,仅协议解释内容未超出允许的解释空间时,法院——尤其在继承证书程序中——才应受其约束。[2]

三、重要的解释性规则[3]

(一)指定继承人处分不明

被继承人在遗嘱中借由"让……继承","将……指定为继承 366
人"和"遗赠"等用语所希望表达的意思,经常与其在法律上的含义有出入。为此第 2087 条中明确,这些用语不一定按其字面意思进行理解。被继承人将**整个财产**(相当价值的权利)或遗产的一

〔1〕 BGH NJW 1986,1812 提到了依第 2371 条、第 2385 条和第 2033 条进行公证的必要性;OLG Düsseldorf ErbR 2019,438 亦同。

〔2〕 详见 Dressier ZEV1999,289,293;MünchKomm/Leipold §2084 Rn. 160ff.。通说与此不同,参见 OLG München NJW-RR 2011,12;Storz ZEV 2008,308,311f.;Baumann RNotZ 2011,33;Horn ZEV 2016,565,567;Palandt/Weidlich §2353 Rn. 47;BeckOK BGB/Litzenburger § 2084 Rn. 61。

〔3〕 一方面是解释规则,另一方面是补充性规则,两者可以在概念上加以区分。解释规则决定在通常情形(在不能确定任何不同的意思时)下将哪种意义归于意思表示。补充性规则包含了对某一问题未被法律行为性质的表示所调整的情况下的法律后果。然而,在实践中,往往不可能在不明确的意思表示和不完整的意思表示之间划出一条明确的界限(中肯的见解见 Kipp/Coing § 22 vor I)。因此,这里将解释规则和补充性规则归为一组。

部分给予受益人的,该处分应理解为**指定继承人处分**。第 2087 条第 1 款规定,上述情形下,解释存在疑义(无法推知被继承人有其他意思)时,受益人即使在遗嘱中未被冠以继承人之名,也应认定为被指定的继承人。被继承人给予受益人**一系列财产标的**(如位于某一国家内的多个财产标的)时,也可根据第 2087 条第 1 款,认定被继承人做出的是指定继承人处分。至于受益人继承份额的大小,则可根据给予财产标的的价值在整个遗产中所占的比例计算得出。[1]

367 与上文不同,根据第 2087 条第 2 款,受益人虽然被称作继承人,但仅被**给予个别标的**的,该处分一般不视为指定继承人处分。此时一般应成立**遗赠**(第 1939 条)。但若可探知被继承人其实希望由该受益人(或多位受益人)概括继受整个遗产,即希望受益人成为遗产的主人,则可以**作出**与第 2087 条第 2 款的解释规则**不同的解释**,即认定该处分为**指定继承人处分**。[2] 这种情况并不鲜见。只要给予的一个或多个个别标的(如一幢房屋或一套公寓)在价值上几乎相当于整个遗产或相当于遗产的绝大部分,则该给予一般就应认定为指定继承人处分。[3] 被给予一幢房屋的受益人可解释为被指定的唯一继承人,与之相较被给予少量金钱的诸受益人则可解释为受遗赠人。[4] 被继承人将重要财产标的分别给予几人,而这几处重要财产之和已接近整个遗产时,被继承人其

---

[1] 见 BGH NJW 1997,392。依该裁判,这样就又出现了一个解释问题,即是以遗嘱订立时的价值比例还是以继承发生时的价值比例为准。

[2] 这也取决于根据被继承人的遗嘱,受益人是否必须整理遗产和偿还遗产债务,见 BayObLG FamRZ 2001,1174,1176。

[3] BGH FamRZ 1972,561;BayObLG FamRZ 1993,854,855;OLG Köln DNotZ 1993,133.

[4] 持此种意见者如 BayObLG FamRZ 1997,641;FamRZ 1997,1177。相反,将一处不动产给予一个受益人,而将遗产价值中占主导地位的金钱财产给予其他人,可以解释为所有受益人都被指定为共同继承人,见 OLG München NJW-RR 2007,1162。

实是**指定该几人为继承人,同时做出遗产分割指示**(第 2048 条),该几人的继承份额可根据各标的价值间的比例计算得出[1],至于财产标的价值应以哪个时间点为准的问题在下文予以说明(见边码 380)。有时还会出现被继承人将一处主要财产标的给予受益人,但对其余财产未作处分的情况,此时该受益人应理解为被指定的唯一继承人,抑或针对其余财产补充发生法定继承效果(第 2088 条第 2 款),则需通过解释方能查明。[2]

(二)受益人不明

遗嘱中还经常存在**受益人**不明的情况,对此第 2066 条以下规 368
定了一系列解释性规则。立法者制定的这些解决方案来源于生活经验,通常也符合被继承人的意愿。但需要注意的是,适用这些规则以解释存在疑义为前提。如已可探知被继承人的真意,则应以其为准。出现解释问题时,必须结合具体案情仔细审查这些解释性规则是否适用。下文仅列举几个**最重要的解释性规则**。

1. 指定“法定继承人”为受益人 369

如遗嘱中无其他规定,则根据第 2066 条第 1 句,继承发生时的法定继承人是被指定的受益人,其继承份额间的比例与其法定继承份额间的比例相同。

2. 指定“血亲”或“最近血亲”为受益人 370

根据第 2067 条第 1 句,被指定的受益人是继承发生时可作为法定继承人的血亲(不含配偶),其继承份额间的比例亦与其法定继承份额间的比例相同。

3. 指定“子女”为受益人 371

子女在遗嘱订立前即已死亡的,根据第 2068 条,解释存在疑

---

[1] 参见 BGH LM § 2084 Nr. 12 = MDR 1960, 484; BayObLGZ 1963, 319, 323f.; BayObLG FamRZ 1992, 862。

[2] 参见 BayObLG FamRZ 1995, 62; FamRZ 2005, 1202。

义时,由该子女的直系血亲卑亲属在发生法定继承情形下可代位前者继承的限度内取得给予。该情形下,一般认为被继承人以“子女”一词也代指孙辈及其他晚辈血亲。

372 **4. 指定直系血亲卑亲属为受益人**

被指定为受益人的直系血亲卑亲属[1]在遗嘱订立后出缺(尤指死亡)的,根据第 2069 条,解释存在疑义时,由其直系血亲卑亲属作为替补继承人,在发生法定继承情形下可代位前者继承的限度内取得给予。如遗嘱中已明确规定由他人作为替补继承人(第 2096 条,见边码 666),则存在疑义时,该指定替补继承人处分的效力应优先于第 2069 条。[2] 若被指定的继承人**并非被继承人的直系血亲卑亲属**,则其在继承开始前即已死亡时,虽不适用第 2069 条,但结合具体案情为**补充性解释**(见边码 393)后可能也能得出与第 2069 条相同的结果,即被继承人意在指定该出缺继承人的直系血亲卑亲属为继承人。该结论在被继承人指定旁系血亲为受益人情形下适用(见边码 398 以下),指定非血亲为受益人时亦可能适用。[3] “柏林式遗嘱”(见边码 463)中,被指定为终位继承人的仅有先死亡配偶的直系血亲卑亲属,而其又于继承发生前死亡的,可类推适用第 2069 条。[4] 适用第 2069 条与共同遗嘱相互性处分之间的关系问题在下文中说明(见边码 467、边码 489a 和边码

[1] 这也适用于“亲生子女”的指定继承处分,见 OLG Köln FamRZ 1993,856。

[2] Musielak ZEV 1995,5,6f. 与此相反,BayObLG ZEV 1995,25(没有提及解释规则)指示参照个案的解释。

[3] 被继承人的伴侣被指定为继承人但在继承前死亡的,该伴侣之一方的直系血亲卑亲属,依补充性解释,在特定情况下也可以成为替补继承人。见 BayObLG FamRZ 1993,1496;FamRZ 2001,516。在指定被继承人之(已故)丈夫的非婚生子为继承人的情况下,可以假定指定由受益人的直系血亲卑亲属替补继承,见 BayObLG ZEV 2005,528。对此的批评见 Petersen ZEV 2005,510。

[4] BGH ZEV 2001, 237(没有提及类推);LG Berlin FamRZ 1994, 785; MünchKomm/Leipold § 2069 Rn. 5.

490)。

5. 向配偶、与其有婚约者为给予 373

根据第 2077 条第 1 款第 1 句,被继承人在遗嘱中向**配偶**为给予,如指定其为继承人,但婚姻关系在继承发生前已经废止(尤指双方离婚)的,该给予一般**不生效力**。根据第 2077 条第 2 款,被继承人向与自己**有婚约者**为给予,婚约关系在继承发生前已经解除的,该给予一般也不生效力。[1] 但如可查明被继承人订立遗嘱时[2]的真意或可推知的意愿是,即使婚姻关系或婚约关系已经解除,死因处分仍然有效,则应以被继承人的意思为准(第 2077 条第 3 款)。根据第 2077 条第 1 款第 2 句和第 3 句,离婚程序或婚姻废止程序在继承发生前业已启动,且具备离婚理由或婚姻废止理由的(此与第 1933 条规定的条件相同,见边码 155),被继承人向配偶所为的死因处分不生效力。

被继承人向非婚共同生活关系(nichteheliche Lebensgemeinschaft)中的对方为给予,非婚共同生活关系在继承发生前终止的,不可类推适用第 2077 条[3],其原因在于,被继承人向受益人为继承法上给予的动机及被继承人对非婚共同生活关系是否存续的设想,在每个案件中均可能不同,因此,该情形与向配偶或有婚约者为给予的情形缺乏可类比的利益状况,不具备类推适用的条件。针对非婚共同生活关系终止后给予是否继续有效的问题,应根据遗嘱解释和遗嘱撤销(如第 2078 条第 2 款规定的动机错误)的一 373a

〔1〕 这方面的证明责任由援引处分不生效力的人承担,见 OLG Stuttgart FGPrax 1997,110。

〔2〕 BayObLG FamRZ 1993,362. 关于同一伴侣的再婚将在下文详述(见边码 458)。

〔3〕 OLG Celle ZEV 2003,328;BayObLG FamRZ 1983,1226(没有诚意的婚姻允诺就没有婚约).

般规则作出判断。联邦最高法院在以下案件[1]中也拒绝类推适用第 2077 条:被继承人指定儿子和儿媳为共同继承人,儿子与儿媳在继承开始前已经离婚。联邦最高法院的主要理由是,与可直接适用第 2077 条的情形不同,根据一般生活经验无法得出结论:被继承人在子女离婚后不愿再向**儿媳或女婿**为给予。联邦最高法院的该观点尚值商榷[2],因为一般而言,被继承人认为,儿子或女儿离婚后,其配偶不再属于家族的一分子,自己通常不愿再向儿媳或女婿为给予。

373b 基于第 2268 条的援引,第 2077 条也适用于**共同遗嘱**(见边码 458)。基于第 2279 条第 2 款的援引,针对夫妻双方、有婚约者双方或生活伴侣双方经**继承契约**向第三人为给予的情形,也可适用第 2077 条。被继承人指定配偶为人寿保险合同的受益人,两人嗣后离婚将引发何种法律效果问题见下文(见边码 579)。

(三)继承份额数额不明

1. 补充发生法定继承效果

374 被继承人在遗嘱中做出的处分不必覆盖所有遗产。根据第 2088 条,针对被继承人未处分的遗产部分应发生**法定继承效果**。适用该条的情形如:被继承人指定一位继承人继承部分份额(第 2088 条第 1 款);被继承人指定多位继承人继承部分份额,所有指定份额之和未穷尽整个遗产(第 2088 条第 2 款)。如补充发生法

---

〔1〕 BGHZ154,336=NJW 2003,2095. 不同意见见 OLG Saarbrücken FamRZ 1994,1205。

〔2〕 见 Leipold ZEV 2003,285;Keim NJW 2004,3248;赞同类推适用的观点见 Reimann ZEV 2011,636,638 u。Palandt/Weidlich §2077 Rn. 2 考虑到联邦最高法院已经变更的判例 BGH ZEV 2010,371(附有 Langenfeld 的评论)关于在子女离婚的情况下要求返还生前对子女之配偶的给予。Litzenburger ZEV 2003,385,386 ff. 想通过补充性解释的方式,在考虑到生活经验的情况下,得出一个解除条件(婚姻的继续)。如果追随联邦最高法院的观点,那么依据第 2078 条第 2 款,该处分可予撤销。

定继承效果，则遗嘱继承人和法定继承人并存，两者组成继承人共同体（第 2032 条第 1 款）。需要注意的是，遗嘱字面意思虽未穷尽整个遗产，但经解释和考虑解释性规则（如第 2089 条）后可推知，被继承人希望在整个遗产上均发生意定继承效果的，则应优先考虑该解释结果，不再适用第 2088 条补充发生法定继承效果。另需注意：第 2094 条规定的继承份额增加的条件已经满足时（见边码 377），应优先适用该条，而不补充发生法定继承效果。

2. 给予份额的相应增加或减少

若可探知被继承人仅希望遗嘱中被指定的诸位继承人继承遗 375
产，但所给予的份额却未穷尽整个遗产（被继承人计算有误），则每个继承人的继承份额应**按比例增加**（第 2089 条）。相反，所给予的份额合计超过整个遗产时，每个继承人的继承份额应**按比例减少**（第 2090 条）。

3. 继承份额未明确

被继承人虽指定继承人，但未明确继承份额，且经解释也无法 376
查明的[1]，各指定继承人在整个遗产上的份额（第 2091 条）或在剩余遗产上的份额（第 2092 条第 1 款）**相同**。

4. 继承份额的增加

被继承人通过指定多位继承人完全排除法定继承效果，在其 377
中一位被指定的继承人出缺（如拒绝继承或继承开始前死亡）时，被继承人一般不希望补充发生法定继承效果。出现该情形时，应首先查明被继承人是否已指定替补继承人（第 2096 条，见边码 666），或经解释可推知存在类似的指定替补继承人处分（尤其考虑是否适用第 2069 条，见边码 372）。[2] 如被继承人已指定替补

---

〔1〕 参见 OLG Frankfurt FamRZ 1994, 327 = OLGZ 1994, 324（在具体案例中，按支继承——根据第 2066 条——不按人头继承）。

〔2〕 OLG Karlsruhe FamRZ 1993, 363.

继承人,则出缺的继承份额由该替补继承人继承,其余继承人继承份额不发生增加(第2099条)。如不存在替补继承人,则根据第2094条发生**继承份额增加**的效果,即其余继承人的继承份额**按比例增加**。示例:被继承人在遗嘱中指定A继承1/2份额,B和C各继承1/4份额,已完全排除法定继承效果,C在继承发生前死亡,则发生继承份额增加后的效果为,A继承2/3份额,B继承1/3份额。[1] 需特别注意的是,被继承人经遗嘱处分可排除继承份额增加的效果(第2094条第3款)。

案例15答案:

1.指定继承人处分与遗赠

378 遗嘱未明确侄子Erich是继承人还是受遗赠人。第2087条的解释性规则似也不能直接适用。一方面,遗嘱中"我一部分遗产"的用语似在支持适用第2087条第1款,即Erich应视为继承人。另一方面,所给予的是个别财产标的(一处房屋),似又在支持第2087条第2款的适用,即Erich不应视为继承人。本案的关键在于,该房屋在整个遗产中占绝大部分(房屋价值在遗嘱订立时占整个遗产的3/4;在继承发生时占2/3),给予房屋的处分已十分重要,故通常而言,被继承人希望该受益人成为继承人,可在遗产上直接享有一定的份额,而非仅作为受遗赠人,取得请求转让该标的的权利(遗赠)。鉴于本案不存在作其他解释的可能性,故向Erich做出的给予应理解为指定继承人处分。

379 根据遗嘱字面意思,巴伐利亚州红十字会和侄子Severin各自"继承"一定数额的金钱。两位受益人仅被给予个别标的,根据第2087条第2款,不应理解为继承人。本案也不存在作其他解释的

[1] 关于计算方法如下:已经出缺的1/4将按照A和B的遗产份额比例(2∶1)进行分配,因此A的遗产份额增加2/12,B的遗产份额增加1/12。因此,A获得:1/2+2/12=2/3,B获得:1/4+1/12=1/3。

可能性，尤其是与整个遗产的价值相较，给予两位受益人的数额不高。因此，巴伐利亚红十字会和 Severin 应是受遗赠人（第 1939 条），两位受益人可向受此负担的继承人主张金钱请求权（第 2174 条），金额分别为 4000 欧元和 12,000 欧元（另见边码 383）。

2. 继承份额数额与补充发生法定继承效果

遗嘱字面已经明确，对 Erich 的给予仅限于遗产的"一部分"（房屋），但扣除该部分财产后，剩余财产尚属可观，故对 Erich 的给予不应理解为将其指定为唯一继承人，而应解释为指定继承一部分遗产。至于 Erich 继承份额的大小，则需通过计算房屋与整个遗产价值间的比例得出。需要解决的问题是，房屋价值应以遗嘱订立时的为准（以此为准，则 Erich 继承份额为 3/4），还是以继承发生时的为准（以此为准，则 Erich 继承份额为 2/3）。该问题同样属于解释问题。[1] 由遗嘱可知，被继承人仅希望 Erich 取得房屋，不希望其取得有价证券和现金。因此，除非以房屋在继承发生时的价值为准计算继承份额，否则 Erich 还能分配到现金和有价证券，而此有违被继承人的意愿。综上，Erich 的继承份额为 2/3。 380

鉴于遗嘱对剩余的 1/3 遗产未做处分，故根据第 2088 条第 1 款补充发生法定继承效果。被继承人的哥哥 Walter 作为（第二顺位）法定继承人参与继承，继承份额为 1/3（第 1925 条第 3 款第 1 句）。 381

3. 遗产分割指示

被继承人的表述——Erich 取得本人的房屋——不产生直接的物权效力，否则违反概括继受原则（第 1922 条第 1 款）。整个遗产由 Erich 和 Walter 组成的继承人共同体继受（第 2032 条第 1 款）。被继承人对房屋的处分在另一方面应被解释为遗产分割指示（第 2048 条第 1 句）。遗产分割时（第 2042 条），Erich 有权请 382

---

〔1〕 BGH NJW1997,392,393;MünchKomm/Rudy § 2087 Rn. 11.

求向其转移房屋所有权。需要注意的是,Erich 不是在已有继承份额外另行取得房屋,对房屋的处分不可解读为第 2150 条意义上的先取遗赠。[1]

4. 遗赠的受负担人

383 根据第 2147 条第 2 句,遗赠的受负担人一般是继承人,即继承人负责履行遗赠。由第 2148 条可知,存在多位继承人时,受负担人既可以是全体继承人,也可以是个别继承人。具体结果须经遗嘱解释方可查明。鉴于 Erich 最终(遗产分割后)不取得有价证券和现金,但遗嘱规定遗赠应从现金和有价证券中支付,故可推知,被继承人希望仅由继承人 Walter 一人负担履行遗赠。

5. 指定遗嘱执行人

384 Walter 在遗嘱中被授以使终意处分得到顺利执行的职责。根据第 2203 条,该职责应由遗嘱执行人完成。因此,被继承人经该处分旨在指定 Walter 为遗嘱执行人(第 2197 条第 1 款)。经解释(第 133 条)已可探知被继承人的意愿,至于遗嘱未使用“遗嘱执行人”一词则不产生影响。Walter 的继承人身份也不影响其担任遗嘱执行人一职(见边码 791)。

四、倾向于有效的解释、补充性解释及转化

案例 16:富有的出版商 Bettina Best 一生未婚,也未生育子女。其订立的形式有效的遗嘱如下:“我指定布赖斯高地区的弗莱堡大学法学院为继承人,继承我一半财产。另一半财产由自身章程中规定以照顾无助儿童为己任的公益组织继承。公益组织的具体人选和各组织取得财产的数额交由律师 Franz Fried 确定,我指定 Franz Fried 为遗嘱执行人。”被继承人关系最近的血亲是侄女和侄子。现两人都主张遗嘱无效,理由有两点:第一,法学院无法律能

[1] 关于分割指示和先取遗赠之间的区别在下文有说明(见边码 777)。

力(这点在本案中暂且认为属实);第二,遗嘱处分缺乏必要的确定性。两人主张自己作为法定继承人各继承一半遗产。遗产该如何继承?

(一)倾向于有效的解释原则

一项终意处分经解释后出现多个意思时,根据第 2084 条应优先考虑使其有效的解释结果。被继承人一般只关心死因处分**在经济层面上可以达到效果**,而不关心在法律技术层面上如何才能行得通。正因如此,遗嘱解释的原则是使遗嘱倾向于有效(**wohlwollende Auslegung,拉丁语:benigna interpretatio**)。使死因处分尽量有效的解释结果一般也是被继承人所希望的。 385

根据第 2084 条的文义,该原则适用的前提是存在一项**终意处分**,且对其解释后内容存在疑义。但第 2084 条背后的一般考量是使被继承人的意愿尽量得到实现,故在解决被继承人意思表示究系**生前表示(Willenserklärung unter Lebenden)抑或终意处分**问题时,该条亦可参照适用。[1] 倾向于有效的解释与补充性解释、转化(第 140 条)之间的界限是比较模糊的。基本上可以将第 2084 条(除个别的特殊解释性规则外)理解为普遍允许补充性遗嘱解释的法律支撑。 386

案例 16 答案:

1. 使法学院受益的处分

遗嘱在字面上指定布赖斯高地区的弗莱堡大学法学院为继承一半遗产的继承人。但成为继承人以具备法律能力为前提,现法 387

---

[1] BGH FamRZ 1985,693,695;NJW1984,46,47. 但针对表示是终意处分抑或仅是无拘束力的愿望(如预告或草稿)的解释问题,不可适用第 2084 条的规定(BGH LM § 2084 Nr. 13=JZ 1965,618;MünchKomm/Leipold § 2084 Rn. 76)。第 2084 条的前提是,遗嘱人真正想做出一项具有约束力的意思表示。

学院无法律能力[1],故如对遗嘱仅做字面理解,则该处分应为不生效力。根据第2084条的倾向于有效的解释原则,遗嘱解释存在其他使终意处分有效的结果时,应被优先考虑。被继承人所希望的是,法学院可以享受一半遗产,至于该意愿通过哪种法律路径才能实现则不重要,故对遗嘱可作如下解释:指定弗莱堡大学为继承人(继承份额为1/2),同时为其创设该笔遗产使用时应使法学院受益的负担(第1940条和第2192条),也即该笔遗产在大学的管理下实际由法学院享受。[2]

2. 使公益组织受益的处分

388 根据遗嘱字面意思,公益组织应被指定为继承人。公益组织被给予一半遗产,故根据第2087条第1款,该处分似也应认定为指定继承人处分。但第2065条第2款规定,受益人不能交由第三人选定。交由遗嘱执行人选定亦不允许。为此有必要寻找其他解释方案,新方案既应顾及被继承人意愿中的核心部分,也应在法律层面上可以实现。如存在这样的解释方案,根据第2084条,则应被优先采用。可行的解释方案为目的负担(Zweckauflage)。根据第2193条第1款,被继承人可交由第三人(本案的遗嘱执行人)选定受领给付的人选(负担受益人)。第2192条结合第2156条第1句的规定还允许,被继承人将给付内容交由第三人自由裁量确定。该解释方案可使被继承人的目标得到实现,故应被采用。[3]

389 紧接着需要考虑的是,谁应作为另一半遗产上的继承人。根据第2088条第1款,似可补充发生法定继承效果,即侄子和侄女作为第二顺位继承人(第1925条第1款和第3款),每人继承1/4

---

〔1〕 至少通说认为如此,参见 Bethge, in: Achterberg/Püttner/Würtenberger (Hrsg.), Besonderes Verwaltungsrecht, Bd. 1, 2. Aufl. (2000), § 13 Wissenschaftsrecht, S. 1093 附有进一步例证。

〔2〕 参见 OLG Köln NJW1986, 2199, 2200。

〔3〕 参见 BGH NJW-RR 1987, 1090。

份额。但考虑到这一半遗产的利益毕竟已全由公益组织享受,决定权又已全部交给遗嘱执行人,故对遗嘱进行解释后,应可推知,被继承人希望排除法定继承效果。最为恰当的解释方案为:弗莱堡大学继承整个遗产,同时承担上述两项负担。

3. 遗嘱执行

被继承人在遗嘱中已指定遗嘱执行人(第 2197 条第 1 款), 390
对该处分的效力不存在疑义。遗嘱执行人的职责主要有以下两点:第一,落实终意处分,尤其应使经解释得出的两项负担得到实现(第 2203 条);在负担履行完毕前,对遗产进行管理(第 2205 条第 1 句)。

(二)补充性解释

案例 17:丧夫的 Veronika 在 77 岁病重时订过一份遗嘱,指定侄子 Karl 和侄女 Erna 为权利相同的继承人。除这两人外,Veronika 还有两个侄子。四人均是与被继承人关系最近的血亲。Veronika 与 Karl、Erna 及两人的家庭的联系很紧密,但与另外两个侄子则早已断了联系,正因如此,Veronika 才在遗嘱中忽略了后者。Veronika 对 Karl 曾口头提及,将 Karl 指定为继承人的目的也在于,自己想为 Karl 子女的教育做点贡献。Veronika 后来病愈,但 Karl 却在两年后死亡,享年 57 岁。Karl 的妻子和九个孩子还在世。Veronika 一年后死亡,期间未曾改过遗嘱。Veronika 的遗产应如何继承?

遗嘱订立至继承开始期间可能发生诸多被继承人未曾预料到 391
的变化,遗嘱中因此时常缺少与继承发生时的实际情况相匹配的明确处分内容。[1] 例如,从案例 17 的遗嘱中就无法直接得知,被

〔1〕 补充性遗嘱解释比较少见,但并不能排除之,因为被继承人不知道订立遗嘱时已经存在的情况,参见 BayObLGZ 1997,197 = FamRZ 1997,1509;MünchKomm/Leipold § 2084 Rn. 91。

指定的继承人在继承开始前死亡的，遗产应如何继承。出现类似情形时，不宜过早得出遗嘱中相应处分不生效力，继而对该部分补充发生法定继承效果的结论，而应检查，是否可经**补充性遗嘱解释**得以发现更为符合被继承人意愿的处分。补充性遗嘱解释旨在通过对遗嘱作与变化后的状况相符的调整，使被继承人基于遗嘱所欲追求的目标得以实现。对遗嘱进行补充性解释的先决条件始终是遗嘱中存在被继承人**未意识到的漏洞**。[1] **补充性遗嘱解释的合法性**被普遍认可[2]，其法律基础为第 133 条及藏于第 2084 条和具体解释性规则背后的法律考量——使被继承人的终意尽量得到实现。为债法性合同履行障碍而设计的交易基础丧失制度应不适用于继承法中的给予。[3]

392 **补充性遗嘱解释在于解决以下问题**：假如被继承人料及之后发生的情形，那么可推知被继承人根据订立遗嘱当时的意愿应会做出何种安排。[4] 补充性解释不在探求被继承人的真实意愿(真实存在的意愿)，而在法律允许的范围内探求**可推知的意愿**(**hypothetischer Wille**)，即被继承人在料及嗣后所发展出的情形下应有之意愿。[5]

补充性遗嘱解释可能涉及**受益人的人选**，如原被指定的受益人在继承开始前死亡的，他人——如原受益人的直系血亲卑亲属

---

〔1〕 BGH ZEV 2017, 629 Rn. 13 bis 15; MünchKomm/Leipold § 2084 Rn. 86.

〔2〕 RGZ 99, 82(基础性的观点); 134, 277; BGH LM § 2084 Nr. 5; § 2078 Nr. 3; BayObLG NJW 1988, 2744; 见 MünchKomm/Leipold § 2084 Rn. 82ff.。

〔3〕 因此，不能通过援引交易基础丧失来要求减少遗赠，见 BGH NJW 1993, 850; OLG Düsseldorf ZEV 1996, 466(附 Medicus 赞同性评论) = FamRZ 1996, 1302。在这种情况下，视情况而定，可以考虑补充性解释或以动机错误为由提出撤销(见边码 423 以下)。

〔4〕 持此种意见者为 RGZ 99, 82, 85。

393 〔5〕 RGZ 134, 277, 280.

或配偶[1]——代替原受益人视为被指定的继承人。

给予标的经补充性遗嘱解释也可得到修正。如经解释可能推知:遗赠标的虽在继承发生时已不在遗产中,但被继承人希望将该标的的转让所得代替原标的的遗赠给受益人。[2] 对订立遗嘱时存在的主要财产标的的给予(应解释为指定继承人处分,见边码367)是否也包括被继承人后来获得的财产,这也是一个补充性解释的问题。[3] 394

发生**货币贬值**时,经补充性遗嘱解释可能推知:被继承人希望不按遗嘱字面为给予,而是作出相应调整,如增加金钱给予的数额。[4] 395

补充性解释存在一定的**边界**,主要考虑以下两个因素:

(1)探求可推知的意愿必须"以遗嘱为准绳"。[5] 换言之,解释必须至少与已有遗嘱处分存在联系。补充性解释,允许对已有处分在被继承人可知的、已设定的目标的意义上作**进一步解读**;不允许将被继承人未有相应暗示的终意处分强行拟制进遗嘱(**暗示说或线索说,Andeutungs-oder Anhaltstheorie**[6])。若遗嘱中已有暗示,则在判断是否存在被继承人某一可推知的意愿时,作为支 396

---

[1] BayObLGZ 1982,159,165;OLG Hamm NJW-RR1991,1349. 也见 BayObLGZ 1988,165(指定被继承人之配偶为继承人,作为指定该配偶的近亲为继承人的线索)。也见边码 398。

[2] 参见 BGHZ 22,357(无第 2169 条第 3 款之类推适用,但在某些情况下可以进行补充性解释)。

[3] BGH ZEV 2017,629(附 Leipold 之评论).

[4] 参见 BGH LM §242(A)Nr. 7=JZ 1953,122。

[5] RGZ134,277,280;142,171,175.

[6] BayObLGZ 1988,165,169;Kipp/Coing §21 III 5 b;Michalski/J. Schmidt Rn. 338;MünchKomm/Leipold §2084 Rn. 96ff.;Staudinger/Otte(2013)vor §§2064-2086 Rn. 28ff.,83ff.;Soergel/Loritz §2084 Rn. 10,36. 反对暗示说者如 Brox/Walker §16 Rn. 8;von Lübtow S. 299;Harder/Kroppenberg Rn. 195;Foerste DNotZ 1993,84;Gerhards JuS 1995,642;Muscheler Rn. 1871ff. 也反对补充性解释中的暗示说。

撑还可考虑遗嘱外的因素及一般生活经验。

397 (2)经补充性解释所探求的是,被继承人**在订立遗嘱当时**可推知的意愿。[1] 被继承人在订立遗嘱当时的意愿嗣后发生改变的,改变后的意愿即使可由被继承人的表述予以证实,也不应被考虑,否则就是允许对遗嘱以不符合形式要求的方式做变更。被继承人嗣后做出的表述,仅对解读被继承人在订立遗嘱当时的意愿——被继承人在订立遗嘱时若预见事后变化情形下的意愿——有帮助时,才可被考虑。

案例 17 答案[2]:

398 按遗嘱字面意思,Karl 和 Erna 是权利相同的指定继承人,两人继承份额各为 1/2。但遗嘱字面未明确,发生 Karl 在继承开始前死亡情形时,本由其继承的遗产份额该如何继承。可能的解释方案有以下三种:补充发生法定继承效果(第 2088 条第 1 款),根据第 1925 条第 1 款、第 3 款和第 1924 条第 3 款、第 4 款,被继承人的另两个侄子成为继承人;Erna 的继承份额增加(第 2094 条第 1 款),Erna 成为唯一继承人;Karl 的九个子女替代 Karl 成为被指定的继承人。假如采用 Karl 的九个子女在 Karl 过早死亡时成为继承人的方案,则遗嘱应解释为,Karl 的九个子女被指定为替补继承人(第 2096 条)。根据第 2099 条,存在替补继承人时,其权利应被优先考虑,Erna 继承份额不发生增加。又鉴于遗嘱已处分整个遗产,故不补充发生法定继承效果。

---

[1] RGZ 142, 171, 175; BayObLGZ 1988, 165, 167; BayObLG FamRZ 1991, 865; MünchKomm/Leipold § 2084 Rn. 93, 102ff.

[2] 参见 RGZ 99,82. 案例 17 的事实以该判决为蓝本,但有重大补充。人们通常认为,旁系亲属(特别是兄弟姐妹,但也包括被继承人的侄子或侄女,或外甥外甥女)不仅其本人被指定为继承人,而且被指定为其这一支的第一人,因此,在其先于被继承人死亡时由其直系血亲卑亲属替补。此种意义上的补充性解释见于如下裁判:BayObLG FamRZ 1997,641;BayObLG NJW-RR 2004,158;OLG München ZEV 2007,93。

Karl 不是被继承人的直系血亲卑亲属,故第 2069 条的解释性规则不适用。紧接着应考虑能否对遗嘱做补充性解释。Veronika 比 Karl 年长很多,其在订立遗嘱时应未曾预料到,Karl 早于自己死亡。如可推知,Veronika 料及 Karl 早于自己死亡情形下,希望指定 Karl 的子女为替补继承人(存在可推知的意愿),则做补充性解释应为可行。作为遗嘱中对此种解释的暗示,被继承人指定了 Karl 和 Erna 两人继承全部遗产,该处分的潜台词为,Veronika 希望仅由该两位血亲受益,或退一步讲,仅由这两位血亲各自的家庭间接从遗产中受益。因此,对遗嘱作以下理解应不失合理性:被继承人指定这两位血亲,其实是在指定这两位血亲所代表的支继承遗产。从生活经验出发,该解释一般也符合被继承人的意愿。 399

对被继承人的已知动机也要加以考虑。一方面,被继承人排除另两个侄子继承的原因在于,自己与其已断了来往,以此可推知,Karl 在继承开始前死亡的情况下,被继承人仍会排除这两个侄子继承。另一方面,被继承人不仅与 Karl 个人关系紧密,而且还与 Karl 的家庭保持着较好的关系,正如被继承人口头所提及的,被继承人也希望使 Karl 的子女受益,因此可以推知,Karl 在继承开始前就已死亡的情况下,被继承人应会指定 Karl 的子女代替 Karl 成为继承人,且各子女应平等享受份额(参见第 2091 条)。综上,本案的遗嘱继承人为 Erna(继承份额为 1/2)和 Karl 的九个子女(继承份额各为 1/18)。 400

(三)转化

对死因处分也适用第 140 条的规定。适用该条的效果为:可推知被继承人若知悉已有处分无效的情况下将会做出另一处分,且另一处分符合效力要件的,则**无效处分可转换为另一处分**。[1] 转换主要发生于,被继承人希望做出的死因处分因不符合形式要 401

[1] 见 Berneith, Die Konversion(2016);MünchKomm/Leipold § 2084 Rn. 135ff.。

件而无效的情况。例如,以继承契约方式做出的某一约定,因不符合第 2276 条的形式要件而无效时,可能转换为自书遗嘱,也可能转换为夫妻双方订立的自书共同遗嘱。又如,双方继承契约因订立一方无行为能力而不生效力时,另一方的处分可转换为遗嘱处分。[1] 此外,不生效力的共同遗嘱(如订立双方不是夫妻,第 2265 条)若符合单个遗嘱的形式要件,则一般可转换为单个遗嘱。[2] 被继承人在指定配偶为唯一继承人的同时又规定,配偶为死因处分必须使双方共同的子女受益的,被继承人创设的该项负担(第 1940 条、第 2192 条)因违反第 2302 条不生效力,但被继承人的处分可转换为指定前后位继承人处分。[3] 需要特别注意的是,为相应转换必须以结合具体案情后可推知被继承人有相应意愿为前提。

402 不生效力的**死因处分**有时也可转换为**生前行为**。[4] 同理,不生效力的生前行为也可转换为死因处分。例如,未经配偶同意,夫妻一方订立的转让其整个财产的生前合同应不生效力(第 1365

---

〔1〕 BayObLG ZEV 1995,413. 即使在共同遗嘱的情况下,如果配偶一方没有订立遗嘱之能力,也有可能将其转换解释为有遗嘱能力的配偶的个人遗嘱,见 OLG München NJW-RR 2011,1382。

〔2〕 OLG Zweibrücken FamRZ 1989,790;MünchKomm/Musielak §2265 Rn. 4ff.;BGH DNotZ 1988,178(关于转换解释非配偶的共同遗嘱草稿). 另见边码 457 和边码 459。

〔3〕 OLG Hamm NJW 1974,60. 另见 BayObLG FamRZ 1986,608(基于第 2084 条的解释)。

〔4〕 例子:BGH NJW 1978,423(将继承契约下的无效遗赠——免除金钱借贷的义务——转换解释为以赠与的方式在生前免除金钱借贷,在被继承人死亡时生效)。不同意见见 Tiedtke NJW 1978,2572;Berneith,Die Konversion(2016),155 ff.。

条），但该合同可转换为继承契约。[1] 夫妻在离婚时签订的和解协议（Scheidungsvergleich）中约定不得更改某一遗嘱的，该约定可转换为双方订立的继承契约，该继承契约包含指定继承人的契约性处分。[2]

第十二章自检试题：

1. 如何理解倾向于有效的遗嘱解释原则？

2. 下列表述是否正确？

（1）由于遗嘱必须符合法定形式要件，故遗嘱的解释应严于生前行为的解释。

（2）遗嘱解释时不应考虑遗嘱外的因素。

（3）经补充性遗嘱解释所解决的问题是：被继承人在状况嗣后发生变化时若想起此前所做的死因处分，是否会变更遗嘱。

3. Franz 于 2007 年与 Hilda 结婚，2008 年时订过一份符合形式要件的遗嘱，内容如下："若我未留下子女，则我妻子在我死亡后取得我所有的财产。"Franz 与 Hilda 在 2011 年离婚。两年后，Franz 又与 Susanne 结婚。Susanne 不时提醒 Franz：要是 Franz 有个三长两短，她的生活将没有保障。Franz 对此回应说：他已在遗嘱中将所有财产遗赠给妻子，现在 Susanne 是他的妻子，因此 Susanne 将取得他所有的财产。Franz 于 2019 年死亡，未留下子女。现 Franz 的父母、Hilda 和 Susanne 均对遗产主张权利。遗产应如何继承？

答案：

1. 倾向于有效的遗嘱解释原则（第 2084 条）指存在多种解释

[1] BGHZ 40，218；然而，必须仔细审查是否可以假设当事人有相应的可推知的意愿，见 BGHZ 125，355，363 ff. = NJW 1994，1785；另见 BGHZ 77，293（将根据第 1365 条不生效力的不动产买卖契约转换解释为继承契约），不赞同的意见见 Tiedtke FamRZ 1981，1。

[2] OLG Stuttgart NJW1989，2700.

可能性时,应优先考虑使遗嘱有效的解释结果。

2.(1)该表述是错误的。由于无须顾及第三人的信赖利益,故遗嘱解释其实比生前行为的解释更加自由。但这不意味着,不符合形式要件的遗嘱也可经解释得到认可。针对任何解释结果都必须在遗嘱中存在相应暗示。

(2)该表述也是错误的。为探究被继承人在遗嘱中所表示的意愿,遗嘱外的因素完全可以被考虑。

404 (3)该表述也是错误的。补充性遗嘱解释在于探求被继承人在遗嘱订立当时可推知的意愿,此可表述为:被继承人在订立遗嘱当时若已预见嗣后发生的变化,将如何为死因处分?被继承人若仅是嗣后变更意愿,则必须重新订立遗嘱,经补充性遗嘱解释无法得出被继承人改变后的意愿。

405 **3.(1)遗嘱指定继承人**

虽遗嘱在字面上未将受益人称作继承人,但受益人被给予整个财产,故该给予应解释为指定继承人处分(第 2087 条第 1 款)。遗嘱中的"我妻子"所对应的是遗嘱订立当时被继承人的妻子,即 Hilda。由于 Hilda 与被继承人在继承开始前已经离婚,双方婚姻关系已经解除,故根据第 2077 条第 1 款第 1 句,指定 Hilda 为继承人的该项处分不生效力。而且遗嘱中也不存在以下暗示:与 Hilda 离婚后,被继承人仍希望指定 Hilda 为继承人(第 2077 条第 3 款)。

虽然遗嘱中未提及第二任妻子 Susanna 的名字,但进行补充性遗嘱解释后可推知,被继承人希望指定 Susanna 为继承人。然而通说一般不同意做这种补充性遗嘱解释。[1] 若以通说为准,则

---

〔1〕 反对对遗嘱进行有利于第二任妻子的补充性解释见 RGZ 134,277,然而,这是针对在遗嘱中指名道姓指定第一任妻子的情况;也有持否定见解者如 Schlüter, ErbR,16. Aufl. ,Rn. 193;Lange/Kuchinke §34 VI 3 f(S. 808 Fn. 202);Staudinger/Otte (2013) vor §§ 2064-2086 Rn. 96;Palandt/Weidlich § 2077 Rn. 7。

本案应发生法定继承效果。

通说原则上不同意针对类似案情做补充性解释的观点其实是值得商榷的。被继承人本可明确规定：自己在继承开始时的妻子是继承人。虽被继承人现未做这样的规定，但经补充性解释探究被继承人此种意愿的尝试似也不应彻底被排除。[1] 被继承人在遗嘱中已经指定(当时的)妻子为继承人，此作为补充性解释的暗示已然充分(有关暗示见边码 396)。因此，本案的关键在于探求，被继承人在遗嘱订立当时是否有以下意愿：预见自己之后离婚又再次结婚的情况下希望指定第二任妻子为继承人。不得不提的是，被继承人是否指定妻子为继承人，以及指定妻子继承多少遗产，一般不仅与婚姻关系的存续有关，而且还牵涉其他因素，如夫妻双方的财产状况，以及被继承人与其他亲属间的关系等。故此，根据一般生活经验尚无法得出被继承人希望指定任何一任妻子为继承人的结论。但是，从本案的遗嘱可知，被继承人指定前任妻子为继承人的原因之一在于，自己没有子嗣，而且被继承人再次结婚后该动机依然存在。此外，为解释时还应顾及被继承人向第二任妻子所作的回应，尽管该回应因不符合遗嘱的形式要件，不得认定为指定继承人处分。虽然补充性解释不在探求被继承人嗣后的意愿，而在探求被继承人订立遗嘱当时可推知的意愿，但结合本案其他案情，从被继承人的上述回应中已可推知其当初的意愿，即假如被继承人未留下子嗣，那么将指定自己在继承开始时的妻子为继承人。如采纳此种解释结果，则 Susanne 是遗嘱指定的唯一继承人。 406

(2)特留份请求权

发生法定继承效果的情况下，妻子 Susanne 的继承份额为 3/4 407

[1] Brox/Walker § 16 Rn. 23; MünchKomm/Leipold § 2084 Rn. 117; NK-BGB/Selbherr § 2077 Rn. 21.

（第1931条第1款第1句和第3款、第1371条第1款），被继承人父母每人的继承份额为1/8（第1925条第1款和第2款）。如采用本书所持的观点，则Susanne是遗嘱指定的唯一继承人。根据第2303条第2款第1句，被继承人的父母有权主张特留份请求权（金钱请求权），每人的请求权的数额为遗产价值的1/16。

第十三章　遗嘱不生效、可撤销与附条件

案例 18：Clara 丧夫，生前订过一份符合形式要求的遗嘱——指定三个女儿为继承人，继承份额各为 1/3。由于她不同意儿子的婚事，也与儿子断绝了来往，所以上述遗嘱中还规定：儿子仅可取得价值 1/8 遗产的特留份。一个女儿早于 Clara 死亡，未留下子嗣。Clara 的遗产该如何继承？

一、遗嘱无效与不生效力

（一）概念与适用情形

遗嘱处分在继承开始后不能发挥效力、不产生法律效果，谓之没有效力。法律行为**没有效力**（广义上的不生效力）又分**无效**和**不生效力**（狭义上的不生效力）两种情形。 408

1. 遗嘱无效

无效是法律行为没有效力的一种极端情况。法律行为无效，则**自始没有效力**，且**瑕疵无事后补正之可能**。该法律行为视同**在法律上不存在**。遗嘱无效情形示例：遗嘱不符合形式要件（第 125 条第 1 款）；被继承人订立遗嘱时缺少遗嘱能力（第 2229 条）；遗嘱违反善良风俗（第 138 条第 1 款）；仅成立第 118 条意义上的“戏谑表示”——现实中较少见。鉴于终 409

意处分系无须受领的意思表示，故第 117 条第 1 款（虚伪表示）和第 116 条第 2 句（意思表示受领人明知的真意保留）在此不适用。[1]

2. 遗嘱不生效力

410 所谓（狭义的）不生效力，指存在的瑕疵尚可能被补正，或法律行为本可生效但由于后续事件的发生而最终无法生效。不生效的死因处分在法律上**是存在的**，只是**不产生效力**。例如，被指定的继承人早于被继承人死亡的，指定继承人处分在继承开始时不生效力。根据第 2077 条，被继承人向配偶、与其有婚约者或生活伴侣为给予，但婚姻关系、婚约关系或生活伴侣关系在继承开始前已经解除的，该给予一般不生效力（见边码 373）。被撤回的遗嘱只是不生效力，而非无效——该遗嘱被撤回前是有效的；撤回表示嗣后又被撤回的，该遗嘱恢复效力（第 2257 条）。与此不同，遗嘱经撤销后自始无效，而非不生效力（第 142 条第 1 款）。

（二）遗嘱部分不生效力

411 一个无效或者不生效力之事由可能及于一份遗嘱[2]中的所有终意处分，也可能仅及于多个终意处分中的某一个。例如，在被继承人亲自订立的一份遗嘱中，机打部分的终意处分因不符合第 2247 条规定的形式要件而无效（第 125 条第 1 句），但被继承人自书部分的终意处分仍然有效。又如，仅个别终意处分因违反善良风俗无效；或个别终意处分因违反第 2065 条规定的内容确定性要求无效。再如，只有个别终意处分因被撤回不生效力；或因个别受益人在继承开始前死亡而相应的终意处分不生效力。第 2085 条

[1] OLG Frankfurt FamRZ 1993, 858（关于原民主德国案有关的第 116 条第 2 句）；MünchKomm/Leipold vor § 2064 Rn. 8.

[2] 与此相反，第 2085 条并不适用于不同遗嘱中的处分，见 BayObLG NJW 2000, 1959。

规定,出现上述情形时,**唯**可推知被继承人在没有效力的终意处分欠缺的情况下**也不会做出其余处分**的,其余处分**才也不生效力**。因此,**遗嘱部分没有效力一般不会导致整个遗嘱没有效力**。与第2084条类似,第2085条也起到使被继承人意愿尽量得以实现的目的。第2085条背后的法律考量为:不能探知被继承人有相反意思的情况下,与其遗嘱全部无效,继而就全部遗产发生法定继承效果,还不如使遗嘱其余部分继续有效,因为后者情形一般更符合被继承人的意愿。

第2085条属于特别规定,**有别于第139条的一般规定**。根据 412
第139条,除非可推知行为人在缺少法律行为的无效部分时仍会做出其余部分,否则,法律行为一部分无效,则全部无效。当然,适用第139条和第2085条前都**必须探求表示人可推知的意愿**,只是在意愿无法查明时,两者对其余部分是否继续有效的原则与例外关系正好相反。

对**终意处分不生效力和无效两种没有效力的情况**,第2085条 413
均可适用。遗嘱包含多个终意处分,仅其中一个因撤销而无效时,亦有第2085条的适用(见边码437)。

不是一份遗嘱中互相独立的多个终意处分中的一个,而是标 414
的可分割的整体性终意处分中某个**部分**无效时,是否可适用第2085条?[1] 例如,一项指定继承人处分或一项遗赠中,仅给予数额超过一定范围的部分因违反善良风俗无效,此时就需讨论该处分的其余部分是否有效。[2] 对此问题现尚无统一观点。如从第2085条的字面意思出发,则该条不应适用。但结合第2085条的

---

[1] 表示同意的有 Lange/Kuchinke § 34 V 2b;Lange Kap. 3 Rn. 67;Erman/M. Schmidt § 2085 Rn. 3f.;MünchKomm/Leipold § 2085 Rn. 10f.;Palandt/Weidlich § 2085 Rn. 5;持未决态度的有 BGH NJW 1959,2113,2114;BGHZ 52,17,25。不同意见见 Hermann,Pro non scripta habere und § 2085 BGB(2001)。

[2] 参见 BGHZ 52,17,22ff.。

规范意旨——在继承法领域中应尽量使被继承人的意愿得到实现,则应得出对此类推适用该条的结论。即使一项整体性死因处分的部分无效时,也可以假定,被继承人通常更希望维持其余部分之效力,而不是其处分完全不生效力。

案例 18 答案:

1. 有关继承权

415 被继承人仅指定三个女儿为继承人。向儿子给予特留份的表示不可理解为将儿子指定为继承人(第 2304 条),除非遗嘱特意明确,被继承人有此意思,并且在此只是援引相应的法律规定——儿子依法享有的特留份权。一个女儿在继承开始前死亡,故指定该女儿为继承人的处分不生效力。遗嘱中无相应暗示——若上述处分不生效,则 Clara 也不会做出其余处分;且继承开始时,被继承人排除儿子继承权的原因依然存在。故**根据第 2085 条**,其余处分——指定另外两个女儿为继承人的处分与排除儿子继承权的处分——的**效力不受影响**。

416 其余两项处分指定两个女儿各继承 1/3 遗产,两者合计未穷尽全部遗产。但被继承人通过指定三个女儿为继承人,希望达到的目的是完全排除法定继承效果,故针对出缺的 1/3 遗产不应发生法定继承(第 2088 条第 2 款)。因而根据第 2094 条第 1 款第 1 句,其余两个女儿的继承份额应相应**增加**,每人的继承份额增加至 1/2。

2. 有关特留份请求权

417 根据第 2303 条第 1 款和第 1924 条第 1 款、第 4 款,儿子可请求价值 1/6 遗产的特留份。特留份权的法律效果——是否成立特留份权,以及特留份数额多少——都是法律强制规定的,故虽然继承人在订立遗嘱时基于当时的法律效果只给予儿子价值 1/8 遗产的特留份,但儿子根据法律规定可取得价值 1/6 遗产的特留份。此外,根据遗嘱无法探知被继承人有部分剥夺儿子特留份权的意愿,且本案也不存在剥夺儿子特留份权的法定事由(第 2333 条),故儿子可取得法律授予其的特留份数额。

二、遗嘱的撤销

案例 19:Frieda Hahn(娘家姓 Bär)2019 年死亡,未留下子女。她生前在 2010 年订过一份符合形式要件的遗嘱。遗嘱内容为:"我在此做出以下两项遗赠:为缓解我侄女 Vera 拮据的生活状况,她可取得 15,000 欧元;剩余所有财产由我亲爱的丈夫 Felix 取得。" Frieda 在死亡前不知,Vera 在最近 2 年内已经事业有成,积累了不少财富。Felix 自 2012 年起一直与 Augustine Fuchs 维持婚外情关系,期间还私生下一女。Felix 清楚知道,妻子在婚姻家庭方面的观念很传统,但由于他严格保密,妻子在死亡前并不知道丈夫的这段婚外情。与 Frieda 血缘关系最近的两个亲戚是她的两个兄弟,一个叫 Toni Bär,另一个叫 Sepp Bär。Sepp 现已表态:Frieda 的遗产还应按照遗嘱来继承。但 Toni 有不同想法,他向律师咨询以下问题:尽管 Frieda 留下遗嘱,但他是否还有希望从遗产中分得什么财产? Frieda 遗产现值 15 万欧元。这位律师应如何作答?

(一)撤销的概念与解释优先于撤销原则

一项法律行为的可撤销意味着:存在意思表示瑕疵的法律行 418
为不会自动无效;欲使其无效,撤销权人应行使**撤销权**(形成权),即做出撤销表示。死因处分的撤销也是如此。继承法上的撤销制度适用一系列**特殊规定**,此与总则的一般规定有较大出入。当然,在无特殊规定之处仍适用总则中的一般规定。

死因处分若不符合被继承人的真意,则可在继承开始(见边 419
码 433)以后经撤销被废止。不符合被继承人真意是指被继承人的**表示**和**意愿**(或动机)之间存在**不一致**。因此,在考虑撤销问题前,有必要先行探究被继承人的表示在法律上有何含义。被继承人意愿不甚明确时,还应先进行解释。若经过解释(必要时进行补充性解释),死因处分的内容可与被继承人意愿相吻合,则无撤销之必要。此所谓**解释优先于撤销原则(Vorrang der Auslegung)**。[1] 案例19中,虽遗嘱使用“遗赠”一词,但对丈夫Felix的给予可解释为将丈夫指定为继承人(第2087条第1款)——依遗嘱字面仅创设一项遗赠,但被继承人实际希望指定受益人为继承人的,没有必要撤销遗嘱。被继承人的真意经遗嘱解释已可实现;相反,**经撤销只产生消极效果**——不符合被继承人意愿的处分被废止,而**不产生积极效果**——被继承人所希望的死因处分无法实现。[2] (此与使终意处分之一部分继续有效的情形不同,详见边码437。)鉴于以上原因,遗嘱解释应优先于撤销。

(二)撤销事由

420 **第2078条和第2079条封闭式地列举**了终意处分的各种撤销事由,总则中的规定——第119条、第120条和第123条——在此不适用。继承法上某些撤销事由与总则中的相同,但前者比后者范围广得多。尤其是在继承法领域,**动机错误亦是撤销事由**。

1. 表示错误和内容错误

421 第2078条第1款——与第119条第1款相同——规定:如被继承人表示的内容有错误——**内容错误(Inhaltsirrtum)**,或被继承人本无做出相应表示的意思——**表示错误(Erklärungsirrtum)**[更为清晰的表达应称作**“表示行为中的错误”(Irrtum in der Erklärungshandlung)**],则被继承人的表示可被撤销。表示错误的情形例如:被继承人自书遗嘱时出现笔误,将一项10,000欧元的遗赠误书为100,000欧元。如对该表示为撤销,则10,000欧元遗赠的效力将被保留(见边码437)。内容错误的情形例如:订

[1] BGH MDR 1951,474(见本书第19章,案例25);BayObLG FamRZ 1991,982;Lange Kap. 9 Rn. 8.

[2] Staudinger/Otte(2013) § 2078 Rn. 36;MünchKomm/Leipold § 2078 Rn. 4.

立继承契约(第 2281 条第 1 款、第 2078 条第 1 款)时,被继承人误以为契约性指定继承人处分可随时被撤回,撤回后还能对遗产为其他处分。[1]

仅存在表示错误或内容错误,尚不满足撤销终意处分的所有要件,还需检查**错误**与表示之间是否成立**因果关系**,即被继承人若知错误存在,本不会做出该表示。就此而言,第 119 条第 1 款与第 2078 条第 1 款有显著不同。依据第 119 条第 1 款,表示人若知错误存在,且“依合理之判断”本不会做出该表示的,该表示才可被撤销。而第 2078 条第 1 款特意没有规定需进行客观判断。依此规定,是否存在因果关系,只应按**被继承人的主观思维方式和主观观念**进行判断。[2] 此规定缘于继承法领域备受重视的遗嘱自由原则。不符合被继承人主观意愿的终意处分,即使客观上是合理的,也可被撤销。检查是否成立因果关系时,应充分考虑每个案件的具体案情。若被继承人事后知晓错误存在,但却未更改遗嘱,则从中应可解读出:错误和死因处分间不成立因果关系。[3] 422

2. 动机错误

根据第 2078 条第 2 款,存在**动机错误**的终意处分可被撤销。动机错误指,被继承人做终意处分时受错误认识影响,或对某一情形的出现或不出现有错误预期。案例 19 中,被继承人向 Vera 做遗赠,仅是出于缓解受遗赠人当时和将来经济困境的目的,如今在 423

---

〔1〕 虽然不是每一个关于表示的法律后果的错误都应被视为内容错误,但这里存在关于重要的法律后果的错误,因此是关于该交易的法律性质的错误。这就构成了内容错误,见 OLG Hamm OLGZ 1966,497;BayObLG ZEV 1997,377,379;OLG Frankfurt ZEV 1997,422,423。不同意见见 Musielak ZEV 2016,353,359。

〔2〕 BGHZ 4,91,95.

〔3〕 BayObLGZ 1971,150. 根据第 144 条,还应该承认由被继承人做出的(非要式的)认可,见 MünchKomm/Leipold § 2078 Rn. 63f.; Soergel/Loritz § 2080 Rn. 23; Staudinger/Otte(2013) § 2080 Rn. 24;有争议。

继承开始时,受遗赠人已无经济压力,故该遗赠应可被撤销。动机错误在第 119 条中一般不予考虑[1],但在继承法领域却受重视(作为一项撤销事由),此为**与总则相较,第 2078 条在处理同一问题时最大的不同**。两者规定不同的原因有以下几点:第一,两者在照顾第三人利益问题上的考虑不同。总则中,立法者需要在表示人的利益与信赖该表示有效的第三人——表示受领人或合同相对人——的利益之间作出平衡。若继承法领域外允许动机错误作为撤销事由,则不仅表示受领人的利益将受损害,而且在宏观层面,交易安全也会受到威胁。若涉及一份遗嘱,情况则与此不同;第三人(如遗嘱受益人)本应预计到,终意处分随时被撤回,故遗嘱撤销时**不存在需受保护的第三人信赖利益**。第二,立法者在继承法领域尤其重视,死因处分内容与被继承人基于正确认识或预期所形成的意愿保持一致。[2] 这也是扩大撤销可能性的原因。这也可用于解释:在订立**继承契约**的情况下,尽管存在需受保护的合同相对方的信赖利益,但被继承人仍可撤销基于动机错误做出的死因处分(第 2281 条第 1 款,第 2078 条第 2 款,见边码 515)。

424 从第 2078 条文义可知,动机错误可以涉及发生在**过去、当时或将来**的情形。至于该情形是否受被继承人或他人意志的影响,则在所不论。以下情形均成立撤销事由,当然,成立撤销权还需存在因果关系(见边码 425):被继承人错估个人财产数额;被继承人误以为自己不会再结婚[3];被继承人误以为两个受益人之间存在夫妻关系[4];被继承人错误预期订婚之后双方将缔结婚姻关系;

---

〔1〕 在性质错误的情况下存在一个例外(第 119 条第 2 款),不过对其是否属于动机错误的情形存有争议,见 Leipold, BGB I: Einführung und Allgemeiner Teil, 10 Aufl., § 18 Rn. 31ff.。

〔2〕 参见边码 235(对遗嘱自由的保障),边码 277(亲自订立原则)。

〔3〕 RGZ148, 218.

〔4〕 BayObLG FamRZ 1984, 422.

被继承人错误预期受益人将一直照顾自己;被继承人误以为被指定的继承人将完成工科学业,成为接手自己机械制造公司的最合适人选。被继承人已预见到,针对某情形将来可能发生不同走向的结果,且为此已作相应安排的,不应视被继承人存在错误认识或错误预期。[1]

根据第 2078 条第 2 款进行撤销,除动机错误外,还需符合错误与死因处分之间存在**因果关系**的要件。因果关系也应依照被继承人的主观认识[2]进行认定(见边码 422)。即使在第 2078 条第 2 款的情形中,因果关系也无需体现在遗嘱内容中,换言之,遗嘱中无需明确被继承人的动机[3]——遗嘱外的一切因素,只要对解读被继承人意思有益,均可被考虑在内。但并非所有动机错误都应得到照顾,可被撤销的动机错误必须是促使被继承人做出相应终意处分的最终关键原因,即动机错误应十分严重,被继承人无此动机错误必定会做出不同的处分。[4] 对因果关系要件设置严格的认定标准,旨在防止动机错误撤销制度被滥用。 425

不无疑问的是,成立第 2078 条第 2 款的撤销事由,是否必须以被继承人**积极存在的想法有误**为条件,抑或被继承人不知晓某一情形,但若知情本不会做出原处分时,该处分也可被撤销?如在案例 19 中,被继承人根本未曾想到丈夫将来会有婚外情,无可谓被继承人的想法错误,那么,被继承人指定丈夫为继承人的处分是否还可撤销呢?帝国法院[5]对此问题最初的观点是,被继承人对 426

[1] BayObLG FamRZ 2001,873,875.

[2] BayObLG ZEV 1994,369(如果被继承人知悉相关的事实,并根据其思维和认知方式对其进行了评估,则不可撤销).

[3] BGH NJW 1965,584;即使在遗嘱中提到了一个动机,实际上也可能是其他动机在起作用。

[4] BGH ZEV 2008,237,240.

[5] RGZ 77,165,174.

将来某一情形完全未作考虑的，亦属于“被继承人对该情形不会发生的认识有误”，此已构成被继承人的错误，终意处分可被撤销。该观点与德国普通法（Gemeines Recht）所采观点一致。[1] 然而，之后帝国法院[2]在参考《德国民法典》立法资料[3]后，抛弃了上述观点，采用以下观点：仅被继承人积极存在的想法有误时，相应终意处分才可被撤销。联邦最高法院早先对此问题的观点与帝国法院最初的观点很接近，但此后也明确拒绝采纳早期观点。现联邦最高法院试图采用折中观点[4]：仅被继承人真实的想法和预期有误时，终意处分才可被撤销，但未进入被继承人意识，却对被继承人而言理所当然的想法，即所谓的无意识想法（unbewusste Vorstellungen），也应视为被继承人真实的想法或预期。无意识想法的概念在逻辑上有自相矛盾之嫌[5]，联邦最高法院之后又将其改称为**理所当然的想法（selbstverständliche Vorstellungen）**[6]，指被继承人在意识中虽未实际考虑过，但却可能随时进入意识、被唤醒的想法。理所当然的预期或想法如：被继承人和受益人将来不会出现重大不合[7]；被指定的继承人对被继承人不会做出严重

---

〔1〕 普通法中将错误和不知等同对待，参见 Kipp/Coing § 24 II 2b。

〔2〕 RGZ 86，206，208.

〔3〕 在法律制定中的咨询意见中，实际上已经指出，只有在被继承人对未来事件形成了某些积极的想法时，才能考虑以对未来事件的错误为由进行撤销，见 Mugdan，Materialien zum BGB，Bd. V，541。

〔4〕 BGH NJW 1963，246，247（unter 4）.

〔5〕 参见 Kipp/Coing § 24II 2b（在书中脚注 21）；MünchKomm/Leipold § 2078 Rn. 35. Pohl，“Unbewusste Vorstellungen” als erbrechtlicher Anfechtungsgrund?（1976），S. 66ff.。推荐“共同意识观念”这一概念。Staudinger/Otte（2013）§ 2078 Rn. 24 反对对无意识观念（unbewusste Vorstellungen）这一概念进行批评。

〔6〕 BGH WM 1987，1019 = NJW-RR 1987，1412.

〔7〕 BGH NJW 1963，246，248；FamRZ 1983，898（关于继承契约）；ZEV 2008，237，239f.（强调了对因果关系的证明要求）.

的失当行为(适当行为预期,Wohlverhaltungserwartung)[1];相关当事人会在一定程度上相互尊重、相互顾及[2]。

似乎更为正确的是,**完全放弃对积极想法之要求**。检查第2078条第2款是否适用,应以被继承人可推知的意愿为准,即探究被继承人若知真实情形后是否仍会做出原终意处分。被继承人对真实情形的不知晓是问题的关键,至于被继承人不知晓真实情形的原因,可能缘于被继承人的想法有误,也可能缘于被继承人根本未曾有过考虑。因此,两种情况应被同等对待。只要终意处分是由于被继承人不知晓真实情形而做出的,则无论原因出自被继承人想法有误,还是未曾考虑,该终意处分均应可撤销。[3] 当然,与前者情形相较,后者情形下探究和证明被继承人知晓情形后是否不会做出原终意处分的难度肯定更大一些。但证明困难加大的后果也只是被继承人不做原终意处分的意愿无法查明时,该终意处分不可撤销。因此,后者情形证明的难度,尚不构成完全不适用第2078条第2款的理由。 427

另一尚存争议的问题是,被继承人错误预期**某一情形在继承开始后的发展走向**,是否构成第2078条第2款的动机错误?1990年两德统一后,不动产价值及原先在原民主德国适用的关于不动 428

---

〔1〕 BGH FamRZ 1971,638. 该案涉及继承人在一次交通事故中过失致使被继承人死亡。联邦最高法院并不排除以此为理由撤销的可能性。Müller-Freienfels, FS Schiedermair(1976),S. 409 ff. 对此持批评态度。继承人转向一个教派并打算违背被继承人的意图处分遗产,也可以——作为对被继承人"理所当然的期待"的背离——构成撤销事由,见 OLG München NJW 1983,2577。

〔2〕 OLG Hamm FamRZ 1994,849(继续使用无意识观念).

〔3〕 赞同这一解决方案的还有 Kipp/Coing § 24 II 2b;von Lübtow S. 321;Lange/Kuchinke § 36 III2 c;Ebenroth Rn. 304ff.;BGB/RGRK(Johannsen) § 2078 Rn. 49;Schubert/Czub JA 1980,257,260f.;MünchKomm/Leipold § 2078 Rn. 36;基本上相同的意见也见 Sieker AcP Bd. 201(2001),697,710 f.。不同观点见 Muscheler Rn. 1971ff.,一直认为被继承人的积极陈述是必要的。

产能否处分的规则，均发生巨大变化，鉴于此，法院对上述问题倾向于持肯定意见。[1] 但除此特殊情况外，出于对法律确定性的考虑，因终意处分生效后才发生的情形——如继承人处置已取得遗产的方式或结果与被继承人的预期不一致——不应成立动机错误。[2] 只有在完全不可预见的变化使得以被继承人意愿为基础的处分失去了任何正当理由的情况下，才可以作为例外。[3] 依照被继承人如希望自己的意愿在继承开始后仍可得到照顾，则应为终意处分附款，即附解除条件，如规定解除条件在继承开始后出现某一情形时成就（见边码 447）。被继承人的该意愿有时经遗嘱解释也能推知，如被继承人在遗嘱中尤其看重特定情形在继承开始后的存续状态，终意处分实际是建立在该基础上的。[4]

3. 不法胁迫

429 根据第 2078 条第 2 款，受**不法胁迫**做出的终意处分可撤销。不法胁迫的情形如：照顾人员要求生病的被继承人立即为自己创建一份高额的遗赠，否则不给被继承人叫医生。此处不法胁迫[5]的要件与第 123 条规定的要件是相同的：手段、目的和手段与目的间关系三者中任一环节出现不法，均成立不法胁迫。

430 值得注意的是，第 2078 条第 2 款未将第 123 条的**恶意欺诈**列

---

〔1〕 持此种观点者有 OLG Frankfurt FamRZ 1993，613；LG Gießen DtZ 1993，217，218。持未决态度者有 BGHZ124，270，281. 持肯定态度者还有 Sieker AcP Bd. 201（2001），697，711ff.；持否定态度者有 Grünewald NJW 1991，1208，1211f.。详见 MünchKomm/Leipold（4. Aufl.）§ 2078 Rn. 35f.。

〔2〕 不同意见见 OLG Köln ZEV 2004，329，331（如果一个直系血亲卑亲属因为现有的过度负债而被剥夺了继承权，那么他的经济状况在继承发生后的意外改善可以构成撤销事由）。

〔3〕 肯定意见见 OLG Köln BeckRS 2016，04571 Rn. 45。

〔4〕 这也可能是科隆州高等法院裁决的案件的解决办法。

〔5〕 根据 LG Köln DtZ 1993，215，原民主德国的立法带来的困境不足以构成不法胁迫。

为撤销事由。但这并非遗漏,动机错误根据第2078条第2款均构成撤销事由,恶意欺诈仅是导致动机错误的一种情形,故没有必要单独规定。

4. 特留份权人被忽略

根据第2079条第1句,**遗嘱忽略**继承开始时在世[1]**特留份权人**的,终意处分可撤销。所谓**特留份权人被忽略**(**Pflichtteilsberechtiger übergangen**)是指,被继承人既未指定特留份权人为受益人,又未有意排除其继承权。第2079条第1句的要件还包括:被继承人订立遗嘱时**不知**该特留份权人的存在(如父亲误以为儿子在一次探险中丧生),或者被忽略的特留份权人在遗嘱订立后出生或取得作为特留份权人的身份(如特留份权人与被继承人在遗嘱订立之后结婚,或特留份权人因遗嘱订立之后的法律修订[2]而取得特留份权人身份)。遗嘱订立在先,特留份权人取得特留份权人身份在后(如结婚或被收养),但其在遗嘱中已取得一笔并非微不足道的给予的,根据现行司法观点,不得视作被忽略。[3]对此问题,学界多数观点[4]持相反意见。相反意见认为:只要特留份权人的给予低于其法定继承份额,即应视作被忽略,理由在于,被继承人先前为给予时未曾考虑该受益人的特留份权人身份。与此不同,司法观点认为,未曾考虑特留份权人身份的情形可依据 431

[1] 在适用第1923条第2款时,如果特留份权人在继承发生时已经受胎并在后来活产,也是足够的,见 OLG Stuttgart BpckRS 2018,10903 Rn. 24。

[2] 在这方面,经2011年第二部《继承权平权法》(见边码97)修订的《非婚生子女法律地位法》第12节第10条第3款包含了一个显著的特殊规定:截至2009年5月29日,对于继承事件,法律授予1949年7月1日前出生的非婚生子女获得特留份权利并不证明适用第2079条。见 Leipold FPR 2011,275,277;MünchKomm/Leipold § 2079 Rn. 16ff.。

[3] BayObLG ZEV 1994,107;OLG Karlsruhe ZEV 1995,454.

[4] Lange/Kuchinke § 36 III 4 b;MünchKomm/Leipold § 2079 Rn. 6ff.;Jung AcP Bd. 194(1994),42,70ff.;Graf ZEV 1994,109;Ebenroth/Koos ZEV 1995,457.

第 2078 条第 2 款撤销加以解决,至于适用第 2078 条第 2 款时,终意处分和此种错误之间存在因果关系的相关证明责任规则较为不利,则是可以接受的。

432 第 2079 条属于动机错误的一种特殊情形。适用该条时,无需被继承人对特留份权人范围有过积极思考,只需被继承人单纯**不知情(Nichtwissen)**,终意处分依法即可撤销。第 2079 条与第 2078 条第 2 款主要区别在于适用前者时无需证明错误和终意处分之间的因果关系,而由法律**推定**被继承人若知晓特留份权利人的存在,则不会做出原处分。[1] 但根据第 2079 条第 2 句,若能探知被继承人即使知情也仍会做出原处分,则该处分不可撤销。[2] 此情形如:被继承人在婚前订立的遗嘱中未向之后的配偶为给予,与其结婚后又"有意"不修改遗嘱。[3] 当然,如下情形不属于被继承人"有意"不改遗嘱:被继承人忘记订立过该份遗嘱,或误认为该遗嘱在自己结婚后不再有效。

(三)撤销权人

433 根据总则中的条款——第 119 条、第 120 条和第 123 条,意思表示人是撤销权人。但撤销遗嘱时,**被继承人**本人无撤销权。其理由在于被继承人有权随时撤回遗嘱,没有必要再为撤销。[4] 根据第 2080 条第 1 款,因遗嘱被废止而可**直接受益者(unmittel-bar unstatten käme)**,有撤销权。指定继承人处分被撤销后,因发生法定继承效果可成为法定继承人者,或因在被撤销的遗嘱之前订立的遗嘱可成为被指定的继承人者,有权撤销该处分。受遗赠负

---

〔1〕 BayObLG ZEV 2001,314,315.

〔2〕 于此应以处分订立的时间点为准,例如参见 BayObLG ZEV 2001,314,315。

〔3〕 参见 OLG Frankfurt FamRZ 1995,1522。

〔4〕 这在继承契约的情况下是不同的:在此,依第 2281 条的规定,被继承人受契约性处分的约束,因此他首先享有撤销权(见边码 516)。这同样适用于配偶一方先死亡时共同遗嘱中的相互性处分(见边码 475)。

担的继承人有权撤销该遗赠。指定他人为受益人的终意处分被一项撤回表示撤回,该撤回表示如被撤销,则被指定的受益人可直接受益,故该受益人是该撤回表示的撤销权人。多人同时有撤销权的,每人可单独做出撤销表示。[1] 第2080条第2款对撤销权人的范围规定了如下限制:错误只及于特定他人时,仅该他人有撤销权,如被继承人误以为,某个儿子向警局检举自己莫须有的犯罪行为,则仅该儿子有撤销权。根据第2080条第3款,仅被忽略的特留份权人可行使第2079条规定的撤销权。

(四)撤销权的行使

1. 撤销表示

根据第143条第1款,行使撤销权应做出**意思表示**。撤销第 434
2081条列举的终意处分,撤销表示应**向遗产法院**[基层法院(《法院组织法》第23a条第1款第2项、第2款第2项)提出;在地域管辖方面,有管辖权的法院首先是被继承人生前最后住所地所在的法院(《家事事件暨非诉事件程序法》第343条第1款)]。第2081条列举的终意处分如下:指定继承人处分、排除法定继承人继承权处分、指定遗嘱执行人指示和撤回上述终意处分的表示(第2081条第1款),以及未为他人创设权利的终意处分,如负担(第2081条第3款)。在性质上,此处的撤销表示属于**需官方受领的意思表示(amtsempfangsbedürftige Willenserklärung)**,其生效条件见第130条第3款。此类撤销表示无需采用特殊形式,但

[1] 根据通说,被撤销的处分视为绝对无效(第142条第1款),如此撤销也有利于其他的撤销权人,见BGH NJW 1985,2025,2026。在可分的处分的情况下,法院只应在有利于个别争议方的情况下认定无效,似乎更为正确,见MünchKomm/Leipold § 2080 Rn. 13f.;但联邦最高法院的上述裁判持反对意见。

撤销权人应有主张终意处分中存在意思表示瑕疵的明确意思。[1]遗产法院的职责仅在于受领撤销表示,以及向被撤销的终意处分所指定的受益人转达该撤销表示。此时遗产法院不就撤销是否成立进行审查。[2] 该问题应在继承证书程序或在民诉程序——如法定继承人起诉被遗嘱指定的继承人,请求确认自己的继承权——中予以解决。

435 针对第 2081 条未有规定之处,适用总则中的一般规定。如撤销**遗赠**适用一般规定。根据第 143 条第 4 条第 1 句,撤销表示应向受益人即受遗赠人做出。

2. 撤销期间

436 遗嘱撤销权最早产生于继承开始之时。法律虽无明文规定,但该结论可由第 2080 条第 1 款推知:终意处分仅在继承开始后被撤销的,撤销权人才可能直接受益。根据第 2082 条第 1 款和第 2 款,撤销期间为**一年,自撤销权人知道撤销事由时起算**,但不应早于继承开始之时。根据第 2082 条第 3 款,继承开始后经过 30 年,撤销权消灭。根据第 2083 条,撤销期间届满后,撤销权人仍可拒绝给付,如继承人在撤销期间届满后仍可拒绝向受遗赠人给付遗赠。

(五)撤销的法律效果与证明责任

1. 溯及无效

437 根据第 142 条第 1 款,终意处分一经撤销,溯及**无效**。撤销效果只及于受撤销事由(如错误)影响的单个终意处分。[3] 根据第 2085 条,如对遗嘱内容存在疑义,则推定其余终意处分仍然有效。

---

〔1〕 BayObLGZ 1989,327,330 = FamRZ 1989,1346,1347;OLG München Rpfleger 2005,606. 另外,这两个法院的裁判与通说一致,认为不必说明撤销事由。但是,至少应该要求有一个大体上的陈述,参见 MünchKomm/Leipold § 2081 Rn. 18。

〔2〕 LG Köln FamRZ 1993,1124.

〔3〕 BGH NJW1985,2025.

整体性**终意处分**的标的如**可分割（teilbare Verfügung）**，且仅该处分的一部分受被继承人错误影响的，对该处分为撤销后，该处分的其余部分仍然有效。[1] 举例如下：被继承人受动机错误的影响指定 A 为唯一继承人，但若无错误影响，本也会指定 A 继承 1/2 遗产，对该处分为撤销后，A 仍为被指定的继承人，可继承 1/2 遗产。

以**第 2079 条**的撤销事由为**撤销**后，终意处分中与特留份权人法定继承权相抵触的部分无效。对于撤销是否还一般导致整个遗嘱无效的问题，现尚存争议。有观点认为，该处分的其余部分及同一遗嘱中的其他终意处分，仅在可探知被继承人在知晓特留份权人被忽略情形下仍会做出原处分，才仍为有效[2]（参见第 2079 条第 2 句）。解决此问题有必要考虑第 2079 条的规范意旨，即保护特留份权人的继承权，使其不受被继承人本不欲做出的排除其继承权处分的影响。从此规范意旨出发，应采纳与上述观点相反的观点，即遗嘱内容存在疑义时，仅其中与被忽略的特留份权人的法定继承权相抵触的部分无效。[3] 438

2. 无赔偿信赖利益损失的请求权

第 2078 条第 3 款明确规定不适用第 122 条，故撤销遗嘱不产生赔偿**信赖利益损失**的请求权。其理由在于，信赖遗嘱有效的利 439

---

〔1〕 虽然被继承人没有明确表示为小额给予，但上述解决方案符合一般尽可能考虑被继承人意愿的努力。参见 RGRK/Johannsen § 2078 Anm. 69ff.，71（“通过撤销，可以消除大部分已表示的意思，在此范围内，可使已表示的意思与原本的意思相一致”）；Lange/Kuchinke § 36 III 1 b；Kipp/Coing § 24 III 1b。

〔2〕 此种观点见 OLG Schleswig ZEV 2016，263（附 Leipold 否定性评论）；OLG Stuttgart BeckRS 2018，10903 Rn. 23；Palandt/Weidlich § 2079 Rn. 6。

〔3〕 此种观点见 OLG Köln NJW 1956，1522；Jung AcP Bd. 194（1994）42，77ff.；Lange Kap. 9 Rn. 106；基本相同的观点也见 LG Darmstadt JZ 1988，671（Tiedtke JZ 1988，649 赞同该裁判结论）。在被继承人对继承契约（或共同遗嘱中已具有约束力的相互性处分）为撤销的，情况有所不同，因为此种撤销的目的是恢复被继承人的决定自由。见 MünchKomm/Leipold § 2079 Rn. 29。

益本不值法律保护。

3. 证明责任

440 证明存在成立撤销的事实——尤指成立撤销事由——的**证明责任**,原则上由因撤销而可取得权利者承担。[1] 如法定继承人因撤销排除其法定继承权的处分而可取得法定继承权时,由其承担相应的证明责任。撤销事由是否成立如无法查清,则应认为终意处分有效。

案例 19 答案:

1. 有关继承权

(1)遗嘱中的指定继承人处分

441 尽管遗嘱使用"遗赠"一词,但丈夫所能取得的给予几乎覆盖**整个遗产**,故该终意处分应解释为,丈夫被指定为**唯一继承人**(第2087条第1款)。该指定继承人处分如被撤销,则发生法定继承效果。

(2)遗嘱的撤销

442 被继承人在订立遗嘱当时和事后不知,被指定为唯一继承人的丈夫有婚外情,且还在婚外私生一女,该情形可能构成被继承人的**动机错误**,成立第2078条第2款规定的撤销事由。根据本案案情,被继承人在订立遗嘱时未曾积极考虑丈夫将来可能的所作所为,故有必要讨论,成立第2078条第2款规定的动机错误,是否必须为被继承人积极存在的想法错误,抑或被继承人单纯不知情即可(见边码426以下)。对该问题现尚存争议。联邦最高法院的折中观点认为,实际情况与被继承人的**无意识想法**或**理所当然的想法**——对被继承人而言理所当然的想法——不一致时,成立动机错误。本案中被继承人的理所当然的想法是,被指定为唯一继承人的丈夫对婚姻应保持忠贞,不会在婚外私生子女。故依据联

[1] OLG Hamm OLGZ 1966,497;Palandt/Weidlich § 2078 Rn. 11.

邦最高法院的意见,本案应构成第 2078 条第 2 款的动机错误。当然,解答该问题更应结合第 2078 条第 2 款的规范意旨——被继承人知晓真实情况的情形下本不会做出的死因处分,应允许被废止。被继承人本不会做出死因处分的情形包括以下两种:被继承人积极存在的想法有误和被继承人单纯不知情,故两种情形应被同等对待。本案中,假如可推知,被继承人若知晓丈夫将来的作为,本不会指定其为唯一继承人,那么被继承人对此事的**不知情**应构成动机错误,成立撤销事由。至于如何探究被继承人在订立遗嘱当时是否有上述可推知的意愿,则应结合本案具体案情及一般生活经验进行分析。动机错误必须达到被继承人若无错误必定会做出不同处分的严重程度,原处分才可撤销。本案中,首先即使不考虑其他情形,而仅考虑被继承人的传统婚姻观念,也应可推知:被继承人若知晓丈夫事后的所作所为,应不会再指定其为唯一继承人。其次指定丈夫为唯一继承人,将使丈夫的非婚生女儿——作为丈夫的法定继承人——间接受益,这一点应该也不是被继承人所希望的。

指定丈夫为继承人的处分若无效,则 Sepp 和 Toni 将成为法 443
定继承人(第 1925 条第 1 款),根据第 2080 条第 1 款,该两人有撤销权。Sepp 希望维持遗嘱效力,不影响 Toni **独自行使撤销权**。Toni 行使撤销权,应向遗产法院做出撤销表示(第 2081 条第 1 款)。该终意处分被撤销后,自始无效(第 142 条第 1 款)。该终意处分整个受到该动机错误的影响,故被撤销后,该终意处分全部无效。

(3)法定继承效果

发生法定继承效果后,法定继承人包括继承份额为 3/4 的丈 444
夫 Felix Hahn(第 1931 条第 1 款第 1 句、第 3 款和第 1371 条第 1 款)和继承份额各为 1/8 的 Sepp Bär、Toni Bär(第 1925 条第 1 款、第 3 款第 1 句和第 1924 条第 4 款)。根据通说(见边码 42),指定

继承人处分被撤销后，绝对无效，因此，Sepp 虽自己没有行使撤销权，但也可从撤销后的法律效果中受益。

2. 有关遗赠

445 遗嘱中无如下暗示：被继承人若知晓指定继承人处分无效，也不会设立遗赠，故根据第 2085 条，指定继承人处分的无效**不导致遗赠无效**。但需要注意的是，由遗嘱文义可知，Vera 之所以被指定为受遗赠人，原因在于，被继承人以为，Vera 由于经济拮据需要被接济。由遗赠在继承开始时方才生效还可推知，被继承人的预期是，Vera 的经济状况在继承开始时尚未有改善。但本案在遗嘱订立后出现的情形与被继承人的上述设想正好相反。除该动机外，遗嘱中未见被继承人还有创设此遗赠的其他动机。故可推知：被继承人如知晓侄女事后不再拮据，应不会创设此遗赠。综上，该情形成立第 2078 条第 2 款规定的动机错误，遗赠**可撤销**。

446 遗赠若被废止，则受其负担（第 2147 条第 2 句）的三位继承人可直接受益。根据第 2080 条第 1 款，三位继承人都**有权撤销**该遗赠。根据第 143 条第 4 款第 1 句，行使撤销权应向作为受遗赠人的侄女做出撤销表示。Toni Bär 若做出撤销表示，则整个遗赠无效（第 142 条第 1 款）。

三、终意处分的附款

447 总则中第 158 条以下规定，法律行为可附款，即附条件。第 2074 条以下也确认，终意处分可**附延缓条件或解除条件**。所谓终意处分附款，指终意处分的效力与将来某一不确定事件的结果相联系，至于事件结果发生在继承开始之前还是之后，则视附款的内容而定。附款法律行为的法律效果见第 158 条以下的规定，同时还应兼顾第 2074 条以下的解释性规则。指定继承人处分附解除条件，条件在继承开始后成就时，应发生后位继承的法律效果，后位继承人的人选在遗嘱中未作规定的，应根据第 2104 条予以确定。指定继承人处分附延缓条件,条件在继承开始时尚未成就的,应先发生前位继承的法律效果(第 2105 条)。以上两种情形被称作**构造性前后位继承(konstruktive Nacherbfolge)**。

借由终意处分的附款,被继承人可以考察和在一定程度上影响受益人将来的行为。此种由受益人决定是否按被继承人意愿行事的条件——称作**相对方意愿条件(Potestativbedingungen)**——一般为法律所允许,除非其违反第 2065 条[1]或违反善良风俗(第 138 条第 1 款)。根据一般公平正义观念(更确切地说:根据主流法伦理观念),某个决定本应完全由受益人自主作出,但被继承人希望通过给予财产对其施加影响,可认定所附条件违反善良风俗。在这种情况下,还必须考虑到基本权利所体现的价值(见边码 251 以下)。[2] 如根据通说,给予指定继承人处分时附加继承人变更信仰条件,就属违反善良风俗。所附条件为受益人应与某人结婚、不结婚或离婚[3],被继承人希望借给予财产买断受益人自主决定权的,亦应认定该条件违反善良风俗。然而,祖父以孙子每年探望自己一定次数为条件指定孙子继承遗产的情形,仅因为这种探望 448

[1] 然而,由于第 2065 条的规定,如下这种相对方意愿条件是不被允许的:从立遗嘱人的角度来看,这种条件只是为了让受益人或第三人对处分的有效性作出(自由)决定,见 BGHZ 15,199,201;MünchKomm/Leipold § 2065 Rn. 12。类似观点上文已作详述(见边码 281 以下)。但关于条件成就的决定可以根据客观标准交给第三方,且不授予其裁量空间,见 KG ZEV 1998,182。

[2] Karczewski, Hereditäre – Jahrbuch für Erbrecht und Schenkungsrecht, Bd. 3 (2013),19,21ff. 不同意见见 Gutmann, Freiwilligkeit als Rechtsbegriff(2001),S. 206ff.,据此,基本权利不受影响,因为被附加条件的人的自由仍然不受影响。然而,民法也必须考虑到事实上行使的压力,并在私法主体的关系中落实基本权利所包含的评价。

[3] 在具体案例中赞同离婚条款有效性者,见 BGH FamRZ 1956,130. 就此持批评态度者有 Meincke, FS Kaser (1976), S. 437, 440ff.; Leipold, in: 50 Jahre Bundesgerichtshof, Festgabe aus der Wissenschaft(2000),Bd. I,1011,1019f. 关于继承人必须来自"符合族章的婚姻"的条款已在上文中详述(见边码 253 以下)。

本应源自于继承人内心的自由确信就认为该条件是违背公序良俗的,[1](如不存在其他可供评价的具体情形)如此评价似乎令人费解。——如果附条件的给予是被设定为条件的行为的客观合理的后果,那么其有效性应不存在疑问。[2] 给予所附加之受益人不可结婚的条件,一般认定为无效,但具体还应视案情而定。比如,被继承人有配偶和两个与其共同生育的子女,指定配偶为唯一继承人,附加配偶不得再婚的条件——配偶如再婚,则发生法定继承——不违反善良风俗。其理由在于,此类**再婚条款**(Wiederheiratungsklauseln,见边码 478 以下)——配偶如再组建家庭,则不享有作为唯一继承人的权利,转而成为法定继承人——旨在保护子女的利益,是被继承人在遗产继承方面针对继承开始后可能出现的情形所作的处置,目的不在于给配偶施加不能再婚的压力,故而所附条件具有正当性。当然,遗嘱如规定,配偶再婚甚至不能保留特留份,则该条件应属违反善良风俗。[3]

449 条件违反第 138 条第 1 款,其法律效果应是终意处分整体无效,还是终意处分去除条件继续有效?条件与终意处分属一体的法律行为,在此无第 139 条或第 2085 条的适用。条件无效导致整个法律行为无效,可考虑的是能否进行转换(第 140 条),假如可

---

〔1〕 此种观点见 OLG Frankfurt ZEV 2019,212(附 von Bary 之评论)。然而,法院支持指定孙子为继承人的处分,因为这与被继承人在条件不生效力的情况下的可推知的意愿相一致。这与本书对违反善良风俗的条件的法律后果所表达的意见(见边码 449)相一致。

〔2〕 因此,父亲在附结婚条件下向女儿的未婚夫所为的给予(取决于情况)可以是完全有效的,参见 Otte JA 1985,192,199。

〔3〕 认为违反善良风俗者见 OLG Saarbrücken DNotZ 2015,691(附 Weber 肯定性评论)= ErbR 2015,567(附 Otte 原则上赞同的评论)。也见 Karczewski(Fn. 51),29,其认为,如果在世配偶在再婚的情况下至少保留有特留份,那么再婚条款是允许的。更为严格的观点见 Staudinger/Otte(2013) § 2074 Rn. 60,其与通说相反,认为再婚条款总是违反善良风俗的,如果这些条款已经对在世配偶在再婚时施加了返还的义务。

探知,被继承人不附条件仍会做出原终意处分,那么原终意处分可转换为不附条件的终意处分。[1] 再进一步说,如果违反善良风俗之判断旨在**保护给予受领人的自由空间**,那么应始终认为对受益人的处分是**不附条件的,继续有效**。[2] 否则,即使受益人基于自由决定依被继承人的意愿行事,受益人也会错失给予[3]。被继承人本应只将条件作为无法律约束力的愿望,而不应作为终意处分的条件;通过让终意处分不附条件继续有效,该处分被缩减为这一可容许的内容。

严格而言,下列所附条件——受益人在不确定的时间段内**不得做出特定行为或应持续做出特定行为**——是否成就,在受益人死亡时方可最终确定。再婚条款就属此种条件。若将之解释为附延缓条件,则配偶在死亡前始终无法享受到继承权带来的利益。为避免此种不利后果,第 2075 条的解释性规则规定,在这种情形下,如果做出或不做出特定行为仅取决于受益人的自由决定,在解释存在疑义时,**应理解为附解除条件**。**失权条款(Verwir-kungsklausel)**,即受益人违逆被继承人终意[4](如受益人擅自对遗嘱为撤销,且撤销无正当理由)将丧失被给予的条款,也应解释为附解除条件。有关共同遗嘱中再婚条款的讨论见下文(见边码 478 以 450

[1] Staudinger/Otte(2013) § 2074 Rn. 77; von Lübtow S. 352; Thielmann, Sittenwidrige Verfügungen von Todes wegen(1973),S. 194;Otte JA 1985,192,200.

[2] Flume, Allgemeiner Teil des Bürgerlichen Rechts, 2. Bd., Das Rechtsgeschäft, 4. Aufl., § 38,4d(S. 695f.);Keuk FamRZ 1972,9,15;Lindacher AcP Bd. 175(1975),257, 259;Meincke(Fn. 52)S. 437,458ff.;MünchKomm/Leipold §2074 Rn. 28f. 不同意见见 Otte JA 1985, 192, 200; Muscheler Rn. 1957; Staudinger/Otte(2013) § 2074 Rn. 76; Soergel/Loritz § 2074 Rn. 33。

[3] 如只考虑转换,则被继承人的意愿通常为:附款若被认定无效,将不再做出原终意处分。——译者注

[4] 当这种失权条款或惩罚条款介入时,在某些方面是值得怀疑的,见 MünchKomm/Leipold § 2074 Rn. 30ff。

下)。在共同遗嘱中经常出现的特留份条款(见边码 465)也构成附解除条件。

第十三章自检试题:

1. 比较第 139 条和第 2085 条的适用范围和内容。

2. 终意处分的撤销与总则中意思表示的撤销在哪些方面不同?

3. 撤销与解释之间是什么关系?两者的法律效果是什么?

4. Cäcilie 丧夫且无子嗣,2019 年死亡。其在 1977 年订过一份遗嘱,指定 Neuberg 市为唯一继承人,同时规定,遗产应使 Neuberg 市盲人院中的病患受益。Cälilie 后来忘记自己订过该份遗嘱。她曾多次对近亲属提及,自己死亡后应发生法定继承。如发生法定继承,多人可成为法定继承人,其中一位是被继承人的侄子。该侄子现以被继承人即使记得该份遗嘱也会将其废止为由,要求撤销该遗嘱。本案的法律状况如何?

答案:

451 1. (1) **适用范围**:第 139 条是针对法律行为一部分无效的一般规定。第 2085 条是针对遗嘱部分不生效力(unwirksam)的特殊规定,在适用方面应优先于第 139 条。根据第 2085 条的文义,遗嘱包含多个终意处分,仅其中某一个没有效力时,第 2085 条才能适用;然而基于第 2085 条的规范目的,一个可分的终意处分的部分不生效力时,第 2085 条也应予准用——对此观点尚有争议。

452 (2) **内容**:根据第 139 条,法律行为一部分无效,一般导致全体无效,除非除去无效的部分,该法律行为仍会被实施。与之相反,第 2085 条规定,遗嘱一部分不生效力,其余部分一般仍然有效,除非被继承人有相反意愿。

453 2. 终意处分的撤销有以下**特点**:

(1) 动机错误也构成撤销事由(第 2078 条第 2 款);

（2）检查错误与终意处分之间存在因果关系时，以被继承人的主观意愿为准，不考虑客观情形（第 2078 条第 1 款，与第 119 条第 1 款不同）；

（3）做出意思表示的被继承人没有撤销权，因终意处分被废止而可直接受益者有撤销权（第 2080 条第 1 款）；

（4）对重要终意处分（第 2081 条）为撤销时，应向遗产法院为撤销表示；

（5）撤销期间为一年（第 2082 条）；

（6）不存在信赖利益赔偿请求权（第 2078 条第 3 款）。

3. 含补充性解释在内的**遗嘱解释优先于遗嘱撤销**。被继承人 454
意愿经解释而可被照顾到的，表示与意愿（或动机）间已无差距，无撤销之必要。通过解释可使被继承人意愿得到实现；如为撤销，则终意处分将溯及无效（第 142 条第 1 款）。

4. 尽管被继承人口头提及，自己死亡后应发生法定继承，但口 455
头表示不符合**撤回表示的形式要件**（第 2254 条以下），故原遗嘱效力不受影响，其效果为，指定 Neuberg 市为继承人，并创设一项负担（第 1940 条）。侄子虽已做出撤销表示，但欲成立撤销继而致终意处分无效（第 142 条），还需具备撤销事由。本案可能的撤销事由是第 2087 条第 2 款规定的动机错误，即被继承人**在订立遗嘱时**对过去、当时或将来情形的想法有误，受此影响做出终意处分。首先，被继承人在订立遗嘱当时的想法没有错误，事后忘记该遗嘱也不构成第 2078 条第 2 款意义上的动机错误。其次，因错误而订立遗嘱与因错误而事后未做出撤回表示两者之间不存在可比性，此处不可类推适用第 2078 条第 2 款。最后，撤销只产生消极效果，经撤销无法做成一项被继承人未做但无错误本会做出的终意处分。综上，该遗嘱仍然有效。[1]

［1］ BGHZ 42，327，332f.

第十四章　共同遗嘱

案例 20：Peter 自书遗嘱如下："我和妻子互相指定对方为自己的唯一继承人。我们去世后，由我们的孩子 Oswald 和 Ottilie 继承我们的遗产。我们其中一方去世后，假如在世那方认为有必要，可以限制或者废止孩子的继承权。"Peter 和妻子 Franziska 两人亲自在这份遗嘱签名。Peter 死亡后，Franziska 订立一份新遗嘱，废除指定 Ottilie 为继承人的死因处分，转而指定自己的两个儿子 Max 和 Moritz 为继承人，份额各 1/4。Franziska 死亡后，Oswald、Ottilie、Max 和 Moritz 四人间就遗产继承问题产生纠纷。Ottilie 认为，自己的父亲应不会将自己死因处分是否有效的问题交由母亲决定。Franziska 的遗产将如何被继承？

一、共同遗嘱的性质和订立条件

456 夫妻在婚姻共同生活中经常有以下愿望：两人为处理双方相继死亡后的遗产继承问题，可以一同做出内容相协调的死因处分。法律在遗嘱方式方面考虑了夫妻的该等愿望，允许夫妻订立**共同遗嘱（gemeinschaftliches Testament）**。共同遗嘱虽是一份统一的遗嘱，但对

夫妻二人死亡后的继承问题均产生效力。[1] 共同遗嘱和继承契约存在差异:共同遗嘱在性质上尚属遗嘱,故只要第 2265 条以下未做特殊规定,对其就应适用有关遗嘱终意处分的法律规定。共同遗嘱与继承契约也存在相似之处,如**在世配偶受相互性处分的拘束**(见边码 471、边码 475),对共同遗嘱为**解释**时应照顾夫妻双方的意愿。[2]

根据第 2265 条,仅**夫妻**(依据《生活伴侣关系法》第 10 条第 4 款,登记的生活伴侣同样)可订立共同遗嘱。有婚约但未结婚双方[3]、未婚同居双方[4]或亲属间均不得订立共同遗嘱。除法律允许的人员外,**其他人员**订立的共同遗嘱**无效**。[5] 457

根据第 2268 条第 1 款和第 2077 条第 1 款,一般而言,共同遗嘱的效力与先死亡配偶死亡时的婚姻状态有关。若双方已经**离婚**,则包括指定子女为继承人的死因处分在内的整个共同遗嘱原则上无效;但如可推知,双方即使离婚仍会做出该死因处分,则根 458

[1] 在第一次继承发生后开启共同遗嘱时,在世配偶或生活伴侣的处分只要是可分离的,就不会被披露,见《家事事件暨非诉事件程序法》第 349 条第 1 款。

[2] BGH NJW 1993,256;ZEV 2015,343 Rn. 12.

[3] 依据通说,订婚者订立的共同遗嘱也不因后来的婚姻缔结而被补正,见 Kanzleiter FamRZ 2001,1198;MünchKomm/Musielak § 2265 Rn. 2。

[4] 这一规定考虑到了受到《德国基本法》第 6 条第 1 款的特别保护的婚姻关系的性质,因此并不违反《德国基本法》第 3 条第 1 款,见 BVerfG NJW 1989,1986(不接受裁定)。

[5] 如果非配偶打算订立一份共同遗嘱,只要满足形式上的要求并能确定相应的可推知的意愿,就可以将其转化为独立的遗嘱(见边码 401)。如果反正打算订立两份独立的遗嘱,虽然选择了第 2267 条的形式,但满足形式要求的那份遗嘱仍然有效,见 BayObLG FamRZ 2001,1563。

据第 2268 条第 2 款,该死因处分仍为有效。[1] 针对双方离婚后又**复婚**,且继承发生时双方还处在婚姻状态中的情况,人们可能会怀疑,根据第 2077 条第 1 款的规范目的,其不生效力之事由是否适用。但双方复婚毕竟属于第二次婚姻,与第一次婚姻不同,无法确保被继承人对于遗产继承问题的考虑与前次婚姻中的考虑相同。鉴于此,在确定旧遗嘱是否继续有效时应适用第 2268 条第 2 款的规定,即检查被继承人针对离婚后又复婚的情况是否仍会订立旧遗嘱。[2]

二、共同遗嘱的形式与共同性

459 针对共同遗嘱的**形式**适用遗嘱订立的一般规定(见边码 290 以下)。与继承契约的订立形式(第 2276 条)不同,订立共同遗嘱无需采用公证书证形式。以**自书形式**订立共同遗嘱时,第 2267 条的法律规定对形式的要求甚至有所**弱化**。根据该条,双方可按下述形式订立共同遗嘱:一方按照第 2247 条规定的形式要求,亲手书写双方的死因处分,在文书上签名;**另一方**仅需在该文书上**亲自签名(共同签名)**。[3] 如一方亲自书写的遗嘱仅有该方的签名,没有另一方的签名,则对该文书进行解释后,仅在可探知签名方有相

---

[1] 令人怀疑的是,持续有效的处分是否也保留了相互性的特质,因为它们只能在前配偶生前以第 2271 条第 1 款第 2 句结合第 2296 条(见边码 470)规定的形式撤回,而不是通过遗嘱撤回,而且随着撤回,另一前配偶的相应处分也变得无效(第 2270 条第 1 款)。BGHZ 160,33 = NJW 2004,3113 肯定了这一点,并强调在处分继续有效的情况下,使与相互性相关联的效力丧失并不符合配偶的意愿。

[2] 此种意见见 BayObLGZ 1995,197 = NJW 1996,133;OLG Düsseldorf ZEV 2017,354 Ls. = BeckRS 2017,108468 Rn. 20ff.;MünchKomm/Leipold § 2077 Rn. 29f.。

[3] 共同签名的配偶的签名不得事先在空白处进行,见 OLG Hamm FamRZ 1993,606。在另一张纸上亲自书写并签名的加入表示亦为足够,见 BayObLGZ 1993,240 = FamRZ 1994,193(对应于第 2267 条的早期版本,因为不应强化形式要求,而应简化之)。

应意愿时,该份本作为共同遗嘱的草稿才可认定为签名方的单方遗嘱,并认定其效力。[1]

460 就**外观**而言,共同遗嘱通常记载于**同一份**[2]**文书**中,但这**并非绝对必要**。认定共同遗嘱的关键因素在于夫妻双方**表示出的**一同订立遗嘱的**意愿**。若双方的遗嘱未置于同一份文书中,则要认定成立共同遗嘱,就必须从双方各自的文书中体现出共同订立遗嘱的意思,即应能探知:夫妻双方均已知晓对方死因处分的内容,但并不希望订立两份独立的遗嘱,而希望订立一份内容相互协调的共同遗嘱。[3] 夫妻双方所订立的遗嘱究系一份共同遗嘱,还是两份各自独立的遗嘱问题至为重要,因为仅认定为共同遗嘱时,有关相互性处分的法律规定才可被适用。

三、对终位继承人的指定

461 若夫妻双方**互相指定**对方为自己的**唯一继承人**,又均希望后死亡一方死亡时由**第三人**——一人或多人,如直系血亲卑亲属——取得遗产的共同遗嘱(该第三人称作终位继承人,Schlusserben),那么这可能**有两种不同的含义**:

1. 分离说

462 针对先死亡一方的遗产继承问题,在世一方作为**前位继承人**,第三人作为**后位继承人**[4]。与此同时,第三人作为后死亡一方的继承人。该方案中,先死亡一方和后死亡一方的遗产分开各自继

---

[1] 如果是有意订立"柏林式遗嘱"(见边码 463),但由于缺乏共同签名而没有成立此种遗嘱,那么更有可能拒绝坚持将其认定为个人处分,见 BayObLGZ 2000,194 = ZEV 2000,448,而不会直接排除这种情况,见 OLG Frankfurt FamRZ 1998,1394。

[2] 在一张或多张牢固连接的纸上,其内容由配偶双方的签名覆盖。

[3] KG FamRZ 2001,794;OLG Braunschweig ZEV 2007,178;OLG München ZEV 2008,485(通过共同的遗嘱附注,足以说明内容上的相互关联)。

[4] 关于前位继承和后位继承见后文(见边码 668)。

承,故被称作**分离说(Trennungsprinzip)**。该方案的法律效果为:后死亡一方死亡时,第三人既继承先死亡一方的遗产,也继承后死亡一方的遗产,即存在两个继承事件。

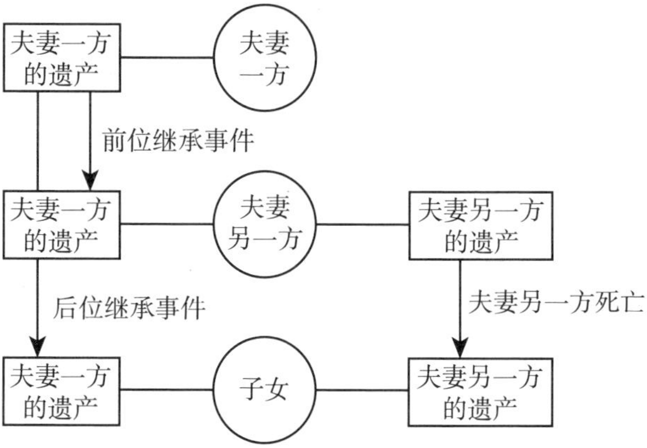

分离说

2. 统一说

463 在先死亡一方的遗产继承问题上,在世一方是**不受限制的继承人**;第三人仅继承后死亡一方的遗产。该方案中,夫妻双方的财产合二为一,归后死亡一方取得;后死亡一方死亡时,仅存在一个继承事件,即整个遗产最终移转给第三人。该方案被称作**统一说(Einheitsprinzip)**,适用该方案的共同遗嘱称作**柏林式遗嘱(Berliner Testament)**。

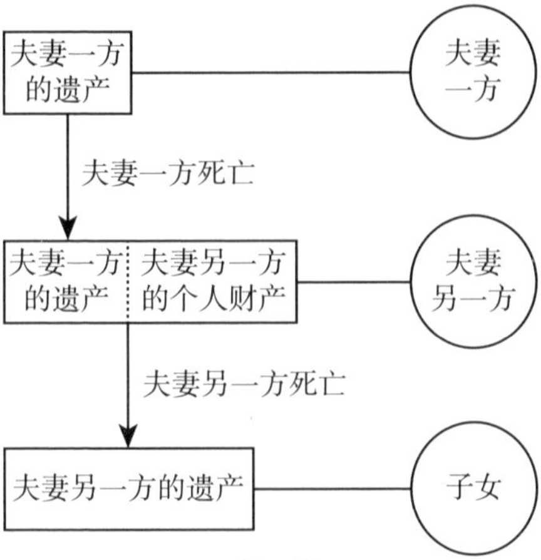

统一说

464 一份夫妻双方的共同遗嘱究竟适用分离说还是统一说，通过遗嘱内容经常无法得知确切答案。依据重要的**解释性规则**（第2269条第1款），**存在疑义时，应适用统一说**。某些遗嘱中，虽终位继承人在字面上被称作“后位继承人”，但结合具体案情后，仍可能有第2269条第1款解释性规则的适用。[1]

465 共同遗嘱采用统一说或分离说，在**特留份**方面也将导致不同的效果。以终位继承人为订立共同遗嘱夫妻双方唯一共同子女的案情为例，特留份的法律效果分别为：采**统一说**（第2269条第1款），则夫妻一方死亡时，终位继承人因被完全排除继承，故有权主张特留份权（第2303条第1款）。在检查终位继承人的特留份请求权时，应仔细区分先后发生的两个继承事件。夫妻为避免终位继承人在先死亡一方死亡时就主张特留份，在共同遗嘱中经常

〔1〕 BGH NJW 1983, 277; BayObLG FamRZ 1992, 1476; OLG Zweibrücken ZEV 2013, 40.

使用以下遗嘱条款——称作**特留份条款(Pflichtteilsklausel)**[1]或特留份惩罚条款(Pflichtteilsstrafklausel):终位继承人在先死亡一方死亡时就主张特留份的,在后死亡一方死亡时,亦只能主张特留份。该条款所致的法律效果为:为指定终位继承人为后死亡一方继承人的死因处分附解除条件。若采**分离说**,则一方死亡时应适用第2306条第1款和第2款。具言之,直系血亲卑亲属因已被指定为先死亡一方的后位继承人,故如其仍希望主张特留份,则必须先拒绝继承。

四、相互性处分的概念

466 夫妻双方在共同遗嘱中可做出任何法律允许的终意处分,但并非所有终意处分都属于**相互性处分(wechselbezügliche Verfügung)**。死因处分仅满足以下条件时方可认定为相互性处分:**夫妻一方不做出某一处分,则另一方也不会做出与之相应的处分**(第2270条第1款)。换言之,如希望成立相互性处分,则夫妻双方必须有以下意愿,即两项处分之间的联系已达到共生共灭的紧密程度。[2] 根据第2270条第3款,能以相互性处分方式做出的死因处分仅包括:指定继承人处分、遗赠、负担及(自2015年起)法律选择表示(见边码18以下);其他处分,如指定遗嘱执行人。否则其他处分无法成为相互性处分(见边码505a)。另需注意的是,一份共同遗嘱并不必须包含相互性处分。

467 共同遗嘱中是否存在相互性处分,以及哪些处分存在相互性的问题,均须通过遗嘱**解释**方得以解决。认定存在相互性处分至

[1] BGH NJW 2006,3064. 正如联邦最高法院所言,如果对遗嘱的具体解释没有产生其他结果,那么在第二次继承发生后也可以触发所附的解除条件。联邦最高法院认为,在特留份请求权已经经过消灭时效之后,仍然可能触发所附的解除条件;这种观点并不符合特留份条款的目的。

[2] BayObLGZ 1991,173,175f. =FamRZ 1991,1359;BayObLG FamRZ 2005,1931.

为关键的是,可探知夫妻双方在遗嘱订立当时已就上述问题达成一致意见。[1] 但很多案件中,夫妻双方对死因处分的相互性关系及其法律后果缺乏明确认识,导致遗嘱解释较为困难。具体个案中应首先按照遗嘱解释的一般性规则(见边码 361 以下)尝试探知夫妻双方的真意,仅无法探知无疑义的真意时,才可适用第 2270 条第 2 款这一重要的解释性规则。[2] 据此,如夫妻双方为相互使对方受益的处分存在疑义时,应认定为相互性处分。此外,存在疑义时,先死亡一方指定后死亡一方为继承人,后死亡一方指定先死亡一方的亲属或指定其他与其有紧密关系者[3]为自己的终位继承人的,该两项处分也构成相互性处分。此主要指夫妻双方指定共同的子女为终位继承人的情形。[4] 但是存在一种情形:被指定为终位继承人的被继承人子女在终位继承开始前已经死亡时,根据第 2069 条的解释性规则,该子女的直系血亲卑亲属(被继承人的孙子女或外孙子女)应成为替补继承人;而根据联邦最高法院的观点[5],针对该情形不得再适用第 2270 条第 2 款的解释性规则,那就是说,相互性关系只能通过具体的解释(遗嘱中存在相应暗示)加以确认。具体见本章自检试题第 3 题答案中的第 3 点。与此同时,如果根据第 2094 条第 1 款第一句,终位继承人的

---

[1] BayObLG FamRZ 2005,1931.

[2] BayObLG FamRZ 2005,1931.

[3] 见 BayObLGZ 1982,474(严格的标准;以与血亲一样的亲近的个人关系和内在联系为必要);KG Rpfleger 1983,26。

[4] OLG Köln FamRZ 1993,1371. 与此相反,如果在世配偶的单方血亲被指定为终位继承人,那么第 2270 条第 2 款的解释性规则只适用于受益人与先死亡配偶"关系近"的情况,见 BayObLG FamRZ 1985,1287,而这不能仅从姻亲关系中得出,参见 KG FamRZ 1993,1251;OLG Frankfurt FamRZ 1997,1572(关于无子女夫妇指定后死亡方的法定继承人为继承人的处分)。否则,仅对配偶产生指定与自身无血亲关系的人为终位继承人的单方面约束力,参见 BayObLG FamRZ 1984,1154;1985,1287,1289。

[5] BGHZ149,363 = NJW 2002,1126;BayObLG FGPrax 2001,248.

出缺导致这部分遗产应增加到另一终位继承人的应继份上，则相互性关系也延伸至此。[1] 若夫妻双方未互相指定对方为继承人，而仅规定任何一方死亡时均指定共同的子女为继承人，则不应适用第 2270 条第 2 款的解释性规则；对此类死因处分进行解释后，存在疑义时，应倾向于认定不存在相互性关系，因为此时任何一方指定子女为继承人的死因处分均是按该方的个人意思独自做出的，其与另一方是否也做出相同的死因处分无关。[2]

468 相互性处分间的联系按夫妻双方的意愿尤为紧密。民法典考虑到了这一点，为此处理如下：两项死因处分存在相互性关系时，一方的死因处分**无效**或**被撤回**，导致**另一方的死因处分不生效力**（第 2270 条第 1 款）。

五、共同遗嘱中死因处分的撤回

（一）非相互性处分的撤回

469 根据第 2253 条，共同遗嘱中的**非相互性处分**可随时被**自由撤回**。申言之，任何一方均有权以通常的撤回方式，如订立撤回性遗嘱或做出内容相矛盾终意处分的方式，废止其非相互性的死因处分。

（二）相互性处分的撤回

1. 夫妻双方均在世期间

470 夫妻双方均**在世**期间，存在相互性关系的死因处分可被**自由撤回**。但**撤回**须采用**特殊形式**。根据第 2271 条第 1 款第 1 句结合第 2296 条，撤回相互性处分应采用与解除继承契约相同之形

[1] OLG Nürnberg ZEV 2017, 642（附 Litzenburger 赞同性评论）；Keim ZEV 2019, 683.

[2] BayObLG FGPrax 1996, 150；OLG Hamm FamRZ 2001, 581（然而，配偶双方放弃继承权和特留份的协议可以提供双方意图相互性的线索）.

式。根据第2296条第2款,夫妻一方**应向另一方做出撤回表示**,且撤回表示应采**公证证书形式**。[1] 由于第2271条第1款第1句所援引的规定仅涉及第2296条,而未涉及第2293条至第2295条,故撤回相互性处分无需事由,此与解除继承契约不同。以上述方式进行撤回可确保另一方知悉对方的死因处分已被撤回[2],这一点确也十分关键,因为根据第2270条第1款的规定,夫妻一方的相互性处分如被撤回,则另一方的相互性处分也将随之失效。另,依据第2271条第1款第2句,配偶一方做出撤回性遗嘱或内容相矛盾的终意处分,无法单方面撤回其相互性处分。[3]

2. 一方配偶死亡后

夫妻一方死亡后,另一方撤回己方相互性处分的权利即告**消灭**(第2271条第2款第1句上半句)。易言之,夫妻一方死亡后,在世一方受自己相互性处分的**拘束**。其拘束力来源于已死亡一方对在世一方相互性处分效力的信赖。在世一方以遗嘱或继承契约方式做出的新死因处分对相互性处分所生权利的全部或部分构成侵害的,基于相互性处分的拘束力,所有新死因处分都被排除。该等侵害性的死因处分不仅指废止指定继承人处分,还包括设立遗赠(加重继承人的负担)和指定遗嘱执行人。[4] 471

[1] 撤回也可以借由到达其法定代理人向无遗嘱能力的配偶表示之,见OLG Nürnberg FamRZ 2013,1842;OLG Hamm FamRZ 2014,1484。

[2] 参见BGHZ 9,233,236。联邦最高法院从该条款的这一目的正确地得出结论:撤回(尽管有第130条第2款)不能以此方式——撤回的一方发出指示,在其死后才将撤回转达另一方配偶——实现。与此相反,如果被继承人已经无条件启动的送达在继承发生后即刻完成的,则撤回有效,见OLG Koblenz ZEV 2017,713(附Weidlich评论);OLG Oldenburg ErbR 2018,346。

[3] 配偶双方可以通过一份共同遗嘱来共同撤回他们的相互性处分,见OLG Braunschweig ZEV 2007,178(但不能通过两份独立的遗嘱)。

[4] OLG Frankfurt WM 1993,803.

472 在世配偶经死因处分被赋予通过遗嘱[1]单方变更或废止相互性处分权利的,则不受该相互性处分的拘束,该情形称作**变更保留(Änderungsvorbehalt)**。[2] 根据第2271条第2款第1句后半句,被死亡配偶指定受益的在世配偶,通过**拒绝**对其的给予,可取回自由撤回[3]相对性处分的权利。[4] 另根据第2271条第2款第2句,受益人存在过错行为(第2294条)或存在剥夺特留份事由(第2336条)时,在世配偶也可废止相互性处分。此外,因受益人早于被继承人死亡或订立放弃继承协议(第2352条),致相互性处分失效[5],且不发生继承份额增长(第2094条)或替补继承人受益(如根据第2069条)情况的,在世配偶也可自由重新做出死因处分。[6]

六、具有拘束力的相互性处分与以侵害为目的之赠与

473 被继承人做出遗嘱处分,原则上不限制其生前自由处分自己的财产。申言之,被继承人虽已指定继承人,但仍可于生前将自己

---

[1] 根据第2254条(见边码333);依据第2255条(见边码336)的撤回在此并非足够,见OLG Stuttgart OLGZ1986,261;OLG Hamm FamRZ 1996,825。

[2] 关于此种条款的可允许性,见BGHZ 2,35,37;30,261,265;MünchKomm/Musielak § 2271 Rn. 31ff.。这种对变更权的保留不一定排除相互性(例如,关于第2271条第1款),见BGH NJW1964,2056;NJW 1987,901;OLG Stuttgart OLGZ 1986,261,263。

[3] 如果在世配偶利用这一点,依第2270条第1款的规定,这可能会导致先死亡配偶的处分不生效力,即使在世配偶后来废止了自己的处分,情况仍然如此,见BGH NJW 2011,1353。

[4] 该规定的目的无疑是要求也拒绝法定继承份额,除非此份额将大大低于遗嘱份额,KG OLGZ 1991,6;类似观点见MünchKomm/Musielak § 2271 Rn. 25。持开放意见者有BGH NJW 2011,1353 Rn. 13f。

[5] OLG Köln FamRZ 1983,837(因受益人部分放弃继承权,故而允许在世配偶废止遗赠)。

[6] OLG Hamm MDR 1982,320;Brems FamRZ 1983,1278.

财产的主要部分赠与他人。继承人需承受指定自己为继承人的死因处分嗣后又被撤回的风险,故被继承人自由为赠与本也无可厚非。但死因处分对被继承人产生拘束力,如夫妻一方死亡后,在世配偶受相互性处分拘束时,在世配偶再大肆赠与恐有不妥。例如,在世配偶希望排除被指定的终位继承人 B 继承遗产,但由于该目的无法实现,故退而求其次,将自己的大部分财产赠与 A,导致**相互性处分所生的权利被生前处分所侵害,拘束力的效果大打折扣**。共同遗嘱的相关法条中就该问题未有特殊规定。但共同遗嘱中相互性处分在夫妻一方死亡后所产生的拘束力,与继承契约中契约性处分所产生的拘束力相似,故**继承契约制度中的相关法律规定可予类推适用**。

即使死因处分具有拘束力,被继承人生前自由为处分的权利原则上也不受限制(第 2286 条)。但若夫妻一方死亡后[1],在世配偶**以侵害为目的为赠与**时,准用第 2287 条之规定[2],**受侵害的继承人**有权要求受赠人返还赠与标的。在世配偶经相互性处分遗赠某一标的,嗣后又**以侵害受遗赠人为目的**损毁或转让该标的的,第 2288 条的规定可类推适用。需注意的是,根据第 2287 条或第 2288 条,上述请求权待后死亡配偶死亡时方才成立。[3] 针对被继承人订立共同遗嘱或继承契约后,以生前赠与行为掏空具拘束力的死因处分的情形,司法实践曾认定该生前赠与行为无效,然而该裁判观点早已被联邦最高法院抛弃。关于这一点以及有关第 2287 条和第 2288 条的前提的具体讨论见下文(见边码 520 以下);有关无名给予(又称与婚姻有关的给予)的讨论在下文予以 474

---

[1] 配偶双方生前的赠与不能导致基于第 2287 条的请求权,因为相互性处分尚未产生约束力,见 BGHZ 87,19。

[2] 关于准用于共同遗嘱,见 BGHZ 59,343,348;66,8,15;BGH NJW 2017,329 Rn. 7;此为一贯的判例。

[3] MünchKomm/Musielak § 2269 Rn. 38.

叙述(见边码523)。

七、共同遗嘱中死因处分的撤销

475 根据第2080条第1款,被继承人自己不享有撤销遗嘱之权利,仅继承开始后因遗嘱废止而能直接受益者有权撤销遗嘱(见边码433)。被继承人本已有权自由撤回遗嘱,故再赋予其撤销权纯属多余。同理,共同遗嘱中的死因处分,如单方性处分或夫妻双方均在世时的相互性处分,可被自由撤回时,第2080条第1款仍应适用。与此不同,夫妻一方死亡后,在世配偶的**相互性处分生拘束力**,该相互性处分上存在撤销事由,如存在错误或受胁迫时,若不允许被继承人撤销之,则非合理。民法典对共同遗嘱中的该问题未有明文规定,仅对继承契约有相应规定。鉴于相互性处分在夫妻一方死亡后的拘束力与契约性处分的拘束力相似,故**有关撤销继承契约的法律规定**可被**类推**适用。[1]

476 类推适用第2281条第1款后的效果:**在世配偶**所为**有拘束力的相互性处分**上存在第2078条或第2079条[2]规定的撤销事由时,在世配偶可撤销之[3]。在撤销权行使方面,如撤销的形式、期间和相对人等,也可类推适用继承契约的有关规定,即第2281条第2款、第2282条和第2283条(具体见边码516)。此外,后死亡

---

〔1〕 RGZ 87,95;BGHZ 37,331,333;Lange/Kuchinke § 24 VI 8;MünchKomm/Musielak § 2271 Rn.36;Staudinger/Kanzleiter(2019) § 2271 Rn.69ff.

〔2〕 见 BayObLG ZEV 2001,3140:在审查是否该处分即使在知悉特留份权利时也会做出(第2079条第2款)时,重要的仅为进行撤销的在世配偶的可推知的意愿;同样观点见 MünchKomm/Leipold § 2079 Rn.24。

〔3〕 关于遗嘱撤销的一般规定适用于撤销先死亡配偶的处分。因此,在世配偶可以以第2081条的形式撤销先死亡配偶的处分,如果处分的丧失于自己直接有利(第2080条第1款)。即使在世配偶没有这样做,第三人也可以撤销,而第2285条并无妨碍,见联邦最高法院废止了 OLG Stuttgart ZEV 2015,476(附 Weidlich 否定性评论)的裁判 BGH NJW 2016,2566(附 Kollmeyer 赞同性评论)。

配偶死亡后，在**第三人撤销后死亡配偶相互性处分**问题上，亦应类推适用继承契约的相关规定（见边码 517）。如类推适用第 2285 条，在世配偶因罹于撤销期间（第 2283 条）丧失撤销权的，第三人也随之丧失撤销权。[1]

相互性处分经撤销而无效的（第 142 条第 1 款），根据第 2270 条第 1 款，**与之对应的**先死亡配偶的**相互性处分也随之不生效力**。先死亡配偶在该相互性处分之前订立过其他遗嘱，且该遗嘱因该相互性处分被废止（第 2258 条）的，在该相互性处分失效的同时，此前的该遗嘱应恢复效力。[2] 477

八、再婚条款

夫妻双方在共同遗嘱中互相指定对方为唯一继承人的，一般也会同时设置以下条款：在世配偶**若再婚**，则将**丧失作为唯一继承人的权利**，在世配偶应以指定继承份额或法定继承份额为限，与夫妻双方共同的直系血亲卑亲属共同继承先死亡配偶的遗产。换言之，在世配偶应向其他继承人返还部分遗产。共同遗嘱中还可能规定：在世配偶若再婚，则须向直系血亲卑亲属给付特定数额的遗赠或与后者继承份额相等价值的遗赠。若共同遗嘱中设有类似再婚条款，则在法律效果上，在后死亡配偶在世时，直系血亲卑亲属即应被给予其在先死亡配偶遗产上所享有的份额，否则，即使指定其受益的死因处分得以保留，但因后死亡配偶的新配偶或他们的新直系血亲卑亲属在后死亡配偶死亡后主张特留份的原因，先死 478

---

〔1〕 BayObLG FamRZ 1989,787. 也见 BayObLG FamRZ 1992,1102（如果在世配偶错误地认为可撤销的处分是不生效力的，则时效未开始起算）。依 BayObLG ZEV 1995,105 = FamRZ 1995,1024（对此 Leipold ZEV 1995,99 持批评性意见）= JuS 1996,76（附 Hohloch 之评论），如果被继承人在撤销事由（例如，根据第 2079 条，再婚）出现时已经完全忘记了共同遗嘱，则撤销期限不开始起算。

〔2〕 BayObLG ZEV 1999,397.

亡配偶的遗产也可能在事实上或在法律上被削减。

479 一般而言,(即使从第 138 条第 1 款之违反公序良俗的角度来看)对于再婚条款的**有效性**没有异议,尤其是因为它们是由夫妻双方共同商定的。仅在世配偶根据再婚条款所能取得的财产低于特留份时,才可能出现效力问题(见边码 448)。鉴于遗嘱中经常缺少对再婚条款**法律效果**的详细说明,故再婚条款的适用条件成就时,针对其效果仍有讨论之必要。根据第 2075 条仅可明确以下法律效果:再婚条款适用条件成就前,在世配偶通常应享有继承人的法律地位,换言之,指定其为继承人的死因处分应是附解除条件,而不是附延缓条件。若共同遗嘱在再婚条款外已经明确,在世配偶仅被指定为先死亡配偶的**前位继承人**,终位继承人被指定为**后位继承人**(适用分离说,见边码 462),则法律效果已较明晰。此情形下,在世配偶的再婚应被理解为**促发后位继承的额外事由**。

480 根据第 2269 条第 1 款的解释性规则,共同遗嘱就先死亡配偶的继承效果未规定发生前后位继承的,在构造方面理应适用统一说(见边码 463)。但共同遗嘱中含有再婚条款,条款适用条件成就时,将产生以下效果:一方面,在世配偶丧失部分继承份额;另一方面,夫妻共同的直系血亲卑亲属作为先死亡配偶的继承人,在先死亡配偶的遗产上取得相应份额。而这种就同一人遗产依先后顺序发生继承的效果,与前后位继承的效果(第 2100 条)并无二致,故共同遗嘱中存在再婚条款时,**应视夫妻双方同时也做出指定发生前后继承效果的死因处分**。具体而言,该效果被解读为:被继承人**附延缓条件的指定发生后位继承**,即在世配偶**既作为附解除条**

件的完全继承人(Vollerbe),同时也作为附延缓条件的前位继承人[1]。在该解读下,自继承开始时起至在世配偶再婚时止期间内,在世配偶享有完全继承人的法律地位,在该期间内处分遗产标的应不受第2113条以下的限制,后位继承发生时,在世配偶此前所为处分的效力也不受影响。明确含有此内容的再婚条款已为部分观点所接受。[2] 但不得不提的是,在该解读下,在世配偶在再婚前的无偿处分不受限制,后位继承人的权益也无法得到保障。故为达保护后位继承人之目的,对再婚条款更为合理的解读应为:自继承开始时起,在世配偶即被视为前位继承人。在此解读下,只要共同遗嘱未免除对在世配偶的处分限制,对其的所有处分行为均应适用保护后位继承人利益的第2113条及以下诸条。[3] 对于在世配偶前位继承人地位所附条件问题,由于延缓条件成就时不产生溯及既往之效力。换言之,前位继承人地位无法溯及至继承开始之时,因此,在世配偶的前位继承人地位不应附延缓条件。[4] 相反,在世配偶的继承地位应被理解为**附解除条件的前位继承人**

〔1〕 BGHZ 96,198 = DNotZ 1986,541;Palandt/Weidlich § 2269 Rn. 17;Jauernig/Stürner § 2269 Rn. 7. 关于该构造问题,见 MünchKomm/Musielak § 2269 Rn. 54ff.;Wilhelm NJW 1990,2857。

〔2〕 赞同且有详细理由的意见见 MünchKomm/Musielak § 2269 Rn. 58ff.;Meier-Kraut NJW1992,143,145;OLG Celle ZEV 2013,40(mit abl. Anm. Weidlich);持未决态度者有 BGHZ 96,198,204f. = DNotZ 1986,541。不同意见见 Staudinger/Otte(2013) § 2074 Rn. 22;Staudinger/Kanzleiter § 2269 Rn. 43;Wilhelm NJW 1990,2857,2863;Frank/Helms § 12 Rn. 30;Muscheler Rn. 2105。

〔3〕 如此不考虑此构造者参见 RGZ 156,172,181;OLG Hamm ZEV 2011,589(也需要在土地登记簿上备注关于后位继承的说明);Staudinger/Avenarius(2013) § 2100 Rn. 33;Palandt/Weidlich § 2269 Rn. 18;Völzmann RNotZ 2012,1,10。

〔4〕 不同意见见 Soergel/Wolf § 2269 Rn. 26;Jauernig/Stürner § 2269 Rn. 7,其指示参引第161条第2款和第159条。然而,第159条没有物权效力,前位继承人对遗产标的的处分不属于第161条第2款的范围,因为此种处分不妨碍遗产归属。Wolf, FS von Lübtow zum 90. Geburtstag(1991),325,326ff. 提到至少类推适用第161条第2款。

和附延缓条件的完全继承人[1],所附条件为在世配偶直至死亡时未有再婚。针对作为前位继承人的在世配偶的处分权限是否受限问题(免除限制的前位继承人,见第 2136 条),应首先在遗嘱中探求被继承人的真实意思,但存在疑义时应视被继承人有免除处分限制的意思。[2] 另需注意的是,即使在世配偶被免除处分限制,但根据第 2136 条也仍无权做无偿处分(第 2113 条第 2 款)。

481 共同遗嘱中设有再婚条款时,在世配偶再婚将对**自己做成的死因处分**,特别是指定直系血亲卑亲属为继承人的处分产生何种影响?针对该问题的答案现尚未形成统一观点。基本一致的意见仅限于:若再婚条款致使在世配偶对先死亡配偶的唯一继承权在法律上——指在世配偶丧失继承权——或在经济上——指在世配偶的继承权须负担遗赠——受损,则即使在世配偶的死因处分在再婚前属于相互性处分(见边码 466),在世配偶也可**撤回**之。[3] 原因在于,与该死因处分相对应的先死亡配偶的死因处分已丧失效力,故两项死因处分间的相互性关系已无存在的基础。因此也有观点认为:只要遗嘱中没有相反规定,或经遗嘱解释也无法探知遗嘱中存在相反规定的,就应类推适用第 2270 条第 1 款,即在世配偶的终意处分应**自动失效**。[4]

---

[1] 令人信服的意见见 MünchKomm/Musielak § 2269 Rn. 56;同样的意见见 Eidenmüller/Fries, Fälle zum Erbrecht, 6. Aufl., S. 115f.; Frank/Helms § 12 Rn. 30; Jünemann ZEV 2000,81,84。不同意见见 Muscheler Rn. 2105。

[2] BGH FamRZ 1961,275;BayObLGZ 1961,200,204;OLG Hamm DNotZ 1972,96.

[3] OLG Zweibrücken ZEV 2013,395;BayObLG NJW-RR 2002,366,367.

[4] KG NJW 1957,1073(有利于自动成就的不生效力的解释规则);FamRZ 1968,331;OLG Hamm FamRZ 1995,250(肯定如此,如果在世配偶在再婚时失去了对先死亡配偶遗产的任何份额);Frank/Helms § 12 Rn. 31. 不同意见见 OLG Hamm JR 1987,376; MünchKomm/Musielak § 2269 Rn. 62(除非个案的解释得出不同的结果);Staudinger/Kanzleiter(2019) § 2269 Rn. 50;Völzmann RNotZ 2012,1,16。持开放意见者如 BGH FamRZ 1985,1123,1124(具体案例中首先进行解释);OLG Zweibrücken ZEV 2913,395,396。

案例 20 答案：

482 共同遗嘱由丈夫 Peter 亲手书写并签名，亦即采用第 2247 条第 1 款规定的形式订立。遗嘱中未记明订立时间和订立地点，构成对第 2247 条第 2 款的违反，但遗嘱欠缺该等要素**不致对其效力产生质疑**，故该共同遗嘱应为有效（第 2247 条第 5 款）。妻子 Franziska 在该遗嘱上已亲自签名，符合第 2267 条对共同遗嘱的形式要求。

483 根据第 2269 条第 1 款（解释性规则），Peter 死亡后，Franziska 成为不受限制的唯一继承人，而不是前位继承人。与此同时，Oswald 和 Ottilie 两人被指定为 Franziska 的继承人，继承份额各为 1/2（第 2091 条）。尚值疑问的是，Franziska 订立新遗嘱是否构成**撤回**指定 Ottilie 为继承人的死因处分。根据第 2270 条第 2 款，Franziska 指定 Ottilie 为继承人的死因处分与丈夫指定 Franziska 为继承人的死因处分构成相互性处分。根据第 2271 条第 2 款第 1 句，丈夫死亡后，Franziska 的撤回权消灭。但本案的共同遗嘱中又明确为后死亡配偶**保留**废止指定终位继承人死因处分的**权利**。因此有必要讨论的是，第 2271 条第 2 款（撤回权的消灭）是否属于强制性规定，抑或可由夫妻共同的终意处分排除适用。民法典中对该问题未有明文规定。第 2271 条第 2 款的规范目的在于保护配偶对相互性处分效力的信赖，而不在于为被指定的终位继承人创设无风险的法律地位。该规范目的支持将第 2271 条第 2 款视为**任意性规定**并且承认夫妻的共同终意（授予撤回权）优先，[1] 当然，上述规范意旨尤其也支持判断死因处分是否属于相互性处分时应以夫妻的终意为准。

484 另需考虑的是，如在世配偶通过行使撤回权可决定已死亡配

〔1〕 BGHZ 2, 35, 37; MünchKomm/Musielak § 2271 Rn. 31f.; Staudinger/Kanzleiter (2019) § 2271 Rn. 56.

偶死因处分的效力，则可能违反第 2065 条第 1 款。但本案中要考虑的是，撤回仅涉及在世配偶指定 Oswald 和 Ottilie 为自己的继承人的终意处分。所以，当 Franziska 废止指定 Ottilie 为继承人的处分时，她也因此**仅撤回了自己的终意处分**，而非丈夫的终意处分。故本案不适用第 2065 条第 1 款。[1]

485 Franziska 订立的新遗嘱构成对指定 Ottilie 为继承人的死因处分的**有效撤回**（第 2254 条）。[2] 现 Franziska 继承人为 Oswald（继承份额 1/2）、Max（继承份额 1/4）和 Moritz（继承份额 1/4）。Ottilie 仅有权主张特留份，即向继承人主张价值 1/4 遗产的金钱请求权（第 2303 条第 1 款；根据第 1924 条第 4 款，Ottilie 的法定继承份额为 1/2）。

第十四章自检试题：

1. 相互性处分的概念与共同遗嘱中终意处分的概念是否相同？

2. 如何理解共同遗嘱的统一说与分离说？

3. 夫妻 Frieda 和 Martin 订立一份符合形式要求的共同遗嘱。双方互相指定对方为唯一继承人，指定女儿 Sabine 为后死亡一方的继承人。

（1）Martin 的财产价值 160,000 欧元。妻子在世时，Martin 希望为最年长的儿子创设一份价值 70,000 欧元的遗赠。是否可行？

---

[1] BGHZ 2,35,36. 联邦最高法院的这一裁判以及通说（参见 MünchKomm/Leipold § 2065 Rn. 19）认为：遗嘱条款是有效的，即使终位继承人被指定为先死亡配偶的后位继承人和在世配偶的继承人；在这种情形下，指示继承附加的条件是在世配偶不为其他处分。

[2] 尽管有第 2270 条第 1 款的规定，Franziska Schulz 作为 Peter Schulz 的继承人的指定并没有因此而失效；因为通过解释可以从该遗嘱中推断出，废止对终位继承人的指定并不是为了侵害夫妻双方的相互指定对方为继承人的处分。因此，第 2270 条第 1 款，就撤回的后果而言，受到配偶双方的共同终意的限制。在解决本案时没有必要处理这个问题，因为题目问题只涉及 Franziska Schulz 的继承效果。

(2)Martin 死亡两年后,Frieda 与他人再婚。Frieda 可否再指定现任丈夫为唯一继承人?

(3)Martin 死亡不久后,Sabine 也相继死亡。Sabine 的丈夫和两个子女尚在世。Frieda 订立一份符合形式要求的自书遗嘱,撤回此前做成的所有死因处分,并指定某一公益基金会为唯一继承人。本案的法律状况如何?

答案:

1. 两个法律概念**不同**。并非所有置于共同遗嘱中的死因处分 486
都属于相互性处分。两项死因处分需符合以下条件,即夫妻一方若不做出某一死因处分,另一方也不会做出与之对应的死因处分的,才构成**相互性处分**(第 2270 条第 1 款)。另根据第 2270 条第 3 款,唯有指定继承人处分、遗赠、负担和法律选择表示可以成为相互性处分。

2. 这两个概念指的是不同的法律构造,用以分析含有以下内 487
容的共同遗嘱:夫妻双方互相指定对方为继承人,并指定第三人在后死亡一方死亡时取得双方遗产。根据**统一说**,后死亡一方为先死亡一方的完全继承人,终位继承人仅是后死亡一方的继承人。根据**分离说**,后死亡一方是先死亡一方的前位继承人,第三人则同时为先死亡一方的后位继承人和后死亡一方的继承人。对共同遗嘱的构造进行解释存在疑义时,根据第 2269 条第 1 款(解释性规则)应适用统一说。

3. (1)夫妻双方互相指定对方为继承人与指定女儿为继承人 488
两者为相互性处分(第 2270 条第 2 款),故 Martin 如希望撤回自己的死因处分,则必须**以公证书证形式向妻子**做出撤回**表示**(第 2271 条第 1 款第 1 句、第 2296 条第 2 款)。Martin 做出的遗赠尚不属于对指定继承人处分的全部撤回,但却构成对被指定继承人的负担,属于对被指定继承人的侵害。因此,Martin 做出的遗赠属于对指定继承人处分的**部分撤回**，撤回必须依上述形式做出。[1] 对儿子的遗赠可以通过单方的遗嘱为之。夫妻一方部分撤回相互性处分时是否可适用第 2270 条第 1 款，继而得出另一方的相互性处分也因此不生效力的结论？这一点似乎值得怀疑。[2] 本案中，Martin 的撤回行为已对被指定继承人的法律地位构成严重侵害，故应有第 2270 条第 1 款之适用。根据该条款，Frieda 使其丈夫和女儿受益的死因处分均应不生效力。

489 (2) Martin 死亡后，根据第 2271 条第 2 款第 1 句，Frieda 不得再撤回指定女儿为继承人的相互性处分(第 2270 条第 2 款)。由于拒绝继承期间(第 1944 条)已经届满，故 Frieda 也不得通过拒绝继承的方式换取撤回死因处分的自由(第 2271 条第 2 款第 1 句)。Frieda 仅能考虑是否可以撤销对其已生拘束力的相互性处分(**类推适用撤销继承契约**的法律规定)。Frieda 再婚后，其现任丈夫取得特留份权(第 2303 条第 2 款)，故第 2079 条规定的撤销事由成立。[3] 因遗嘱中不存在以下暗示：Frieda 若知自己再婚仍会指定女儿为唯一继承人，故第 2079 条第 2 句的规定在此不适用。因此，Frieda 有权撤销指定女儿为继承人的死因处分(第 2281 条第 1 款)，撤销表示应采用公证书证形式(第 2282 条第 3 款)，向遗产法院(第 2281 条第 2 款)在撤销期间(第 2283 条)内做出。指定女儿为继承人的死因处分经撤销后无效(第 142 条第 1 款)，Frieda 可再订立遗嘱，指定现任丈夫为唯一继承人。与此同时，根据第 2270 条第 1 款，Martin 指定 Frieda 为唯一继承人的死因处分不生效力。针对 Martin 的遗产应发生法定继承效果。

---

〔1〕 Palandt/Weidlich § 2271 Rn. 4.

〔2〕 依 Staudinger/Kanzleiter(2019) § 2270 Rn. 35，如果另一方在现在部分撤回的处分自始仅有剩余内容的情况下也会作出处分，部分撤回处分之行为对另一方的相互性处分是否产生影响，应予以否定回答。

〔3〕 参见 OLG Oldenburg FamRZ 1999，1537；BayObLG ZEV 1999，397。

(3)女儿 Sabine 死亡后,若 Frieda 在共同遗嘱中有关其遗产继承的**相互性**死因处分仍**具拘束力**,则 Frieda 不得撤回该死因处分,也不得指定公益性基金会为继承人(第 2271 条第 2 款第 1 句)。原先被指定为继承人的 Sabine 在继承开始前就已死亡,根据第 2069 条的规定,对遗嘱内容存在疑义时,可推定发生法定继承效果时可代位继承的 Sabine 的直系血亲卑亲属替代 Sabine 取得 Sabine 的继承人地位。现从共同遗嘱中无法探知 Frieda 对其遗产继承问题有其他规定,故应推定 Frieda 指定 Sabine 的两个子女(Frieda 的外孙子女)为继承人,继承份额各为 1/2。尚值疑问的是,Frieda 指定 Sabine 的两个子女为继承人的死因处分,与 Martin 指定 Frieda 为继承人的死因处分之间是否存在第 2270 条第 1 款意义上的相互性关系。鉴于共同遗嘱中对相互性关系问题未做明确规定,而上述两项死因处分已满足第 2270 条第 2 款规定的条件,故该条规定的解释性规则可以适用。根据该条规定,上述两项死因处分之间成立相互性关系,继而 Frieda 不得撤回指定外孙子女为继承人的处分,也不得指定公益性基金会为继承人。但是,联邦最高法院在类似案件中**拒绝**适用第 2270 条第 2 款以得出存在相互性关系的结论。[1] 联邦最高法院认为:得出外孙子女被指定为继承人的结论是适用解释性规则后的结果,而非基于立遗嘱人的具体意愿,故在相互性关系问题上不得再次适用解释性规则,即存在疑义时仍推定指定替补继承人的死因处分属于相互性处分;如希望认定存在相互性关系,则必须经一般性解释可探知被继承人有相应意愿。由于本案共同遗嘱中不存在做此解释的暗示,故从联邦最高法院的观点出发不应认定存在相互性关系。因此,Frieda 对指定外孙子女为继承人死因处分的撤回及指定基金会为唯一继承人的死因处分均为有效。 489a

---

[1] BGHZ 149,363=NJW 2002,1126.

490 **然而联邦最高法院的上述观点无法令人信服**。其理由在于,一般而言,即使原先被指定为继承人的子女在终位继承发生前就已死亡,夫妻通常也希望双方的遗产在终位继承发生后仍能留在本家庭内部。从生活经验出发,通常被继承人通过指定子女为继承人已表达其希望将遗产留在本家庭内部的意愿,而不会想起需要在遗嘱中对此进行明确说明。借助解释性规则(第 2069 条)推得的死因处分的内容其实正是基于被继承人的意愿,其与被继承人的明确规定应无本质区别。不过,为不致与联邦最高法院的观点形成冲突,可以下述思路处理该问题:考虑到一般生活经验,被继承人指定子女为终位继承人时应已充分暗示,其希望指定孙辈子女为替补继承人;对遗嘱做个别的解释(individuelle Auslegung),而非借助第 2069 条,可探知被继承人确有该意愿;再适用第 2270 条第 2 款,存在疑义时应认定存在相互性关系。Hamm 州高级法院正是以该思路处理上述问题[1],既避免与联邦最高法院的观点形成正面冲突,也达到认定存在相互性关系的目的。

---

[1] OLG Hamm FGPrax 2003,270. 不同意见见 OLG Schleswig NJW-RR 2013,1164,1165,该裁判追随联邦最高法院的裁判,并强调了个别的解释与适用以一般生活经验为基础的第 2069 条的解释规则之间的区别。

第十五章　继承契约

案例 21:Cora 由女管家 Emmi 精心照顾。Cora 在现金出现短缺后,与 Emmi 签订一份符合形式要求的继承契约。Cora 在其中指定 Emmi 为唯一继承人,继承主要由两处价值相当的不动产所组成的遗产;应 Emmi 的要求,Cora 遗赠给 Emmi 的女儿一个戒指。Cora 在继承契约中还为自己曾就读的埃尔朗根大学创设一项价值 10,000 欧元的遗赠。Emmi 向 Cora 做出一份书面说明,承诺照顾 Cora 直至其去世,Cora 除支付生活开销和提供住处外,无需再向自己支付任何报酬。

问题 1:Cora 可以撤回遗赠吗?

问题 2:与 Emmi 签订继承契约后,Cora 一直感觉 Emmi 继承的遗产过多。在该期间内,Cora 了解到,侄儿 Eduard 一直在寻找价格合适的土地用于建房,于是便将继承契约中约定的两块土地中的一块无偿转让给 Eduard。Cora 在土地完成转让不久后死亡。Emmi 能否向 Eduard 请求返还该块土地?

问题 3:与 Cora 签订继承契约两年后,Emmi 找到一份收入不错的销售员工作。尽管此后 Emmi 还住在 Cora 家,Cora 也要求其履行自己所承诺的义务,但 Emmi 却不再对 Cora

进行照顾。此时,Cora 能否摆脱该份继承契约?

一、继承契约的制度目的和法律性质

(一)具拘束力的死因处分

491 死因处分不仅可以是单方法律行为(遗嘱),还可以是被继承人与他人订立的契约——**继承契约(Erbvertrag)**(第 1941 条第 1 款)。两者的区别在于,遗嘱性处分可随时被自由撤回(第 2253 条),但被继承人一般不得单方废止继承契约中**具拘束力的死因处分(bindende Verfügungen)**。继承契约中具拘束力的死因处分仅限于**"契约性"处分("Vertragsmäßige" Verfügungen)**(见边码 503)。契约性处分对被继承人有拘束力,这正是继承契约作为一项法律制度的根本目的所在。[1]

492 通过继承契约可做成具拘束力的死因处分,其内在合法性源于契约原则(Vertragsprinzip),[2]即该法律行为是由契约双方经合意做成的:契约一方(被继承人)发出订立死因处分的要约,另一方对此做出承诺,由此形成契约性合意。

(二)被继承人与契约相对人及双方继承契约

493 借助契约方式做成具拘束力的死因处分,实务中在**被继承人使契约相对人受益**的场合较为常见,也较易理解,如被继承人指定契约相对人为继承人。但是,继承契约不以被继承人使契约相对人受益为要件,如第 1941 条第 2 款明确规定,被继承人在继承契约中也可**指定非契约相对人为继承人或受遗赠人**。换言之,受益人与契约相对人不必是同一人。

---

〔1〕 在解释被继承人与第三人之间的"协议"是否应被定性为继承契约时,被继承人是否有意产生约束力也是决定性的标准,参见 BayObLGZ 1998,22 = FamRZ 1998,1141(在解释为遗嘱的具体情况下,自然不必遵守第 2276 条的形式)。

〔2〕 参见 BGHZ26,204,207f。

另需指出的是,**契约相对人**自己并不必须做出死因处分,其在订立契约时所需提供的必要协助仅在于,对被继承人的死因处分做出承诺。当然,契约双方也可在同一继承契约中都做出死因处分(第2278条第1款),此情形下,契约双方均是第2274条以下意义上的被继承人。以此方式订立的继承契约称作**相互继承契约(gegenseitiger Erbvertrag)**、**双方继承契约(zweiseitiger Erbvertrag)**或**共同继承契约(gemeinschaftlicher Erbvertrag)**。由于该种继承契约中,双方的死因处分具有内在关联性,故第2298条第1款和第3款规定:若一方的死因处分没有效力,则另一方的死因处分一般也随之没有效力。 494

(三)继承契约的法律性质及与负担合同的关系

在**法律性质**上,继承契约属于**继承法上自成一类的契约(erbrechtlicher Vertrag sui generis)**,是一种**双方死因处分行为(zweiseitiges Rechtsgeschäft von Todes wegen)**。继承契约不可理解为物权法上的处分合同,因为其在被继承人生前尚未改变被继承人财产的物权状态。继承契约也**不可理解为债法上的负担合同(kein schuldrechlicher Verpflichtungsvertrag)**,因为其并未给被继承人创设应做出特定死因处分的义务——根据第2302条,所创设的该种义务无效——继承契约本身就是死因处分。 495

鉴于继承契约的上述法律性质,民法典中关于债权合同的相关条款,特别是关于双务合同的条款,不适用于继承契约。即使继承契约双方互相指定对方为继承人,对该类继承契约也不可适用有关债权合同的法律规定。这同样适用于继承契约与**负担合同(Verpflichtungsvertrag)同时**订立之情形。[1] 此种情形并不少 496

---

[1] BGH NJW 2011, 224; OLG Karlsruhe FamRZ 1997, 1180, 1181; MünchKomm/Musielak vor § 2274 Rn. 19, 27; W. Lüke, Vertragliche Störungen beim „entgeltlichen" Erbvertrag (1990), S. 11ff.

见,例如,经继承契约指定的继承人在负担合同中向被继承人负担一定的给付义务,如承诺向被继承人支付终身养老金,将住房提供给被继承人使用或承担护理费用等。[1] 鉴于继承契约和负担合同之间存在经济上的关联性,此类继承契约可被称作"有偿"继承契约,但对继承契约和负担合同两者应作严格区分,仅对于负担合同适用债法的相关规定,对于继承契约本身不适用有关债权合同的法律规定;且若被继承人自己未承诺负担对应义务,则对负担合同也不适用有关双务合同的法律规定。其原因在于,被继承人的契约性处分不属于负担合同的内容,仅契约继承人负担的义务属于负担合同的组成部分,因此,两者之间不成立双务合同中的对应关系。发生受益人不履行义务的情况时,被继承人可能享有撤销继承契约(见边码 515、536)或解除继承契约(见边码 513、518)的权利。当然,被继承人在签订继承契约时也可负担义务,如承诺不通过生前行为处分自己财产中的特定标的。[2] 此情形下的负担合同就可能被认定为双务合同。[3] 需注意的是,虽然上述**负担义务(Verpflichtungen)**可能与继承契约置于同一份文件中,但其本身**不构成**第 2274 条以下意义上**继承契约的内容**。

497 多个法律行为,即使各自在法律构造上存在不同,但只要当事人有将其结合成一个整体行为的意思,则也可成立**第 139 条意义上的整体性法律行为(einheitliches Rechtsgeschäft)**。[4] 因此,若继承契约双方有该等意思,则继承契约和负担合同两者可构成整体性法律行为。两者成为整体性法律行为后的法律效果为:其中一个法律行为没有效力,则另一法律行为也随之没有效力。

---

[1] 就此见 BGHZ 36,65,70。

[2] 参见 BGHZ12,115,122;31,13,18f.(见边码 529)。

[3] BGH NJW 2011,224.

[4] Kipp/Coing § 36 IV 1 a. E.;MünchKomm/Musielak vor § 2274 Rn. 18;W. Lüke(Fn. 3)S. 25.

二、继承契约的订立

(一)对订约人的要求

法律仅允许夫妻之间或登记生活伴侣之间订立共同遗嘱。与此不同的是,**任何人都**可订立继承契约。民法典对**夫妻间、生活伴侣间或有婚约者间订立继承契约**的情况设置了一系列特殊规定,如第2275条第2款和第3款、第2276条第2款、第2279条第2款和第2280条。根据第2275条第1款,**被继承人**在订约时应具备**完全行为能力(unbeschränkt geschäftsfähig)**;针对自己不做死因处分的**契约相对人(Vertragspartner)**,在其行为能力方面适用一般规定(见边码271以下)。根据第2274条,被继承人必须亲自订立继承契约,即被继承人订立继承契约不能由他人代理[1](见边码277)。 498

(二)形式要求

继承契约应以要约和承诺方式订立,此与合同的订立并无区别。根据第2276条第1款第1句,继承契约应以订约双方**在公证员面前做成笔录(zur Niederschrift eines Notars)**的方式订立。订约双方应同时在场,根据第2274条,被继承人应亲自订立契约。根据第2276条第1款第2句,有关继承契约的订立形式可参照适用有关公证遗嘱订立的条款,即第2231条第1项、第2232条和第2233条。故而,订约人可直接向公证员为意思表示,也可以向公证员提交密封或开启状态文书的方式为意思表示。需注意的是,第2276条规定的形式要求只针对继承契约本身,而不针对与继承契约同时订立的其他合同,如契约相对人向被继承人负担义务的合同。[2] 若继承契约与夫妻财产协议联合订立,则根据第2276 499

---

[1] 因此,如果继承契约是在有记录的法庭和解中订立的,当事人必须亲自追认之,见 OLG Düsseldorf ZEV 2007,95。

[2] BGHZ 36,65,70f.;BGH FamRZ 1967,470;Kanzleiter NJW1997,217.

条第 2 款,继承契约仅需要采用夫妻财产协议的法律形式,但根据第 1410 条,夫妻财产协议亦需采用公证书证形式。

500 公证程序的细节问题由《公证书证法》规定(见边码 300 以下)。根据《公证书证法》第 34 条第 2 款和第 3 款,订约人未特别约定继承契约交由公证员保管的,继承契约应交由有管辖权的基层法院予以**特别官方保管(besondere amtliche Verwahrung)**,关于管辖权和特别官方保管的规定见《家事事件暨非诉事件程序法》第 344 条第 3 款、第 346 条和第 347 条。继承契约的保管信息应载入遗嘱登记总库(Zentrales Testamentsregister)(《公证书证法》第 34a 条,另见边码 304a)。根据第 2300 条第 2 款,订约人已一致同意废止继承契约或希望以**取回**方式废止继承契约的,可以从基层法院或公证员处**取回**继承契约(见边码 509)。遗产法院**开启**夫妻间或登记生活伴侣间的继承契约(《家事事件暨非诉事件程序法》第 348 条),如订约双方的死因处分各自独立,则在世一方的死因处分不应被公开(《家事事件暨非诉事件程序法》第 349 条第 4 款结合第 1 款至第 3 款)。

501 根据第 125 条,不符合**法定形式要求**的继承契约**无效**。如订约人误以为继承契约只需采用私人书面形式,甚或只需要口头形式,则订约人的错误认识原则上不受法律保护,订约人应对继承契约符合法定形式要求负责。仅极端情况下,以形式瑕疵为由主张继承契约无效**违反诚信原则(Verstoß gegen Treu und Glauben**,第 242 条)的,该等主张才不应得到支持,[1] 例如,一方通过恶意欺诈,如欺诈被继承人订立继承契约无需采用法律规定的特殊形式或可使用打印文书的方式,使另一方放弃使用正确形式。根据农庄法的相关规定,有关农场继承问题的继承契约无需采用特殊

[1] 关于此点的概述见 Leipold, BGB I: Einführung und Allgemeiner Teil, 10. Aufl., § 16 Rn. 25ff.。

形式;[1]但此规定仅针对农庄的继承问题,涉及其他问题的继承契约仍应采用特殊形式。[2]

三、继承契约的内容

凡在遗嘱中可以做出的死因处分(见边码 351 以下),在继承契约中也都可做出。继承契约中的死因处分分为**契约性处分(vertragsmäßige Verfügungen)**与**单方性处分(einseitige Verfügungen)**两种,应仔细区分。 502

(一)契约性处分

1. 订立条件

以契约方式做成(第 2278 条第 1 款)的死因处分才具有**拘束力(Bindungswirkung)**。根据 2278 条第 2 款,能够以契约方式做成的死因处分仅包括**指定继承人处分(Erbeinsetzungen)**、**遗赠(Vermächtnissse)**、**负担(Auflagen)**及(自 2015 年起)**法律选择表示(Rechtswahlerklärungen)**(见边码 18 以下),例如,指定遗嘱执行人不得以契约方式做出(见边码 505a)。但需注意的是,继承契约中的指定继承人处分、遗赠和负担并非都是契约性处分。死因处分是否具有契约性的拘束力,应以订约人的意愿为准。继承契约中未明确某一处分究竟系契约性处分抑或单方性处分的,应通过**解释**探知订约人的意思。进行解释时,从生活经验出发,订约人通常希望*向契约相对人做出的给予*具有拘束力,故此类死因处分一般应视为契约性处分。[3] 此外,契约相对人在一项死因处分上 503

[1] 《农场法》第 6 条第 1 款第 1 和第 2 句(适用范围见边码 5)允许通过转让农庄经营权或农庄就业权,从直系血亲卑亲属中非要式指定农庄的继承人。《农场法》第 7 条第 2 款宣布后来对农庄继承人的相反指定是不生效力的。

[2] 参见 BGHZ 47,184;87,237。也见 OLG München Rpfleger 1981,103。

[3] BGHZ 26,204,208;BGH NJW 1989,2885.

有自己的利益的，该死因处分也应被解释为契约性处分。[1]

504 每个继承契约必须**至少**包含*一项***契约性处分**，否则就法律性质而言，该死因处分不得称作继承契约。[2] 若继承契约为被继承人**保留（Vorbehalt）**做其他处分的权利（变更保留），例如，继承契约约定，被继承人有权就财产中的个别标的做遗赠，则契约性处分的拘束力相应减弱。[3] 但只要继承契约至少包含一项具拘束力且无变更保留[4]的死因处分，如被继承人夫妻双方互相指定对方为继承人，则被继承人，如订立继承契约的后死亡配偶，就能被赋予*变更*经契约性处分指定的继承人的*继承份额*的权利。[5] 需注意的是，此处的更改保留与继承契约的解除权保留（第 2293 条，见边码 511 和 514）不同。[6]

2. 拘束力的内容及与相冲突死因处分的关系

505 契约性处分具拘束力，故对其**不适用**有关终意（遗嘱）处分**撤回（Widerruf）**的法律规定。此也正是契约性处分的特殊之处。第 2289 条特意规定了契约性处分与相冲突死因处分间关系的问题。根据第 2289 条第 1 款第 1 句，在继承契约**之前**所做的**终意处分（letztwillige Verfügung）**对契约性受益人的权利构成侵害时，该

---

〔1〕 RGZ116，321，323；BGH NJW 1961，120.

〔2〕 MünchKomm/Musielak § 2278 Rn. 2；Staudinger/Kanzleiter（2019）Einl zu § § 2274ff. Rn. 9.

〔3〕 BGHZ 26，204，208；BGH NJW 1982，441.

〔4〕 依 OLG München ZEV 2007，33，此唯一具有契约性约束力的处分也可与变更权保留相结合，如果这一保留连接的是精确定义的前提条件。

〔5〕 OLG Stuttgart OLGZ 1985，434 = MDR 1985，1030. 在细节上，对这种保留存在哪些限制是有争议的，参见 MünchKomm/Musielak § 2278 Rn. 13ff。

〔6〕 BayObLG MittRhNotK 1997，401，402，但是参见 Lehmann BWNotZ 1999，1，其认为解除权保留是适当的形成手段。

终意处分被继承契约**废止**。[1] 根据第 2289 条第 1 款第 2 句，在继承契约**之后**所做的**死因处分**，无论其以遗嘱方式抑或是继承契约方式做出，只要对**契约性受益人的权利构成侵害**，就**不生效力**。受益人或契约相对人对相冲突的死因处分即使表示同意，但同意表示未采用特殊形式的，也仍发生第 2289 条规定的效果。[2] 被继承人如需做出相冲突的死因处分，必须事先废止契约性处分（见边码 508 以下）或与受益人订立放弃继承协议（第 2352 条第 2 句）。

被继承人在继承契约签订**后**再**指定遗嘱执行人**，构成对契约性受益人的侵害。[3] 但如继承契约中已指定遗嘱执行人，嗣后仅**变更**遗嘱执行人的人选，则鉴于指定遗嘱执行人根据第 2278 条第 2 款不得以契约性处分方式做出。换言之，指定遗嘱执行人的处分并非契约性处分，故上述变更应是允许的。[4] 然而，联邦最高法院[5]认为，由于遗嘱执行人变更后，继承人的法律地位也可能发生变化，故继承契约订立后是否允许经遗嘱处分变更遗嘱执行人人选，均须结合继承契约中和遗嘱中指定遗嘱执行人的内容，比较继承人根据继承契约和根据遗嘱所能取得的法律地位而定。联 505a

---

〔1〕 如果契约约定的受益人在继承发生前已经死亡，根据普遍的观点，如果不能由继承契约得出在任何情况下废止先前的终意处分的意愿，那么，先前的处分应有效，此种观点见 OLG Zweibrücken ZEV 1999，439（附 Kummer 否定性意见）；相反意见见 Keim ZEV 1999，413，414f。相反的观点似乎更有说服力，因为受益人先死亡并不改变第 2258 条结合第 2279 条第 1 款规定的撤回的效力。

〔2〕 BGHZ108，252＝NJW1989，2618（但在个别情况下，欺诈的抗辩可能是成立的）；就此（有部分不同的意见）见 Stumpf FamRZ 1990，1057；Damrau FamRZ 1991，552。

〔3〕 OLG Hamm FGPrax 1995，241（仅在保留变更权的情况下才允许）.

〔4〕 也见 OLG Düsseldorf FamRZ 1995，123 和（关于共同遗嘱的裁判）OLG Hamm Rpfleger 2001，183。

〔5〕 BGHZ 189，20＝NJW 2011，1733＝JZ 2011，799（附 Zimmer 之评论）＝DNotZ 2011，774（附 Muscheler/Metzler 之评论）.

邦最高法院的该观点实际架空了第 2278 条第 2 款的规定,根据该条款,指定遗嘱执行人的处分不能成为契约性处分,故该观点应不值得赞同。[1]

3. 其他法律效果

506 根据第 2279 条第 1 款,对契约性处分的内容和法律效果无特殊法律规定的,适用有关**终意**(遗嘱)**处分**的**法律规定**。例如,针对契约性处分的解释问题适用第 2066 条以下和第 2087 条以下的规定,有关契约性遗赠的法律效果适用第 2147 条以下的规定。被继承人指定配偶为受益人,嗣后两人**离婚**,经解释存在疑义时,应推定该死因处分不生效力(第 2279 条第 1 款结合第 2077 条,见边码 373)。根据 2279 条第 2 款,上述效果亦适用于对第三人所为之给予。

(二)单方性处分

507 订约人允许在继承契约中做出**单方性处分**(第 2299 条)。第 2278 条第 2 款规定,除指定继承人处分、遗赠、负担和法律选择外,其他死因处分只得以单方性处分的方式为之。由于契约双方的导致有拘束力的合意并不涉及单方性处分,故单方性处分不具有契约的特征。针对单方性处分应完全适用有关遗嘱处分的法律规定(第 2299 条第 2 款第 1 句)。换言之,单方性处分可被**任意撤回(frei widerruflich)**(第 2253 条)。撤回时可以订立撤回性遗嘱(第 2254 条),也可以事后订立存在冲突内容的遗嘱(第 2258 条)。

四、契约性处分的废止

508 契约双方可**合意废止(einverständlich aufgehoben)**具拘束力的契约性处分。被继承人希望**单方废止(einseitige Aufhebung)**契

[1] 在这方面 Zimmer 和 Muscheler/Metzler 也持批评态度。

约性处分的，必须存在**解除事由**（**Rücktrittsgrund**）或**撤销事由**（**Anfechtungsgrund**）。

（一）合意废止

根据第2290条第1款第1句，继承契约的订立人可随时**通过订立新契约废止**个别契约性处分、单方性处分（第2299条第2款第2句）或整个继承契约。新契约应以与继承契约相同的**形式**订立（第2290条第4款）。以合意废止方式也可废止指定第三人为受益人的契约性处分。鉴于继承契约的拘束力只存在于被继承人和契约相对人之间，而非被继承人和第三人之间，故废止合意**无需第三人同意**（**Zustimmung des Dritten**）。[1] 继承契约订立人出于共同的意愿将继承契约从官方保管处或从公证保管处取回，也可达废止继承契约之目的（第2300条第1款第3句结合第2256条第1款）。被继承人或契约相对人死亡后，继承契约不得再以合意废止方式废止（第2290条第1款第2句）。夫妻间或生活伴侣间订立的继承契约还可以订立**共同遗嘱**（**gemeinschaftliches Testament**）方式予以废止（第2292条）。[2] 509

契约性的**遗赠**（**Vermächtnisse**）和**负担**（**Auflagen**）可通过简化方式予以废止，即被继承人订立新*遗嘱*，契约相对人以公证书证形式对该遗嘱表示同意（第2291条）。 510

（二）继承契约的解除

被继承人可解除继承契约的情形有以下三种：

1. 继承契约为被继承人**保留解除的权利**（**Rücktrittsvorbehalt**）（第2293条）。 511

---

〔1〕 BGHZ 12,115. 由于通过契约指定的受遗赠人在继承发生前既没有请求权（没有第328条意义上的利益第三人的契约），也没有合法保障的期待，联邦最高法院宣布（在遗赠一块土地的情况下）预告登记也是不允许的。

〔2〕 为此，依第2258条第1款的规定，嗣后订立一份内容与继承契约相抵触的共同遗嘱即为足够，见 BGH NJW1987,901。

512 2. **受益人存在严重过失行为(schwere Verfehlungen des Bedachten)**(第2294条),过失行为应达到被继承人因此可剥夺特留份的严重程度。严重过失行为的情形具体见第2333条的规定,如侵害被继承人的生命(第2333条第1款第1项)。

513 3. **对待义务已经废止(Aufhebung der Gegenverpflichtung)**(第2295条)。此处涉及的情形为,被继承人之所以做出契约性给予,原因在于,受益人承诺在被继承人在世期间定期向被继承人履行一定给付。对待义务一旦消灭,被继承人受契约拘束的内在原因也随之消灭,为此法律赋予被继承人以解除权。第2295条中所称对待义务的"废止"(Aufhebung),其实指**对待义务消灭的所有情形**,例如对待义务所附解除条件成就,或对待义务发生事后给付不能(第275条第1款),[1]或有关对待义务的合同已被解除[2]或撤销等。

514 有关**继承契约解除权的行使**适用特别规定,债法中关于合同解除的规定不适用(第346条以下)。根据第2296条第2款,契约相对人在世时,被继承人希望解除继承契约的,应向契约相对人做出**解除表示**,解除表示应由**被继承人亲自(persönlich)**做出(第2296条第1款第1句),且应采用**公证书证形式(notarielle Beurkundung)**。根据第2297条,契约相对人死亡后,被继承人可以通过订立**遗嘱**的方式解除继承契约。视具体解除事由,解除表示可仅涉及个别契约性处分,也可涉及所有的契约性处分,解除的效果——被解除的契约性处分**不生效力(Unwirksamkeit)**——只覆盖解除表示所及的契约性处分。解除效果未覆盖的契约性处分

〔1〕 例如,如果所负担的家庭护理义务不再可能履行,因为只有在安养院里才能提供足够的护理,见BGH ZEV 2013,330。

〔2〕 例如,依负担契约(Verpflichtungsvertrag)中保留的解除权(第346条第1款),或没有提供约定的护理服务时依第323条的解除权,见BGH NJW 2011,224。也见案例21的解答(边码538)。

的效力，应根据第 2085 条的规定具体讨论（第 2279 条第 1 款援引第 2085 条）。根据第 2298 条第 2 款第 1 句，双方继承契约中，一方行使保留的解除权解除继承契约的，一般应推定整个继承契约都被废止，即另一方的死因处分也被废止。另根据第 2299 条第 3 款，整个继承契约都被解除的，单方性处分一般也失去效力。

（三）继承契约的撤销

1. 被继承人撤销继承契约

根据 2279 条第 1 款的援引或直接根据第 2281 条第 1 款的规 515
定，有关继承契约的**撤销事由（Anfechtungsgründe）**适用遗嘱撤销的相关规定（第 2078 条和第 2079 条，见边码 420 以下；被继承人对死因处分的拘束力存在错误的情形，见边码 421）。因此**动机错误（Motivirrtum）**也构成撤销继承契约的事由（第 2078 条第 2 款），这对继承契约来说也特别重要。受益人嗣后的行为[1]不符合被继承人的预期，或被继承人与受益人之间的婚姻[2]不如被继承人设想得那样美满，均可能成立动机错误。继承契约可因动机错误被撤销，而债权合同或物权合同不可以，因此，与债权合同或物权合同相较，继承契约的**拘束力被弱化（Abschwächung der Bindungswirkung）**，究其原因在于对被继承人遗嘱自由的保护。[3]

法律对如何**行使继承契约撤销权**有一系列重要的**特殊规定**，

〔1〕 BGH FamRZ 1983，898.

〔2〕 BayObLG FamRZ 1983，1275.

〔3〕 参见联邦最高法院（FamRZ 1983，898，899）的提示，鉴于订立遗嘱的基本自由，这种撤销可能性的范围不应划得太窄。概述参见 MünchKomm/Leipold § 2078 Rn. 9f。不同意见见 Soergel/Loritz § 2078 Rn. 2（赞同限缩解释）。 516

见第 2281 条以下。其中最重要的一点是,**被继承人**[1]自己可成为撤销权人(第 2281 条第 1 款)。其原因在于:被继承人可随时撤回遗嘱,故没有必要被赋予撤销权;而继承契约具有拘束力,因此确为必要赋予被继承人以撤销权。虽然法律没有明确规定被继承人可撤销死因处分的范围,但该范围应仅局限于契约性处分。因为与撤回遗嘱的情况相同,被继承人可自由撤回单方性处分。有关继承契约撤销的规定还有:被继承人应亲自为撤销(第 2282 条第 1 款第 1 句);**被继承人**应以公证书证形式做出**撤销表示**(第 2282 条第 3 款);[2]撤销表示应向契约相对人做出(第 143 条第 1 款和第 2 款);契约性处分指定第三人受益时,契约相对人死亡后,被继承人应向遗产法院为撤销表示(第 2281 条第 2 款第 1 句)。**撤销期间**为一年,自撤销权人知道错误存在时或紧迫情势终止时起算(第 2283 条第 1 款和第 2 款)。

2. 第三人撤销继承契约

517 根据第 2080 条,因死因处分之废止而能直接受益者*亦*有权撤销继承契约;但与遗嘱撤销情形相同,第三人最早在**继承开始后**才可撤销继承契约。既可从第 2281 条第 1 款("也")也可从第 2285 条得出,第三人的撤销权与被继承人的撤销权各自独立,并不因被继承人的撤销权而消灭。但是,撤销期间届满(第 2283 条)或可撤销的继承契约获被继承人认可(第 144 条、第 2284 条)致**被继承人的撤销权消灭(Anfechtungsrecht des Erblassers erloschen)**的,第三人不得再行使撤销权。第三人撤销继承契约

---

[1] 与此相反,第 119 条以下适用于本人没有做出任何死因处分的*契约相对人*的撤销。在被继承人死亡后,如果契约相对人直接从该处分的丧失中获益,则可根据第 2080 条享有撤销权。参见 Staudinger/Kanzleiter(2019) § 2281 Rn. 7;MünchKomm/Musielak § 2281 Rn. 4f。

[2] 仅撤销之表示需要做成公证书证,表示的签发(Begebung,即指示公证员将撤销之表示转达遗产法院),不需要公证书证形式,见 BGHZ 198,32=NJW 2013,3306。

的方式与撤销遗嘱的方式相同(见边码 434、边码 435),在最为重要的情形(例如撤销指定继承人处分),第三人应向遗产法院为撤销表示(第 2081 条第 1 款)。

3. 撤销的法律效果

契约性处分经撤销而自始**无效(Nichtigkeit)**(第 142 条第 1 款),但无效的效果仅覆盖撤销所及的死因处分;其他死因处分是否也随之失效,则需根据第 2279 条第 1 款和第 2085 条的规定而定。双方继承合同中,一方的契约性处分被撤销后,一般整个继承契约均告没有效力(第 2298 条第 1 款)。鉴于第 2078 条第 3 款排除第 122 条的适用,故继承契约被撤销后,契约相对人或其他受益人**不得主张信赖损害赔偿(Ersatz des Vertrauensschadens)**。此效果同样适用于被继承人撤销的情况。[1] 518

五、继承契约的拘束力与被继承人的生前处分

(一)问题的提出

契约性处分的拘束力可以防止被继承人单方做出相冲突的死因处分(单方变更其终意处分,将其财产或个别标的物死因给予他人),以保护契约指定的继承人或受遗赠人:侵害契约受益人权利的死因处分不生效力(第 2289 条第 1 款第 2 句)。另一问题则是,被继承人经生前法律行为(**Rechtsgeschäft unter Lebenden**)处分财产时,契约受益人是否有保障。被继承人生前给予他人全部财产或其中的重要部分,将致**契约继承人的继承权贬值(entwertet)**;根据第 2169 条第 1 款,被继承人生前赠与或出售遗赠标的,致遗 519

〔1〕 OLG München NJW 1997,2331;Brox/Walker § 17 Rn. 20;Lange kap. 9 Rn. 148;MünchKomm/Musielak § 2281 Rn. 21;Palandt/Weidlich § 2281 Rn. 10. – A. M. Staudinger/Kanzleiter(2019) § 2281 Rn. 37;Jauernig/Stürner § 2281 Rn. 6;Soergel/Wolf § 2281 Rn. 6;Mankowski ZEV 1998,46.

赠标的在继承发生时不在遗产中的,该遗赠原则上不生效力。对此,第 2278 条和第 2288 条给予契约受益人一定的保护(见边码 522 以下)。

(二)物权状态

520 第 2286 条明确规定,订立继承契约的**被继承人生前处分财产的权利不受限制**,换言之,被继承人的物权性处分行为(如转让动产所有权、不动产所有权或转让债权等),即使在继承开始时侵害契约受益人的权利,也仍*有效*。被继承人以侵害为目的做出赠与的,第 2287 条和第 2288 条仅赋予契约受益人以*债权性的*请求权,被继承人的处分行为并非无效。另鉴于第 2287 条和第 2288 条属于保护契约受益人的特别规定,联邦最高法院[1]认为,契约受益人不得因其法律地位受侵害而主张第 826 条的请求权,即不得向从被继承人处取得财产者主张权利,即使被继承人与第三人通谋使契约受益人可继受的财产减少,也不得适用第 826 条。但若被继承人的行为违反善良风俗,则可能适用第 138 条第 1 款——**禁止为违反善良风俗的法律行为(Verbot sittenwidriger Rechtsgeschäfte)**。据此,被继承人的法律行为[如赠与行为与转让行为(Übereignung)]可能在例外情况下被认定为无效。被继承人因法律行为无效而取得的权利由继承人继受。需注意的是,仅凭被继承人以侵害契约继承人为目的做出处分行为,尚无法认定被继承人的行为违反善良风俗;如需认定违反善良风俗,还需结合其他因素,即被继承人的行为在道德上应受谴责。[2]

521 法院在很长一段时间内曾持有以下观点:继承契约具有拘束

---

〔1〕 BGHZ 108,73=NJW 1989,2389;BGH NJW 1991,1952;MünchKomm/Musielak § 2286 Rn. 5;批评性意见见 Kohler FamRZ 1990,464。

〔2〕 例如,第三人对被继承人所为违背善良风俗,而仅仅是第三人和被继承人合作剥夺契约继承人的某项物品,即使在第 138 条的框架下也并不足够,见 BGH NJW 1991,1952。

力是一项强制性规定，故被继承人经生前行为规避继承契约的拘束力，应构成对强制性禁止规定的违反（第134条），该等“**掏空继承契约的行为**”（“**Aushöhlungsgeschäften**”）——尤指被继承人为自己保留生前使用权的赠与行为——**应为无效**。[1] 然而鉴于具体适用条件不甚明确，学界对此也普遍持反对观点，联邦最高法院[2]现已**放弃**上述观点，转而扩大第2287条和第2288条的适用范围。

（三）以侵害为目的的赠与与遗赠

第2287条和第2288条得以适用，均需满足被继承人的行为系出于侵害契约继承人（第2287条）或契约受遗赠人（第2288条）目的的前提条件。有关第2287条、第2288条与第138条、第826条在适用方面的关系详见边码520。根据第2287条，被继承人**以侵害目的为赠与（Schenkung in Beeinträchtigungsabsicht）**[3]的，契约继承人有权向受赠人主张返还受赠标的。该请求权不属于遗产[4]，自遗产发生继受时（继承开始时，第1942条）方才成立。在内容方面，该请求权援引不当得利的规定，故受赠人得以不再受利益为由对抗之（第818条第3款）。受赠人将受赠标的又无偿转让给第三人的，受侵害的契约继承人在第822条的适用条件成就时，可向该第三人主张返还标的。[5] 与第199条第1款的 522

[1] 参见 BGH NJW 1971,188;NJW 1968,2052。

[2] BGHZ 59,343.

[3] 是否存在第516条意义上的赠与是第2287条的一个独立构成要件，应独立于侵害的意图进行审查，见 BGH NJW 2017,329（附 Keim 评论）。第2287条也适用于所谓的混合赠与的情况。就此见 BGH NJW 1953,501（如果该法律行为的无偿部分占主导地位，则主张返还请求权，否则主张赔偿无偿给予额度的价值的请求权）。如果客观上存在给付与对待给付之间明显不相称的情况，则可推定存在赠与所需的关于无偿性的合意，见 BGHZ 82,274,281 = NJW 1982,43,45。

[4] BGHZ 78,1,3;MünchKomm/Musielak § 2287 Rn. 20.

[5] BGH ZEV 2014,98.

规定有别,第 2287 条第 2 款规定:该请求权的三年消灭时效期间(第 195 条,见边码 641a)自继承开始时起算,请求权人是否知道赠与的存在,则非所问。另外,自己为特留份权人且被排除继承的受赠人有权主张特留份,故契约继承人在该受赠人的特留份价值范围内主张返还受赠标的,似不甚合理;如契约继承人仍主张返还受赠标的,则应同时向受赠人支付特留份,而且,计算特留份金额时,遗产应包含该受赠标的的价值。[1]

523 夫妻念及双方的婚姻关系,一方可能向另一方做无偿给予,该种给予也属于赠与。为了解决在婚姻破裂时的返还问题,该种给予已被认可为夫妻间**无名给予(unbenannte Zuwendungen)**(又称为与婚姻有关的给予,或以婚姻为条件的给予),并且获得不同于普通赠与之对待,于离婚时有返还之可能;自此,将该种给予归为赠与的认定就变得令人怀疑。[2] 然而联邦最高法院[3]认为,在继承法领域内,夫妻间的无偿给予仍应被认定为赠与,因为与婚姻有关的给予尚无法视作有偿给予。该观点殊值赞同。需注意的是,给予如仅旨在履行夫妻间的供养义务,则不可视作赠与。[4]此外,夫妻采用共同财产制,一般不得认定为赠与行为(见边码 841)。

524 被继承人**以侵害为目的(Beeinträchtigungsabsicht)**损坏、损毁[5]或隐匿**遗赠标的(Gegenstand eines Vermächtnisses)**,致遗赠不可履行的,根据第 2288 条第 1 款,受遗赠人在继承开始时可

---

〔1〕 BGHZ 88,269 = NJW 1984,121.

〔2〕 BGHZ 84,361,364f.;87,145,146;BGH FamRZ 1990,600.

〔3〕 BGHZ 116,167 = NJW 1992,564. 然而,如果遗嘱人有“生前切身利益”(见边码 525),那么第 2287 条不适用于对配偶的赠与,就此见 BGH NJW 1992,2630。

〔4〕 关于界分问题,见 BGH ZEV 1996,25(出于侵害意图设定用益权作为赠与)。

〔5〕 然而,这并不适用于由于忽视维护而导致的房屋地产的恶化,见 BGHZ 124,35 = NJW 1994,317。

请求赔偿该遗赠标的的价值。被继承人以侵害为目的[1] *转让*遗赠标的或在遗赠标的上设置负担的，根据第 2288 条第 2 款第 1 句，继承人负有使受遗赠人取得该标的或除去负担的义务。上述转让或负担创设以赠与方式做出时，受遗赠人有权向受赠人主张第 2287 条规定的请求权（第 2288 条第 2 款第 2 句）。遗赠标的即使是金钱或其他类型的种类物，被继承人生前赠与大量财产致遗赠给付不能的，受遗赠人也可主张第 2288 条第 2 款第 2 句规定的请求权。[2]

第 2287 条与第 2288 条保护范围的大小，与如何理解**侵害目的**概念休戚相关。联邦最高法院的早期观点为侵害目的设置极高的成立条件：只有侵害意图构成被继承人决定性的动机，[3] 与被继承人使受赠人受益的动机相较为更强动机时，才可成立第 2287 条与第 2288 条意义上的侵害目的。[4] 由于被继承人为侵害性质的赠与时，通常不仅出于侵害契约继承人的目的，还至少出于使受赠人受益的目的，故如适用上述成立条件，则第 2287 条与第 2288 条的适用范围极窄。适用条件极为严格也间接导致，有必要承认掏空继承契约行为无效的理论。但如上所述（见边码 521），联邦最高法院现已改用其他观点。一方面，掏空继承契约行为无效的司法观点已被放弃；另一方面，第 2287 条与第 2288 条意义上侵害目的的成立条件也已放宽。现有观点不再要求，被继承人为赠与时剥夺或减损契约继承人利益的目的必须构成决定性主导动机。[5] 适用第 2287 条与第 2288 条仍以存在侵害目的为必要：被 525

---

[1] 对此，一般来说，只要被继承人意识到出售遗赠物就等于剥夺了遗赠的基础即已足够，见 BGH FamRZ 1998, 427。

[2] BGHZ 111, 138 = NJW 1990, 2063.

[3] BGH LM § 146 KO Nr. 1 = BeckRS 1953, 31201625.

[4] BGH LM § 2287 Nr. 5 = BeckRS 1957, 31396358.

[5] BGHZ 59, 343, 350; 66, 8, 15.

继承人将财产的重要部分给予契约继承人[1]以外的第三人，但无法换取**显著的生前切身利益**（**beachtenswertes lebzeitiges Eigeninteresse**，如履行道德义务之赠与或者礼仪上之赠与，[2]或为取得养老金，[3]或为使他人照顾[4]自己等）的，可认定成立侵害目的。因此，如何**评价被继承人赠与的动机**（**Bewertung der Motivation**）成为关键，毕竟适用第2287条的目的在于限制被继承人**滥用处分权**（**Missbrauch des Verfügungsrechts**）。[5] 在这种情况下，必须**平衡**[6]被继承人在生前处分上的利益和契约继承人不受损害地获得被继承人财产的利益。例如，以下情形中不得认定被继承人给予的目的在于换取显著的生前切身利益：被继承人认为特定法定继承人（如配偶）经继承契约所得受益不够充分，继而希望通过向其为赠与而改变继承契约的效果；[7]被继承人希望通过生前给予达到平等照顾各直系血亲卑亲属的效果。[8] 但通说[9]认为，被继承人一度享有撤销继承契约的权利（继承契约的撤销，见边

---

〔1〕 若给予旨在事先继承且与继承契约的继承处置一致的，则该给予不属于第2287条调整范围，见BGHZ 82,274=NJW 1982,43。

〔2〕 然而，一艘购置价值约为575,000欧元的豪华游艇作为被继承人与受赠人结婚时的礼物，即使被继承人的财产价值很高，也不能被评估为礼仪上之赠与，不同观点见OLG Düsseldorf ZEV 2017,328（附Hölscher否定性评论）。

〔3〕 BGH NJW 1982,43,45；OLG München NJW-RR1987,1484.

〔4〕 OLG Köln ZEV 2000,317. 受赠人承担照顾和护理服务，也可以没有法律约束地正当说明被继承人生前的切身利益，BGH ZEV 2012,37；NJW 2017,329 Rn. 13 f.。

〔5〕 BGHZ 59,343,350,352；BGH NJW 2017,329 Rn. 13.

〔6〕 BGHZ 83,44；OLG Hamm ErbR 2018,34,38.

〔7〕 BGHZ 77,264. 然而，只要特留份请求权可以通过废止放弃继承协议（第2351条，见边码555）而重新确立，继承契约上之继承人也必须接受相应的生前赠与，见联邦最高法院，同上；LG Aachen FamRZ 1996,61。

〔8〕 BGH ZEV 2005,479.

〔9〕 MünchKomm/Musielak § 2287 Rn. 10；Soergel/Wolf § 2287 Rn. 17；关于共同遗嘱见BGH ZEV 2006,505（在这件事上不完全清楚联邦最高法院是仅仅复制下级法院的观点还是将其作为自己的观点）。

码 515 以下)，并在撤销期间届满前为侵害目的的赠与的，受该赠与侵害的契约继承人不得主张第 2287 条的请求权。被继承人向合同相对人为赠与的，若继承契约所指定的继承人非属该继承契约之当事人的，可以否定契约继承人主张之处分权滥用；因为继承人也可以在未经契约继承人同意的情况下废止指定继承人处分(见边码 509)。[1]

被继承人因换取生前切身利益而转让契约性遗赠标的的，仅在被继承人以其他方式无法达成所追求之目的情况下，契约受遗赠人才不得主张第 2288 条的请求权，即**契约性遗赠因受侵害**而得主张之请求权。[2] 526

考虑被继承人是否有必要通过侵害性处分换取生前切身利益的前提是，继承契约订立后发生**情势变更**。此属于对被继承人为给予的一项重要限制，对契约受益人则为有利。[3] **受益人未以法定形式**对被继承人的赠与**表示同意**的，不能排除第 2287 条和第 2288 条的适用，同意表示应采用与放弃继承协议相同之形式——公证书证形式(类推适用第 2352 条第 2 句和第 3 句、第 2348 条)。[4] 527

契约继承人有足够的线索表明被继承人做过以侵害为目的的赠与的，可援引第 242 条，向受赠人主张**知情权(Auskunftsanspruch)**，要求受赠人提供有关该赠与的详细资料。[5] 528

(四)特别约定的不作为义务

继承契约本身不包含，被继承人向契约相对人承担的，不得在 529

---

〔1〕 类似见解见 Hölscher ZEV 2017，330，331(对于 OLG Düsseldorf ZEV 2017，328，见边码 55)。

〔2〕 BGH NJW 1984，731，732.

〔3〕 BGH NJW 1984，731，732(比 BGHZ 83，44，46 更为强调此点)。

〔4〕 BGHZ 108，252＝NJW 1989，2618(然而，在某些情况下可以提出欺诈抗辩)。

〔5〕 BGHZ 97，188＝JZ 1987，250.

生前处分自己财产或特定财产标的义务。但是,双方可以**特别约定**,被继承人负有不得处分特定财产标的债法上的[1]义务。[2]被继承人如违反该约定,则权利人可要求停止违约行为或主张损害赔偿。[3] 标的取得人诱使被继承人违约的,被继承人的处分行为可能无效(第 138 条第 1 款)。[4] 针对被继承人转让不动产的情形,被继承人与契约相对人另可约定,若发生该情形,则受益人有主张转移该不动产所有权的(附条件的)请求权,该请求权经不动产**预告登记(Vormerkung)**可受保障。[5] 如上述契约中同时约定,受益人需支付一定对价,则对该契约的法律性质存在以下疑问:该契约可能不再属于继承契约,而属于生前法律行为,即是一份买卖合同。[6]

案例 21 答案:

针对问题 1:

530 Cora 的遗赠可否被撤回由其性质决定。如遗赠属于单方性处分(第 2299 条第 1 款),则可撤回。如属于**契约性处分**(第 2278 条第 1 款),则由于契约性处分的契约特性及第 2289 条第 1 款第 2 句的规定,该遗赠对被继承人已生**拘束力**,则不可被撤回。依据第 2278 条第 2 款,遗赠可构成契约性处分。该继承契约未明确该

---

〔1〕 第 137 条第 1 款排除了具有物权效力的针对处分权的契约性限制,参见 BGHZ 31,13,18f.。

〔2〕 BGHZ 12,115,122;31,13,18f.;59,343,350.

〔3〕 仅在取得人方面负有不作为义务的,才产生针对取得人的这些请求权,见 OLG Köln ZEV 1996,23。

〔4〕 BGH NJW 1991,1952.

〔5〕 BayObLG Rpfleger 1989,190。与此相反,依据通说,继承法上请求权不能预告登记,因其自继承发生时始产生,且在此之前由于缺少坚实的法律依据也不存在第 883 条第 1 款第 2 句意义上的将来的请求权,见 BGHZ 12,115。

〔6〕 BGH NJW 1998,2136 认为构成一个"类似买卖的合同",该利益第三人合同为第三人约定了优先购买权,依第 463 条规定触发优先购买事件。

遗赠是否具有拘束力,故有必要对继承契约进行**解释**,以探究被继承人的真意。一项死因处分可以被认定为契约性处分的重要依据在于,**契约相对人**在该死因处分上存在自己的利益。被继承人向契约相对人 Emmi 的女儿为遗赠就属于这种情况。理由有二:其一,契约相对人与受遗赠人是母女关系;其二,被继承人创设该遗赠是基于契约相对人的明确请求。因此,该遗赠是契约性处分,Cora 不可单方撤回。相反,契约相对人在被继承人为埃尔朗根大学创设的遗赠上不存在自己的利益,该遗赠完全是被继承人出于自己的目的而创设的,故其属于单方性处分,不具有拘束力。该遗赠与继承契约无内在联系,仅在外部形式上与继承契约结合在一起。根据第 2299 条第 2 款第 1 句及第 2253 条以下,单方性处分的撤回与遗嘱处分的撤回相同,可通过订立新遗嘱的方式进行(第 2254 条)。

针对问题 2:

1. 根据第 985 条的返还请求权

在本案中,因继承契约指定 Emmi 为唯一继承人(第 1941 条 531
第 1 款),故发生继承时,Emmi 为 Cora 的唯一继承人。继承开始时,Cora 如仍为该处不动产的所有权人,则根据第 1922 条第 1 款,不动产所有权将转移给唯一继承人 Emmi,继而 Emmi 可根据第 985 条主张物上返还请求权。因此需讨论的是,鉴于 Cora 向侄子 Eduard 转让不动产所有权的行为(第 873 条、第 925 条)致遗产价值大幅削减,使继承人对遗产的预期无法达到,Cora 的转让行为是否不生效力。首先需要明确的是,该继承契约订立的首要目的在于使被继承人的死因处分具有拘束力,故而指定 Emmi 为继承人的处分系一项**契约性处分**(第 2278 条第 1 款)。根据第 2289 条第 1 款第 2 句,被继承人如事后做出的死因处分侵害 Emmi 的法律地位,则不生效力。但第 2286 条又明确指出:被继承人即使做出具拘束力的死因处分,其生前为处分行为(本案中,被继承人生前转让不动产所有权）的权利也不受影响。基于第 2286 条的规定，从现有法律规定中**不能**得出以下结论：被继承人掏空受益人法律地位的生前处分行为，因违反第 134 条意义上的**法定禁止（gesetzliches Verbot）**而无效。被继承人做成侵害性处分后，契约受益人仅得根据第 2287 条和第 2288 条主张补偿性请求权（见边码 522 以下）。联邦最高法院已经放弃早期的裁判观点，不再认定被继承人的掏空行为无效（见边码 521）。

532 Cora 的处分行为虽已侵害契约继承人 Emmi 的利益，但仅凭此尚不得认定转让行为因**违反善良风俗**而无效（第 138 条）。违反善良风俗的认定，还需存在使行为可受道德谴责的特别情形。但本案中不存在这样的特别情形，毕竟被继承人向侄子为转让行为旨在使其有地可以建房，该目的不违反一般理性人的道德观念。因此，侄子 Eduard 已成为该处不动产的所有权人，本案不成立第 985 条的物上返还请求权。

2. 根据第 2287 条第 1 款的返还请求权

533 被继承人为赠与如是出于**侵害契约继承人 Emmi 的目的**，则根据第 2287 条第 1 款，Emmi 有权请求 Eduard 返还赠与标的。本案中，被继承人为赠与的目的之一确为剥夺 Emmi 继承该处不动产的权利，[1]但主要动机却不在于侵害 Emmi 的权利，而在于帮助侄子 Eduard。因此，检查第 2287 条的适用条件至关重要。假如被继承人为赠与的侵害目的构成其主导动机的情况下，第 2287 条才能适用，那么该条的适用范围极窄。联邦最高法院已经放弃侵害目的必须是主导动机的观点（见边码 525）。依现行观点，适用第 2287 条的关键条件在于，就契约性处分的拘束力而言，可以认定被继承人的赠与性转让行为构成**对处分权的滥用**，或被继承人

---

〔1〕 然而，即使被继承人仅将对继承契约上之继承人 Emmi 的侵害作为赠与的必然结果予以接受，在本案中可能也必须肯定侵害意图的存在。

并非旨在换取显著的**生前切身利益**。为此有必要对被继承人的动机进行评价。一方面,虽然向侄子为赠与不违反公序良俗,但由于被继承人和侄子并非近亲属关系,侄子也不处于困境,故依一般的道德观念,被继承人没有必要向侄子为赠与。另一方面,该不动产的价值约占遗产的一半,赠与该不动产已极大地侵害了 Emmi 的利益。而且,Emmi 考虑到之后可以继承遗产,对被继承人还承担起大量照顾义务。因此,该不动产的赠与对 Emmi 构成的侵害不可谓不大。综上,被继承人为该赠与,应构成对生前处分权的滥用,成立第 2287 条第 1 款意义上的侵害目的。Emmi 可以主张第 2287 条第 1 款的请求权,要求 Eduard 向自己转移该不动产的所有权,并向自己转移占有。[1]

针对问题 3:

1. 单方撤回

指定 Emmi 为继承人的处分属于契约性处分(见边码 503), 534
故被继承人**不得单方撤回**。被继承人嗣后指定他人为继承人的死因处分不生效力(第 2289 条第 1 款第 2 句)。

2. 合意废止

Cora 与 Emmi 协商一致后,通过签订**协议**的方式可以废止该 535
契约性处分(第 2290 条第 1 款第 1 句)。但就本案案情而言,无法推知 Emmi 愿意签订废止协议。

3. 撤销

被继承人在订立继承契约时,以为 Emmi 将一如既往地照顾 536
自己直至死亡。被继承人假如能够事先预想到 Emmi 此后的所作所为,那么不会指定 Emmi 为继承人。因此,被继承人的错误认识构成**动机错误**,根据第 2078 条第 2 款、第 2281 条第 1 款,被继承

〔1〕 不当得利法适用于该请求权内容(第 2287 条第 1 款),在此并不重要,因为可以假定该不动产仍由侄子占有和享有所有权。

人有权撤销。[1] 被继承人如需撤销,必须以公证书证形式(第2282条第3款)向Emmi(第143条第1款和第2款)做出撤销表示。该死因处分经撤销而无效(第142条第1款)。

4. 根据第323条因不履行义务而解除继承契约

537 虽然Emmi不履行给付义务,但根据第323条,解除以存在双务债权合同为前提。由于继承契约不含有债法性质的义务,而仅包含死因处分,故**继承契约不得认定为双务合同**。

5. 根据第2295条解除继承契约

538 被继承人之所以经契约性处分指定Emmi为继承人,缘于Emmi承诺对自己承担照顾义务——一项定期给付义务。根据第2295条,如该义务被废止,即出于任何原因而义务消灭,则被继承人取得解除继承契约的权利。Emmi不履行或瑕疵履行并不导致义务消灭,但被继承人以其他方式可能可以摆脱该负担合同。首先需考虑,针对该合同应适用何种法律规定。可以肯定的是,该合同不属于赠与合同,因为Emmi提供服务并非无偿,理由是:一方面被继承人提供费用和住所,另一方面Emmi还取得继承权。虽然Emmi在被继承人生前没有取得全额报酬,此与第611条第1款规定的内容有别,但该合同的主要内容符合**雇佣合同**的类型特征。因此,针对该合同至少能类推适用雇佣合同的法律规定。由于该合同的履行期限为被继承人生前的所有时间,故被继承人不享有第620条第2款、第621条及以下条款规定的一般终止权。鉴于Emmi的行为已构成违约,且Emmi在被继承人的要求下仍不履行义务,故被继承人无法接受该合同继续履行,根据第626条

[1] OLG Karlsruhe FamRZ 1997,1180,1181.

第 1 款，被继承人**有权因存在重大事由而终止**该合同。[1]

该雇佣合同经被继承人终止后，Emmi 的照顾义务消灭。根据第 2295 条，被继承人取得**解除继承契约**的权利。[2] 被继承人行使解除权，应以公证书证形式向 Emmi 做出解除表示（第 2296 条第 2 款）。继承契约解除后，指定 Emmi 为继承人的契约性处分没有效力。综上，被继承人既有权解除继承契约，也有权撤销继承契约，被继承人可择一行使。 539

第十五章自检试题：

1. 继承契约应以何种形式订立？

2. 对继承契约内容的最低要求是什么？

3. E 与三个子女订立一份继承契约。除其他死因处分外，E 还指定律师 T 为遗嘱执行人。该指定遗嘱执行人的处分被明确指定为具有约束力。E 可否以遗嘱方式单方撤回该处分？

4. Kurt 与儿子 Franz 在 2015 年订立一份符合形式要求的继承契约，以契约性处分方式指定 Franz 为唯一前位继承人，以单方性处分方式规定，Franz 死亡后，Wessel 股份公司为后位继承人。2019 年，Kurt 又订立一份符合形式要求的公证遗嘱。在该遗嘱中，Kurt 撤回以前所做的所有死因处分，指定 Franz 继承 1/2 遗产，指定外甥 Hans 和护工 Bunt 各继承 1/4 遗产。Kurt 死亡后，其遗产如何继承？

答案：

1. 根据第 2276 条第 1 款和第 2232 条，继承契约应以订约双 540

[1] 一个同样合理的解决方案是，从适用于继续性债务关系的一般原则中引申出因正当理由而终止的权利（第 314 条）。BGH NJW 2011，224 援引——在构造不同的护理协议的情况下——第 323 条规定的解除权。

[2] 同样的观点见 OLG Karlsruhe FamRZ 1997，1180。

方同时在公证员面前做成笔录的方式订立。

541 2. 继承契约必须**至少**包含**一项契约性死因处分**,如所有死因处分都是单方性、没有拘束力的处分,则不成立继承契约。法律虽未规定继承契约应符合上述条件,但根据其概念和法律特征,此为继承契约的应有之义(见边码 504)。

542 3. 根据第 2278 条第 2 款,仅指定继承人处分、遗赠和负担以及法律选择能**以契约性处分方式**做出。因此,即使被继承人明确规定指定遗嘱执行人处分为契约性处分,但其仍为**单方性处分**。根据第 2299 条第 2 款第 1 句、第 2253 条第 1 款和第 2254 条,被继承人可订立新遗嘱,**撤回**该死因处分,且撤回无需经过契约相对人同意。

543 4. 指定 Franz 为唯一继承人的处分属于契约性处分(第 2278 条第 1 款),具有**拘束力**,故 Kurt 不得单方撤回之。根据第 2289 条第 1 款第 2 句,被继承人嗣后做出的死因处分如**侵害** Franz 的权利,则不生效力。根据被继承人 2019 年订立的遗嘱,Franz 仅被指定继承 1/2 的遗产,不再作为唯一继承人,故该遗嘱可能构成对 Franz 的侵害。但与此同时,Franz 根据新遗嘱可成为完全继承人,而根据继承契约仅成为前位继承人。前位继承人的权利受一系列限制(见第 2112 条以下),且发生后位继承时,前位继承人或其自己的继承人仅得保留遗产上产生的用益(见第 2111 条第 1 款第 1 句)。[1] 因此从经济角度出发,继承 1/2 遗产可能比唯一前位继承人的地位更为有利。但是,认定是否构成对契约性处分拘束力的违反,仅应从受益人的**法律地位**角度出发,而不应从受益的经济价值角度出发。在该点效果上继承契约与其他种类的合同是相同的,如涉及债权合同时,债务人不得单方以经济上对债权人更为有利的给付代替原给付。唯在受益人不仅原有法律地位得到保留,

[1] 关于先位继承人见边码 674 及以下。

且还有所改善的情况下,单方变更才可能有效。但本案不属于此情况。虽然在法律地位上,完全继承人较前位继承人更为有利,但与唯一继承人的地位相较,指定继承 1/2 遗产则为削弱。因此,被继承人的新遗嘱构成第 2389 条第 1 款第 2 句意义上的侵害,被继承人对原先指定 Franz 为前位继承人处分的撤回和新指定继承人的处分均**不生效力**。[1]

指定 Wessel 股份公司为后位继承人的处分是**单方性处分**(第 544
2299 条第 1 款),根据第 2299 条第 2 款第 1 句和第 2253 条以下,被继承人可通过新立遗嘱的方式单方予以撤回。如该指定后位继承人处分被新遗嘱撤回,则 2019 年订立遗嘱中的部分内容将为有效。但根据第 2085 条,如可探知被继承人知道新遗嘱中其他指定继承人处分不生效力的情况下,也不愿意撤回指定后位继承人处分的,则该撤回行为也**不生效力**。本案正属于该种情况。由遗嘱内容可以推知,被继承人其实希望以新的继承效果整体性地替换原有的继承契约。[2] 如被继承人知道即使订立新遗嘱,儿子 Franz 作为唯一继承人的地位也仍将保留,则应不至于废止指定后位继承人的处分。

结论:Franz 系唯一前位继承人,Franz 死亡后,Wessel 股份公司为后位继承人。

---

[1] 就此以及全案见 BGHZ 26,204(有趣的裁判,它也讨论了其他问题——特别是在继承契约中保留变更权)。

[2] 这肯定是 BGHZ 26,204,216 所持之观点。联邦最高法院可能是基于高度简化的案例 4 中没有再出现的其他情况而得出的判断。另一个合理的解决方案是将 Franz 视为 1/2 的完全继承人和 1/2 的先位继承人,将 Hans 和 Bunt 视为各自 1/4 的后位继承人(补充性遗嘱解释)。

第十六章　放弃继承协议

案例 22:女儿 Elke 开办香水店时,Gold 曾资助其启动资金 12 万欧元。Elke 与 Gold 为此订过一份公证协议,内容为:Elke 放弃对父亲 Gold 的所有法定或遗嘱继承权。该协议订立后,Gold 立过一份遗嘱,内容为:指定两个儿子为继承人,继承份额各为 1/3;指定 Elke 的两个女儿即自己的外孙女为继承人,继承份额各为 1/6。Gold 死亡后,两个儿子以 Elke 曾订过放弃继承协议为由,主张每人应继承 1/2 的遗产。两个儿子的主张是否有法律依据?

一、放弃继承协议的种类

放弃继承协议与遗嘱、继承契约,三者均是被继承人生前做出的法律行为,也都可以左右继承人的人选。依内容之不同,放弃继承协议分为以下种类:

基于第 2346 条第 1 款第 1 句和第 2 句之放弃法定继承权,因此也放弃特留份权利(**放弃继承和特留份协议**)。

保留特留份权利(特留份法律效果见边码 20)情况下放弃法定继承权(**单纯的放弃继承协

议)。[1]

基于第 2352 条第 1 句,放弃遗嘱或者继承契约中指定继承人或者遗赠给予(**放弃给予协议,Zuwendungsverzicht**)。 545

二、放弃继承协议的法律性质与可适用的规定

放弃继承协议是一种特殊的**继承法上的处分性合同(erbrechtlicher Verfügungsvertrag)**。被继承人的血亲、配偶经放弃继承协议可以放弃法定继承份额;经遗嘱或继承契约指定的继承人或受遗赠人可以放弃通过法律行为所获得之给予。放弃继承协议是**无因的**(abstrakt),即其效力不取决于平行的其他协议(例如由被继承人提供补偿协议)的效力。放弃继承协议是否一般需要有效的原因行为,否则可以根据关于不当得利的规定(第 812 条第 1 款第 1 句)要求返还所放弃之权利,[2]这一点似乎值得怀疑。[3] 545a

放弃继承协议在性质上**不属于死因处分**,故对其不适用遗嘱和继承契约的有关法律规定。第 2346 条以下条文是对放弃继承协议的特别规定,无特别规定时适用民法总则的相关规定。如涉及因错误或恶意欺诈**对放弃继承协议进行撤销**时,适用第 119 条以下的规定。 545b

放弃继承协议和放弃特留份协议也可能因**违反公序良俗**而无效(第 138 条第 1 款)。但是,依据针对残疾人发展出的规则(见 545c

---

〔1〕　这种变体在法律中没有明确规定,但根据一般意见也是允许的,见 Lange Kap. 10 § 41 Rn. 110;MünchKomm/Wegerhoff § 2346 Rn. 13。

〔2〕　Staudinger/Schotten(2016) § 2346 Rn. 115.

〔3〕　BGHZ 134,152,157=ZEV 1997,69,70 和 BGH NJW-RR 2012,332,333 表述得更为谨慎:作为继承法上的处分性合同的放弃,一般是以债法的法律行为为基础。

边码 248、262 以下),联邦最高法院[1]认为,残疾人与父母一方订立的,效果为社会保险机构无法从遗产中受益的放弃特留份协议,不违反善良风俗。放弃继承协议是否违反善良风俗,可以通过整体评价(将基础的债法约定也纳入考虑)认定之,比如,这些协议显示出不利于放弃继承一方的显著失衡,放弃继承一方的无经验亦被利用。[2] 然而,(例如遵循关于审查离婚协议的内容审查的判例)对放弃继承协议和放弃特留份协议包括补偿协议施以一般的严格的审查,已被正确地摒弃。[3] 因为放弃继承协议,缺乏在契约订立时类似的典型的不平衡状况;就离婚协议增加内容控制,旨在让当事人充分考虑法律关于离婚后果的基本思想,就放弃继承协议而言,并无此类似之处。[4]

三、放弃继承协议之目的以及与继承补偿之关联

546 放弃继承协议的目的在于,将所涵盖的放弃人在继承法上的法律地位**确定地排除**。放弃继承协议之实际意义,主要与*补偿协议*有关。例如,作为对某个子女继承份额的事先补偿,父亲生前已给予其一笔财产,为确保在继承发生时,受补偿的该子女不能再因继承权或特留份权要求分配遗产,就有必要与之订立放弃继承协议。如仅在遗嘱或继承契约中*排除受*补偿子女的*继承权*,则因该子女仍可请求*特留份*(第 2303 条),而无法达到上述效果。

---

〔1〕 BGHZ 188,96=NJW 2011,1586=ZEV 2011,258(附 Zimmer 之评论;也见评论 Leipold ZEV 2011,528)。

〔2〕 OLG Hamm NJW 2017,576=ZEV 2017,163(附 Everts 之评论)(对刚满 18 岁的放弃继承者来说,一辆昂贵的跑车的前景是一个诱饵);就此见 Zimmer NJW 2017,513;von Proff ZEV 2017,301。

〔3〕 LG Nürnberg-Fürth ZEV 2018,593(附 Keim 之评论)Rn. 17;MünchKomm/Wegerhoff § 2346 Rn. 38 ff.。

〔4〕 Staudinger/Schotten(2016) § 2346 Rn. 197.

应将**补偿协议(Abfindungsvertrag)**与放弃继承协议本身区分开来。补偿协议使被继承人承担向受补偿人给付补偿的债法义务。不过放弃继承协议并非不可附条件,补偿协议经法律行为附条件(第158条),可与放弃继承协议相连接。比如,可将补偿义务不完全履行的情形约定为放弃继承协议所附的解除条件,[1]也可将为放弃人创设的遗赠未得履行的情形约定为放弃继承协议的附加条件。[2] 此外,放弃继承协议可以按照订约双方之意愿与补偿协议共同构成一项第139条意义上的整体性法律行为,[3]因此,在有疑义时,补偿协议之不生效力也导致放弃继承协议不生效力。 547

如补偿协议同时包含下列两方面的义务:被继承人应给付补偿;受补偿人应与被继承人签订放弃补偿协议,则由于两方面的义务互为对价,该协议在性质上属于第320条以下意义上的**双务合同**。[4] 参照适用第2348条的规定,此类负担合同应采用公证书证形式(警示功能)。[5] 由于存在该原因行为,一方不完全履行或有其他违约情节时,另一方根据第280条以下和第323条以下的规定,可以主张损害赔偿或解除合同。被继承人迟延支付补偿款的,另一方可在第323条规定的条件下解除补偿协议。若双方已 548

---

[1] BGHZ 37,319,327;Staudinger/Schotten § 2346 Rn. 153.

[2] BayObLGFamRZ 1995,964.

[3] 此种意见见 OLG Hamm NJW 2017,576 Rn. 24f.(如果放弃继承权协议和补偿协议包含在同一份契约中,则实际推定有两者是相互联系的意图)。不同意见见 Staudinger/Schotten(2016) § 2346 Rn. 151。

[4] OLG Düsseldorf ZEV 2014, 265, 266; MünchKomm/Wegerhoff § 2346 Rn. 24ff.。无论是第311b条第4款(被继承人自己缔结合同)还是第2302条(缔约各方均不负担为死因处分的义务)都没有排除补偿协议的可能性。

[5] 此为通说,见 KG OLGZ 1974, 263, 265; OLG Köln ZEV 2011, 384; MünchKomm/Wegerhoff § 2348 Rn. 2;持开放态度者有 BGH ZEV 2012,145,146(附 Keim 之评论)。在签订补偿协议时,双方都允许代理,见 OLG Düsseldorf ZEV 2014, 265。

订立放弃继承协议，则补偿协议解除后，被继承人应进行相应返还（第 346 条第 1 款），即有义务对废止放弃继承协议的合同（第 2351 条）表示同意。此类补偿协议也适用有关交易基础丧失的法律规定（第 313 条），其效果可能是有必要对补偿协议做出调整，如提高补偿款数额。[1]

548a 然而，考虑到联邦最高法院[2]新近的一项裁判，在这种情况下确认双务合同时需要谨慎。正如联邦最高法院所强调的，将被继承人的给予行为和受给予人的放弃继承协议连接在一起的原因行为，不必须是有偿行为。如根据双方的真意，给予不属于放弃继承协议的对价，放弃继承协议仅在于为嗣后的继承法上的补偿，则也可以构成被继承人的一项**赠与**。然后该给予被认定为赠与，根据赠与的法律规定，被继承人因自身穷困（第 528 条）或受赠人存在重大背弃恩义行为（第 530 条）时可以撤回赠与。

四、放弃继承协议的订立

549 被继承人和放弃人订立放弃继承协议，应采用**公证书证形式**[3]（第 2348 条）。鉴于放弃继承协议在继承发生时就应生效，

---

[1] BGHZ 134,152＝NJW 1997,653（关于农庄法）。与此相反，不能以之前缺少交易基础或现在丧失交易基础为由反驳随被继承人的死亡而发生的放弃继承权的效力（见边码 556）。

[2] BGHZ 206,165＝NJW 2016,324＝ZEV 2016,90（附 Keim 之评论）；就此见 von Proff NJW 2016,539。

[3] 一项*默示*放弃继承和特留份协议，根据 BGHZ 22,364 可以包含在继承契约中，依 BGH NJW 1977,1728 也可以包含在公证的共同遗嘱中；相同观点见 Keim ZEV 2001,1；Keller ZEV 2005,229,230；BeckOK BGB/Litzenburger § 2346 Rn. 9。然而，形式要求的目的（告知和咨询）反对此种观点，而且在共同遗嘱的情形下合同缔结的欠缺也反对此种观点，详见 Habermann JuS 1979,169；MünchKomm/Wegerhoff §2348 Rn. 7。OLG Hamm FamRZ 1996,1176 在意见上与联邦最高法院并不全然矛盾，要求放弃继承权协议须被明确表示出或确定地可由合同的全部内容得出。

故被继承人只可在生前订立该等协议。[1]

订立放弃继承协议时,**放弃人**一方可由他人**代理**。限制行为能力的放弃人可由法定代理人代理,或在取得法定代理人的同意后自己订立协议(第 107 条以下)。限制行为能力人订立放弃继承协议,一般应取得家事法院或(由辅助人辅助情况下)辅助法院(Betreuungsgericht)的批准(第 2347 条第 1 款第 1 句和第 2 句)。 549a

限制行为能力的被继承人只能亲自订立放弃继承协议,且无需法定代理人的同意(第 2347 条第 2 款第 1 句)。无行为能力的被继承人订立放弃继承协议由法定代理人代理,事先应取得家事法院或照管法院的批准(第 2347 条第 2 款第 2 句)。除上述例外情形外,**被继承人**(与放弃人不同)**应亲自订立**放弃继承协议,不得由他人代理(第 2347 条第 2 款第 1 句)。 549b

五、放弃继承协议、放弃特留份协议和放弃给予协议的法律效果

(一)放弃法定继承权

放弃法定继承权的效果,不仅是放弃人不能成为继承人,而且放弃人也丧失特留份请求权(第 2346 条第 1 款第 2 句),在继承效果方面**视同放弃人在继承发生前已经死亡**。如无特别约定,则被继承人的直系血亲卑亲属或旁系血亲放弃继承的效果还及于放弃人自己的直系血亲卑亲属(第 2349 条),即不再发生代位继承。放弃人在继承开始前就已死亡的,仍发生上述法律效果。[2] 但需注意的是,放弃人所丧失的仅是对放弃继承协议另一方的法定继承权,若第三人已经继承被放弃人(放弃继承协议另一方)的遗 550

---

〔1〕 BGHZ 134,60=NJW 1997,521.

〔2〕 Lotter MittRhNotK 1998,8;Reue MittRhNotK 1998,9.

产,则放弃人仍可继承该第三人的遗产。[1] 放弃继承协议中可以约定,放弃人针对任何可能发生的情形均放弃继承权(**绝对的放弃继承,absoluter Erbverzicht**),或仅为有利于特定人员的原因放弃继承权(**相对的放弃继承,relativer Erbverzicht**)。后者情形指,仅该特定人员成为继承人的情况下,才发生放弃人放弃继承的效果(见第2350条第1款的解释性规则)。根据第2350条第2款的解释性规则,若被继承人的直系血亲卑亲属放弃继承,在有疑义时,[2]须认为仅在有利于被继承人的其他直系血亲卑亲属或配偶的情况下,才发生放弃继承的效果。

(二)放弃特留份

551 根据第2346条第2款,配偶、生活伴侣(《生活伴侣关系法》第10条第6款和第7款)或血亲可订立**放弃特留份协议(Pflichtteilsverzicht)**,仅放弃特留份权。该情况下,根据继承法的一般规定,放弃人仍是法定继承人。若被继承人又在遗嘱或继承契约中排除放弃人的继承权,则放弃人由于已放弃特留份,故**不再享有特留份请求权**。

552 直系血亲卑亲属所放弃的是**继承权**还是**特留份**,对**其他直系血亲卑亲属特留份**数额的大小将产生极为不同的影响。如是放弃继承权,则根据第2310条第2句,在计算其他直系血亲卑亲属的特留份数额时不考虑放弃人,导致的效果是,其他直系血亲卑亲属的特留份数额相应提高。若放弃人仅放弃特留份,又经死因处分被排除继承,则根据第2310条第1句,在计算其他直系血亲卑亲

[1] OLG Frankfurt FamRZ 1995,1450(子女放弃对父亲的继承权的,并不排除其对继承了父亲财产的同父异母的兄弟姐妹的法定继承权);BayObLG Rpfleger 2005,431。

[2] 具体解释优先,参见BGH NJW 2008,298(附Zimmer之评论)(也关于继续作为放弃特留份协议的可能)。

属的特留份数额时应考虑放弃人,即其他人的特留份数额不会提高。[1] 就上述效果而言,**较放弃继承协议**,订立放弃特留份协议为被继承人预留的处分空间更大,因此,**订立放弃特留份协议更为有利**。[2] 关于高顺位权利人的特留份权问题,下文再予以详述(见边码 822a)。

(三)放弃给予协议

经遗嘱或继承契约[3]**指定的继承人**订立放弃给予协议(第 553
2352 条)后,相对应的死因处分不生效力。继承契约的拘束力,或共同遗嘱中相互性处分在一方配偶死亡后所生的拘束力,以此方式得以废除。2009 年修法(见边码 85)后,第 2352 条第 3 句结合第 2349 条规定,在无特殊约定的情况下,被继承人直系血亲卑亲属或旁系血亲放弃给予的效力及于放弃人自己的直系血亲卑亲属。因此,放弃人的直系血亲卑亲属不得再作为遗嘱替补继承人(第 2096 条)或根据第 2069 条的解释性规则代位放弃人成为继承人。

六、放弃继承协议的撤销与废止

(一)撤销

放弃继承协议可因错误或欺诈而被**撤销**。对其适用**总则中的** 554

---

〔1〕 但是,如果放弃人已经保留特留份权,这就不能适用(见边码 545),参见 MünchKomm/Lange § 2310 Rn. 8;Staudinger/Schotten(2016) § 2346 Rn. 81。

〔2〕 因此,在实践中通常倾向于放弃特留份,参见 Reithmann 对 BGH LM § 2346 Nr. 3 的评论;J. Mayer ZEV 2007,556(不过,他也指出了放弃特留份可能存在的缺点)。

〔3〕 不过,在继承契约的情况下只规定了受益的第三人对继承的放弃,即不是指定的继承契约相对人的放弃(第 2352 第 2 句)。然而,受益的继承契约相对人可以与被继承人缔结废止协议(第 2290 条第 1 款第 1 句),参见 OLG Stuttgart DNotZ 1979,107。

相应条款,[1]而非第2078条以下的规定,故动机错误不作为撤销事由。有关继承发生后的撤销见下文(见边码563)。

(二)废止

555 第2351条规定,**被继承人和放弃人**可以与放弃继承协议相同的形式订立**协议**,**废止**放弃继承协议。被继承人经继承契约已指定他人为继承人时,与放弃人订立废止协议虽然不能改变继承契约的拘束力,却可恢复放弃人的特留份权。[2] 第2351条在第2353条第3句中虽未被援引,但可类推适用,即通过被继承人和放弃人订立废止协议也可废止放弃给予协议。[3]

556 由第2351条和第2347条第2款第1句可推知,放弃继承协议只能**在被继承人生前被废止**。[4] 继承一旦发生,放弃继承协议就应生效,其效力如再发生变化,则违反法的明确性(Rechtsklarheit)原则。基于同样的理由,在被继承人死亡后,他人不得以之前缺少**交易基础**或现在丧失交易基础为由,阻却放弃继承协议的效力。[5]

557 联邦最高法院[6]认为,**放弃继承协议在放弃人死亡后也不得**

---

[1] 这适用于放弃人,但也适用于被继承人,参见Staudinger/Schotten(2016)§2346 Rn. 107;MünchKomm/Wegerhoff §2346 Rn. 4;Palandt/Weidlich §2346 Rn. 18。

[2] BGHZ 77,264,269 f.

[3] BGH ZEV 2008,237(附Kornexl否定性评论)。联邦最高法院肯定了废止的可能性,至少针对死因处分(重新指定放弃人)不能达到同样的结果的情形是如此。然而,为了法律明确性(Rechtsklarheit),一般应允许废止放弃给予协议。

[4] BGHZ 139,116=NJW 1998,3117.

[5] BGH NJW 1999,789。这与放弃特留份的情况不同,参见OLG Nürnberg ZEV 2003,514(未实现的意图,在以后订立共同遗嘱时,作为放弃特留份的交易基础)。与此应作区别的是对放弃继承权所依据的补偿协议适用交易基础欠缺或丧失理论(见边码548)。

[6] BGHZ 139,116=NJW 1998,3117;Palandt/Weidlich §2351 Rn. 2。不同意见见Steiner MDR 1998, 1481; Muscheler ZEV 1999, 49; Quantius, Die Aufhebung des Erbverzichts(2001),S. 76ff.,128。

再被废止，理由在于：放弃继承协议将引发第 2349 条规定的效果，更会影响第三人的特留份数额（第 2310 条第 2 句，见边码 552），因此，基于第 2349 条的规范目的，除放弃人自己与被继承人合意废止外，他人不得废止之。上述观点应值肯定。故此，无论是第 2349 条效力所及的放弃人的直系血亲卑亲属，还是放弃人的继承人，[1]都无法与被继承人合意废止放弃继承协议。当然，被继承人仍旧有权经死因处分向放弃人的直系血亲卑亲属为给予，如指定其为继承人。

案例 22 答案：

Gold 的遗嘱已经处分全部遗产，两个儿子的继承份额各为 1/3。如两个外孙女在继承发生前或继承发生后出缺，则根据第 2094 条第 1 款第 1 句，两个儿子的继承份额应相应增加。值得考虑的是，本案中放弃继承协议和放弃给予协议是否导致两个外孙女出缺。Elke 与被继承人 Gold 订过形式有效（第 2348 条）的放弃继承协议，根据第 2348 条第 1 款第 1 句和第 2 句，Elke 丧失法定继承权和特留份权。放弃继承协议中不存在相反约定，故根据第 2349 条，上述效果也及于 Elke 的直系血亲卑亲属，即 Marja 和 Anna。因此，Marja 和 Anna 对被继承人 Gold 既无继承权，也无特留份权。另 Elke 还放弃父亲对自己的所有遗嘱给予。根据第 2352 条第 3 句结合第 2349 条，该放弃给予协议（第 2352 条第 1 句）的效力也及于 Marja 和 Anna。但需要注意的是，放弃给予协议的效力仅涉及协议订立当时被继承人已经做出的给予。放弃人不能对**未来**死因处分中的给予为放弃。[2] 尽管存在放弃继承协议和放弃给予协议，被继承人仍可经遗嘱或继承契约，指定放弃人 558

---

〔1〕 这种可能性也被联邦最高法院借助“只能在契约当事人生前废止继承权的放弃”这一表述所排除。

〔2〕 BayObLG Rpfleger 1987，374.

或为放弃协议效力所及的直系血亲卑亲属受益。综上,Gold 遗嘱中的死因处分仍发生效力,两个儿子的继承份额不应增加。基于遗嘱,继承人是继承份额各为 1/3 的两个儿子和继承份额各为 1/6 的两个外孙女。

第十六章自检试题:

1. 放弃继承协议如何订立?

2. 放弃继承协议和放弃特留份协议的效果有何不同?

3. Maria 的遗产主要涉及一处农庄。为确保农庄存续发展,Maria 经继承契约指定儿子 Martin 为唯一继承人。Maria 与女儿 Anna 订过一份公证书证形式的协议,内容为:Anna 放弃继承权,为此取得 5 万欧元的补偿。继承开始两年后,Martin 放弃对农庄的经营,将其作价 200 万欧元卖给一家建筑公司。Anna 知悉此事后,通知其兄,自己撤销与母亲所订协议之全部,要求其兄向自己支付 95 万欧元,因为唯有如此,自己的所得与自己的继承地位方才匹配。法律状况如何?

答案:

559 1. 被继承人和配偶或血亲之间可以订立具有**放弃自己法定继承权**效力的放弃继承协议(第 2346 条第 1 款第 1 句),协议须采用公证书证形式(第 2348 条)。经遗嘱或继承契约指定的受益人可与被继承人订立**放弃给予协议**(第 2352 条),此类协议也须采用公证书证形式(第 2348 条)。

560 2. 放弃继承协议订立后,放弃人在继承地位上视同在继承开始前已经死亡(第 2346 条第 1 款第 2 句)。即使被继承人未做出排除放弃人继承权的死因处分,放弃人也不得再主张法定继承权或特留份权。在计算其他特留份权人的特留份数额时**不再考虑放弃人**(第 2310 条第 2 句),导致的效果是,其他特留份权人的特留份数额相应提高。

放弃特留份协议仅产生放弃特留份的效力(第2346条第2句),不产生放弃法定继承权的效力。因此,放弃人根据继承法的一般规定,仍可成为法定继承人,除非被继承人做出相反的死因处分。放弃人若又经死因处分被排除继承权的,则不得主张特留份请求权。在计算其他人的特留份数额时应**考虑被排除继承权的放弃人**(第2310条第1句),导致的效果是,其他人的特留份数额不会提高。 561

综上,鉴于订立放弃特留份协议为被继承人**预留的处分空间更大**,故订立放弃特留份协议对被继承人更为有利。 562

3. Anna订过形式有效的放弃继承协议,故其不能成为母亲的法定继承人,也不享有特留份权(第2346条第1款第2句)。放弃继承协议若被撤销,则自始无效(第142条第1款),继承效果也将不同。针对放弃继承协议的撤销无特殊规定,应适用总则的规定。有争议的是,[1]放弃继承协议**在继承开始后**是否还能被撤销(本案撤销期间尚未经过,第121条第1款第1句),抑或出于对法的确定性和明确性的保护需要,撤销制度在此不得适用。然而,既然遗嘱和继承契约在继承开始后也能被撤销,使得法律状况嗣后发生溯及既往的变化,那么于放弃继承协议上排除撤销制度的适用则无充分的理由。本案中须考虑,是否存在撤销事由。Anna对农庄价值的误判及对未来事态发展的错误预估——Martin放弃经营,将其高价转卖——可能成为撤销事由。但该错误尚不构成第119条第1款意义上的内容错误或表示错误,也不构成第199 563

[1] 否定性意见见OLG Koblenz NJW-RR 1993,708(但在恶意欺诈的情况下有补偿价额请求权);OLG Celle ZEV 2004,156(附Damrau否定性评论);BayObLG ZEV 2006,209(附Leipold否定性评论);OLG Düsseldorf ZEV 2013,498,499;Michalski/J. Schmidt Rn. 552;Staudinger/Schotten(2016) § 2346 Rn. 179;Pentz MDR 1999,785。肯定性意见见Soergel/Damrau § 2346 Rn. 20;Palandt/Weidlich § 2346 Rn. 18;Mankowski ZEV 1998,33。

条第 2 款的重要性质错误。本案中的错误纯属**动机错误**,即假如 Anna 当初预见到未来的事态发展,那么不会订立放弃继承协议。动机错误尚不足成立第 119 条的撤销事由,故 Anna 不能撤销协议。

564 本案还可考虑经司法、学术发展出的,现规定于第 313 条的**交易基础丧失**原则。放弃继承协议在继承开始时已发挥效力,在性质上又属(抽象的)处分行为,故对放弃继承协议自身不可适用交易基础丧失理论。[1] 可以考虑的是,在放弃继承协议的原因行为即补偿协议上是否可以适用该原则。[2]

565 本案的交易基础是,Martin 会继续经营农庄。Martin 放弃经营并将其转卖导致该交易基础丧失。此已严重影响契约公平,以致不能期待 Anna 依诚信原则仍会继续遵守旧内容的补偿协议。因此,Anna 可向作为母亲唯一继承人的 Martin,主张以相应**增加补偿款数额**的方式**调整协议**。

566 考虑诚信原则和本案继承背景后,以下调整方案应是适当的:将补偿款数额最高提高至农庄转让款的一半(当然,这当中还应扣除 Martin 的支出及此事给 Martin 带去的不利影响)。

---

〔1〕 BGH NJW 1999,789.

〔2〕 BGHZ 134,152=NJW 1997,653.

第十七章　基于死亡的生前行为及企业与企业份额继受

案例 23：被继承人 Anna 死亡后，三个女儿是法定继承人。Anna 生前未立下遗嘱，但和三个女儿曾口头提起过：其会给外孙女 Herta 留些遗产。三个女儿在遗产中发现一张银行储蓄存折，该存折由 Anna 在死亡前一年开立，户主为 Herta。Anna 生前在该存折上进行过存款和提款的操作，至其死亡时存折上尚存有 9，500 欧元。Herta 此前对该储蓄存折一无所知。银行告知 Herta 名下有该存折后，Herta 是否有权要求 Anna 的三个女儿交还该存折？

一、死因赠与

（一）要件

在自己死亡后才应被履行的赠与允诺 567
（Schenkungsversprechen），赠与人生前并未丧失所允诺的财产标的，而仅规定由谁在自己死亡后取得标的的，在效果上，此类赠与允诺与赠与人以指定继承人或遗赠的方式处分财产标的并无区别。行为人原则上可以通过**生前行为**（Rechtsgeschäft unter Lebenden）针对**死亡后的情形**承担义务或做出只有在处分人死亡后才会完全生效的处分。换言之,继承法规定不具有排他性,继承法的调整也无碍被继承人做出自己死亡后才应被履行的赠与允诺。一项法律行为究系生前行为(赠与或赠与允诺),还是死因处分(遗嘱或继承契约),应视该行为的内容而定,内容存在疑义时,应参照适用第 2084 条的规定进行**解释**。[1]

568 赠与人针对死亡后的情形做出的赠与允诺**附受赠人晚于赠与人死亡条件**时,赠与允诺在受赠人先行死亡情形下不生效力,故该赠与允诺与死因处分的相似性至为明显,只是指定继承人处分(第 1923 条第 1 款)或遗赠(第 2160 条)的相同效果(受益人先行死亡时不生效力)系由法律直接予以规定。若完全允许对该类赠与允诺适用有关生前行为的法律规定(见第 518 条),则有关死因处分形式和内容的法律规定将被规避。因此第 2301 条规定,针对附受赠人晚于赠与人死亡条件的赠与允诺,**应适用有关死因处分的法律规定**。

569 以下要件满足时,应适用第 2301 条第 1 款的规定:其一,存在一项赠与允诺;其二,该赠与允诺在赠与人死亡后才应履行,即赠与允诺**附期限,在赠与人死亡时才生效**;其三,赠与允诺**附受赠人晚于赠与人死亡的生效条件**。若赠与允诺虽应在赠与人死亡后履行,但履行与否不受受赠人死亡时间的影响,即受赠人早于赠与人死亡情况下,由受赠人的继承人取得债权,则该赠与允诺不属于第 2301 条第 1 款调整的情形,对其应适用第 518 条。[2]

(二)法律效果

570 根据第 2301 条第 1 款,死因赠与允诺(Schenkungsverprechen

---

〔1〕 BGH NJW 1984,46.

〔2〕 Staudinger/Kanzleiter(2019) § 2301 Rn. 14;Palandt/Weidlich § 2301 Rn. 4;MünchKomm/Musielak § 2301 Rn. 4.

von Todes wegen)仅符合**继承契约**或**遗嘱**的生效要件,[1]尤其是形式要件的,方为有效。[2] 此外,针对此类赠与允诺的**内容**也适用有关死因处分的法律规定,即通常情形[3]下,所允诺的赠与视为第 2147 条以下规定的**遗赠**,例外情形下视为指定继承人处分。换言之,此类赠与允诺依据法律规定直接**转换为死因处分**。[4]

(三)生前履行完毕的死因赠与

与此相反,根据第 2301 条第 2 款,赠与人在生前已经给付应 571
给予的赠与标的(如转移所允诺物的所有权、让与所赠与的债权、或根据第 397 条无偿免除债务[5]),即赠与允诺已经履行的,对其仍应适用生前赠与的法律规定。此处提及的**履行行为应发生在赠与人生前**[6](有别于赠与人生前仅做出赠与允诺的情形,比较见边码 572)。赠与人生前已经做出履行行为,但附受赠人晚于赠与人死亡的解除条件(如赠与允诺和履行行为附解除条件)的,由于赠与人的财产在生前已有减少,故该情形与死因处分不具有相似性。判断是否应适用第 2301 条第 2 款,关键在于认定**赠与人的财产在其生前是否已有减少(das gegenwärtige Vermögensopfer des**

[1] 这也包括排除被继承人方面的代理(第 2064 条、第 2274 条)——这不适用于生前赠与允诺的情形。

[2] Lange Kap. 4 Rn. 183;Schlüter/Röthel § 25 Rn. 8;Brox/Walker § 43 Rn. 19;MünchKomm/Musielak § 2301 Rn. 13;而别人则认为,由于赠与允诺的契约性质,只有继承契约的形式才是充分的,参见 Palandt/Weidlich § 2301 Rn. 6;Kipp/Coing § 81 III 2a(但是依两者之意见,可能转而解释为遗嘱);Muscheler Rn. 2845。

[3] 应认定为继承法上的哪种处分方式,必须通过解释(考虑到给予的标的,第 2087 条)予以确定。不同意见见 Brox/Walker § 43 Rn. 20,该书总是认定为遗赠。

[4] Harder, Zuwendungen unter Lebenden auf den Todesfall (1968), 95ff.; Lange Kap. 4 Rn. 183;Muscheler Rn. 2845.

[5] 参见 OLG Hamburg NJW 1961,76(即使根据免除契约,债权只有在债权人死亡时才会消灭,但只要债权此后仍然存在,仍为生前履行完毕赠与允诺);OLG Stuttgart NJW 1987,782。

[6] BGH NJW 1988,2731,2732.

Schenkers)。有些情形下,赠与人在生前虽未履行完毕赠与允诺,但其财产可能已发生减少。如通说认为:即使赠与人的履行行为附受赠人晚于赠与人死亡的**延缓条件**,[1]但由于受赠人在赠与人生前已取得一项有保障(见第160条以下)的期待权,故也仍应适用第2301条第2款的规定。但若赠与人仅授予他人(甚至是不可撤回的)**代理权**,使该代理人在其死亡后有权处分其银行账户,则由于赠与人的财产在生前未因此发生减少,故该授权行为尚**不得认定为赠与的履行行为**。[2]

(四)在赠与人死亡后通过身后代理权履行赠与

572 被继承人可委托**代理人**在其死亡后**通过移转标的之所有权,履行其所希望的赠与**。是否由此成立一项有效的赠与,认定之关键在于该种赠与属于起初在形式上存在瑕疵的生前赠与允诺(第518条),还是属于死因赠与(第2301条)。若可定性为赠与允诺,则其形式瑕疵在继承发生后经代理人的履行可被补正(第518条第2款);[3]若定性为死因赠与,则由于第2301条第2款规定赠与应在被继承人生前得到履行,故该赠与的效力瑕疵无法被补正。[4] 处理定性问题颇具难度。[5] 联邦最高法院[6]的意见为:存在疑义时,此处讨论的情形不宜认定为附受赠人晚于赠与人死

---

〔1〕 参见BGH FamRZ 1989,959(通过附延缓条件让与一笔银行储蓄完成履行);Kipp/Coing § 81 III 1c;Palandt/Weidlich § 2301 Rn. 9, 12;详见Olzen, Die vorweggenommene Erbfolge(1984),110ff.;ders. Jura 1987,116ff.。

〔2〕 BGHZ 87,19. Kuchinke FamRZ 1984,109对此持批评性意见。

〔3〕 BGHZ 99,97,100=NJW 1987,840;BGH NJW 1986,2107;NJW 1995,953.

〔4〕 BGH NJW 1988,2731,2732;NJW 1995,953;Leipold JZ 1987,362,363;Trapp ZEV 1995,314,317.

〔5〕 Zur Abgrenzung BGHZ 99,97=NJW1987,840.

〔6〕 BGH NJW 1988,2731.相反,中肯的是Bork JZ 1988,1059,1063参考第2301条的目的而给出的意见。

亡条件,即不宜被认定为形式瑕疵无法补正的死因赠与,[1]而应类推适用第2084条的解释规则,优先考虑使被继承人意愿得到实现的方案。

原则上,代理权不因授权人死亡而消灭(第168条第1句结合第672条第1句)。效力延续至授权人死亡后的代理权称作**持续代理权(transmortale Vollmacht)**。通说认为,授权人还可授予自己死亡后方才生效的代理权,即**身后代理权(postmortale Vollmacht)**。上述两种情形下,被继承人授予的代理权在自己死亡后视作继承人授予的代理权,代理人做法律行为时无需再事先经得继承人的同意。[2] 有疑问的是,因为没有人可以代理自己,若代理人成为委托人的**唯一继承人**,则一项持续代理权或者身后代理权是否会因混同而消灭。[3] 然而,这一授权的目的在于,即使继承效果尚未明确,代理人在继承开始后(持经过公证的代理权在土地登记簿案件中)也能迅速采取行动;此一目的反对此种代理权因归于一人而消灭。[4] 573

但继承人可以**撤回**被继承人授予的**代理权**(第168条第2句)。继承人撤回代理权若是及时,则可阻止代理人履行被继承人生前的赠与允诺。需要注意的是,继承人撤回代理权以其知悉 574

[1] Leipold JZ 1987,362,364朝向此种方向。

[2] BGH NJW 1969,1245。依BGHZ 127,239=NJW 1995,250,银行也有权利和义务遵循代理人的指示,而不需要等待继承人的同意或通过等待使继承人能够撤回身后授权书。在继承人已经于同一时间进行了申报的具体案例中,这无疑是没有说服力的。Schultz NJW 1995,3345也否定了这一点。

[3] 持此种观点者有OLG Hamm ZEV 2013,431(mit abl. Anm. Lange);Brox/Walker § 35 Rn.6(S.376)。

[4] OLG München ZEV 2016,656赞同代理权的有效性,如果代理人不依靠其唯一继承人的身份;一般地赞成代理权继续有效的观点见von Schwander RNotZ 2019,57,59ff.;MünchKomm/Leipold § 1922 Rn.94附有更多例证。

存在代理权为条件。联邦最高法院[1]在此问题上极为谨慎:继承人对代理权的存在若毫不知悉,则即使向代理人询问遗产标的所在,以期主张自己对标的的权利,也由于缺乏相应的表示意识(Erklärungsbewusstsein),则该询问不得视作撤回代理权。

(五)引入使者或代理人的生前赠与

575 被继承人**委托使者(Bote)**向受赠人送交赠与标的后,在该委托事项完成前就已死亡的,除非继承人在赠与表示到达受赠人之前或在到达之同时做出撤回表示(第130条第1款第2句),否则,赠与表示的效力不受被继承人死亡的影响(第130条第2款),赠与表示在使者向受赠人送交标的时生效,经受赠人表示承诺(或以受领标的的方式表示承诺,第151条)而达成赠与(第153条)。由于被继承人并不希望赠与表示附在其死亡时生效的期限,亦不希望附受赠人晚于自己死亡的条件,故对此种赠与不适用第2301条。被继承人(在未提及自己死亡的情况下)**委托代理人履行一项赠与**,该委托事项在其死亡后被执行的,同样也不适用第2301条(死因赠与允诺)。

576 与上述情形不同的是,使者或代理人**根据被继承人的意愿**(受被继承人特别指示),应**在被继承人死亡后**执行赠与的情形。该情形下应适用第2301条第1款的规定[2]:与边码572中的情形不同,被继承人死亡后,赠与的形式瑕疵不得经履行而被补正。

---

[1] BGH NJW 1995,953。而Schultz NJW 1995,3345,3347则与此相反。

[2] RGZ 83,223,227在所谓的伯尼法爵会案中即持此观点。在本案中,一位预计很快就会死亡的天主教神父将证券交给了信仰援助机构德国天主教波尼法爵协会(以一生致力于宣扬信仰,被誉为"德意志的宗徒"的圣波尼法爵名字命名的协会)的访客,这些证券在神父死亡后才交给协会的代表。帝国法院认为,该给予是不生效力的,因为没有遵守第2301条第1款规定的死因处分形式。

二、基于死亡的利他合同

第 328 条第 1 款意义上的真正利他合同可以规定:第三人在合同一方死亡时取得对合同另一方所能主张的权利。此类合同例如:**人身保险合同(Lebensversicherungsverträge)**中,第三人被指定在被保险人死亡时取得保险金;[1]储蓄人在开立储蓄账户或订立建房储蓄合同(Bausparvertrag)的当时或嗣后,与银行或建房储蓄信贷社(Bausparkasse)[2]达成由谁在储蓄人死亡后取得存款权利的合意。[3] 又如,给予人以受益人的名义开立存折,存折由给予人保管,即受益人在给予人生前尚未取得对存折及存折上存款的权利。[4] 由于《民法典》第 331 条第 1 款及《保险合同法》(Versicherungsvertragsgesetz)第 159 条和第 160 条(针对人身保险合同)针对类似涉及合同一方死亡的利他合同有明文规定,且未将其归入死因处分范畴,故法院的一贯裁判观点为:应将此类给予定性为**纯生前行为**,不适用第 2301 条。[5] 577

人身保险合同或银行合同等利他合同(抵偿关系,Deckungsverhältnis)本身不包含赠与允诺,故不适用第 2301 条。但若第三人取得被给予的权利是*无偿*的,则根据通说,尤其是司 578

---

〔1〕 在这种情况下,通常存在一个利于第三人的*权利赋予型*合同,参见《保险合同法》第 159 条。

〔2〕 例子:BGH NJW 1965,1913。

〔3〕 如果受益人先死亡,还要问是否已经指定了替补受益人(不过,并不适用继承法的特殊解释规则,如第 2069 条),否则债权就属于储蓄人的遗产,见 BGH NJW 1993,2171。

〔4〕 BGH NJW 2005,980。因此,给予人可以在其生前自由处分储蓄。只有在给予人死亡后,受益人才会获得对(尚存)存款的请求权。

〔5〕 BGHZ 41, 95; 46, 198; 66, 8, 12; BGH NJW 1984, 480; NJW 2004, 767 = ZEV2004,118(附 Leipold 之评论);详见 Bayer, Der Vertrag zugunsten Dritter(1995), 289ff. ,303. 不同意见见 Kipp/Coing § 81 V; Medicus/Petersen, Bürgerliches Recht, 26. Aufl. ,Rn. 396ff. ;Olzen/Looschelders Rn. 1255 ff. 。

法中的观点,在给予人与第三人之间(对价关系)应存在**作为债法上原因关系**(原因行为)**的赠与关系**,[1]否则,第三人取得利他合同上的权利即属欠缺法律上的原因,继承人可向第三人主张不当得利返还请求权。针对该赠与关系不适用第2301条,而适用生前赠与的法律规定。[2] 该结论并非出自第2301条的文义;若对第331条第1款做以下解读,即立法者有整体性地(也包含对价关系在内)使此类规定不适用继承法的意思,则上述结论可间接由第331条第1款得到支撑。上述通说观点(不同观点见边码580a)认为,对价关系中应存在一项特别的法律原因,因此,利他合同给予与自带法律原因的死因处分给予(见边码36)存在重大区别。[3]

579 **赠与人**希望**在自己生前**建立**对价关系(Valutaverhältnis)**的,可以通过做出形式有效的赠与允诺的方式,即赠与人以公证书证形式做出赠与允诺(第518条第1款),受赠人对赠与允诺做出承诺,承诺表示无需采用特殊形式,且根据第151条第1句,承诺表示无需到达赠与人。赠与人生前做出的赠与允诺虽不符合形式要求,但由于受赠人在赠与人死亡时将自动取得利他合同中规定的权利,故赠与允诺的形式瑕疵在继承发生时可被补正(第518条第2款)。但需要注意的是,对价关系中原已存在的法律原因也可能嗣后消灭,如出现交易基础丧失之情形,该等情形比如:赠与

[1] RGZ 128,187;BGHZ 41,95,97;46,198,203;BGH NJW 1965,1913;NJW 1984,480;BGH NJW 2008,2702=ZEV 2008,392(附Leipold之评论),关于相反观点下文(见边码580a)。

[2] BGH NJW 2008,2702;BGHZ 185,252,259 Rn. 20=NJW 2010,3232,3234;BGH NJW 2013,2588.

[3] BGH 185,252,259=NJW 2010,3232,3234;BGH WM 1976,1130;OLG Köln NJW-RR 1995,1224;OLG Koblenz MDR 1995,812.

人在向配偶做出给予后，两人离婚；[1] 非婚姻生活共同关系中一方订立利益另一方之合同，在继承发生和保险事故发生前该共同关系终止。[2]

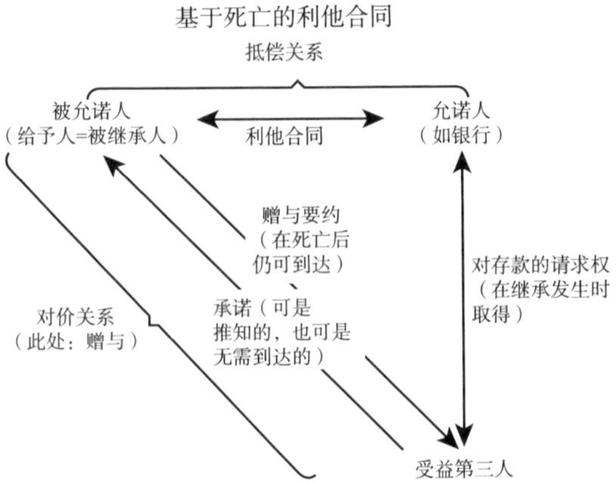

580 若给予人在生前未建立对价关系，则根据联邦最高法院的观点，**被继承人**的相应意思表示在其**死亡后**到达受益人处时（第 130 条第 2 款），**对价关系**仍有机会建立。联邦最高法院认为：被继承人委托银行在其死亡后向不作为继承人的特定第三人支付一笔款项，在银行向该第三人支付款项时即可建立对价关系；[3] 保险人向受益人支付保险金的行为中暗含着保险人对被继承人赠与要约

〔1〕 BGH NJW 1987，3131 以此路径解决了配偶被指定为人寿保险单的受益人，但后来离婚而没有改变对受益人的指定的案件，同样，BGHZ 128，125 = NJW1995，1082 将此路径用于在继承发生前离婚程序发生诉讼系属的案件。在这种情况下的指定受益人类推适用第 2077 条（赞同者例如 MünchKomm/Leipold § 2077 Rn. 44 附有更多例证；Petersen AcP Bd. 204[2004]，832，849ff.）。与此相反，联邦最高法院以通说否定此种路径。

〔2〕 BGH NJW-RR 2013，404.

〔3〕 BGH NJW 1975，382. 对此持批评意见者有 Harder FamRZ 1976，418。

的转达,而受益人接受保险金的行为中则暗含着其对要约的承诺。[1] **继承人**如希望阻止达成赠与合同,则应在赠与要约转达之前或在款项支付之前,**撤回**被继承人对银行或保险人的委托(第671条及第675条结合第621条第5项或第649条),或可在要约受领人收到由银行转达的给予表示前,先行向要约受领人做出撤回要约的通知(第130条第1款第2句)。[2] 另外,联邦最高法院[3]认为:保险人在受益人向其主张保险金后,为检查受益人权利是否成立而要求受益人提供相应证明材料的,在保险人提出的该项要求中尚不包含其对被继承人赠与要约的转达,故此时继承人仍有机会为撤回表示。若继承人向保险人做出撤销受益人受益权的表示,则联邦最高法院认为,继承人在该撤销表示中亦表示了撤回委托保险人转达赠与要约的意思。继承人阻止赠与合同达成后,受益人基于利他合同所取得的针对银行或保险人的权利丧失法律上的原因,继承人可根据第812条第1款第1句要求受益人向自己转让该权利。[4] 若明显不存在对价关系,允诺人(银行、保险人)可以对受益人提出不允许行使权利之抗辩(基于第242条),并拒绝给付。[5]

580a 依据联邦最高法院以及通说之观点,继承人是否有机会为撤回表示,取决于继承人是否及时知悉第三人被指定为受益人这一

[1] BGH NJW 2013,2588,2589.

[2] BGH NJW 1975,382。依 BGH WM 1976,1130,如果被继承人自己保留了撤回权,他就不能在利于第三人的合同中排除继承人的撤回权。然而,在这种情况下,应允许通过符合形式要求的死因处分来排除继承人的撤回权,赞同者有 Staudinger/Kanzleiter(2019) § 2301 Rn. 44;可能还有 BGH WM 1976,1130。OLG Celle WM 1993,591 否定了与银行签订的合同中包含的不得撤回的义务对继承人的效力;不同意见见 Muscheler WM 1994,921,930ff。

[3] BGH NJW 2008,2702 Rn. 25.

[4] OLG Hamm ZEV 2005,126.

[5] OLG Saarbrücken ZEV 2017,663;OLG Hamm BeckRS 2019,10993.

偶然事件。因此,继承人做出撤回的机会随机性较大。**这样的结果无法令人满意**,因为继承人以此方式偶然地获得了推翻被继承人意愿的法律权力。[1] 为不明继承人所选任的遗产保佐人也被授予将赠与要约或转达委托予以撤回的权限。虽然法院出于对法律确定性的考虑,不愿调整基础观点——对利他合同不适用第2301条——的做法是可以理解的。[2] 但从该基础观点出发,法院理应采纳以下观点:即使在生前没有成立对价关系,一旦经利他合同做出的给予在继承发生时生效,则应认可该给予亦有法律上的原因。[3] 换言之,经基于死亡的利他合同做出的给予应可**等同于遗赠**,给予本身即应包含法律原因。如此解释,旨在照顾被继承人的意愿,对继承人而言亦为合理。[4]

如采纳上述观点,则基于死亡的利他合同的使用可能导致 581
"继承法外的继承"的大量发生。这也将对**特留份权人**构成不利,因为保险金等财产将不计入遗产。[5]

不过,如被继承人经利他合同做出的给予系无偿,则根据第 581a
2325条,特留份权人可主张**特留份补充请求权**(**Anspruch auf Pflichtteilsergängzung**,见边码839以下)。经**人寿保险合同**无偿

[1] 此种意见见OLG Hamm BeckRS 2019,10993。

[2] 尽管联邦最高法院BGHZ 66,8,13承认,遗嘱处分和死因处分之间的界限可以用不同的方式来划分,但它支持一贯的裁判(ständige Rechtsprechung),尤其是因为它为当事人创造了信赖要件(Vertrauenstatbestand,包括信赖基础和信赖表现)。

[3] 持此种观点——不以特别约定的对价关系为必要——者有Harder(Fn. 6)143ff.;ders. FamRZ 1976,418;Harder/Kroppenberg Rn. 525ff.,540ff.(赞同适用遗赠法);v. Lübtow S. 1235;Bayer(Fn. 25),329ff.;Windel,Über die Modi der Nachfolge in das Vermögen einer natürlichen Person beim Todesfall(1998),428ff.;M. Wolf FamRZ 2002,147. MünchKomm/Musielak § 2301 Rn. 36f。与判例一致的通说持不同态度。

[4] 也见Leipold ZEV 2008,395,396。

[5] BGHZ 185,252,258;RGZ 80,175,177;OLG Schleswig-Holstein ZEV 1995,415 u. 1999,107(因此也不在后位继承范围);对此持批评意见者有Muscheler ZEV 1999,229);详见Petersen AcP Bd. 204(2004),832。

给予受益权情形下,如何确定作为特留份请求权计算依据的**价值**历经了不同的标准。早期司法观点[1]认为:受益人从被继承人财产中所(间接)得利的是被继承人支付的保费,故应将该保费作为计算特留份补充请求权的依据。另一观点[2]则认为:特留份补充请求权的计算依据应是受益人在继承发生时依据人寿保险合同享有的请求权所对应的价值,理由在于该价值才是遗产因该赠与而被削减的部分。作为支持该观点的论据还可援引联邦最高法院[3]新近做出的一则判决,该判决认为:对赠与行使破产撤销权后,归入破产财产的并不仅限于已支付的保费,而且还包括保险金。令人惊讶的是,联邦最高法院[4]以保护特留份补充请求权为由,对该问题最终采纳了至今为止极少人支持的第三种观点:该观点认为,计算依据应以被继承人失利(Entreicherung)的价值为准,该价值相当于人寿保险合同给被继承人在(法律上)生前最后一秒所带来的损失。联邦最高法院认为,该价值一般等于人寿保险合同的**现金价值(Rückkaufwert)**。联邦最高法院的该观点不能令人信服:被继承人直至继承发生时并未撤回人寿保险合同中的受益权,故而也谈不上取得现金价值。即使遵循联邦最高法院的观点,以被继承人失利为视角,失利的价值也仍应以被继承人支付

〔1〕 RGZ 128,187;BGH FamRZ 1976,616;OLG Stuttgart ZEV 2008,145.

〔2〕 LG Göttingen ZEV 2007,386;OLG Düsseldorf ZEV 2008,292。赞同此一解决方案者还有 Elfring ZEV 2004, 305, 309f. ; Hasse Lebensversicherung und erbrechtliche Ausgleichsansprüche(2005),35 ff. 。

〔3〕 BGHZ 156,350=NJW 2004,214.

〔4〕 BGHZ 185,252=NJW 2010,3232(附 Kesseler 部分赞许的评论)=ZEV 2010,305(附 Wall 否定性评论)=JZ 2011,316(附 Olzen/Metzmacher 肯定性评论);赞同者为 Röthel LMK 2010,304941. Frohn Rpfleger 2011,185 反对联邦最高法院且主张遵守帝国法院和联邦最高法院之前的判断;赞成请求权以保险金为准的反对性意见见 J. Mayer DNotZ 2011,89,95;Walker FamRZ 2010,1249。

的保费为准,这才更能令人信服。此外,联邦最高法院[1]该观点结合第 2325 条第 3 款的递减规则(Abschmelzungsregelung,见边码 844)后,还将引发以下效果:即使保费是很久以前支付的,也会将人寿保险合同现金价值的全额作为计算特留份补充请求权的依据。该效果似也殊值批评。[2]

581b 为保护**遗产债权人**,可根据《撤销法》(Anfechtungsgesetz)第 4 条或(在遗产破产程序中)根据《破产法》第 134 条,对被继承人的给予进行撤销。[3] 经继承契约或相互性处分指定的继承人,在被继承人的给予成立**具侵害目的的赠与**时,有第 2287 条规定之请求权。[4]

案例 23 答案:[5]

582 Herta 或许可根据第 985 条要求 Anna 的三个女儿返还该存折。如果 Herta 已取得要求银行向其支付存款的权利,则根据第 952 条第 1 款,Herta **对存折也享有所有权**。至于 Anna 与银行间是否订立第 328 条第 1 款意义上的真正利他合同,以致 Herta 可据此向银行主张领取存款,则应视解释结果而定(第 328 条第 2 款)。Anna 以 Herta 的名义开立存折账户,虽不一定意味着 Anna

---

[1] 联邦最高法院未对自 2010 年起生效的递减规则发表意见,因为该案仍需根据旧法进行判决。

[2] Frohn Rpfleger 2011,185,188 亦同。与此相反,Herder ZEV 2010,333,335 对此效果表示欢迎。

[3] 对此见 BGH ZEV 2013,272:如果配偶在死亡时被不可撤回地指定为人身保险的受益人,那么给予就已完成。这一点很重要,因为根据《破产法》第 134 条第 1 款,只有在申请开启破产程序之前的最后四年内的无偿给予是可以撤销的。

[4] BGHZ 66,8,15。关于第 2287 条之前提条件的详情[见边码 474(共同遗嘱)以及边码 522 以下(继承契约)]。

[5] 关于整个案例见 BGHZ 46,198。解决方案遵循通说(但见关于对价关系问题的边码 580a)。

有订立利他合同的意愿,[1]却可为做此解释提供依据,退一步讲,本案并不存在对 Anna 的该行为做其他解释的空间。值得注意的是,Anna 生前一直将存折留在自己身边,还用存折办理过存款、提款业务,由此可知:Anna 并无意愿**在自己生前**就为 Herta 创设可向银行主张领取存款的权利。但从 Anna 开立存折账户及其的口头表述可推知:Herta 应在 Anna **死亡时**取得向银行主张领取存款的权利。根据第 331 条第 1 款,Anna 可以订立此类利他合同,合同无需采用特殊形式。另由于此类利他合同本身不包含赠与允诺,故对其不适用第 2301 条。

583 据以上推导,Herta 作为存折所有权人,可依据第 985 条向作为存折占有人的被继承人的女儿主张返还,但若 Herta 取得在存款上的权利构成**不当得利**(见第 821 条),则继承人依据第 812 条第 1 款第 1 句又可主张将该权利转让给自己,继而继承人可以该**抗辩权**对抗 Herta 的返还主张。成立该不当得利返还请求权,以 Herta 在其与被继承人及与继承人的关系中(在**对价关系**中)取得权利无法律上的原因为条件。在本案中,作为法律上的原因,可以考虑的是一项**赠与合同**。由于 Herta 在 Anna 在世时对 Anna 以其名义开立存折账户一事并不知悉,故 Anna 在世时未与 Herta 订立赠与合同。Anna 开立存折账户的行为可视作订立赠与合同的要约,Herta 在 Anna 死亡后知悉存折存在时,要约生效,要约效力不受 Anna 死亡的影响(第 130 条第 2 款)。根据第 153 条,承诺人在要约人死亡后仍可对要约为承诺。Herta 主张返还存折,即已默示地做出了承诺。本案中,Herta 在赠与合同订立时已取得在存款上的权利,赠与标的已完成给付,故该赠与合同不属于第 518 条第

[1] BGH NJW 2019,3075(附 Roßmann 的评论)(关于父母以其未成年子女的名义开立存折账户的问题)。

1 款意义上的赠与允诺,无需采用特殊形式。[1] 另由于从第 331 条第 1 款可间接推知,对此类给予均不应适用有关死因处分的法律规定(见边码 577、边码 578),故第 2301 条第 1 款也无法影响本案赠与的效力。综上,Herta 取得在存款上的权利有法律上的原因(赠与合同),继承人无不当得利返还请求权。Herta 有权依据第 985 条主张返还存折。

三、企业与企业份额的继受

(一)企业继受概述

在法律适用方面,企业和企业份额的继受原则上与其他财产 583a
的继受大体相同。具体需根据企业性质和被继承人的参与方式作细分。

1. 独资商人营业

被继承人生前作为独资商人(Einzelkaufmann)持有企业(独 583b
资商人营业,Einzelkaufmännisches Handelsgeschäft)的,该营业在继承发生时转移给唯一继承人或作为共同财产转移给继承人共同体。针对继承发生前在该营业中所建立的债务的责任承担问题,存在一定的特殊性。在性质上,该债务属于被继承人债务(Erblasserschulden),即属于遗产债务。继承人对该债务的责任属于可限定的无限责任,即继承人采取相应措施后,可将责任限定在遗产范围内,并可阻却债权人要求继承人以其个人财产清偿债务的主张(具体见边码 706 以下)。需要注意的是,继承人根据商法规定可能承担其他责任。如唯一继承人或继承人共同体经营该营业后**沿用原有商号**[指商号未作变更,或未在商号上添加体现商号已发生继受的信息,根据《商法典》(HGB)第 22 条第 1 款两种变更均

[1] 如果认定构成赠与允诺,则依第 518 条第 2 款的规定,赠与的履行在任何情况下都可以补正形式上的欠缺,BGHZ 46,198,204;BGH NJW1965,1913,1914。

为可行],则根据《商法典》第27条第1款结合第25条第1款第1句的规定,应对继承发生前的企业债务承担无限责任。但根据《商法典》第27条第2款,继承人虽沿用原有商号,但最晚在得知继承发生时起的三个月内(或在经可能延长的拒绝继承期间内)停止经营的,则对原企业债务不承担无限责任。此规定旨在给继承人以一定的时间进行考虑。此外,通说[1]认为,继承人虽沿用原商号,但在商业登记簿(Handelsregister)中对继承人信息已进行登记公示的,也无需再承担无限责任。有关继承人共同体对营业的继续经营问题,及有未成年人参与情形下对营业的继续经营问题将在下文予以详述(见边码763以下)。

2. 股份公司

583c 股份可以自由继承,在继承发生时转移给唯一继承人或作为共同财产转移给继承人共同体。股份公司的股东自身对公司债务本不承担责任。根据《股份法》(AktG)第69条第1款,继承人共同体行使股份权利应通过共同的代理人。股份在遗产分割时可转移给各个继承人。根据《股份法》第8条第5款,禁止对单一股份(一股)进行分割。

3. 有限公司

583d 根据《有限公司法》(GmbHG)第15条第1款,有限公司的股权可以继承。[2] 鉴于有限公司股东自身对公司债务不承担责任,故不论股权转移给唯一继承人还是转移给继承人共同体,均不产生继承人对公司债务承担责任的问题。根据《有限公司法》第18

---

〔1〕 Baumbach/Hopt, HGB, 38. Aufl., § 27 Rn. 8; Brox/Walker § 37 Rn. 22; MünchKommHGB/Thiessen, 4. Aufl., § 27 Rn. 46ff.

〔2〕 因为合伙协议或公司章程不能规定团体份额在合伙人或股东死亡时消灭,在此意义上,这一股份可继承的规定是强制性的。然而,除其他事项外,可以在公司章程中规定收取权(通常对此给以补偿)。关于个别问题,应参考合伙法和公司法。综述见 Ivo ZEV 2006, 252; MünchKomm/Leipold § 1922 Rn. 104ff.。

条第 1 款,继承人行使股权必须共同行使。根据《有限公司法》第 45 条和第 46 条第 4 项,如(在遗产分割时)需对股权进行分割,则应经股东的一致同意或在公司章程中存在允许分割的规定。

4. 人合团体[1]

针对民事合伙、无限公司和两合公司中份额的继承问题,由于涉及企业组织法和继承法的衔接,故存在一定的特殊性,下文中将详细展开。针对该问题发展出的业已固定的司法判决观点(如承认个别继受效果)也值得特别关注。 583e

(二)人合团体(民事合伙、无限公司和两合公司)中份额的继受

1. 团体的解散

根据第 727 条第 1 款,如合伙协议中无特殊规定,则有合伙人死亡时,**民事合伙应该解散**。理由在于,该种团体组织原则上重在合伙人之间的人合性。 584

与此相反,**无限公司(offene Handelsgesellschaft)**[2]股东死亡不是无限公司解散的法定事由,根据《商法典》第 131 条第 3 款第 585

[1] 译者注:在翻译德语单词“Personengesellschaft”时遇到困难。同样是“Gesellschaft”,在“Gesellschaft bürgerlichen Rechts”(民事合伙)中译为“合伙”,在“Kapitalgesellschaft”(资合公司)中却译为“公司”。德国法中“Personengesellschaft”下面有民事合伙、无限公司、两合公司等多种组织形式。无限公司和两合公司虽名为“公司”,但实质上是商事合伙(Handelsgesellschaft,与民事合伙相对),与我国《合伙企业法》中的合伙形式无较大区别。因此,如将“Personengesellschaft”一词译为“人合合伙”,则可兼顾其所包含的三种合伙形式。但此译法不妥之处在于,无限公司和两合公司虽实为合伙,但“公司”在我国学界已成固定译法。由于尚无法找到更为妥当的译法,译者决定使用折衷方法——译作“人合团体”。[另外,朱庆育老师在其著作《民法总论》(北京大学出版社 2016 年第 2 版,第 481 页)中应也考虑到将“Personengesellschaft”译作“人合公司”的不妥之处,故才会选择采用“人合团体”的译法。]

[2] 详见 MünchKomm/Leipold § 1922 Rn. 110ff. 附有更多例证。关于欧洲经济利益集团(Europäischen wirtschaftlichen Interessenvereinigung)和合伙公司(Partnerschaftsgesellschaft)的法律状况,见 MünchKomm/Leipold § 1922 Rn. 137ff. 。

1 项,公司章程中无特别约定时,仅发生死亡股东退出公司的效果。法律针对**两合公司(Kommanditgesellschaft)**无限责任股东死亡的情形亦有类似规定,见《商法典》第 161 条第 2 款结合第 131 条第 3 款第 1 项。(有关两合公司有限责任股东死亡情形下股权如何继受问题见边码 595。)仅**公司章程中有特别约定**时,无限公司或两合公司在股东死亡时才将**解散**,但实践中有此种约定的极少。

586 针对股东死亡所导致的公司解散,不存在特别的继承法问题:唯一继承人或继承人共同体将成为**清算组成员**。[1] 根据《商法典》第 146 条第 1 款第 2 句,继承人应就此委托共同的代理人。

2. 团体在死亡股东退出团体情形下存续

587 公司章程若无特别约定,有股东死亡时,无限公司和两合公司可以存续,其余股东继续作为股东(见边码 585)。死亡股东对公司的**补偿请求权(Abfindungsanspruch**,第 738 条第 1 款第 2 句)归入遗产;存在多个继承人时,该补偿请求权作为继承人共同体的共同财产。

3. 死亡股东或合伙人的继受人进入团体(团体存续)——特定条件情形下适用纯粹的公司章程或合伙协议上的方案

588 民事合伙的合伙协议及无限公司、两合公司的公司章程中可能存在以下约定:有成员死亡时,团体应**存续,死亡成员的继受人成为新成员**。此种约定在实践中较为常见。因涉及同时适用继承法领域和商事组织法领域的法律规定,故存在诸多尚不明确之处。鉴于法律在这方面规定相当不全面,故处理时应特别留意法院(尤其是联邦最高法院)的司法观点。

---

[1] Kipp/Coing § 91 IV 8a;Baumbach/Hopt,HGB,38. Aufl.,§ 131 Rn. 75。如果在公司解散之后继承才发生,那么继承人或继承人共同体进入清算组是没有问题的,见 BGH NJW 1995,3314(然后责任可以根据继承法规则限于遗产)。

首先需解决的问题是,新成员进入团体是基于继承法上的效果,还是仅基于合伙协议或公司章程的约定(生前法律行为)。[1]公司章程或合伙协议中向继受人给予公司股权或合伙份额的约定,似可视作一项利他合同。但通说[2]正确地否定了上述观点,认为继受人不可仅根据此类**纯粹的公司章程或合伙协议中的继受条款(rein gesellschaftsvertragliche Nachfolgeklausel)**就直接取得股权或份额,其理由在于,被给予股权或份额后,继受人除被赋予权利外,也要承担债务,故此类约定属于**不为法律所认可的第三人负担合同(Vertrag zu Lasten eines Dritten)**。因此,如希望产生继受人仅通过公司章程或合伙协议就直接继受股权或份额的效果,则该继受人应一同签订公司章程或合伙协议;否则,通过生前法律行为仅能给予受益人以进入公司或合伙的权利(**进入条款,Eintrittsklausel**);[3]继承发生时,受益人不立即成为股东或合伙人,而应先行使进入权。[4] 589

4. 一般适用方案——发生个别继受效果的继承法上方案

由上文可知,纯粹的公司章程或合伙协议上方案如需被采用,应满足一定的条件。除此之外,法院在司法实践中还发展出以下 590

〔1〕 前者被称作继承法上方案,后者被称作纯粹的公司章程或合伙协议上方案。——译者注

〔2〕 基础性的意见见 BGHZ 68,225=NJW 1977,1339。联邦法院将利益第三人合同的继受方案(Erbfolgeregelung)称为“法律行为上的”继受方案,与“继承法上的继受条款”形成对比。持同样意见者如 BayObLG DNotZ 1981,702。关于该难题的细节见 MünchKomm/Schäfer § 727 Rn. 49ff.;MünchKomm/Leipold § 1922 Rn. 128ff.;Lange Kap. 22 Rn. 64ff.。

〔3〕 一个不生效力的继受条款可以转换为一个进入条款,见 BGHZ 68,225,233=NJW 1977,1339。

〔4〕 就此情况下的进入而言,进入者的*单方*表示是否足够,或者是否必须签订*准入协议(Aufnahmevertrag)*,可能取决于合伙协议或公司章程的内容,对此参见 von Lübtow S. 865;Ebenroth Rn. 883。

观点：纯粹的公司章程或合伙协议上方案与**继承法上方案**均可适用时，**原则上**应推定被继承人**希望优先适用**后者方案。经继承法路径，股东或合伙人死亡时，其全体继承人或个别继承人可直接成为股东或合伙人(所谓“直接”，是指继受人无需作进入团体的表示，也无需与其余团体成员订立吸收其进入团体的协议)。但如需此类**继承法上的继受条款(erbrechtliche Nachfolgeklausel)**产生所希望的效果，那还应满足以下条件，即公司章程或合伙协议中的约定应与继承法上效果相一致。换言之，经继承法路径继受股权或份额者必须一方面满足公司章程或合伙协议中的条件，另一方面还应成为继承人。

591 通说认为，即使存在此类继受条款，**继承人共同体也不得成为人合团体的成员**。[1] 其理由主要在于：关于继承人共同体责任的规定(尤指继承人共同体可将责任限定于遗产范围内[2])与法律对人合团体成员责任的要求之间有冲突。[3] 因此，即使公司章程或合伙协议规定**全体继承人**成为**股东或合伙人**——此类约定称作**一般继受条款(einfache Nachfolgeklausel)**，继承人也不能以继承人共同体的形式进入人合团体，每个继承人应各自成为股东或合伙人，取得死亡人股权或份额中归自己享有的部分。由此可知，多位继承人继受股权或份额时，应发生**个别继受**的效果，此系对继承人共同体概括继受原则(见边码 721)的突破。

592 继受条款也可规定：**仅某一位或某几位继承人进入人合团体**——此类约定称作**特定的继受条款(qualifizierte Nachfolgek-**

---

〔1〕 此为绝对的通说，参见 MünchKomm/Schäfer § 705 Rn. 81。

〔2〕 责任限制的可能性，即遗产破产程序，遗产管理(见边码 706 以下)。在遗产分割之前，根据第 2059 条第 1 款第 1 句，共同继承人已经可以阻止以自己的财产为给付(详见边码 756)。

〔3〕 根据《商法典》第 130 条的规定，无限公司股份的继承人也要对公司的旧有债务承担无限责任。这也相应适用于民事合伙股份的继承人，见 BGH ZEV 2014，432。

lausel)。发生继承时,该位继承人或该几位继承人将成为股东或合伙人。基于商事组织法上的原因,此时也应突破概括继受原则,允许继受人**个别继受股权或份额**。需要注意的是,出现此种情形时,应首先对公司章程或合伙协议进行解释,以查明相关继承人所应取得的是被继承人的*全部*股权或份额,抑或仅是与其继承份额相对应的**部分**。如系后者情形,则被继承人股权或份额中的其余部分归人合团体中的其他成员取得,其他未进入团体的继承人对该团体得主张补偿请求权(第738条第1款第2句)。

然而,上述对被继承人的部分股权或份额进行折价补偿的方案并非一般适用方案。对继受条款解释后如存在疑义,应优先考虑由被指定为继受人的继承人取得被继承人的**全部股权或份额**(称作**完全继受,Vollnachfolge**)。[1] 继承发生时,被继承人的全部股权或份额直接转移给被指定为继受人的继承人。[2] 该效果称作受益继承人的**直接完全继受(unmittelbare Vollnachfolge)**。 593

上述继受效果也被认定为继承法上的一种取得。正如联邦最高法院[3]所强调的那样:**继承的股权或份额**仍属于遗产(虽可能不属于概括继受的共同财产)。涉及对遗产债务的责任承担时,亦有该观点之适用。[4] 又如,某一继承人从遗产中继受的股权或份额在价值上高于其继承份额时,应根据诚信原则,向其余继承人为相应的**价值补偿(Wertausgleich)**。[5] 遗嘱中规定先取遗赠,即 594

〔1〕 BGHZ 68,225,236=NJW1977,1339.

〔2〕 BGHZ 68,225=NJW 1977,1339;相同意见 BGH NJW 1983,2376. BGHZ 22,186 还有不同意见。

〔3〕 BGH NJW 1983,2376;BGHZ 98,48=NJW 1986,2431;BGHZ 108,187,192=NJW 1989,3152.

〔4〕 参见 BGHZ 98,48,54=NJW 1986,2431。

〔5〕 BGHZ 22,186,197;68,225,238=NJW 1977,1339。补偿的义务可以(在特留份权利的范围内)通过遗嘱处分予以排除,见 OLG Stuttgart BeckRS 2016,118422 Rn. 33ff. =ErbR 2017,429(附 Otte 否定性评论)。

规定,某一继承人有义务将其取得的股权或份额转让给另一继承人时,尽管发生个别继受效果,但前者所继受的股权或份额仍属于第 2169 条第 1 款意义上的遗产。[1] 根据第 1950 条,继承人不得以被继承人的股权或份额为限做出接受继承或拒绝继承的表示。[2] 有关**遗嘱执行**见边码 805 以下;有关遗产管理见边码 708。计算**特留份相关请求权**的数额时,应将通过继承法路径继受的股权或份额的价值计入作为请求权计算依据的遗产,而无需考虑个别继受的因素。[3]

594a 根据《商法典》第 139 条第 1 款,继受取得被继承人全部或部分股权的继承人,可视自己**能否取得有限责任股东身份(die Stellung eines Kommandisten)**的结果,从而决定自己是否继续留在该公司内。[4] 若其余股东对该继承人要求取得有限责任股东身份的要约不做承诺,则该继承人可以做出退出公司的表示,做出退出表示不受针对终止表示所规定的时间限制(《商法典》第 139 条第 2 款)。根据《商法典》第 139 条第 4 款,继承人取得有限责任股东身份或做出退出表示后,在其以继承人身份[5]对此前产生的公司债务承担责任时,应适用继承人对遗产债务承担责任的规则。换言之,该继承人有机会按照继承法规定对责任进行限定(见边码 706 以下)。

5. 有限责任股权的继承

595 根据《商法典》第 177 条,若两合公司的公司章程中无特别约

---

〔1〕 BGH NJW 1983,2376.

〔2〕 MünchKomm/Leipold § 1950 Rn. 10.

〔3〕 MünchKomm/Lange § 2311 Rn. 55,57(也有关于评价难题的论述)。

〔4〕 这也应该类推适用于民事合伙股份的继承人,见 MünchKomm/Leipold § 1922 Rn. 132,就此有争议。

〔5〕 如果继承人成为有限责任股东,除了继承法规定的责任外,还有基于《商法典》第 173 条的责任。

定,则有限责任股东死亡时,**其继承人进入公司(公司存续)**。换言之,有限责任股东的股权根据法律规定就可发生继承。通说[1]认为:存在多位继承人时,继承人也**不得以继承人共同体的形式**进入公司,而是**各自取得根据继承效果所被给予的股权部分**。同样出于商事组织法上的考虑,与无限责任股权的继受相类似,此处也发生**个别继受**效果。该股权也应视作遗产的组成部分。

第十七章自检试题:

1. 丧偶的被继承人有一处房产,其与女儿 T 长期居住在该房内。被继承人生前曾向女儿口头提及:在自己死亡后,女儿可终身无偿使用其现居住的房间。A 是被继承人遗嘱指定的唯一继承人。继承发生后,A 要求 T 搬离该处房产。A 的主张是否有理?

2. 2008 年自己 40 岁时,E 与某家保险公司订立一份储蓄型人身保险合同。该合同规定:E 死亡或满 65 岁时,保险公司应支付保险金 100,000 欧元。E 指定自己的伴侣 L 为受益人,但保留撤回指定的权利。指定 L 为受益人的信息,E 既告知了保险公司,也告知了 L。L 因将来生活有了保障而对 E 表示感谢。E 于 2019 年死亡。E 生前订立遗嘱,指定自己的兄弟 B 为唯一继承人。L 和 B 现均向保险公司主张保险金。保险公司应向谁支付保险金?

3. 无限公司的股权在什么条件下可以继承?如何进行继承?

4. 无限公司股东死亡时,可否根据生前法律行为发生股权继受的效果?

答案:

1. A 作为唯一继承人成为该处房产的所有人(第 1922 条第 1 款),如 T 无权占有(第 986 条第 1 款第 1 句),则 A 可以根据第 596

[1] BGH NJW1983,2376,2377;BGH ZEV 2012,335 Rn. 18。关于进入清算组,见前文。

985 条要求 T 搬离。T 对被继承人的表示至少已做出默示的承诺,故在 T 与被继承人之间达成一项合同。被继承人根据该合同,有义务在女儿的有生之年内无偿提供房间供女儿居住。该合同不属于赠与允诺,而属于**借用合同**(第 598 条),订立时无需采用特殊形式。[1] 鉴于该合同不属于租赁合同,故不应适用第 550 条。[2] 另第 2301 条也不适用于本案,理由在于:本案中订立的合同并非赠与允诺,故不可直接适用第 2301 条;根据该借用合同,女儿在被继承人生前已被允许使用房间,因而该合同的生效不以女儿晚于被继承人死亡为条件,故第 2301 条也不应被类推适用。[3] 该借用合同中的义务现由作为唯一继承人的 A 承受(第 1967 条第 1 款),故对 A 而言,T 的占有属有权占有,T 无需搬离现居住的房间。

2. L 或 B 谁有权请求保险公司支付保险金?

597 继承发生时,E 的财产转移给为 E 所指定的唯一继承人 B(第 1922 条第 1 款)。如在继承发生时,L 未取得向保险公司请求支付保险金的权利,则该请求权属于遗产。根据第 328 条第 1 款,指定 L 为受益人的保险合同属利他合同。该合同属**生前法律行为**,故无需采用针对死因处分规定的形式。第 331 条第 1 款也已明确:基于死亡的利他合同即使未采用继承法中规定的形式,也应有效。另由于该利他的保险合同本身不包含赠与,故不适用第 2301 条。综上,L 在继承发生时就已取得请求支付保险金的权利。

597a 若 L 取得该请求权无法律上的原因,则 B 可向 L 主张不当得利返还抗辩权。根据通说,该利他合同不是 L 取得该请求权的**法律原因**,如需成立法律原因,则应在 L 和 E 之间存在一项独立的

〔1〕 BGHZ 82,354.

〔2〕 BGH NJW 1985,1553,1554.

〔3〕 BGH NJW 1985,1553.

法律关系,即对价关系。鉴于 L 取得该请求权是无偿的,且 E 和 L 就此也已达成一致,故该给予属于**赠与**(第 516 条)。由于该赠与并未即时履行,L 在 E 死亡时才取得该给予,故该赠与属于契约性质的赠与允诺。该赠与应适用生前赠与的法律规定,而不应适用第 2301 条,因为基于第 328 条和第 331 条的规范目的,有关对价关系亦应适用生前法律行为的规定。因此,本案中的赠与允诺应符合第 518 条第 1 款规定的公证书证形式。由于该赠与允诺未采用法定形式,故根据第 125 条第 1 款,其在做成时尚为无效。但在继承发生时,L 基于本案中的利他合同对保险公司取得保险金支付请求权,故该赠与允诺已经履行完毕,根据第 518 条第 2 款,形式上的瑕疵得到补正。唯一继承人 B 不得再变更该项在继承发生时已经形成的法律效果。

因此,保险金支付请求权归 L 享有。

3. 依《商法典》第 131 条第 3 款第 1 项,无限公司内有股东死 598
亡时,该股东退出公司,其余股东继续作为股东(公司存续)。因此,如希望发生股权继受的效果,则必须**在公司章程中**约定:死亡股东的(全部或个别)继承人可以进入公司。至于由谁取得死亡股东的股权,则由公司章程规定和继承效果两者共同决定,两者效果*保持一致*时,股权才能由继受人取得。若公司章程中仅规定股权可以继承,则被继承人可以任意选择经继承法路径继受股权的人选。但若公司章程中对继受人范围已有限定,则仅该范围内的人选可以取得股权,当然其取得股权还以其在继承法效果上被指定为股权继受人为条件。根据现今的通说,无限公司股权的继受应通过**个别继受**的方式。换言之,股权不作为继承人共同体的共同财产,而是由被指定为继受人的继承人个别取得。多位继承人被指定为继受人时,股权在其之间按相应比例分割(见边码 591 以下)。

4. 公司章程或合伙协议上的方案本身是允许的,但经解释后, 599

该方案与继承法上方案并存时,原则上应推定被继承人希望优先采用后者方案。如受益人未对公司章程或合伙协议的规定表示同意,则公司章程或合伙协议中作为利他合同的受益条款可给予受益人**进入权**。但由于继受人继受股权的同时也须承担公司债务,故直接继受股权的条款在性质上属于第三人负担合同,若没有继受人对该条款的同意,则不能发生**直接**向其**转移**股权的效果。若继受人自己也参与订立公司章程或合伙协议,则可根据该继受条款产生直接继受股权的效果。

第四部分

继承开始后的法律效果

第十八章　遗产继受与继承人法律地位

案例 24：Paula 于 2019 年 1 月 20 日死亡。Hans 于 2019 年 2 月 4 日得知自己是姑姑 Paula 唯一在世的血亲，成为唯一的法定继承人。Hans 对 Paula 的遗产作大致调查后，发现：遗产债务共 3600 欧元，银行存款 6000 欧元，家具价值 4000 欧元。2019 年 6 月 1 日，Hans 又得知 Paula 尚欠银行贷款 11,000 欧元未还。Hans 在 2019 年 6 月采取措施是否还能使遗产不发生继受？Hans 能否争取更多的考虑时间？

一、遗产继受[1]及继承的接受与拒绝

（一）遗产立即自动继受

成为继承人应满足以下三个条件： 600

A. **存在继承事由**（发生法定继承或意定继承）；

〔1〕“Anfall der Erbschaft”词组有译作“遗产的归属”，而其中的“Anfall”一词有译作“归属”的，但依我国对此概念的习惯用语，整个词组译作“遗产继受”似更为常见。“Anfall”一词，还出现于“Anfall des Vermächtnisses”中，由于“Vermächtnis”即遗赠在德国继承法语境下无继受一说，故此处的“Anfall”又不宜译作“继受”，应译作“归属”更为妥当。有关“Anfall”一词另见《术语索引》。——译者注

B. **继承人有继承能力**(尤指继承人在继承开始后死亡);

C. **继承人没有签订放弃继承协议**。

601 上述条件若已满足,则继承人无需知道继承发生,无需自己做特定行为(如接受继承),也无需行政机关或法院做特定行为,遗产在继承开始时**自动**(**von selbst**,ipso iure)发生继受——**自动继受原则**。换言之,被继承人的各项权利**在被继承人死亡的那个时间点上**(见边码31)立即转移给继承人,不出现遗产未决(hereditas iacens,意指休息状态的遗产)的状态,即遗产权利暂时无主的状态。遗产发生继受后,继承人又拒绝继承、被宣告丧失继承资格(见边码628)或死因处分被撤销的,遗产继受的效果废止。

(二)拒绝继承

1. 拒绝继承的目的与做出

602 适用遗产自动继受原则,不意味着继承人被强制接受继承。在不违反善良风俗的限度[1]内,继承人可以任意**拒绝继承**(**Erbschaft ausschlagen**);拒绝继承**使遗产继受效果发生回复**。继承人拒绝继承,主要目的在于避免因继承而继受一项资不抵债的遗产,由此对自己产生不利。此外,拒绝继承还能使他人取得遗产,如拒绝继承后,可由成为法定继承人的直系血亲卑亲属继承遗产。拒绝继承是继承人的权利。至于继承事由来源于法定继承,抑或经遗嘱或继承契约发生的意定继承,则非所问。唯国家成为

---

[1] 有观点认为,残疾人(或经其辅助人)为获取更多社会救济金而拒绝继承,因与社会救济的后位补充功能[《德国社会法典》(SGB)第十二编第2条第1款、第90条第1款]相悖而违背善良风俗,故应根据第138条第1款认定其无效,此种观点见OLG Stuttgart NJW 2001,3484;OLG Hamm ZEV 2009,471(mit zust. Anm. Leipold)。与不违背善良风俗的残疾人遗嘱(见边码258以下)不同,残疾人拒绝继承是自己减弱自己的财产能力。但是,联邦最高法院不认同上述观点,认为经残疾人遗嘱发展出的原则也可适用于残疾人拒绝继承,原则上残疾人拒绝继承也不违背善良风俗,BGHZ 188,96,104=NJW 2011,1586 Rn. 27。

法定继承人时，不享有拒绝继承的权利（第 1942 条第 2 款）。

根据第 1946 条，**继承开始后**方可拒绝继承。“柏林式共同遗嘱”（见边码 463）中，后死亡配偶死亡时，终位继承人才成为后死亡配偶的继承人，故终位继承人在此时方可拒绝继承。[1] 根据第 1944 条第 1 款和第 2 款，继承人应在自知道[2]继承发生和继承事由[3]之时起 **6 周内**拒绝继承。规定如此短的**拒绝继承期间**，旨在保护遗产债权人的利益，使继承人人选早日确定。被继承人住所地或居住地在外国时，[4]拒绝继承期间为 6 个月（第 1944 条第 3 款）。根据第 1945 条第 1 款，**拒绝继承的意思表示应向遗产法院做出**，属需官方受领的意思表示，为意思表示时应由法院予以记录，或由表示人向法院递交经公证认证的文书。拒绝继承表示如由继承人的意定代理人代理做出，则授予此项代理权的文书应经过公证认证（第 1945 条第 3 款）。[5] 地域管辖方面，受领拒绝继承表示的管辖法院，首先是被继承人生前最后经常居住地所在的遗产法院（基层法院）（《家事事件暨非诉事件程序法》第 343 条第 1 款）。但为保障拒绝继承人能够及时做出意思表示，根据《家事事件暨非诉事件程序法》第 344 条第 7 款第 1 句，拒绝继承人也可向自己经常居住地所在法院做出表示，再由该法院将拒绝继承表示转达于被继承人生前最后经常居住地所在的遗产法院（《家事 603

[1] 撤销了 OLG Düsseldorf FamRZ 1996，1597 的 BGH NJW 1998，543（附 Leipold 否定性评论）。

[2] BGH ZEV 2000，401 要求可靠的知悉，在对继承事由存在事实上或者法律上错误的情况下可能欠缺此种知悉。

[3] 因死因处分而成为继承人的，在该死因处分由遗产法院公告之前，该期间不起算（第 1944 条第 2 款第 2 句）。

[4] 依据该规定对沟通困难加以考虑的目的，这就要求一定的停留时间；在国外的一日游并不足够，BGH NJW 2019，1071。

[5] OLG Zweibrücken ZEV 2008，194（附 Zimmer 之评论）认为拒绝继承一般不能由意定代理人作出。此种观点是站不住脚的。

事件暨非诉事件程序法》第 344 条第 7 款第 2 句)。

604 有关**行为能力**适用一般规定:限制行为能力人为拒绝继承表示,应取得法定代理人的同意(第 107 条、第 111 条);无行为能力人只能由法定代理人代为拒绝继承。法定代理人代为拒绝继承或同意拒绝继承,一般应取得家事法院的同意(第 1643 条第 2 款、第 1822 条第 2 项)。法定代理情形下,拒绝继承期间自法定代理人知道继承发生和继承事由之时起算。[1] 为胎儿拒绝继承的情况上文已提及(见边码 28)。

2. 拒绝继承的法律效果

605 拒绝继承的效力**溯及至继承开始之时**,即遗产视同自始未发生继受(第 1953 条第 1 款)。根据第 1953 条第 2 款,拒绝继承人视同在继承开始时已不在世,在该基础上认定遗产由哪位新继承人取得。由此产生的新继承人视同在继承开始时已取得遗产。自新继承人知道自己成为继承人时起,对其重新计算 6 周的拒绝继承期间(第 1944 条)。

3. 存在多个继承事由的情况

606 继承人**因不同继承事由继承多个继承份额**,例如经遗嘱指定继承一定份额,又因法定继承效果继承一定份额,则根据第 1951 条第 1 款,拒绝继承的效力可仅及于其中的一个继承份额。接受继承的效果也是如此。根据第 1951 条第 3 款,被继承人可指定继承人继承多个份额,同时规定继承人有权对各个继承份额独立为拒绝继承或接受继承;如无此规定,则继承人不得仅就遗产的一部分为拒绝继承(第 1950 条)。[2]

---

〔1〕 OLG Hamburg MDR 1984,54(同样关于第 2332 条)。

〔2〕 对于没有遗嘱处分就会被指定为法定继承人的遗嘱继承人,第 1948 条允许其放弃遗嘱继承份额而接受法定份额。但是,继承人不能以这种方式获得高于遗嘱规定的遗产份额,因为在这种情况下,遗嘱中还包含了部分剥夺继承权的内容,这一点不受放弃继承的影响,参见 MünchKomm/Leipold § 1948 Rn. 4。

(三)接受继承

遗产在继承开始时发生继受,并非接受继承后才产生遗产继受的效果。但一旦接受继承,**临时继承人就成为终局继承人**;继承人不得再拒绝继承(第 1943 条)。[1] 与拒绝继承相同,继承人也只能**在继承开始后**接受继承(第 1946 条)。 607

法律**未规定接受继承必须采用特殊形式**;接受继承表示系**无需受领的**意思表示。接受继承可以下列三种方式做出: 608

A. **明示的接受继承表示**。如向遗产法院、遗产债权人或其他继承人为表示。 609

B. **默示表示**,即以行为推知接受继承(拉丁语:pro herede gestio)——根据诚信原则并结合交易习惯,以继承人的行为在客观上可推知行为人已接受继承。例如,做出以下行为,可推知接受继承:继承人申领继承证书;[2]非以对遗产进行临时管理为必要,处分遗产标的;做出出售属于遗产的不动产的要约。[3] 行为人采取措施仅出于遗产保值的目的的,即使不接受继承,该等措施也将使终局继承人受益,故不得以其推知行为人接受继承;该等措施如临时性地继续经营被继承人留下的独资商人营业(Handelsgeschäft)。 610

C. **拒绝继承期间届满**(第 1943 条末段)。该情形其实是默示表示接受继承的一种特殊方式。继承人任由拒绝继承期间经过,在法律上一般被认定为接受继承。 611

(四)接受继承表示或拒绝继承表示的撤销

1. 概述

接受继承或拒绝继承,可起到在较短时间内确定终局继承人 612

[1] 然而,他可以选择将其对于遗产的责任限制于遗产上(见边码 706 以下)。

[2] BayObLG FamRZ 1999,1172,1173.

[3] OLG Oldenburg FamRZ 1995,574.

的效果。为确保法律效果对所有当事人均属确定，接受继承表示和拒绝继承表示**不得附条件**或附期限（第 1947 条）。继承人为接受继承表示时，**对继承事由的认识存在错误**的，根据第 1949 条第 1 款，**接受继承表示不生效力**；其他情形的意思表示错误，亦可能使表示人有权**撤销**接受继承表示或拒绝继承表示。以默示行为[1]推知或因拒绝期间届满（第 1956 条明确规定）接受继承，若接受继承表示上存在撤销事由，亦可被撤销。

2. 撤销事由

613 有关**撤销事由**适用**一般规定**，即第 119 条、第 120 条和第 123 条，不适用第 2078 条。继承人不知做出特定行为——如向遗产债权人清偿债务——在客观上可被认定为接受继承，应成立内容错误（第 119 条第 1 款第 1 种情形[2]）。继承人在做出被认定为接受继承的行为时，不知自己可以拒绝继承，亦成立内容错误。[3]当然，成立撤销权还应满足以下要件：继承人接受继承或拒绝继承系由错误所致，即两者之间**存在因果关系**。

614 继承人对意思表示所生重要效果（主要效果）的认识存在错误，应成立**法律效果错误（Rechtsfolgeirrtum）**。法律效果错误属第 119 条第 1 款第 1 种情形意义上的**内容错误（Inhaltsirrtum）**。接受继承的主要效果是继承人保留遗产，拒绝继承的主要效果是放弃继承人地位，继承人对此主要效果认识有误，成立法律效果错误应无疑问。但尚值疑问的是，继承人对特留份法上的法律效果

---

[1] BayObLGZ 1983,153,160 = FamRZ 1983,1061.

[2] Lange/Kuchinke § 8 VII 2c；MünchKomm/Leipold § 1954 Rn. 5.

[3] BayObLGZ 1983,153。——这同样应适用于明确的接受继承的表示，因为这里也是在不知有放弃继承可能的情况下，没有放弃拒绝继承之权利的意愿，MünchKomm/Leipold § 1954, Rn. 6。——不同意见 BayObLGZ 1987,356 = NJW1988,1270；BayObLGZ 1995,120 = FamRZ 1996,59，因为这里表示的基本内容（想成为终局继承人）与此意愿相一致。

认识有误,是否构成对主要效果的错误,继承人的意思表示是否因此而可撤销。

2009 年修法后,第 2306 条第 1 款现条文规定,继承人的继承份额上凡是存在限制或负担,继承人拒绝继承后都可取得特留份(见边码第 824b)。因此,早先经常出现的问题——上述继承人因希望取得特留份而错误为拒绝继承的问题,现已不复存在。但还可能出现这种情况:继承人误以为**接受继承**后,还可继续主张特留份或一定补充额的问题。于此情形还应成立内容错误,继承人的接受继承表示还可撤销。[1] 614a

继承人对拒绝继承期间之长短认识有误,因该错误使**拒绝继承期间届满**,[2]或根本不知法律对拒绝继承规定期间要求,[3]未做出拒绝继承表示,而**被视为接受继承**之情形,与继承人本不欲做出与客观效果相悖的意思表示之情形相同,故前者情形应成立第 119 条第 1 款第 2 种情形规定的错误,接受继承表示可予撤销。继承人因不知拒绝继承表示必须采用特殊形式,误以为已做出拒绝继承表示,继而使拒绝继承期间届满的,继承的接受亦可被撤销。[4] 615

接受继承表示或拒绝继承表示上若仅存在**动机错误(Motivirrtum)**,则接受继承表示或拒绝继承表示**不可撤销**。动机错误的情形如:前位继承人拒绝继承时,误以为后位继承人将接受继 616

---

〔1〕 BGH NJW 2016,2954=FamRZ 2016,1450(相关评论见 Leipold FamRZ 2016,1583).

〔2〕 RGZ 143,419,423;因期间届满而构成之接受继承可予撤销(第 1956 条),所以期间届满一般也必须被视为第 119 条意义上的表示,无论期间是有意还是无意地迟误。详见 MünchKomm/Leipold § 1956,Rn. 7f.。

〔3〕 OLG Hamm FamRZ 1985,1185.

〔4〕 BayObLG ZEV 1994,112.

承;[1]继承人拒绝继承时误以为自己拒绝继承后,某人因法定继承效果或意定继承效果可成为继承人。[2] 如接受继承表示或拒绝继承表示上存在第119条第2款规定的**性质错误(Eigenschaftsirrtum)**,则有撤销之可能。继承人对遗产或个别遗产标的的价值判断有误,[3]尚不成立第119条第2款规定的性质错误。但继承人对遗产价值的构成因素(未知的债务,或者相反,存在其他的积极财产)认识有误,则可能成立性质错误。有关遗产资不抵债的错误见案例24的答案。然而,如果拒绝继承是在有意识地未加确证、仅仅是推测的基础上做出的,[4]则不可能因为遗产后来被证明是很有价值的而予以撤销——这里拒绝继承之人没有错误。与此相反,继承人在接受继承时,不知遗产因被继承人指定后位继承而受有限制,[5]或不知有其他继承人存在,[6]亦成立性质错误,接受继承表示可撤销。

3. 撤销权的行使与法律效果

617 **撤销期间**为6周,自撤销权人知道撤销事由[7]或胁迫状态终止时起算(详见第1954条)。撤销权人使撤销期间届满作为一个行为本身不可撤销,对此不存在与第1956条相似的特殊规定。[8]

---

〔1〕 OLG Stuttgart OLGZ 1983,304.

〔2〕 OLG Düsseldorf ZEV 2019,469(被继承人的子女为了使寡妇成为唯一的继承人而拒绝继承,然而拒绝继承致使被继承人的一个兄弟成为1/4的共同继承人)。

〔3〕 BayObLG FamRZ 1996,59.

〔4〕 OLG Düsseldorf ZEV 2019,263(附Leipold之评论)。

〔5〕 BayObLG ZEV 1996,425(附Edenfeld否定性评论)。

〔6〕 BGH NJW 1997,392=LM § 2087 Nr. 3(附Leipold赞同性评论)=ZEV 1997,22(附Skibbe赞同性评论)。

〔7〕 决定性的因素是对有可能产生撤销权的*事实*的知悉;与之相反,不需要知悉撤销*权*,OLG Hamm FamRZ 1985,1185;也不需要行使撤销权的确定性,BayObLG FamRZ 1998,924,925f.。

〔8〕 不同意见 BayObLGZ 1983,9,13=FamRZ 1983,834。

撤销权人行使撤销权应**向遗产法院为撤销表示**(第1955条第1款),撤销表示应由法院予以记录或由表示人向法院递交经公证认证的文书(第1955条第2句、第1945条)。尚值疑问的是,撤销表示中是否需要说明撤销事由。[1] 联邦最高法院[2]在一则判决中对此问题虽未作表态,但却认为,撤销权人嗣后又以与当初为撤销表示时不同的理由主张撤销的,系做出一项新的撤销表示,故以此推论:撤销权人在做出撤销表示时有必要说明撤销事由。

地域管辖方面,受领撤销表示的管辖法院首先是被继承人死亡时经常居住地所在的遗产法院(《家事事件暨非诉事件程序法》第343条第1款)。但《家事事件暨非诉事件程序法》第344条第7款同时规定:撤销权人亦可在撤销期间内,向自己经常居住地所在法院做出撤销拒绝继承或接受继承的表示。 617a

撤销导致拒绝继承表示或接受继承表示**无效**(第142条第1款)。除此效果外,第1957条第1款还规定,撤销拒绝继承表示**视同接受继承**,撤销接受继承表示**视同拒绝继承**。因此,法律关系经撤销权的行使将最终确定,撤销权人再无选择接受继承或拒绝继承的自由。不过,撤销拒绝继承表示或撤销接受继承表示上存在错误时,撤销表示本身可撤销。[3] 618

案例24答案:

继承开始时,即2019年1月20日,姑姑Paula的遗产自动由作为法定继承人的Hans继受(第1942条第1款)。在**拒绝继承期间**内,Hans可以拒绝继承(第1943条)。拒绝继承期间自继承人知道继承发生和继承事由时起算(第1944条第2款第1句),本案 619

---

〔1〕 否定性观点见BayObLG ZEV 1994,105,106;OLG Schleswig ZEV 2016,82 Rn. 14。

〔2〕 BGH ZEV 2016,31 Rn. 10.

〔3〕 就此见BGH ZEV 2015,468(对此适用第121条的期间,而非第1954条的期间)。

中自 2019 年 2 月 4 日起算。拒绝继承期间为 6 周(第 1944 条第 1 款),于 2019 年 3 月 18 日当日经过时届满(第 187 条第 1 款、第 188 条第 2 款)。因此,Hans 在 2019 年 6 月不能再拒绝继承,拒绝继承期间届满后**视同已接受继承**(第 1943 条末段)。

620 Hans 不知遗产中存在一笔未还的银行贷款,误以为遗产并未资不抵债,故因此可能**有权撤销接受继承**。Hans 虽未做出接受继承表示,但以使拒绝继承期间届满的方式接受继承,根据第 1956 条,此接受继承亦可撤销。

621 有关撤销事由适用**一般规定**。本案可检查是否存在第 119 条第 2 款规定的性质错误。[1] 虽然第 119 条第 2 款以对人或*物*的性质存在错误为前提,但此处的物不应理解为第 90 条法定概念中的有体物,而应理解为"标的"。[2] 因此,作为财产的遗产也属于第 119 条第 2 款意义上的物。所谓物的性质,仅指其构成因素,而非其价值本身。故对遗产资不抵债之情形认识有误,应具体区分错误发生的原因。继承人知悉遗产由哪些标的组成,仅在**判断**标的价值方面有误(比如,继承人对一不动产的市场价值估计过高,因而未认识到资不抵债),**不成立第 119 条第 2 款意义上的错误**。[3] 相反,继承人对某一积极财产属于遗产或某一遗产债务是否存在认识错误(本案之情形),则不仅对遗产价值,还对价值的先决条件——**遗产的构成**——认识错误,故,继承人基于以上原因对遗产资不抵债之情形发生错误的,应认定存在第 119 条第 2 款

---

〔1〕 从本案的事实不能推断出,继承人*不知*拒绝继承的期限届满,若无此错误就会拒绝继承(关于本案的撤销,见边码 615)。

〔2〕 RGZ 149,235,238;158,50,53.

〔3〕 BayObLG NJW 2003,216,221;MünchKomm/Leipold § 1954 Rn. 12f.。不同意见见 Staudinger/Otte(2017) § 1954 Rn. 15。

意义上的**性质错误**。[1] 由于与遗产中积极财产部分的数额相较，该笔继承人不知悉的债务数额不菲，故依一般交易观念，该笔债务的存在与否，应构成遗产的一项*重要*性质。由本案案情可知，遗产的经济价值对 Hans 做接受继承的决定至关重要。Hans 如知实情，其做合理思考后，应不至于接受继承。因此，本案成立第 119 条第 2 款的撤销权。

撤销权人 Hans 应在知道撤销事由（2019 年 6 月 1 日）起的 6 周内为撤销（第 1954 条第 1 款、第 2 款）。根据第 142 条第 1 款，Hans 应**向遗产法院做出撤销表示**。根据第 1957 条第 1 款，**撤销接受继承视同拒绝继承**。因此，Hans 通过撤销已无法争取到更多的考虑时间，其必须在撤销期间内做出最终决定。 622

（五）临时继承人的法律地位

1. 临时继承人做出的处分行为与向临时继承人做出的法律行为

遗产在继承开始时自动发生继受，故尚可拒绝继承的**临时继承人是所有属于遗产的权利的权利人**（第 1922 条第 1 款）。临时继承人因此有权处分遗产标的。若临时继承人之后拒绝继承，[2] 则鉴于拒绝继承的溯及效力（第 1953 条第 1 款），临时继承人此前所为处分构成*无权利人之处分*。若因缺少处分权导致该处分不生效力，则现在被指定的继承人可主张遗产的权利。若符合善 623

[1] 参见 BGHZ 106,359 = NJW 1989,2885; BayObLGZ 1983,9 = FamRZ 1983,834; BayObLG ZEV 1997,257,258; OLG Düsseldorf ZEV 1999,391; Lange/Kuchinke § 8 VII 2d bis f; MünchKomm/Leipold § 1954 Rn. 14。

[2] 然而，对遗产标的的处分往往构成*接受继承*；那么，只有在有权对接受继承提出撤销的情况下，才有拒绝继承之可能（见边码 612 以下）。

意取得的一般构成要件,[1]如转让动产所有权符合第 932 条规定的要件,则临时继承人所做出之处分行为仍为有效。尚需讨论的是,临时继承人在拒绝继承前转让动产,**对终局继承人而言是否构成占有丧失(abhanden gekommen)**,答案如为肯定,则根据第 935 条,一般阻却善意取得。从第 857 条、第 1953 条第 1 款和第 1942 条第 1 款虽可推得:拒绝继承后产生的新继承人自继承开始时就作为直接占有人,但该效果是源于法律的拟制,临时继承人在为转让当时其实还是实际占有人,且有权占有。以处分当时的实际状态来认定是否构成丧失,应更符合第 935 条的应有之义。因此,临时继承人在拒绝继承前转让动产对终局继承人而言应**不构成丧失**。[2]

624 不及时处分将致遗产损失的,如出售易变质物品,则**临时继承人**即使嗣后拒绝继承,其**处分行为也仍有效**(第 1959 条第 2 款)。此外,**必须以继承人为相对人**的法律行为——如第三人为终止与被继承人订立的合同,向临时继承人为意思表示——在临时继承人拒绝继承后,亦为有效(第 1959 条第 3 款)。有关向临时继承人为给付的问题下文将予以叙述(见边码 663)。

2. 债权人主张遗产债务

625 遗产发生继受后,临时继承人成为遗产债务的债务人(第 1967 条第 1 款)。但法律对临时继承人有多方面的保护。根据第 1958 条,**继承人**在接受继承前,**不得被起诉主张遗产债务**。根据《民事诉讼法》第 778 条第 1 款,以被继承人为被执行人的执行名义,按照《民事诉讼法》第 727 条被变更为以继承人为被执行人

---

[1] 在这种情况下,如果取得人知悉或应当知悉继承地位的*临时性*(拒绝继承之权利),就必须将其等同于——类似于第 142 条第 2 款的情况——知悉或应当知悉无权利的情况。

[2] BGH NJW 1969,1349;Lange Kap. 11 Rn. 4;MünchKomm/Leipold § 1953 Rn. 4;Staudinger/Mesina(2017) § 1959 Rn. 14.

后，在继承人接受继承前，债权人只能**执行**遗产，不能执行继承人的个人财产。根据《民事诉讼法》第 778 条第 2 款，在接受继承前，继承人个人债务的债权人同样不能执行遗产。

3. 继承拒绝人与最终继承人间的法律关系

根据第 1959 条第 1 款，临时继承人处理与遗产有关事务，在 626
其**与终局继承人间的法律关系**上适用**无因管理**的规定。如临时继承人负有告知义务、报告义务及返还因执行事务所取得财产的义务（第 681 条第 2 句、第 666 条、第 667 条），有权要求补偿支出的费用（第 683 条、第 670 条）。但需要注意的是，终局继承人不能向临时继承人主张第 2018 条的遗产回复请求权（见边码 639）。

4. 遗产法院对遗产的保全措施——以遗产保佐制度为例

遗产在过渡期内因疏于管理而有贬值风险时，**遗产法院**可作 627
出必要的**保全措施**（第 1960 条第 1 款）。保全措施如：命为提存现金、有价证券；命为编制遗产目录；任命**遗产保佐人（Nachlasspfleger）**（第 1960 条第 2 款）。继承人不明、尚未接受继承或接受继承表示效力存疑情形下，遗产法院均可任命遗产保佐人。上述情形下，为使在要求履行遗产债务的诉讼中存在被告，*遗产债权人*也可申请法院任命遗产保佐人（第 1961 条）。遗产保佐人负有保全遗产和使遗产保值的义务，为达该目的可对遗产进行管理；遗产保佐人在遗产相关事务方面是**终局继承人的法定代理人**。[1] 但继承人自己对遗产的处分权不受影响。根据第 1915 条第 1 款，遗产保佐制度参照适用监护制度的规定（主要指第 1773 条及以下

〔1〕 就此参见 BGHZ 49，1（代理权并不取决于遗产保佐人是否为此目的并依其职责行事）。遗产保佐人必须占有遗产并查明未知的继承人，但不必澄清几个继承候补人中哪个是真正的继承人，BGH FamRZ 1983，56。

条款)。[1] 继承人已被查明且接受继承后,遗产法院以裁定方式终结遗产保佐措施(第 1962 条、第 1919 条);遗产保佐措施仅在遗产法院做出相关裁定后方告终止。保全措施终止后,遗产保佐人应向继承人返还遗产(第 1915 条第 1 款、第 1890 条)。

二、继承资格丧失

628 依法定继承或意定继承效果就可确定继承人,继承人取得遗产即使与道德观念有悖,一般也无影响。但是,继承人**对被继承人的所作所为若应受到极大谴责**,则继承人可能**丧失继承资格(Erbunwürdigkeit)**。如第 2239 条第 1 款第 1 句规定:继承人故意且不法杀害或意图杀害被继承人的,丧失继承资格。正如联邦最高法院[2]所阐述的,上述情形下,继承人故意行为的不法程度已极,故对继承人在继承法方面也应进行制裁,继承资格之丧失即属此种具体制裁。例如,无治愈可能、久已丧失沟通能力的被继承人,若从未表达过停止治疗的意愿,也未签过病患意愿证明书(Patientenverfügung),[3]而其配偶意图停止维系其生命措施的,该配偶可被宣告丧失继承资格。[4] 成立第 2239 条第 1 款第 1 项

---

[1] 因此,在第 1821 条、第 1822 条所列的情况下,遗产保佐人需要得到遗产法院的许可(Genehmigung),特别是对于农地交易。根据《家事事件暨非诉事件程序法》第 40 条第 2 款第 1 句的规定,所授予的许可在产生既判力时始生效。该裁定也必须通知被许可的人(在这种情况下是继承人)(《家事事件暨非诉事件程序法》第 41 条第 3 款),以便后者可以提出上诉(《家事事件暨非诉事件程序法》第 58 条以下),从而也可以获得法官对法院裁判的复核。根据这项新规定,不再需要像《家事事件暨非诉事件程序法》生效前的法律规定的那样,先通过可撤销的先予裁决宣布许可,见 BVerfGE 101,397=ZEV 2000,148。

[2] BGHZ 204,258=NJW 2015,1382 Rn. 17.

[3] 详见第 1901a 条。如未签过病患意愿证明书,则病人即使无治愈之可能,医生一般也不能中断治疗。——译者注

[4] BGH(Fn. 39).

的故意,应以行为人有罪责能力——第 827 条、第 828 条——为前提。此与剥夺特留份的条件不同,根据联邦最高法院[1]的观点,后者情形下,无罪责能力的行为人,即使存有“自然故意”,也可被剥夺特留份(见边码 856)。其理由在于,承认剥夺特留份在于帮助被继承人实现实际表达的意愿,而宣告继承人丧失继承资格则与帮助被继承人实现实际表达的意愿无关。

继承人侵犯被继承人死因处分自由——故意且不法阻碍被继 628a
承人做出死因处分(第 2339 条第 1 款第 2 项),恶意欺诈或胁迫使被继承人做出死因处分[2](第 2339 条第 1 款第 3 项),以需受刑罚处罚的方式伪造、损害死因处分(第 2339 条第 1 款第 4 项结合《刑法典》第 267 条、第 271 条至第 274 条)——也成立继承资格丧失事由。[3] 需注意的是,民事法庭在做判断时不受已生既判力的刑事裁判的拘束。[4]

即使继承人符合继承资格丧失的条件,**丧失继承资格的效果** 629
也不会自动(依据法律)产生,继承人在继承开始时仍取得遗产。就此而言,第 2339 条的措辞(“丧失继承资格者是……”)似乎有误导性。更确切地说,继承人丧失继承资格,必须**在继承开始后**,通过**撤销遗产继受效果**的方式主张之(第 2340 条)。根据 2341 条,因继承人丧失继承资格而可受益的人有撤销权,此处的受益并不限于直接受益,在前一撤销权人出缺的情况下可受益之人也有

[1] BGH(Fn. 39) Rn. 22 f.。将丧失继承资格作为制裁的评价也指向了此方向。

[2] 因此,丧失继承资格的情况与撤销遗嘱处分本身的可能性*并存*(第 2078 条以下)。

[3] 根据通说,如果伪造的遗嘱与被继承人的意愿一致,也会发生第 2339 条第 1 款第 4 项规定的丧失继承资格的效果,BGH NJW 1970, 197, 198; BGH ZEV 2008, 479; OLG Stuttgart ZEV 1999, 187(就此见 Kuchinke ZEV 1999, 317)。不同意见见 Brox/Walker § 22 Rn. 6a; MünchKomm/Helms § 2339 Rn. 13。

[4] BGH ZEV 2005, 307.

撤销权。[1] 针对遗嘱继承人符合丧失继承资格条件的情况,法定继承人有撤销权。根据第 2342 条第 1 款,撤销权人行使撤销权,应**针对继承人提起**宣告丧失继承资格的**撤销之诉(Anfechtungsklage)**——性质上属于形成之诉。宣告丧失继承资格的判决发生既判力时,始生丧失继承资格的效果(第 2342 条第 2 款);该判决可改变实体法律关系,故属于**形成判决(Gestaltu-gungsurteil)**。根据第 2344 条第 1 款,被宣告丧失继承资格的继承人视同自始未取得遗产——判决有溯及效力。根据第 2344 条第 2 款,视丧失继承资格者在继承开始前已经死亡的情况下可继承的人,现成为继承人。

630 此外,亦有**丧失受遗赠资格(Vermächtnisunwürdigkeit)**和**丧失特留份资格(Pflichtteilsunwürdigkeit)**:受遗赠人或特留份权人符合丧失继承资格条件的,其遗赠请求权或特留份请求权可被撤销;撤销权人行使撤销权,无需提起撤销之诉,仅需**向受遗赠人或特留份权人做出撤销表示**——详见第 2345 条。

三、继承人权利的取得与实现

(一)对被继承人财产适用概括继受原则

1. 概括继受原则及其目的

631 **被继承人的所有财产**,即有金钱价值的一切私有权利,作为一个整体,在被继承人死亡时转移给唯一继承人或全体继承人——**概括继受原则(Universalsukzession, Gesamtrechtsnachfolge)**(第 1922 条第 1 款)。[2] 概括继受原则旨在使遗产作为责任财产的

〔1〕 他人在前一撤销权人拒绝继承后才可成为继承人的,亦有权撤销。国家作为最后顺位的法定继承人,始终有撤销权。——译者注

〔2〕 就此见 Windel, Über die Modi der Nachfolge in das Vermögen einer natürlichen Person beim Todesfall(1998), 1ff.

整体性得以保全，也方便此后的遗产清算，故对与遗产有关的当事人——如继承人、遗产债权人、特留份权人——及对公众均为有利。[1] 从第 1922 条第 1 款可知，**财产权利的可继承性**是法定规则，不是这一规则，则可继承性的任何例外都需要说明理由。在最近关于某些请求权的可继承性的讨论中，有时没有充分考虑到这一点。立法者可以出于特殊的实质原因确定财产权的不可继承性（见边码 634），但在这样做的时候也必须遵守对继承权的宪法保障（《基本法》第 14 条第 1 款），它也保护继承人获得被继承人财产的权利（见边码 65）。

2. 法律效果

631a 遗产在继承开始时发生概括继受效果，意指**唯一继承人或继承人共同体**（见边码 271）取代被继承人，成为动产和不动产的所有权人（土地登记簿虽未变更，但所有权已发生转移），即成为原属于被继承人的（不管是基于合同或是法律的）债权的债权人。继承人在举证和证明责任方面也获得了被继承人的法律地位。[2] 已故雇员对其仍有权享受的假期的经济补偿请求权的可继承性，先是为欧洲法院[3]的裁判所承认，后也被德国联邦劳动法院[4]所承认。同样，专利权（《专利法》第 15 条第 1 款第 1 句）和著作权（《著作权法》第 28 条第 1 款，见边码 635b）也可继承。

3. 对形成中法律关系的继受

632 **形成中的财产性法律关系**也由继承人继受，因该法律关系而产生的权利取得或丧失效果，与被继承人没有死亡而可能产生的

[1] MünchKomm/Leipold § 1922 Rn. 180f.；Windel（Fn. 45），10ff.

[2] BGH ZEV 2019，261.

[3] EuGH NJW 2019，499；NJW 2014，2415. 详见 MünchKomm/Leipold § 1922 Rn. 62ff。

[4] BAG ZEV 2019，489（放弃了以前与之相反的判例）。

效果相同。[1] 例如,被继承人生前经做成附所有权保留条件的所有权转让合意而取得一项**期待权(Anwartschaftsrecht)**,被继承人死亡后,则该期待权由继承人继受。被继承人已向他人预先转让自己营业中将来所产生的债权,继承人继续该营业后,基于法律行为产生的债权将由该他人取得。[2] 又如,被继承人生前做成的不动产所有权转让合意(Auflassung)及**同意登记表示(Eintragungsbewilligung)**,[3]在被继承人死亡后视同由继承人做出,基于该表示在土地登记簿中就可进行相应登记,无需继承人再做表示,即使继承人在进行该登记前已被登记为该不动产的权利人。[4]

4. 占有

633 根据第 857 条,**被继承人的占有由继承人继受**。被继承人直接或间接占有某物的,在其死亡后,继承人成为该物的直接占有人或间接占有人,至于继承人是否实际支配该物,以及以何种方式支配该物,则非所问——**无需对物支配的占有(Besitz ohne Sachherrschaft)**。继承开始后,继承人受占有相关法律的保护——第 858 条以下(禁止私力)和第 935 条(物未经继承人同意而脱离构成丧失)。拒绝继承情形下第 857 条的适用上文已详细介绍(见边码 623)。

5. 数字遗产

633a 是否所谓的**数字遗产**也由继承人取得,继承人可向运营商主张被继承人在网络域名、电子邮箱或社交网络中的账户等方面的

---

〔1〕 BGHZ197,110=NJW 2013,2025 Rn. 23[关于被继承人基于目的落空而享有的请求权(第 812 条第 1 款第 2 句第 2 种情况)的可继承性,即使给付受领人保留给付的权利在被继承人死亡后才丧失]。

〔2〕 BGHZ 32,367.

〔3〕 根据《土地登记簿条例》(Grundbuchordnung)第 19 条,在土地登记簿中进行登记,应经该登记所涉权利人的同意。——译者注

〔4〕 BGHZ 48,351.

权利，就此而言，最初是有疑问的。例如，有主张反对脸书账户权利的可继承性，《电信法》第88条第3款第3句禁止网络运营商向账户持有人以外的任何人披露账户内容。[1] 然而，继承人在概括继承的基础上进入被继承人的法律地位——继承人不是上述电信法规定意义上的“其他人”，恰恰否定了上述反对社交网络账户的可继承性的意见。联邦最高法院[2]追随了此种论证，也认为根据数据保护法或人格权法承认**可继承性**没有障碍。网络运营商的一般条款也不能排除已故账户持有人权利的可继承性；[3]就此需要一份单独的协议，例如，运营商可以在开设用户账户时提供该协议。

6. 不可继承的财产权利

由第1922条第1款可知，财产权利以可继承为原则，法律有相反特别规定才**不可继承**。不可继承，继而在被继承人死亡时消灭的财产权如：用益权（第1061条第1句）、限制性人役权（第1090条第2款、第1061条第1句）和社员资格（第38条第1句，除非章程有相反规定，第40条第1句）。未来的扶养请求权原则上不可继承（第1615条第1款及第1586条）。 634

第847条第1款第2句在1990年被废止后，**抚慰金请求权（Schmerzensgeldanspruch）**的继承不再受限。[4] 在2017年新创设的基于近亲死亡的遗属赔偿金（Hinterbliebenengeld）请求权（第 634a

[1] 主要是出于这个原因，KG ZEV 2017, 386（附 Deusch 的评论）否定了可继承性。所涉及问题是，已死亡未成年子女的父母是否可以要求访问该子女经父母同意在 Facebook 上开设的用户账户的内容。

[2] BGH NJW 2018, 3178 撤销了脚注 53 中提到的 KG 的判决，并恢复了 LG Berlin ZEV 2016, 189 的初审裁判。关于具体情况见 MünchKomm/Leipold § 1922 Rn. 31ff.。

[3] BGH NJW 2018, 3178 Rn. 28 ff.

[4] 被侵害人在生前是否还表达了要求抚慰金的意愿，也无关紧要，BGH NJW 1995, 783。

844 条第 3 款),也被视为可予继承。[1] 但联邦最高法院[2]认为:于人格权受侵害之情形,由于被侵害人死亡后,金钱赔偿的首要目的——抚慰功能——已无法实现,故**因人格权受侵害而产生的金钱赔偿请求权不可继承**。该观点在方法论上是有问题的:其一,该金钱赔偿请求权不可继承是类推适用第 847 条第 1 款第 2 句的结果,如今第 847 条第 1 款第 2 句已被废止,法律依据已不存在;其二,关于抚慰功能的论理也不充分,所谓抚慰,不止请求权经诉讼得到支持的情形,侵害人在实体法上认可请求权的情形也应视作抚慰,故不可谓抚慰功能无法实现。如采纳联邦最高法院的上述观点,则由于金钱赔偿请求权不具可继承性,人格权的保护将受极大限制。[3] 联邦最高法院[4]在另一项裁判中确认了即使被侵害人生前已发生诉讼系属的金钱赔偿请求权,该权利也不可继承问题,这更加限制了对人格权的保护。需要说明的是,被废止的第 847 条第 1 款第 2 句曾例外规定,此情形下请求权可继承。根据联邦最高法院之观点,只有在被侵害人生前请求权已被确认且发生既判力的,方可继承。[5]

634b 基于债法内的契约自由原则,请求权的可继承性通过**约定**——如约定请求权在权利人死亡时消灭——可被排除。[6]

---

〔1〕 Begr. zum Gesetzentwurf, Bundestagsdrucks. 18/11397, S. 11.

〔2〕 BGHZ 201, 45 = NJW 2014, 2871;赞同意见见 Palandt/Weidlich § 1922 Rn. 36。

〔3〕 详细的批评见 MünchKomm/Leipold § 1922 Rn. 152ff.;Schack JZ 2019, 864, 868 也持强烈否定态度。

〔4〕 BGH NJW 2017, 3004. -OLG Köln FamRZ 2018, 1266 遵循科尔案的这一法律意见:前联邦总理在一审中获得了 100 万欧元的金钱赔偿,但由于他在(被声明不服的)判决发布后不久就死亡了,被告可以松一口气了。

〔5〕 BGH NJW 2017, 3004 Rn. 18.

〔6〕 参见 BGH WM 1989, 1813(关于答复及报告请求权);概述见 MünchKomm/Leipold § 1922 Rn. 26。

7. 人格权

权利继受效果不涉及**非财产权利**；此类权利一般在权利人死亡时**消灭**。如家庭法领域的人身法律关系——以父母的抚养权或监护权为例——就是如此。另据通说，**一般人格权**本身不可继承。尽管死者的受托人或近亲属（有关顺位见《德国刑法典》第 77 条第 2 款的规定[1]）可以主张维护死者尊严和追忆死者的权利，即**身后人格保护（postmortaler Persönlichkeitsschutz）**[2]，但依通说，该等权利旨在保护死者人格，并非经继承取得，实际与继承无关。**身后人格权保护**仅涉及防御性的请求权（不作为请求权、排除妨碍请求权），不包含因精神损害而产生的金钱请求权。[3] 635

但是，联邦最高法院[4]在一则颇具影响的判决中认为：人格权如在权利主体生前已有财产权意义，则**其中的财产价值部分可以存续，由继承人（或继承人共同体）继受**。权利主体死亡后，其人格组成部分——包括姓名权和肖像权在内——若受侵害，则继承人可要求停止侵害和损害赔偿，但继承人行使权利应符合死者明示或可推知的意愿。针对商业利益和精神利益均有涉及的情 635a

---

〔1〕 LG Bückeburg NJW 1977, 1065.

〔2〕 尤其参见 BGHZ 50, 133（*行使*不作为请求权［梅菲斯特 Mephisto］）；BGHZ 107, 384（关于著名画家［埃米尔·诺尔德 Emil Nolde］在画作被伪造案中的身后人格权保护）。《艺术和摄影作品著作权法》第 22 条第 3 句包含了关于自己肖像权的法定条款。根据 BVerfG NJW 2001, 594; NJW 2006, 3409; NVwZ 2008, 549，宪法诉愿的审查标准是人类尊严的不可侵犯性（《基本法》第 1 条第 1 款），而人格权的基本权利保护（《基本法》第 2 条第 1 款）仅适用于活着的人。然而，联邦宪法法院没有进一步谈及死者受宪法保护的身后人格权。

〔3〕 BGHZ 165, 203 = NJW 2006, 605。关于因生前发生的人格权被侵犯而产生的金钱赔偿请求权在正文中已介绍（见边码 634a）。

〔4〕 BGHZ 143, 214 = NJW 2000, 2195（在电影演员马琳·迪特里希死后使用她的肖像、名字和签名）。另见 BGH NJW 2000, 2201（通过重演马琳·迪特里希主演的电影《蓝色天使》中的一个著名场景，侵犯了肖像权）。根据 BVerfG NJW 2006, 3409，对这些裁判中法律续造没有宪法上的反对意见。

况,如授权他人使用死者姓名或肖像,联邦最高法院认为,授权行为还应取得在精神利益领域负责死者身后人格保护的至近亲属——此处的近亲属不一定是继承人——的同意。

635b 如依联邦最高法院的上述意见,则人格权领域的继承问题甚为复杂,而且身后人格保护在法教义学上的解释也不甚明晰。与其保留现有观点,不如做整体性调整,即以一般人格权可继承为原则。采纳该观点后,处理一般人格权继承问题时,可借鉴**知识产权**的操作。[1] 知识产权可继承[如《著作权与邻接权法》(UrhG)第28条第1款规定,在文学作品、科学作品和艺术作品上的著作权可继承],且财产权部分和人格权部分都可继承。[2] 但是,联邦最高法院现有观点仍坚持区别对待人格权继承问题和知识产权继承问题,认为两者的保护**期限**不同:人格权财产权部分的保护期限类推适用肖像权的规定[《艺术和摄影作品著作权法》(KunstUrhG)第22条第3句],为自死亡时起十年;[3] 身后人格保护则无固定期限,权利人死亡几十年后仍可能受保护。[4]

---

〔1〕 赞同者还有 Muscheler, Universalsukzession und Vonselbsterwerb(2002), 133ff.;详见 Lichtenstein, Der Idealwert und der Geldwert des zivilrechtlichen Persönlichkeitsrechts vor und nach dem Tode(2005),303 ff.,361. Jung, Die Vererblichkeit des Allgemeinen Persönlichkeitsrechts(2005),241ff. 仍然认为,将可继承性限制于具财产价值的部分,但继承人享有唯一利用权(Verwertungsrecht)。Wortmann, Die Vererblichkeit vermögensrechtlicher Bestandteile des Persönlichkeitsrechts(2005),293ff.,300 保留了联邦最高法院的双轨制解决方案的原样。

〔2〕 关于著作权的此种意见有 Rehbinder/Peukert, Urheberrecht, 18. Aufl. 2018, Rn. 988ff.;Schack, Urheber-und Urhebervertragsrecht, 8. Aufl. 2017, Rn. 648 ff.。

〔3〕 BGHZ 169,193=NJW 2007,684=JZ 2007,364(mit Anm. Schack).

〔4〕 参见 BGHZ 107,384,392;OLG Köln FamRZ 1999,954(在1998年的选举活动中,康拉德·阿登纳的生平形象被广告严重歪曲)。

8. 身体

人的尸体不构成财产法上的财产，不受第1922条第1款的调整。[1] 继承法规定也不调整**死者照顾(Totenfürsorge)**[2]问题——仅第1968条规定，继承人应负担丧葬费用。公法上的**丧葬义务**由州法调整，私法上对死者的照顾义务则由习惯法调整。[3]如何处理尸体(主要指丧葬方式)，首先以死者的意愿——即使是口头表述的——为准，[4]如死者生前指定某人负责此事。死者若未表示过相关意愿，则由至近亲属负责。[5] 对死者照顾的权利是第823条第1款意义上的其他权利，因此，参照适用第1004条的规定，因其侵害此项权利可产生损害赔偿请求权以及排除妨害和不作为请求权。[6]《器官移植法》(Transplantationsgesetz)第3条以下有详细规定：何种条件下因移植目的可摘取死者器官。[7] 与死者尸体固定连接的**人造身体部分**，依死者或对其负照顾义务者 636

---

〔1〕 根据通说，人的尸体禁止进入法律交易之物，详见 MünchKomm/Leipold § 1922 Rn. 174(赞同将其认定为人格的余留)。死者骨灰上也无所有权，OLG Bamberg NJW 2008,1543,1547(也适用于作为骨灰一部分的牙科黄金；在这方面 OLG Nuremberg NJW 2010,2071 有不同意见)；即使骨灰被压成钻石，也应认为其上无所有权(对此见 AG Wiesbaden NJW 2007,2562，该法院对这种做法得否为德国丧葬法所允许的问题持开放态度；反对丧葬义务的意见见 Spranger NJW 2017,3622)。

〔2〕 主要指对死者尸体的照顾。——译者注

〔3〕 对此见 BGH FamRZ 1992,657；NJW 2012,1651 Rn. 10；OLG Karlsruhe NJW 2001,2980。

〔4〕 BGH ZEV 2019,487 Rn. 16.

〔5〕 根据 BGH NJW 2012,1651 Rn. 14f.，于此没有不可改变的顺序；相反，还必须考虑到死者的可推知的意愿。

〔6〕 BGH ZEV 2019,487 Rn. 14(对于未经许可在墓地上存放物品的行为)。

〔7〕 2007年9月4日的新版本，《联邦法律公报》2007年第1部分，第2206页。据此，首先以死者的意愿(允许或反对，尽可能以书面形式)为准；如果欠缺死者意愿，是否准许取决于至近亲属(或由死者委托作出决定的人)的同意，他们必须考虑死者可推知的意愿。关于合宪性见 BVerfG NJW 1999,3403(不接受裁定)。

的意愿可被分离,分离后属于遗产,归继承人所有。[1]

9. 发生诉讼系属的诉讼

637 诉讼主体与法院之间的*诉讼法律关系(Prozessrechtsverhältnis)*受公法调整,不受私法财产规定即第 1922 条第 1 款的直接调整。已进行的民事诉讼——**发生诉讼系属的民事诉讼程序**——中产生的权利义务由死亡人的继承人继受,详见《民事诉讼法》第 239 条和第 246 条。有关程序中断与承受问题亦见上述规定。

(二)继承回复请求权[2]

1. 与个别请求权的关系

638 出于各种原因,遗产或遗产部分可能起初不为真正的继承人实际占有,而是由非真正,仅被认定为继承人的人事实上占有。导致这种情况出现的原因包括:权利状态不明;嗣后发现之前未知的遗嘱;遗嘱被撤销等。但依据法律规定,属于遗产的权利在继承开始时自动由真正的继承人继受,因此,真正的继承人有权向遗产占有人主张**多种因单个权利受侵害所生的请求权**,包括所有权人对占有人主张的物上返还请求权(第 985 条)、因占有被侵夺而生的请求权(第 861 条)、前占有人的请求权(第 1007 条)和不当得利请求权(第 812 条以下)。除此以外,法律还特意赋予继承人一项**概括性的请求权(Gesamtanspruch)——遗产回复请求权(Erbschaftsanspruch)**。第 2018 条规定:继承人可将**已取得的遗产作为一个整体主张返还**,由此可以省却主张个别请求权的烦恼。遗产回复请求权并不排除个别请求权,[3]继承人可自由选择主张遗产回复请求权,还是个别请求权。但第 2029 条规定:继承人即

[1] 详见 MünchKomm/Leipold § 1922 Rn. 175 f.。

[2] 对此见 Medicus/Petersen, Bürgerliches Recht, 26. Aufl., Rn. 603a ff.。

[3] 参见 MünchKomm/Helms § 2018 Rn. 2; Staudinger/Gursky (2016) § 2029 Rn. 5。

使主张个别请求权，在遗产占有人承担的**责任**方面——如返还义务的范围、支出费用补偿请求权、返还不能情形下的责任等——也适用遗产回复请求权的规定（第2019条至第2026条）。

2. 构成要件

遗产回复请求权的请求权人是**继承人**，相对人是**遗产占有人**（**Erbschaftsbesitzer**）。根据第2018条，遗产占有人仅指基于事实上不存在的继承权从遗产中有所取得的人，至于继承权事实上不存在系由遗产占有人善意还是恶意所致，则非所问；这一点不影响遗产回复请求权的成立，但可能影响责任范围（见边码641）。*临时继承人*（*vorläufiger Erbe*），即起初取得对遗产的占有、嗣后*拒绝继承*的人，取得占有是基于其所享有的继承权，故不属于遗产占有人。[1] 有关临时继承人与终局继承人之间的法律关系适用第1959条（见边码626）。盗取遗产标的者取得对遗产标的的占有并非基于继承权，故也不属于遗产占有人。因嗣后被认定为无效或被撤销的死因处分而被指定为继承人的人，属于遗产占有人；被宣告丧失继承资格的人也属于第2018条意义上的遗产占有人[2]。所谓**从遗产中有所取得**，主要指占有属于遗产的动产或不动产。继承开始时非由被继承人占有的物，嗣后也可能由遗产占有人取得占有，如某物由被继承人出租或遗失，嗣后归还给所谓的继承人（angeblicher Erbe）[3]，此时也属于遗产占有人从遗产中有所取得。 639

3. 请求权内容与遗产占有人的责任

遗产占有人从遗产中取得的一切财产，均应返还。根据第2019条第1款，遗产占有人**利用遗产经法律行为取得的财产**，亦 640

〔1〕 MünchKomm/Leipold § 1959 Rn. 2; Staudinger/Gursky (2016) § 2018 Rn. 17.

〔2〕 Lange/Kuchinke § 40 Ⅱ 3; MünchKomm/Helms § 2018 Rn. 19.

〔3〕 即遗产占有人。——译者注

应返还,此为有利于继承人的**物上代位规则(dingliche Surrogation)**。例如:所谓的继承人利用遗产中的现金购得油画一幅,画的所有权发生转移时,真正的继承人直接[1]成为所有权人,无需经过所谓的继承人先取得所有权的中间环节。利用遗产取得不动产所有权的情形,法律效果也是如此。即使遗产占有人在土地登记簿上被登记为所有人,也不影响物上代位规则的法律效果。真正的继承人有权要求对土地登记簿上的该登记事项进行更正(第894条)。

640a 不无疑问的是,不持有继承证书的遗产占有人**转让**属于遗产的**动产**的法律效果。该情形属于物从真正的继承人处丧失(abhanden gekommen),根据第935条和第857条,买受人无法取得所有权,真正的继承人可向买受人主张第985条的物上返还请求权。真正的继承人如希望主张物上代位,即要求遗产占有人返还价款,则有必要同时对遗产占有人的处分行为——遗产占有人向买受人转让该物的行为——表示同意。[2]

640b 遗产占有人负有**告知义务**,应告知真正的继承人遗产状况和遗产标的位置信息(第2027条第1款)。[3] 遗产占有人死亡后,返还义务和告知义务由其继承人继受。[4] 根据《民事诉讼法》第253条第2款第2项,真正的继承人如**直接主张遗产回复请求权**,在起诉时应列明要求返还的遗产标的;但也可提起**阶段诉讼**

---

[1] MünchKomm/Helms § 2019 Rn. 14; Staudinger/Gursky (2016) § 2019 Rn. 4; Lange/Kuchinke § 41 I 1.

[2] 此种意见,见 Medicus/Petersen, Bürgerliches Recht, 26. Aufl., Rn. 603b; MünchKomm/Helms, § 2019 Rn. 10f.。

[3] 在继承人事实上为物之占有前,非遗产占有人就遗产中取得之占有者,亦负同一义务(第2027条第2款)。被继承人的共同生活人也被规定负有特别的告知义务,见第2028条。

[4] BGH NJW 1985, 3068.

(**Stufenklage**)(《民事诉讼法》第 254 条),即先诉请编制遗产标的清册(第 260 条),清册编成后再主张返还。

641 根据第 2020 条,遗产占有人还应返还由遗产所生的**用益(Nutzungen)**。与之相对应,根据第 2022 条,遗产占有人有权要求继承人补偿**支出的费用(Verwendungen)**。**遗产占有人**若无法返还所取得的标的,一般应按不当得利法的规定**承担责任**(第 2021 条),即赔偿标的的价值(第 818 条第 2 款),但赔偿范围以现存利益为限(第 818 条第 3 款)。若遗产回复请求权已发生诉讼系属(第 2023 条)或遗产占有人为恶意[1](第 2024 条),则遗产占有人应承担更加严苛的责任,即应按照所有权人与占有人关系的规定(第 987 条以下)承担责任。

四、继承法上请求权的消灭时效

(一)三年的普通消灭时效

641a 2009 年修法(见边码 85)后,继承法上请求权消灭时效方面的特殊规定几乎全部废止。现在一般同样适用**三年的普通消灭时效**(第 195 条)。

641b 根据第 199 条第 1 款,请求权成立,且请求权人**知悉或无重大过失应知**成立请求权的事实和债务人的,消灭时效期间自上述条件均已满足的**年度结束**时起算。[2] 有关继承法上请求权消灭时效起算的特殊规定见第 2287 条第 2 款(见边码 522)和第 2332 条第 1 款,有关特留份请求权的消灭时效下文将予以详述(见边码 851 以下)。

---

[1] 遗产占有人明知或因重大过失而不知其对遗产无继承权(第 2024 条第 1 句,参照第 932 条第 2 款)或嗣后知其非继承人者(第 2024 条第 2 句),其为恶意。

[2] 在请求权移转(例如继承了请求权)的情况下,以前的债权人获得的知悉维持其效力,BGH NJW 2014,2492。

(二)特定继承法上请求权的30年最长消灭时效

641c 根据第199条第4款,请求权人不知或无重大过失不知成立请求权事实的,请求权在成立后经过**10年**罹于消灭时效。但是,基于继承[1]或以知悉死因处分为条件的请求权适用特定规定,根据第199条第3a款,该等请求权最长自成立后经过**30年**才罹于消灭时效。此规定旨在照顾继承法上事实可能在继承发生后很长时间才能查明的特殊情势。[2]

(三)个别继承法上请求权的30年消灭时效

641d 根据第197条第1款第2项,以第2018条(遗产回复请求权,见边码638)、第2130条(后位继承人要求前位继承人返还遗产的请求权,见边码679)和第2362条(请求归还不正确的继承证书,见边码652)为请求权基础的请求权,及为主张上述返还请求权起到辅助效果的请求权(如知情权),自始适用30年的消灭时效,而不适用3年的消灭时效。该等请求权的消灭时效自请求权成立时起算(第200条第1句)。

(四)遗产事件中的消灭时效中止

641e 属于遗产的请求权(所继受的请求权)或针对遗产的请求权(遗产债务),消灭时效**自继承人接受继承时起不足6个月**的,经过6个月才届满(第211条第1句)。[3]

五、继承证书

(一)目的

642 根据第2353条,继承人可以向遗产法院申请颁发用于证明自

---

[1] 这不包括移转给继承人的被继承人的债务和债权,对这些债务和债权适用一般的消灭时效规则,Begr. BT-Drucks. 16/8954,S. 14。

[2] Begr. BT-Drucks. 16/8954,S. 14.

[3] 如果对个别共同继承人提起连带债务诉讼(第2058条),则以各共同继承人接受继承的时间为准,BGH NJW 2014,2574。

己主张的继承权的证书，即**继承证书(Erbschein)**。继承证书的作用在于向自然人、行政机关和法院**证明继承权的存在**。根据《土地登记条例》第35条第1款第1句，继承人向不动产登记部门证明继承权，应提供继承证书(或欧洲遗产证书，见边码660a以下)，除非继承权来源于公证遗嘱或继承契约(《土地登记条例》第35条第1款第2句)。除此之外，继承人无义务以继承证书证明自己的继承权。继承人向债务人主张属于遗产的请求权，债务人不得以继承人没有出具继承证书为由拒绝履行，继承权能够以其他证据证明(如公证遗嘱)，即为已足。[1]

(二)程序

第2354条至第2360条此前规定了继承证书的程序性内容， 643
但2015年被《有关国际继承法的法典》等法律(见边码12)废止。程序性规定现主要见于《家事事件暨非诉事件程序法》第352条以下。[2]

1. 管辖权

事务管辖方面，作为遗产法院的**基层法院**[3]有管辖权[《法院 644
组织法》(GVG)第23a条第1款第2项、第2款第2项]。**地域管辖**方面，被继承人**生前国内最后经常居住地**所在基层法院有管辖权(《有关国际继承法的法典》第343条第1款)。有关国际管辖权下文将详细叙述(见边码649)。原则上，是否颁发继承证书由**法务官(Rechtsp-fleger)**决定[《法务官法》(RpflG)第3条第2c项]。但涉及死因处分或可能适用外国法时，由**法官**决定(《法务官法》第16条第1款第6项)。法务官超越管辖权颁发继承证书，因继承证书所生的信赖值得保护，故证书不至于无效(《法务官

〔1〕 BGH NJW 2005,2779.

〔2〕 Grziwotz FamRZ 2016,417提供了一个概述。

〔3〕 关于在巴登—符腾堡州的管辖权上文已提及(见边码7)。

法》第8条第4款第1句的表述欠妥);但鉴于存在程序性瑕疵,根据第2361条,内容即使无误,证书也应被收回。[1]《法务官法》第16条第3款规定:虽存在死因处分,但依德国法规定,继承效果仍应按法定继承进行的,法官可再将颁发继承证书的决定权交给法务官。法官未向法务官转交上述决定权,法务官却已颁发继承证书的,继承证书不得仅因存在法官未转交决定权的瑕疵而被收回(《法务官法》第8条第2款)。[2]

2. 申请

645 继承证书只能依申请颁发。申请书中的必要内容和必须提供的证据材料见《家事事件暨非诉事件程序法》第352条。根据《民事诉讼法》第792条和第896条,下列人员有权申请继承证书:继承人(存在多位继承人时各继承人可单独申请;前位继承人有权申请;后位继承人应在后位继承开始后申请)、遗嘱执行人、遗产管理人、遗产破产管理人及为强制执行而需要继承证书的债权人。根据《家事事件暨非诉事件程序法》第345条第1款第2句,法院在继承证书程序中可追加申请人以外的其他下列人员为当事人:法定继承人和依现有死因处分可能成为继承人的人等。上述人员如提出申请,则法院必须追加(《家事事件暨非诉事件程序法》第345条第1款第3句)。继承证书内容所覆盖的范围必须与申请内容一致。[3] 遗产法院如认为,申请人申请事项有误,但以其他

---

[1] LG Koblenz DNotZ 1969,431;MünchKomm/Grziwotz § 2361 Rn. 14. 不同意见见 LG Frankfurt Rpfleger 1983,486(仅在遗嘱导致法定继承以外的继承的情况下收回证书);Weiß Rpfleger 1984,389,393f.。

[2] BayObLG FamRZ 1997,1370.

[3] 对此见 OLG Schleswig ErbR 2018,39(mit Anm. Osthold):如果继承证书是根据一份特定的遗嘱申请的,那么就不能根据无遗嘱继承(即使有相同的继承份额)颁发继承证书,也不能根据另一份遗嘱颁发继承证书。

内容能够申请继承证书的,法院可以做出**中间处分(Zwischenverfügung)**[1],即给予申请人递交正确申请的机会。此外,申请人在主申请外,可一并提交辅助申请,如主申请不正确,则以辅助申请为准。[2]

3. 程序

继承证书程序中,遗产法院应在事实和法律两个方面,审查申请人是否享有其所主张的继承权。根据《家事事件暨非诉事件程序法》第26条,法院可**依职权调查事实(Amtsermittlung)**。[3] 由法官办理的案件,即使采用非诉程序,也适用《基本法》第103条第1款,即程序中应保障当事人的**法定听审权(rechtliches Gehör)**。针对法务官承办的案件,虽联邦宪法法院[4]认为不适用《德国基本法》第103条第1款(因为法务官不是基本法意义上的法官),但基于法治国家原则(Rechtsstaatsprinzip),程序公正也应得到保障,当事人在法院裁判前应有权发表意见。遗产法院仅在**确信**申请人主张的继承权确实存在前提下,方可颁发继承证书(《家事事件暨非诉事件程序法》第352e条第1款第1句)。法院穷尽可以掌握的证据材料后,要件事实的真伪仍无法查清的,应根据**证明责任规则**作出裁决。针对立遗嘱人无遗嘱能力的证明责任分配见边码269a;针对遗嘱是否符合法定形式及遗嘱内容的证明责任上文(见边码337);遗嘱文书为真的证明责任上文(见边码307)。 646

[1] 法院命申请人在指定期限内补正申请书。——译者注

[2] BayObLG FamRZ 1998,814(但只对同一遗产而言)。

[3] 对此见BGH NJW-RR 1991,515[未经充分调查就颁发继承证书违反职务上义务(《德国民法典》第839条,《基本法》第34条)]。

[4] BVerfGE 101,397=ZEV 2000,148.

4. 关于颁发继承证书的裁定

647 法院对颁发继承证书的条件均已满足能够形成确信的,[1]则应作出确认颁发继承证书的裁定(《家事事件暨非诉事件程序法》第352e条第1款第2句)。[2] 作出裁定不等于颁发继承证书。原则上,确认性质的裁定在作出后立即生效,不需经过告知;法院一般也应立即向申请人颁发继承证书。但若确认性质的裁定与某一当事人表达的意思存在冲突,如裁定确认颁发继承证书是根据遗嘱内容,但该当事人认为遗嘱效力存在问题,则法院应先将该裁定告知该当事人,并暂缓裁定生效(《家事事件暨非诉事件程序法》第352e条第2款)。该情形下,待裁定生效后(如当事人提起抗告,则待抗告程序终结后),法院方可颁发继承证书。如此规定,旨在避免继承证书过早流入社会,毕竟根据法律规定(第2365条以下),继承证书有公信力,不正确的继承证书可能使真正的继承人造受不小的损失。《家事事件暨非诉事件程序法》出台前,法律对上述后者情形未作规定,实务中的操作是:事实查明或法律适用存疑时,遗产法院不立即颁发继承证书,而是就继承证书颁发问题作出可撤销的先予裁决(Vorbescheid)。[3]《家事事件暨非诉事件程序法》出台后,法律规定已取代上述实务操作。

5. 继承证书的内容与费用

648 继承证书中应载明**继承人**,多人共同继承时,还应载明该继承人的**继承份额**(第2353条)。出现多人共同继承的情况,任一继承人都可申请仅与其继承权对应的部分继承证书(Teilerbschein),也可申请载明各继承人继承权的共同继承证书(gemeinschaftli-

---

[1] 根据《家事事件暨非诉事件程序法》第352e条第1款第1句的文义,该裁判仅指出,授予继承证书所需的事实被视为已经确定。然而,很明显,还必须确定法律前提条件的存在(例如,遗嘱之解释须证明申请有正当依据)。

[2] 法院未形成内心确信的,应作出驳回裁定。——译者注

[3] BGHZ 20,255;BayObLG FamRZ 1991,494.

cher Erbschein)(《家事事件暨非诉事件程序法》第 352a 条第 1 款第 1 句、第 2 款第 1 句);所有继承人均放弃在继承证书上载明继承份额的,继承份额可不在继承证书上载明(《家事事件暨非诉事件程序法》第 352a 条第 2 款第 2 句)。[1] 存在**前后位继承**时,颁发给前位继承人的继承证书中还应载明存在后位继承的死因处分、发生后位继承的条件及后位继承人(《家事事件暨非诉事件程序法》第 352b 条第 1 款)。有关此种继承证书的收回问题下文将予以陈述(见边码 651)。被继承人指定**遗嘱执行人**的,在继承证书中应载明该事项(《家事事件暨非诉事件程序法》第 352b 条第 2 款),但遗嘱执行人的姓名无需记载。继承证书中不应记载法律未作规定的事项,如特留份权和遗赠。此外,继承证书中也不应记载遗产标的。[2] 记载多余事项的继承证书的效力不受影响,但内容可更正(推类适用《民事诉讼法》第 319 条)

颁发继承证书的**费用**按遗产价值计算。申请人如仅申请部分 648a
继承证书,则费用按其继承份额的价值计算。具体计算标准见《法院与公证费用法》(Gerichts-und Nortarkostengesetz)第 40 条。

6. 国际管辖权

2015 年 8 月 17 日起施行的《欧洲继承法条约》(见边码 10 以 649
下)不仅包含国际私法的内容,还包含诸多国际程序法领域的条款,在此仅简单介绍国际管辖权方面的内容。[3] 根据《欧洲继承法条约》第 4 条,被继承人死亡时在成员国主权领域有**经常居住地**(关于这一概念,见边码 16)的,该成员国法院对整个遗产的继承事宜有裁判权。根据《欧洲继承法条约》第 21 条第 1 款,针对

[1] 必须由所有符合条件的共同继承人作出放弃之表示,OLG München NJW-RR2019,971。

[2] BayObLG FamRZ 1998,1262,1264.

[3] 法院的国内管辖权(地域和事务管辖权)继续受国家法的约束(《欧洲继承法条约》第 2 条)。

该继承事宜原则上也应适用被继承人最后经常居住地的继承法。由上述两条可产生以下效果:**有国际管辖权的成员国原则上适用本国实体法**。其他管辖权问题见《欧洲继承法条约》第 5 条至第 11 条。

649a 根据《欧洲继承法条约》第 3 条第 1 款第 g 项的定义,成员国法院针对继承事宜作出的任何裁判均属于"继承事宜的裁判",至于裁判被冠以何种名称,则非所问。然而,只有当法院有权对争讼进行裁决时,才构成《欧洲继承法条约》意义上的裁判。[1] 《欧洲继承法条约》不区分民事诉讼程序中的裁判和非诉程序中的裁判。

649b 是否由此就能得出结论,即在**继承证书程序**的国际管辖权方面也应适用《欧洲继承法条约》,对该问题最初是存在争议的。德国立法者在自己颁布的有关国际继承法的法律(见边码 12)中对该问题持否定态度。德国立法者认为,德国法院对颁发继承证书的国际管辖权来源于《家事事件暨非诉事件程序法》第 105 条和有关地域管辖的规定(《家事事件暨非诉事件程序法》第 343 条和第 344 条),而非《欧洲继承法条约》。[2] 然而,欧洲法院[3]正确地拒绝了这一观点,并明确表示,根据内国法颁发继承证书(如德国的继承证书)的国际管辖权,应完全根据《欧洲继承法条约》第 4 条及以下规定予以确定。

其结果是:原则上被继承人最后经常居住地所在国法院有管辖权;而根据《家事事件暨非诉事件程序法》第 105 条结合第 343 条第 2 款和第 3 款,管辖权是依被继承人之国籍或遗产标的所在

---

〔1〕 EuGH NJW 2019,2293.

〔2〕 Begr. Bundestagsdrucks. 18/4201,59;持相同意见者有 Wall ZErb 2015,9。相反意见已见于 Dutta IPrax 2015,32,37f.;Leipold ZEV 2015,553,557f. mwN。

〔3〕 EuGH NJW 2018,2309,该裁判之作出系基于先决裁定 KG ZEV 2017,213(附 Leipold 之评论)。就此见 MünchKomm/Grziwotz § 2353 Rn. 60f.。

地而定，这方面与《欧洲继承法条约》不合。

7. 以具体标的为限的继承证书

继承证书的效力原则上及于整个遗产，且根据国际私法的规定（见边码 13 以下），继承效果适用外国法时，继承证书的效力一般也及于整个遗产。但也不得不考虑，针对部分标的在外国的遗产，此类继承证书能否达成其应有的作用。德国法院因在继承效果上适用外国法可能遇到实际困难，对颁发继承证书的申请作出裁决耗时较长。而最大的不确定性则在于，此类针对整个遗产颁发的德国继承证书在遗产标的所在的外国能否得到承认。鉴于此，《家事事件暨非诉事件程序法》第 352e 条第 1 款允许申请人仅就位于内国的遗产标的单独申请继承证书，即**以具体标的为限的继承证书（gegenständlich beschränkter Erbschein）**。若存在遗产区别（Nachlassspaltung），即针对位于内国的遗产部分适用德国继承法，而针对其余遗产部分适用外国继承法的情形（见边码 23b），则申请人尤应申请此种继承证书。[1] 649c

8. 法律救济

当事人不服法院针对颁发继承证书申请所作的裁判，可在期限内提起**抗告（Beschwerde）**（《家事事件暨非诉事件程序法》第 58 条第 1 款），即申请撤销裁判。针对法务官作出的裁判也可提起抗告。**抗告人**范围见《家事事件暨非诉事件程序法》第 59 条。[2] 根据《家事事件暨非诉事件程序法》第 63 条第 1 款和第 3 款，**抗告期**为一个月，自以书面形式告知当事人法院裁定内容时起 650

〔1〕 然而，即使只适用德国的继承法，也可以申请仅限于位于国内标的的继承证书，假如遗产标的位于德国和国外，OLG Brandenburg MDR 2011，1426。

〔2〕 不仅给予不成功的申请人抗告的权利（Beschwerdeberechtigung），而且给予任何可以提出相同申请的人（在申请共同继承证书的情况下，给予另一个共同继承人），这已超出了《家事事件暨非诉事件程序法》第 59 条第 2 款的文义，见 OLG Stuttgart ErbR 2018，529 Rn. 19；MünchKomm/Grziwotz § 2353 Rn. 147。

算。根据《家事事件暨非诉事件程序法》第 64 条第 1 款,抗告应提交于作出裁定的法院,即作为遗产法院的基层法院。若抗告不应得到支持,则由作为抗告法院的州高等法院作出裁决(《法院组织法》第 119 条第 1 款第 1b 项)。抗告法院对于颁发继承证书的正确性应进行全面审查,即使基层法院裁决中不正确的部分对抗告人未构成不利。[1] 当事人不服抗告法院裁决的,经州高等法院批准,可提起**再抗告(Rechtsbeschwerde)**(《家事事件暨非诉事件程序法》第 70 条第 1 款)。根据《家事事件暨非诉事件程序法》第 70 条第 2 款,在法律适用方面意义重大,或有必要经再抗告使联邦最高法院就法律续造和裁决尺度统一作出裁决的,州高等法院才应批准再抗告。州高等法院裁决不准再抗告的,当事人对该裁决不能提起抗告。再抗告程序与民事诉讼程序中的上告程序(Revision)类似,仅审查法律适用问题,不审查事实问题(《家事事件暨非诉事件程序法》第 72 条第 1 款)。

650a 当事人就**法院针对颁发继承证书申请作出的驳回裁定**和**因认定颁发继承证书条件具备而作出的确认裁定**(《家事事件暨非诉事件程序法》第 352e 条第 1 款第 1 句),均可按上述法律救济途径提起抗告或再抗告。但法院如已颁发继承证书,则因继承证书进入法律交往后产生公信力(见边码 654、边码 656 以下),当事人不得以抗告方式再申请废止;出现该情形,当事人只能以抗告方式申请法院**收回继承证书**(《家事事件暨非诉事件程序法》第 352e 条第 3 款),或直接向遗产法院提出收回继承证书的申请(见边码 651)。

(三)继承证书的收回及与民诉程序的关系

651 法院作出的是否颁发继承证书的裁定,即使不可撤销,也**不等**

[1] BGH NJW 2016,960 参照依职权调查的义务(《家事事件暨非诉事件程序法》第 26 条)和第 2361 条指出,不正确的继承证书必须依职权收回(见边码 651)。

同于继承权问题的实体生效裁判。[1] 例如，法院向 A 颁发 A 作为 E 唯一继承人的继承证书后，B 仍可主张自己的唯一继承权。第 2361 条规定：存在**错误**[2]的继承证书，遗产法院应依职权**收回**。遗产法院对事实问题和法律问题重新审查后，[3]虽未认定继承证书有误，但对其正确性的**内心确信**已产生**动摇**的，也应收回继承证书。除此以外，**嗣后不再正确**的继承证书也应被收回；例如，后位继承开始后，向前位继承人颁发的继承证书应被收回。[4]

真正的继承人可以申请遗产法院收回不正确的继承证书，同 652
时申请向自己颁发继承证书；也可以要求持有不正确继承证书的人向遗产法院返还继承证书（第 2362 条第 1 款）。真正的继承人还可以向以继承证书证明自己继承人身份的所谓继承人提起确认之诉。

当事人如需取得**关于继承权的实体生效**（有拘束力的）**裁判**， 653
则应途径**民事诉讼程序**，即向有管辖权的法院提起确认之诉（《民事诉讼法》第 256 条第 1 款）或中间确认之诉（Zwischenfeststellungsklage）（《民事诉讼法》第 256 条第 2 款）。[5] 但需注

---

[1] BVerfG ZEV 2006,74；BGH ZEV 2010,468,469.

[2] 第 2361 条意义上的不正确不仅存在于继承证书的内容不正确，而且还存在于基于程序上的原因不应该颁发继承证书的情况，例如应无权申请人的申请而颁发，BayObLGZ 1951,561，或者如果继承证书偏离了申请，而有权提出申请的人没有嗣后追认（补做申请）；如果缺乏国际管辖权，也构成不正确，OLG Zweibrücken ZEV 2001,488。继承证书是否仅仅因为是由不具有地域管辖权的法院颁发而被收回已经成为一个疑问，因为根据《家事事件暨非诉事件程序法》第 65 条第 4 款，不能以法院错误地确认其管辖权为由提出抗告。然而，OLG Hamm FGPrax 2017,229 赞成依职权收回。关于由法务官而不是由法官签发继承证书的情形上文已作叙述（见边码 644）。

[3] 在此期间必须完成这一审查，也即遗产法院不能在其对继承证书的正确性产生疑问时即收回继承证书，见 BGHZ 40,54；BayObLG FamRZ 1997,1370；MünchKomm/Grziwotz § 2361 Rn. 30。

[4] OLG Jena OLG-NL1994,38；OLG Frankfurt FamRZ 1998,1394,1396.

[5] BGH ZEV 2010,468,469.

意的是,该裁判的既判力仅及于诉讼当事人及其继受人(《民事诉讼法》第325条第1款),例如,通过A向B提起的确认之诉,A被确认有唯一继承权,但C仍可主张自己有继承权,该主张不受前一确认判决既判力的拘束。

(四)继承证书正确性推定

654 第2365条**推定**,继承证书[1]记载的继承人享有载明的**继承权**(载明的继承份额),继承证书对继承权未记载限制条件的,[2]继承权**不受限制**。继承证书的正确性推定与第891条对于土地登记簿记载事项正确性推定的规定类似。该推定在性质上属于**权利推定(Rechtsvermutung)**,即推定存在一项权利,而非推定存在一个事实。该推定可被推翻(比较《民事诉讼法》第292条);作用主要体现在证据规则方面,即主张责任(Behauptungslast)、主观证明责任(subjektiver Beweislast)与客观证明责任(objektiver Beweislast)该如何分配。如涉继承权的纠纷中,某人对继承证书载明的继承权若有异议,则应主张并且证明该继承证书的不正确。记载事项除非被证明有误,否则法院应该认定继承证书是正确的。推定对继承证书上记载的继承人既可能有利(如继承人可以诉请返还属于遗产的标的),也可能不利(如遗产债权人要求其清偿遗产债务)。

655 帝国法院[3]就已明确,在他人声称自己有继承权,与继承证

[1] 如果已经颁发了多份相互矛盾的继承证书,只要存在相互矛盾,对每份继承证书均不适用正确性推定和公信力推定,BGHZ 33,314;BGH FamRZ 1990,1111;MünchKomm/Grziwotz § 2366 Rn. 6.;Staudinger/Herzog(2016) § 2366 Rn. 35. 不同意见见 Lindacher DNotZ 1970,93,102f.;Herminghausen NJW 1986,571。

[2] 在这种情况下,只考虑执行遗嘱和后位继承,因为仅有这些限制载于继承证书(见边码648)。

[3] RG Gruchot Beiträge 1913, 1021 = Warneyer Rspr. des RG 1913, Nr. 300;Staudinger/Herzog(2016) § 2365 Rn. 49f.;MünchKomm/Grziwotz § 2365 Rn. 23;Rosenberg, Die Beweislast, 5. Aufl. (1965), § 16 II 4 b.

书记载的继承人发生的继承权纠纷案件中,第 2365 条的适用应受**限制**。此类纠纷中,若对继承证书的正确性存疑,则应根据证明责任的一般规则,而不是第 2365 条的推定进行裁判。例如,继承人主张继承权以死因处分为依据,就必须证明该死因处分的存在、内容和有效性;如其无法证明,则应认定发生法定继承。值得肯定的是,联邦最高法院[1]也强调:**在两人均声称自己是继承人的纠纷案件中**,法院做遗嘱解释时不受继承证书的约束。由此也可推知:继承权纠纷中,他人若主张,被继承人配偶的继承权依据第 1933 条或第 2077 条的规定已经消灭,则应对规定的构成要件负证明责任,继承证书不能减轻其证明责任。[2]

(五)继承证书的公信力

656 继承证书是官方证书,社会公众应可信赖。第 2366 条赋予继承证书**公信力(öffentlicher Glaube)**,使他人**从非继承人处善意取得**成为可能。他人因信赖继承证书载明的继承权为真,从继承证书错误记载的继承人处取得遗产标的的,[3]其信赖应受保护。遗产标的的转让行为应为有效,除非**受让人明知继承证书记载有误**(受让人即使因重大过失不知记载事项有误,也不阻却信赖保护),或至少知悉继承证书因存在错误已被遗产法院要求收回。

---

[1] BGH NJW 1993,2171,2172.

[2] BGHZ 128,125,131 = NJW 1995,1082,1084。证明责任(特别是离婚要件是否满足)由援引法定继承权的丧失或遗嘱不生效力的人承担。

[3] 因此,它在*客观上*必须是遗产的一个组成部分(见边码 658)。为了能够认定为与遗产有关的法律行为,是否真正还需要主观要求,似乎是值得怀疑的。取得人和出让人都认为它是遗产的一个标的,无论如何都应被视为足够,持此种观点者有 MünchKomm/Grziwotz § 2366 Rn. 24;Soergel/Zimmermann, § 2366 Rn. 5。不同意见见 Brox/Walker § 35 Rn. 8;Parodi AcP Bd. 185(1985),362,374;Staudinger/Herzog(2016) § 2366 Rn. 8 要求取得人意识到获得的是遗产标的。

对继承证书的信赖保护不以受让人知道继承证书的存在[1]为前提,更不要求受让人见过继承证书。

657 第2366条与第892条对土地登记簿公信力的规定相似。第2366条的适用范围值得特别关注。**任何经物权行为(处分行为)取得权利**的场合,均应有此信赖保护的适用。因此,其适用范围远大于其他情形的善意取得——第932条规定的动产善意取得、第892条规定的不动产善意取得。适用第2366条,还可能发生属于遗产的**债权**的善意取得和有限公司股权的善意取得。

657a 信赖保护以存在**交易行为(Verkehrsgeschäft)**为前提。针对继承人共同体内部做成的法律行为,如遗产清算中的法律行为,或继承人向另一继承人就所继承的债权做出的终止表示,不应成立信赖保护。[2]

658 受让人受让属于遗产的动产,根据第935条,对真正继承人而言本构成非基于其意思的丧失占有(abhanden gekommen),但适用第2366条认定善意取得时,不用考虑第935条。[3] 需要注意的是,第2366条仅保护受让人认为交易对方有**继承人身份的善意信赖**,即善意受让人视同从真正继承人处取得动产。继承证书的公信力不覆盖**动产是否属于遗产的问题**。但是,善意取得的一般规定(第892条和第932条以下)结合第2366条后,针对不属于遗产的动产也可能成立善意取得。例如,继承证书载明的继承人转让被继承人租入的动产,根据第932条和第2366条,善意的受让

[1] BGHZ 33,314,317;40,54,60;MünchKomm/Grziwotz § 2366 Rn. 25;Soergel/Zimmermann § 2366 Rn. 10;此为通说。不同意见,见 Canaris, Die Vertrauenshaftung im deutschen Privatrecht(1971),S. 508;Wiegand JuS 1978,145,149;详见 Parodi AcP Bd. 185(1985)362,374。

[2] BGH NJW 2015,1881。通知终止是一项对债权的处分,因此本身就是第2367条所涵盖的法律行为。

[3] Kipp/Coing § 103 II 3;MünchKomm/Grziwotz § 2366 Rn. 16.

人可以取得该动产的所有权,但该动产如是被继承人的盗窃所得,则第 935 条阻却善意取得。

继承证书错误记载的继承人对转让不动产转让预告登记表示同意,虽然错误记载的继承人尚未被登记为所有权人,不发生第 892 条和第 893 条规定的不动产所有权善意取得,但是受让人可善意取得**不动产转让预告登记(Auflassungsvormerkung)**。[1] 预告登记虽不是完整的物权,但也产生一种特定种类的物权拘束力。对转让不动产转让预告登记表示同意并进行登记,可视为第 2367 条意义上的处分该不动产的法律行为。具体是否成立预告登记的善意取得,应类推适用第 892 条第 2 款,即检查受让人在**申请**变更预告登记**时**是否善意。[2] 善意受让人有效取得预告登记后,经所有权转让行为和变更登记取得不动产所有权;即使此时继承证书已被收回,或受让人获悉继承证书不正确,或土地登记簿上存在异议登记,所有权取得的效力也不受影响。[3] 但需要注意的是,信赖保护仅在克服**继承证书记载的继承人不具备所有权人地位**的瑕疵,假如受预告登记保障的基础请求权,即受让人要求所谓继承人做不动产所有权转让行为的请求权本就不成立,那么不成立善意取得。 659

根据第 2367 条,因遗产债权而善意**向继承证书记载的继承人为给付**的债务人受保护。该条的效果是:给付对真正的继承人产生清偿效力,遗产债务人不再负清偿义务。真正的继承人需根据第 816 条第 2 款,向继承证书错误记载的继承人主张不当得利请求权。但是,在**与继承证书记载的继承人建成的债权债务关系**上 660

---

〔1〕 BGHZ 57,341.

〔2〕 BGHZ 57, 341, 343. 不同意见见 MünchKomm/Grziwotz § 2366 Rn. 17; Staudinger/Herzog(2016) § 2366 Rn. 15,42。

〔3〕 BGHZ 57,341 追随了 BGHZ 28,182 的观点。不同意见见 Goetzke/Habermann JuS 1975,82;Wiegand JuS 1975,205,212。

不发生信赖保护。例如,第三人与继承证书记载的继承人签订租赁属于遗产的不动产的合同,则真正的继承人不负履行该租赁合同的义务。

六、欧洲遗产证书

(一)法律基础

660a 2015年8月17日起施行的《欧洲继承法条约》(EuErbVO)在第五编引入欧洲遗产证书的新制度。条约对欧洲遗产证书的颁发条件、内容和效力均有规定。该些规定在法律性质上属于欧盟发布的统一法(Einheitsrecht)——在成员国[1]内可直接适用,不属于冲突法(国际私法或程序法)。德国《国际继承程序法》(IntErbRVG)第33条至第44条对该些规定作出补充。

(二)目的

660b 欧洲遗产证书旨在使证书可在颁发国外的成员国内使用(《欧洲继承法条约》第62条第1款)。例如,在德国死亡的被继承人在其他成员国内也留下遗产时,欧洲遗产证书可以方便继承人在其他成员国内实现权利。当然,欧洲遗产证书在颁发国内也有效力,可以使用(《欧洲继承法条约》第62条第3款第2句)。

(三)与德国继承证书的关系

660c 《欧洲继承法条约》第62条第3款第1句强调:欧洲遗产证书不取代成员国国内出于类似目的而颁发的证明文件。成员国也无义务必须使用欧洲遗产证书(《欧洲继承法条约》第62条第2款)。因此,有关德国继承证书的法律规定不受影响。当事人有权自由决定申请欧洲遗产证书还是德国继承证书,当然也可两种证书都申请。

---

[1] 大不列颠、爱尔兰和丹麦除外。

(四)适用范围

根据《欧洲继承法条约》第 63 条,欧洲遗产证书用于证明继承人、受遗赠人、遗嘱执行人和遗产管理人的权利。由此可知,欧洲遗产证书的适用范围不仅覆盖德国法上为遗嘱执行人颁发证书(见边码 802)的情形,还超出德国继承证书的适用范围,可用于证明受遗赠人和遗产管理人的权利。但根据《欧洲继承法条约》第 63 条第 1 款,受遗赠人仅在遗产上享有直接的权利,即取得德国法上没有规定的有物权效力的遗赠的情形下,方可申请欧洲遗产证书(《国际继承程序法》第 37 条第 1 款第 2 句第 4 项亦有类似规定)。对此种具有物权效力遗赠问题的讨论上文已进行论述(见边码 23e)。 660d

(五)管辖与颁发程序

《欧洲继承法条约》第 64 条援引第 4 条、第 7 条、第 10 条和第 11 条的规定,关于颁发欧洲遗产证书的国际管辖权,原则上由被继承人死亡时经常居住地所在国的法院管辖。地域管辖方面,根据《国际继承程序法》第 34 条第 1 款至第 3 款,优先由被继承人生前最后经常居住地的所在法院管辖。事务管辖方面,根据《国际继承程序法》第 34 条第 4 款,作为遗产法院的基层法院有管辖权。根据《法务官法》第 3 条第 2i 项和第 16 条第 2 款、第 3 款第 1 句第 2 项,法官与法务官在颁发欧洲遗产证书方面的分工与德国继承证书的(见边码 644)相同。《欧洲继承法条约》第 65 条对请求颁发欧洲遗产证书的申请书的内容有详细规定。[1] 660e

根据《欧洲继承法条约》第 66 条第 1 款,成员国法律如有相应规定,则证书颁发机构应依职权调查事实。《国际继承程序法》第 35 条第 1 款规定适用《家事事件暨非诉事件程序法》中的条款,《家事事件暨非诉事件程序法》第 26 条规定了职权调查原则, 660f

---

〔1〕《欧洲继承法条约》第 65 条第 2 款中提到的表格并不强制使用,见 EuGH ZEV 2019,350。

故在德国国内，证书颁发机构应依职权调查事实。欧洲遗产证书的内容见《欧洲继承法条约》第 68 条。根据《国际继承程序法》第 41 条第 1 句，已颁发的欧洲遗产证书在交付给法院书记处（Geschäftsstelle）时生效。

（六）法律救济

660g 当事人如对法院作出的颁发欧洲遗产证书的裁决或驳回申请的裁决不服，可向州高等法院提起**抗告**，具体见《国际继承程序法》第 43 条。对抗告结果不服，是否可向联邦最高法院提起**再抗告**的问题见《国际继承程序法》第 44 条。抗告人经常居住地在内国的，抗告或再抗告的期限为 1 个月；经常居住地在外国的，抗告或再抗告的期限为 2 个月（《国际继承程序法》第 43 条第 3 款、第 44 条第 2 句）。

（七）法律效果

1. 在其他成员国有直接效力

660h 根据《欧洲继承法条约》第 69 条第 1 款，欧洲遗产证书无需再经认证程序，在所有成员国内均有直接效力。根据《欧洲继承法条约》第 69 条第 5 款，欧洲遗产证书可作为在成员国进行相关登记的依据，例如，《土地登记条例》第 35 条第 1 款第 1 句规定，继承人凭欧洲遗产证书可在土地登记部门进行相应登记。这同样适用于继承效果适用外国法规定的有物权效力的遗赠，因为根据《欧洲继承法条约》（以及欧洲法院的判例），此种遗赠也将在德国得到承认（具体见边码 23e）。

2. 正确性推定

660i 《欧洲继承法条约》第 69 条第 2 款推定欧洲遗产证书的记载事项正确，记载事项包括继承人、（对遗产有直接权利的）受遗赠人、遗嘱执行人和遗产管理人。推定可以被推翻。该规定与继承证书和遗嘱执行人证书的正确性推定（第 2365 条、第 2368 条第 3 款）相似（见边码 654、655 和 802）。

3. 善意信赖的保护

根据《欧洲继承法条约》第 69 条第 3 款，向欧洲遗产证书记载的权利人为给付者的信赖应受保护。欧洲遗产证书记载的权利人处分遗产标的，视为有权处分（《欧洲继承法条约》第 69 条第 4 款）。该规定与继承证书和遗嘱执行人证书公信力的规定（第 2366 条、第 2367 条、2368 条第 3 款，见边码 656 以下、802）相似。但与后者相较，欧洲遗产证书的公信力较弱。给付人或受领人除非明知继承证书记载事项不正确，否则其信赖受继承证书公信力的保护。与此不同，给付人或受领人因重大过失不知欧洲遗产证书记载事项不正确的，其对欧洲遗产证书正确性的信赖已不受保护。 660j

4. 认证副本的短期效力

根据《欧洲继承法条约》第 70 条第 1 款，颁发机构可向申请人和其他利害关系人——《欧洲继承法条约》没有赋予遗产债权人以独自的申请权，故其可能属于此类人员——颁发经认证的欧洲遗产证书的副本。根据《欧洲继承法条约》第 70 条第 3 款和《国际继承程序法》第 42 条，认证副本有效期一般 6 个月，自颁发时起算；[1]有效期经申请可延长。 660k

（八）证书的变更与撤回

与德国继承证书类似（见边码 651），欧洲遗产证书不是实体生效裁判；其内容存在错误的，依申请可被变更或撤回（《欧洲继承法条约》第 71 条第 2 款）。根据《国际继承程序法》第 38 条第 2 句，颁发机构可依职权撤回欧洲遗产证书。 660l

第十八章自检试题：

1. E 于 2019 年 10 月 1 日死亡，遗产主要是一处不动产。E

〔1〕 根据 KG ErbR 2019，696 之意见，在土地登记簿上登记时，需要有效期尚未经过。根据 Wachter ErbR 2019，698 的评论，以申请时的有效性为足够，这似乎更正确。

订过一份符合形式要件的公证遗嘱——指定儿子 S 为唯一继承人。S 何时取得不动产的所有权?

(1)在遗产法院开启遗嘱时;

(2)在土地登记簿中进行相应登记时;

(3)2019 年 10 月 1 日;

(4)拒绝继承期间届满后,但取得所有权的时间溯及至继承开始时,即 2019 年 10 月 1 日。

2. Eduard 于 2019 年 4 月 25 日死亡,生前曾订立遗嘱——指定其妻子 Kern 为唯一继承人。Rasch 向 Eduard 租赁一处住宅,月租金 950 欧元,每月初支付。Rasch 以为 Kern 女士是唯一继承人,在 2019 年 5 月 2 日向后者支付 5 月的租金。Kern 女士在 2019 年 5 月 6 日拒绝继承。被继承人 Eduard 唯一在世的亲属是兄弟 Max。Max 有权要求 Rasch 再次支付 5 月的租金吗?

3. Alt 于 2019 年 2 月 1 日死亡。Schlau 根据遗嘱取得继承证书。继承证书中将 Schlau 记载为 Alt 的唯一继承人。Alt 生前向 Grün 供货,Grün 尚欠余款 8000 欧元未付,债务于 2019 年 10 月 1 日届清偿期。2019 年 3 月 15 日,Schlau 向 Neu 转让涉及上述余款的债权,Neu 支付转让价款 7000 欧元,Schlau 在交易过程中向 Neu 出示过继承证书。嗣后发现遗嘱是伪造的,Spät 才是唯一继承人。Spät 有权向 Grün 和 Neu 主张哪些请求权?

答案:

661 1. 选项(3)是正确答案。**继承发生时**,即 2019 年 10 月 1 日,遗产由 S 继受。故 S 于 2019 年 10 月 1 日取得不动产的所有权(第 1942 条第 1 款、第 1922 条第 1 款)——自动继受原则(Grundsatz des Vonselbsterwerbs)。

662 2. 租金债权属于遗产,故 Max 仅成为继承人后,才可主张债权。截至 2019 年 5 月 6 日,6 周的拒绝继承期间尚未届满,遗嘱继承人 Kern 还可拒绝继承。Kern 受领租金的行为仅能认作临时管理措施,**不得认定 Kern 有接受继承的意思**,故 Kern 未做过第 1943 条意义上接受继承的表示。Kern 拒绝继承的意思既包括拒绝成为指定继承人,也包括拒绝成为法定继承人(第 1949 条第 2 款),故 Kern 拒绝继承后,不发生由自己继受遗产的效果(第 1953 条第 1 款)。法定继承人 Max 如今成为继承人,根据第 1953 条第 2 款和第 1925 条第 1 款和第 3 款,在继承开始时(依据为第 1953 条第 2 款末尾)取得遗产。

Rasch 未向真正的债权人支付租金,根据第 362 条第 1 款似 663
不发生清偿效果。但根据第 1959 条,Rasch 向临时继承人支付租金,可能发生清偿效力。尚值疑问的是,为履行属于遗产的债权**向临时继承人为给付行为**,在法律效果方面应适用第 1959 条第 2 款[1]还是第 3 款[2]。如受领给付的行为视为第 1959 条第 2 款意义上的处分行为,则仅在不立即受领给付对遗产构成不利情形下,对真正的债权人才发生清偿效力;若属于债务人仅能向临时继承人 Kern 清偿到期债务的情形,则应适用第 1959 条第 3 款,发生清偿效力。第三人若仅能与有继承人身份的临时继承人做成法律行为,则根据第 1959 条第 3 款**对**此情形下**第三人的保护**,该法律行为应发生效力。本案债务人向临时继承人为给付在于清偿到期债务,故属于受第 1959 条第 3 款保护的情形。根据该条规定,Kern 虽然嗣后**拒绝继承**,但 Rasch 支付租金的行为**仍发生清偿效力**。Max 只能根据第 1959 条第 1 款结合第 681 条第 2 句和第 667 条的规定,向 Kern 主张返还该 950 欧元。

---

〔1〕 此种观点可参见者如 Palandt/Weidlich § 1959 Rn. 3;von Lübtow S. 750;结论上相同者可参见 Staudinger/Mesina(2016) § 1959 Rn. 11。如果不受领给付即会发生受领迟延的,则受领给付被视为不可拖延的;因而,此观点与相反意见的实际差异很小。

〔2〕 持赞同意见者如 Kipp/Coing § 90 III 3c;MünchKomm/Leipold § 1959 Rn. 11。

3.(1)是否成立 Spät 依据第 433 条第 2 款向 Grün 主张支付价款 8000 欧元的请求权?

664 属于遗产的该笔债权已由 Schlau 转让给 Neu(第 398 条)。然而,Schlau 不是继承人,转让行为属**无权处分**。但是,债权转让交易过程中,Schlau 向 Neu 出示过自己记载为唯一继承人的继承证书,那么根据第 2366 条,继承证书的内容应视为正确,善意第三人 Neu 的信赖利益受保护。因此,Neu 成为该笔债权的债权人,Spät 不得向 Grün 主张价款。

665 (2)是否成立 Spät 依据第 812 条第 1 款第 1 句向 Neu 主张返还该笔债权的请求权?

Neu 虽与 Schlau,而非与 Spät 订立债权买卖合同,但在 Neu 与 Spät 的关系中,Neu 经受让该笔债权而获利不得视为无法律上的原因。若承认真正继承人 Spät 对 Neu 的不当得利请求权,则第 2366 条保护第三人信赖继承证书正确的意旨将会落空。因此,Spät 只能向 Schlau 主张请求权,如根据第 816 条第 1 款第 1 句或根据第 2018 条和 2019 条,要求 Schlau 返还其所取得的转让价款。

第十九章　替补继承人及前后位继承人的法律地位

案例25：Anselm有两次婚姻，在第一次婚姻中生子Werner。Werner自己没有子女。Anselm的第二任妻子是Klara。Anselm在订立的公证遗嘱中，除指定Werner为唯一继承人外，还规定："Klara若晚于Werner去世，则为替补继承人"。Anselm于2018年死亡，Werner于2019年4月死亡。Werner在遗嘱中指定妻子Vera为唯一继承人。Klara和Vera两人现如今都要求继承Anselm的遗产。Klara出示一份Anselm在遗嘱订立当天借助电脑写成的信件，Anselm在信中解释道：之所以首先指定Werner为继承人，原因在于Klara本就富裕，要是Werner在Klara之前死亡，则无论如何，遗产都应该由Klara继承。

问题1：谁有权继承Anselm的遗产？

问题2：Werner于2019年1月从Anselm的银行账户中提取15,000欧元，用此款购置小轿车一辆。其后，Werner将小轿车赠与妻子Vera。Vera知悉购车款的出处，却不知Anselm的遗嘱中提及Klara。Werner死亡后，Klara是否有权要求Vera返还小轿车？

一、替补继承人

666 经遗嘱或继承契约指定的继承人可能早于被继承人死亡或者拒绝继承,因此,即使被继承人指定了继承人,也无法确保其最终取得遗产。但是,被继承人可事先做出预防性规定,比如指定**替补继承人(Ersatzerbe)——继承开始之前或之后**,原根据法定继承效果或意定继承效果**可在先继承者出缺**情形出现后,成为继承人者(第2096条)。所谓可在先继承者(der zunächst Berufene)**出缺**,指其因存在所有的[1]相关事由而不得继承,至于在继承开始时就不得继承,还是继承开始后因效力溯及至继承开始时地丧失继承权而不得继承,则在所不论。第2096条规定的出缺主要有以下几种情形:可在先继承者早于被继承人死亡;订立继承放弃契约;拒绝继承;被判决丧失继承资格;指定继承人的死因处分被撤回、无效或被撤销。若发生可在先继承者**在继承开始后死亡**的情况,则由于其已成为继承人,法律效果不因死亡而有改变,故该情况**不视为出缺**。案例25中,Klara不能作为替补继承人继承丈夫的遗产,其原因在于,仅可在先继承者无法成为继承人时,替补继承人作为**被继承人直接的权利继受人**才能取得遗产。后位继承与替补继承在此有差别,后位继承的效果是,遗产先由前位继承人继受,而后再由后位继承人继受。

667 根据**第2069条的解释性规则**或通过补充性解释,也可能得出被继承人做出指定替补继承人处分的结论(见边码372,也见解释性规则与被继承人明确做出的指定替补继承人处分之间的关系)。被继承人可以仅为**多位继承人**中的一位指定替补继承人,若该继承人出缺,则替补继承人取得出缺的继承份额,其他继承人的继承份额不会依据第2094条而增加。第2099条明确规定:**替**

[1] 然而,被继承人对替补继承人的指定可以限于某些出缺事由(例如拒绝继承),这可从第2097条推知。

补继承的效果优先于继承份额增加的效果。

二、前后位继承

(一)指定后位继承人的目的

指定继承人仅解决了谁在被继承人死亡后取得遗产的问题， 668
没有解决以下问题:遗产**在被继承人死亡后**能否作为一个整体得以保留,谁在更远的将来可以取得遗产。通常情况下,被继承人遗产中在继承人死亡时的尚存部分,将与继承人的其他财产一起由继承人的法定或意定继承人继受取得。法律对此提供了另一条路径——第 2100 条允许指定后位继承人,使遗产即使历经多次继受,命运也仍掌控在被继承人手中。第 2139 条规定的效果为:遗产先由**前位继承人(Vorerbe)**继受,自特定时刻或特定事件发生时起,再由**后位继承人(Nacherbe)**继受。被继承人指定发生前后位继承,不必使用前后继承的专业术语,该意思经**解释**能够探知即可。[1] 相反,被继承人即使使用了专业术语,前后位继承的效果也可能非其所愿。有关将共同遗嘱中的处分解释为指定终位继承人的问题前文已进行表述(见边码 464)。前位和后位继承人的指定可以限于一定继承份额。例如,有可能指定某人为完全继承人,继承 1/2 的遗产,但指定后位继承人,继承 1/2 的遗产。另外,由于概括继承的原则,前位继承和后位继承**不能局限于遗产的某些标的**,如不动产。[2]

(二)后位继承的开始

1. 促发后位继承的事件 669

促发后位最常见的继承事件是**前位继承人的死亡**。依据第

[1] BayObLG FamRZ 2002,269,271。另见案件 25 的解答(边码 689)。

[2] OLG Düsseldorf ErbR 2018,48(然而,也可以从一般的前位继承人和后位继承人的意义上进行解释,与有利于前位继承人的动产先取遗赠相结合)。

2106 条第 1 款之规定：被继承人指定后位继承人，但未明确何时发生后位继承的，应在前位继承人死亡时发生后位继承。被继承人也可规定，自己的在世配偶若再次结婚，则发生后位继承。针对共同遗嘱中再婚条款的讨论前文已说明（见边码 478 条以下）。根据第 2104 条，被继承人仅规定，继承人地位在特定时刻或特定事件发生时终止的，应推定，在该时间点上可成为被继承人法定继承人者为后位继承人，但国家不属于此处的法定继承人。

2. 对起始被继承人的继承

670 后位继承人是**被继承人的继承人**，不是前位继承人的继承人。即使在前位继承人死亡时发生后位继承，后位继承人也仅取得被继承人的财产。至于前位继承人自己的其余财产由谁继受，即谁可以成为前位继承人的继承人，则不受指定后位继承人处分的影响，而应结合案情分析：针对前位继承人的遗产发生法定继承抑或意定继承。

671 指定发生后位继承的处分，使源于被继承人的财产传给后位继承人，前位继承人做出的死因处分无法影响前述效果。前位继承人即使在遗嘱或继承契约中，针对被继承人的遗产或遗产标的做出与前述效果不同的处分，该死因处分也是不生效力的。但通说[1]认为，被继承人可为后位继承的发生**附加条件，即规定仅前位继承人针对遗产未做出不同的死因处分的，才发生后位继承**——被继承人的该规定不违反第 2065 条第 1 款。

3. 对未出生人员的指定

672 后位继承制度的一个主要目的在于使遗产保留在家族内。因此，**未出生人员**，如前位继承人将来的直系血亲卑亲属，也可被指定为后位继承人。继承开始时尚未出生的人员若被指定为继承

---

〔1〕 BGHZ 2,35;15,199,204;59,220;BayObLG FamRZ 1991,1488;OLG Oldenburg FamRZ 1991,862;MünchKomm/Leipold § 2065 Rn. 19.

人，则存在疑义时，推定其被指定为后位继承人（第 2101 条第 1 款）；后位继承人出生时，发生后位继承（第 2106 条第 2 款第 1 句）。

4. 多重后位继承

被继承人可指定发生**多重后位继承**，如规定，遗产先由 A 取 673
得，A 死亡时由 B 取得，B 死亡时再由 C 取得。前位继承人处分遗产本就受到诸多限制（见边码 674），若再辅以多项遗赠和负担，则被继承人可在很大程度上限制在世人员的自由，以此实现历经多世仍掌控遗产的目的。但是，第 2109 条规定了**时间限制**：被继承人指定的后位继承——包括指定后位继承人、第二重或第三重等多重后位继承人——在继承开始后经过 30 年仍未发生的，指定一般[1]不生效力。

（三）前位继承人的地位

1. 处分权限制

自继承开始时起至发生后位继承时止，前位继承人是属于遗 674
产的权利的权利人，也是遗产债务的债务人。根据第 2112 条，前位继承人原则上对遗产标的有处分权。但鉴于为后位继承人保留遗产的制度目的，法律（第 2113 条至第 2215 条）对前位继承人的**处分权设置了诸多限制**，其中最重要的一项限制为第 2113 条：根据第 1 款，发生后位继承时，以损害后位继承人权利（如前位继承人出售不动产）或阻碍权利实现（如后位继承开始时不动产上尚有负担）者为限，前位继承人对**不动产**所做的处分绝对不生效力，除非后位继承人同意该项处分。[2]

---

〔1〕 然而，第 2109 条包含重要的例外情况。例如，如果在继承发生时在世的前位继承人死亡时发生后位继承，那么根据第 2109 条第 1 款第 2 句第 1 项，指定后位继承人的处分在 30 年后仍然有效。

〔2〕 BGHZ 40，115；MünchKomm/Lieder § 2113 Rn. 28.

675 根据第 2113 条第 2 款,前位继承人**对遗产标的所做的无偿处分**,在后位继承开始时也不生效力,除非无偿处分旨在履行道德义务或出于礼仪上的考虑。若前位继承人对遗产标的所做的**处分仅是部分无偿**[1],但基于保护后位继承人的规范目的,上述条款可被类推适用。该情形下,处分行为在后位继承发生时全部不生效力;受领人应当返还遗产标的,但有权要求后位继承人返还自己已经履行的对待给付;该两项返还义务应同时履行。[2]

676 出于对权利取得人的保护,第 2113 条第 3 款规定,不管处分不动产还是无偿处分,均可适用**无权处分**的规定。换言之,虽然存在第 2113 条第 1 款和第 2 款的限制,但权利取得人有关后位继承人的指定为**善意**时,仍能完全有效地取得动产(根据第 932 条)或不动产(根据第 892 条)。需要注意的是,根据《土地登记条例》第 51 条,土地登记簿上登记前位继承人时,应一并登记"后位继承人的权利":指定后位继承处分、发生后位继承的条件和后位继承人的姓名。如已做上述登记,则不可能成立善意取得(第 892 条第 1 款第 2 句)。另需注意的是,上述不动产登记的目的,仅在于明确前位继承人的处分限制,不可用于证明后位继承人的法律地位。[3] 对此问题的讨论另见本章自检试题第 4 题。

2. 物上代位及遗产债务的建立

677 除第 2113 条至第 2115 条的处分限制外,基于保存遗产的目

---

[1] 例如,如果前位继承人同意在获得不充分补偿的前提下退出人合团体,也可能存在部分无偿的处分,见 BGH NJW 1984,362。

[2] BGH NJW 1985,382.

[3] 因此,如果后位继承人在后位继承发生后申请更正土地登记,其必须以《土地登记簿条例》第 35 条第 1 款的形式(授予继承人的继承证书或经公证的死因处分)证明后位继承,见 BGHZ 84,196。

的，第2111条还规定了**物上代位规则(Surrogation)**：[1]前位继承人基于属于遗产的权利的所得(如遗产债务人的给付)，因遗产标的灭失、毁损或侵夺而取得的补偿[2]，或借助遗产经法律行为而取得的财产，均自动归入遗产，在后位继承发生时转移给后位继承人。唯一例外是：**遗产上产生的用益**归前位继承人享有，不适用物上代位规则。[3] 是否发生第2111条的*物上代位*，以致特定标的归入遗产的*举证责任和证明责任*(Darlegungs-und Beweislast)，由后位继承人承担。[4]

678 与物上代位规则相对应，前位继承人为适当管理遗产而创建的债务是**遗产债务**。在种类上，属于遗产继承人债务(Nachlasserbenschulden，见边码703)。[5] 后位继承开始后，后位继承人应当负清偿义务。

3. 发生后位继承时的返还义务

679 根据第2130条，后位继承发生后，前位继承人应当向后位继承人**返还**遗产，且应确保，遗产符合此前**处于适当管理之下**而所应有之状态。前位继承人不恰当管理遗产的，应负**赔偿责任**；但根据第2131条，前位继承人仅负与处理自己事务同等的注意义务(见第277条)

[1] 通过缴付遗产的资金而获得的有限责任股权也属于物上代位的范围，见BGHZ 109,214=NJW 1990,514(摒弃了BGH NJW 1977,433)。——如果前位继承人继续使用遗嘱人的往来账户进行自己的支付交易，那么往来账户关系本身并不会在继承时转移给后任继承人；是否应向后位继承人提供结存余额，取决于其是否可以追溯到遗产资金，BGHZ 131,60=NJW 1996,190。

[2] 这也包括在强制拍卖一块属于遗产的土地的情况下分配给前位继承人的拍卖盈余，见BGH NJW 1993,3198。

[3] BGH FamRZ 1986,900。关于过度收取孳息时的返还义务，见第2133条。

[4] BGH NJW 1983,2874.

[5] BGHZ 110,176=NJW 1990,1237(关于前位继承人的借贷何时被视为适当管理的问题，另见BGH NJW 1993,1582)。

4. 对前位继承人限制的免除

680 结合前后位继承制度的法律规定(本书仅介绍分析其中最重要的一些条款)可知,整体而言,前位继承人的法律地位与**信托关系**[1]受托人的相似,毕竟,前位继承人仅享有遗产上产生的用益,对遗产的主体部分则不享有权利,其权利一定程度上类似于用益权。但是,被继承人经死因处分可赋予前位继承人以广泛的权限,也可在很大范围上**免除其法定限制和义务**(见第2136条)。此类前位继承人称作免除限制的前位继承人(befreiter Vorerbe)。被继承人免除限制,无须在死因处分中做出明文规定,其意思经文义可探知即可。[2] 通常,再婚条款中就隐含有免除限制的意思(见边码480末尾)。但需注意的是,即使被最大限度的免除限制,前位继承人的**处分权也仍受一定的限制,其不能做无偿处分**(第2113条第2款)。

681 前位继承人被最大范围免除限制的情形,规定在第2137条第1款:后位继承人仅被指定继承后位继承发生时尚存的遗产,即**指定继承剩余遗产(Einsetzung auf den Überrest)**。根据第2137条第2款,被继承人规定,前位继承人有权自由处分遗产,对该处分的解释存在疑义时,应视为被继承人做出第2137条第1款意义上的指定。上述情形下,后位继承发生时,前位继承人仅须向后位继承人返还尚存的遗产标的(第2138条第1款第1句);自用消费掉的遗产标的,前位继承人无须赔偿——此与第2134条对未免除限制前位继承人的规定不同。

---

[1] 参见 Kipp/Coing § 49 I,III vor 1。

[2] OLG München ZEV 2019,77 Rn. 7=JuS 2019,589(附 Wellenhofer 之评论):被指定为唯一继承人的生活伴侣未能免受限制,根据遗嘱,她要为源于被继承人的不同关系的子女管理被继承人的财产。

(四)后位继承权的使继承与转让

1. 后位继承人在继承开始前死亡

此处应区分两种情形,一种情形是后位继承人**在继承开始前**已经死亡,另一种情形是后位继承人在继承开始后、后位继承开始前死亡。第一种情形下,后位继承人不能取得后位继承权(第2108条第1款结合第1923条第1款);指定后位继承的处分**不生效力**,除非被继承人指定**替补后位继承人(Ersatznacherbe)**,否则前位继承人成为完全的继承人。指定替补后位继承人的处分可明文做出,也可经解释可推知。比如,被继承人的直系血亲卑亲属被指定为后位继承人,但早于被继承人死亡,若存在疑义,则根据第2069条,推定该**后位继承人的直系血亲卑亲属**为替补后位继承人。[1] 682

2. 后位继承人在继承开始后但后位继承开始前死亡

(1)后位继承人的期待权的可继承性

如果后位继承人**在继承开始后、后位继承开始前死亡**,那么其法律后果与第一种情形不同。继承开始后至后位继承开始前期间,后位继承人尚未取得遗产,若其在此期间死亡,则遗产本身不可再被继承。但根据第2108条第2款,**后位继承人的权利由其继承人继受**,[2]除非被继承人有相反的意思。其原理在于,后位继承人自继承开始时起已可期待在将来取得遗产,又鉴于法律规定前位继承人处分权受限和物上代位规则(第2111条)等,后位继承人的法律地位是有保障的,他人不能剥夺。**后位继承人**在继承 683

[1] 在此种情形,第2069条适用于指定直系血亲卑亲属为后位继承人处分,参见BGHZ 33,60,61。如果后位继承人在继承发生后才死亡,情况则有不同(见边码685)。

[2] 但是,在附延缓条件指定后位继承人处分的情况下,如果后位继承人没有活到条件成就之时,则不在此列(第2108条第2款第2句结合第2074条)。

开始时取得的权利是一项**期待权(Anwartschaftsrecht)**,[1]第2108条第2款所称的**可继承**的权利正是该期待权。

684 试举一例:被继承人X指定其妻为前位继承人,指定唯一的儿子为其妻死亡时的后位继承人。儿子在自己的遗嘱中指定某公益基金会为唯一继承人。遗产继承效果为:儿子(后位继承人)晚于父亲但早于被继承人的妻子(前位继承人)死亡时,后位继承人的权利由后位继承人的继承人即该基金会取得。被继承人妻子死亡时发生后位继承,X的遗产由该基金会继受。当然,如前所述,该法律效果的发生,以**被继承人无相反意思**为前提。被继承人可在死因处分中规定,后位继承人在后位继承开始前死亡不发生后位继承,或由其他后位继承人——替补后位继承人——替补其继承。[2]

(2)第2069条的解释性规则在直系血亲卑亲属被指定为后位继承人情形下是否适用?

685 被继承人排除后位继承权的可继承性,无须做出明示规定,其意经解释可探知已足。由此产生的问题是,**直系血亲卑亲属被指定为后位继承人**的情况下,**其自己的直系血亲卑亲属**是否也应视为同时被指定为**替补后位继承人**,即后位继承权的可继承性被排除。以上述的案例(见边码684)为例,如采纳该观点,则效果为:如X的儿子自己有子女,则其子女将替补X的儿子被指定为后位继承人,在X的妻子死亡时取得X的遗产;该基金会只能继承X儿子的其他财产。支持该观点的依据为第2069条规定的解释性

[1] RGZ 101, 185, 187ff.; BGHZ 37, 319, 326; Lange Kap. 11 Rn. 136; MünchKomm/Lieder § 2100 Rn. 51.

[2] 如果*明确*指定了替补后位继承人,那么这通常也是为了应对后位继承人在继承发生和后位继承发生之间死亡的情况。持同样观点者有Staudinger/Avenarius (2013) § 2108 Rn. 14f.; Lange Kap. 11 Rn. 144; Musielak ZEV1995, 1, 6; 持开放态度者有BGH NJW 1963, 1150, 1151。不同意见见RGZ 169, 38, 40ff.。

规则。不过,该观点与前述后位继承权可继承的原则存在冲突。而且,该观点——直系血亲卑亲属在继承开始后、后位继承开始前死亡时,其自己的直系血亲卑亲属作为替补后位继承人继承遗产——也难以称得上符合被继承人的典型意愿。故此,联邦最高法院[1]认为,被继承人将直系血亲卑亲属指定为后位继承人,虽然较其他情形,更可能也内含排除后位继承权可继承性的意思,但如需确认该效果,则应结合个案具体分析,以可探知被继承人确有排除可继承性的相反意思为前提。被继承人的意思存在疑义时,**后位继承权可继承的规则应优先于第2069条的规定**。[2]

(3)后位继承人生前对期待权的处分

686 继承开始后,后位继承人的期待权成为一项确已发生的权利,故原则上,该权利经后位继承人与受让人订立合同(第413条和第398条),**可被转让**[3]**或质押**(第1273条和第1274条),也可被**扣押**(《民事诉讼法》第857条第1款)。后位继承人无论是唯一继承人还是共同继承人,该权利均可被处分。但与被继承人可排除后位继承权可继承性的原理相同,被继承人也可排除后位继承权的转让。[4]

687 与转让继承份额类似,此处所转让的也属遗产上的权利,因此应类推适用第2033条第1款的规定:转让合同(处分行为)应采

[1] BGH NJW 1963,1150;同样的观点已见于RGZ 169,38,42。

[2] LG Krefeld NJW-Spezial 2008,615;Kipp/Coing § 47 IV 2b;Lange Kap. 11 Rn. 143;Staudinger/Avenarius(2013) § 2108 Rn. 16f. 不同观点见 von Lübtow S. 883;Schlüter/Röthel § 34 Rn. 52。

[3] RGZ 101,185,188f.;BGHZ 37,319,326.

[4] RGZ 170,163,168;MünchKomm/Lieder § 2100 Rn. 53;Palandt/Weidlich § 2100 Rn. 13;Soergel/Harder/Wegmann § 2108 Rn. 13. 不同观点见 Staudinger/Avenarius(2013) § 2100 Rn. 76。

用**公证书证形式**。[1] 另类推适用第2371条和第2385条,后位继承人使自己负有转让期待权义务的债务合同(如买卖合同)亦需采用公证书证形式。[2] 后位继承权有效转让后,一旦发生后位继承,受让人**直接取得遗产**,[3]成为属于遗产的权利的权利人和遗产债务的债务人。后位继承人若将期待权转让给前位继承人,则期待权一般因混同而消灭;前述转让仅在实现担保目的时,不引发混同的效果。[4]

案例25答案:

针对问题1:

688 根据遗嘱文义,Klara被指定为Werner的**替补继承人**。根据第2096条,仅可在先继承人在继承开始之前或之后出缺时,替补继承人才能继承。本案继承发生(Anselm死亡)时,Werner尚在世,已成为唯一继承人。Werner一年之后死亡不能改变其已成为继承人的效果。因此,本案不存在第2096条意义上的出缺,Klara作为替补继承人不能继承。如本案适用上述分析,则Anselm的遗产与Werner的其余财产将一并由Werner的唯一遗嘱继承人Vera继受。

689 若Klara不仅被指定为Werner的替补继承人,还被指定为Werner死亡时的**后位继承人**(第2100条),则可取得Anselm的遗产。民法典中没有如下法定解释性规则:某人若被指定为替补继

---

〔1〕 RGZ 170,163,169;MünchKomm/Lieder § 2100 Rn.60。这既适用于共同后位继承人的权利,也适用于唯一后位继承人的权利。

〔2〕 MünchKomm/Lieder § 2100 Rn.60.

〔3〕 OLG Düsseldorf OLGZ 1991,134(不过,应记录在继承证书上的是被指定的后位继承人,而不是取得人);同样观点见BayObLG FGPrax 2001,207=FamRZ 2002,350。

〔4〕 BGH ZEV 1995,453与OLG Schleswig-Holstein ZEV 1995,451意见相反。

承人,则同时推定被指定为后位继承人。[1] 第 2102 条第 2 款虽规定:某人被指定为替补继承人*还是*后位继承人存疑时,应推定被指定为替补继承人。但此规定并不排除结合具体案情后做以下解释:某人虽被指定为"替补继承人",但实际既被指定为替补继承人,*也同时*被指定为后位继承人。[2] "替补继承人"一词的含义在法律层面上虽是单一的,但在日常生活中使用时却不精确,有时还可能包含后位继承的意思,故以本案遗嘱中使用的"替补继承人"一词为基础,应存在做上述解释的空间。此外,Anselm 的遗嘱系公证遗嘱也不妨碍做上述解释:公证员虽清楚"替补继承人"一词在民法典中的含义,但被继承人自己却完全可能有不同的理解——需注意的是,解释的客体正是 Anselm *自己的*表示。根据遗嘱解释的理论,**存在于遗嘱外的因素**如对理解被继承人订立遗嘱时所欲表达的真意有益,则解释时应被参考。本案被继承人的信件虽不可认定为遗嘱,但于理解真意却为有益,故有必要参考。Anselm 在信件中的意思是:一旦 Werner 早于 Klara 死亡,则无论如何,遗产都应由其妻 Klara 取得。Anselm 的该意思如需被照顾到,则必须对"替补继承人"一词做扩张性理解,即 Klara 同时被指定为替补继承人和后位继承人。[3] 因此,本案最终的继承效果为:Werner 死亡时,Anselm 的遗产由作为后位继承人的 Klara 取得(第 2139 条)。

针对问题 2:

基于第 985 条的请求权:小轿车的所有权如属于 Anselm 的遗 690

[1] 在相反的情况下则不同:根据第 2102 条,有疑义时,指定为后位继承人也包含指定为替补继承人。

[2] 就此见 BGH LM § 2100 Nr. 1 = MDR 1951,474。

[3] 因而可以通过*解释*帮助实现被继承人的意愿。那么就不能以被继承人作出他根本无意做出这一内容的表示为由*撤销*遗嘱(第 2078 条第 1 款)。解释优先于撤销(另参见 BGH LM § 2100 Nr. 1 = MDR 1951,474)。

产,则 Klara 以第 985 条[1]为请求权基础,可要求 Vera 返还小轿车。前位继承人 Werner 从银行账户中取款是基于属于遗产的权利(对银行的债权),根据物上代位规则(第 2111 条第 1 款第 1 句第 1 种情形),该款项应归入遗产。小轿车是**借助遗产购得**的,根据**物上代位规则**(第 2111 条第 1 款第 1 句第 3 种情形),小轿车的所有权也应归入遗产。Werner 将小轿车转让给 Vera 是无偿的,而其对妻子 Vera 在道德上也不负做此类赠与的义务。故根据第 2113 条第 2 款,转让小轿车的处分行为在后位继承发生时本应不生效力。但 Vera 因不知后位继承处分的存在,不知丈夫无处分权,故根据第 2113 条第 3 款和第 932 条,可以**善意取得**小轿车的所有权。综上,基于第 985 条的返还请求权不成立。

691 **基于第 816 条第 1 款第 2 句的请求权**:尽管前位继承人无相应的处分权,但基于善意取得之规定,其转让小轿车的处分行为仍为有效。[2] 由于处分行为**无偿**,且 Vera 通过该处分行为已直接取得法律上的利益(小轿车的所有权),故应适用第 816 条第 1 款第 2 句,其效果是:Vera 有义务返还小轿车(转让小轿车的所有权并交付小轿车)。

第十九章自检试题:

1. 替补继承人与后位继承人的区别是什么?

2. 以下表述是否正确:后位继承发生时,后位继承人是继承前位继承人的遗产?

3. 被继承人 E 于 2019 年死亡,生前指定丈夫 M 为唯一的前位

[1] 人们还可能想到的是第 2130 条第 1 款的返还请求权,该请求权在前位继承人死亡时指向其继承人(第 1967 条)。然而,在继承发生时前位继承人未占有该汽车,这一事实反对此一请求权。

[2] Staudinger/Avenarius(2013) § 2113 Rn. 103; MünchKomm/Lieder § 2113 Rn. 64.

继承人，女儿T和儿子S为后位继承人（继承份额各为1/2），同时还规定：T或S若早于M死亡，则由其各自的直系血亲卑亲属以相同的继承份额替补继承；若两人中有人没有留下子嗣，则由另一位的直系血亲卑亲属以相同的继承份额替补继承。S有两个儿子。T虽已结婚，但没有子女。T身体不太好，自己感觉可能在M之前死亡。T为此希望，若自己早于M死亡，其本可取得的在M遗产上的份额由其丈夫继承，而不是由S的儿子继承。T的该愿望能否实现？

4. A、B和C三人是X的继承人，组成继承人共同体。X的遗产尚未分割，其中有一处不动产。A现已死亡，根据其订立的公证遗嘱，V成为前位继承人，N成为后位继承人。如今V申请将对A的不动产登记更正为自己，由自己作为继承人共同体中的共有人。对此，不动产登记部门进行了相应的更正登记，但同时还将N备注为后位继承人。不动产登记部门的操作正确吗？

答案：

1. 替补继承人（第2096条）是替补他人成为继承人，该他人 692
自己没有成为继承人，比如因为在继承开始前已经死亡的原因。与此不同，后位继承人（第2108条）是在他人成为继承人之后再成为继承人，该他人是前位继承人。

2. 此表述是错误的。后位继承人不是继承前位继承人的遗 693
产，而是继承**起始被继承人**的遗产。后位继承的效果仅及于起始被继承人的财产。即使在前位继承人死亡时发生后位继承，前位继承人的继承人也完全没有必要是后位继承人。

3. 继承在E死亡时已经发生，根据第2108条第2款，T作为 694
后位继承人取得的法律地位通常是可继承的。若T以死因处分指定丈夫为唯一继承人，则其丈夫本可取得T的该项法律地位。但是，后位继承人的期待权可继承，以被继承人没有相反意思为前提。本案中，被继承人针对T在后位继承开始前死亡的情形，已经指定他人为后位继承人。该处分应理解为指定**替补后位继承**

人。因此应**优先**考虑被继承人的该项处分,后位继承人期待权可继承的规则(第 2108 条第 2 款)不适用(见边码 684 末尾)。综上,T 的愿望无法实现。当然,T 可经死因处分处置自己的财产,如指定丈夫为唯一继承人,但即使如此,T 也无法改变 E 的遗产在后位继承发生时的归属。

695 4. 根据《土地登记条例》第 51 条,土地登记部门在对前位继承人为登记时,应依职权同时登记后位继承人的权利。后者登记的目的在于,在土地登记簿中向第三人明示,前位继承人对遗产中不动产的处分权是受限制的,使后位继承人免于遭受由土地登记簿的公信力所引发的风险(第 2113 条第 3 款结合第 892 条)。进行该项登记的前提为:**不动产属于遗产**,且针对该遗产发生前后位继承。本案中,A 的遗产既不包括对不动产的唯一所有权,也不包括在不动产上的份额,而仅包括在 X 的遗产上的份额。因此,上述前提并不满足,第 2113 条第 1 款——限制前位继承人处分不动产的规定——在本案中不可直接适用。但需考虑的是,第 2113 条第 1 款是否可被**类推适用**。可类推适用的理由为:首先,法律对此未作规定,故存在法律漏洞;其次,前位继承人作为共同共有人所有一处不动产时,后位继承人的利益也有被保护的需要,故存在相似的应予调整的利益状况。如做类推适用,则法律效果将是:根据第 2040 条第 1 款,遗产标的的处分应当由全体继承人共同做出,X 的全体继承人在处分该不动产时亦需征得 N 的同意。由此导致,X 的其他继承人 B 和 C 尽管不是 A 的继承人,更不是 A 的前位继承人,但却间接受到处分限制——类推适用 2113 条第 1 款将使 B 和 C 的权利受影响。鉴于此,联邦最高法院[1]认为,不动产共同共有的情形,**不得类推适用**第 2113 条第 1 款的规定。综上,土地登记部门的操作是错误的,应依申请消除该备注后位继承人的登记。

---

[1] BGHZ 171,350 = NJW 2007,2114.

第二十章　继承人对遗产债务的责任

一、可限定的无限责任

(一)继承人继受遗产债务

被继承人的债务在继承开始时转移给继 696
承人。由第1922条第1款的规定,即被继承人的*财产*(遗产)在继承开始时总体转移于继承人,是否可推导出上述法律效果是值得疑问的。但鉴于第1967条第1款明文规定,**继承人对遗产债务承担责任**,故上述法律效果应是不言自明的。此处的责任不仅指其固有之义,即继承人应将遗产作为责任财产,而且根据概括继受原则,继承人还应完全继受原债务人的法律地位。继承人在继承开始时继受遗产债务的法律效果是*自动(von selbst)*发生的。需注意的是,某些债务是不可继承的,**在债务人死亡时即告消灭**,如扶养义务一般不可继承(第1615条第1款),例外情况为第1586b条第1款——夫妻离婚后的扶养费请求权在扶养义务人死亡时不会消灭,但继承人所需负担的扶养费数额以扶养费权利人若不离婚而本可享受的特留份为限(第 1586b 条第 1 款第 3 句[1])。针对某些特殊情况,法律虽没有明文规定,但债务依其性质仅能由被继承人亲自履行,不能由继承人履行的,该等债务也不可继承。**债务以可继承为原则,以不可继承为例外**。[2]

(二)继承人对遗产债务的责任与责任的可限定性

697 遗产债务的责任财产不仅包括**遗产**,还包括**继承人的个人财产**。遗产债权人有权要求债务人以该两项财产清偿债务,必要时可强制执行。换言之,在引入限定责任措施前,继承人对遗产债务**临时性地承担无限责任**。但是法律规定,继承人通过特定的措施将其责任将限定在遗产范围内(可限定的责任,beschränkbare Haftung),限定责任措施主要指**遗产管理程序(Nachlassverwaltung)**和**遗产破产程序(Nachlassinsolvenzenverfahren)**,见第 1975 条。措施引入后,**遗产**因得到管理而**与继承人的个人财产相分离**。[3] 该制度起到两方面的效果:一方面,继承人的利益得到照顾,继承人不用担心因为遗产资不抵债,而需以个人财产承担责任;另一方面,遗产债权人的利益也得到照顾,遗产首先用于清偿遗产债务,继承人自己的债权人不得将遗产作为责任财产。

698 **遗产清册**是一份遗产的目录(第 1993 条),其中要说明遗产标的和遗产债务(第 2001 条第 1 款)。继承人可以自行编制清单(第 1993 条),或者更重要的是,遗产法院可以依遗产债权人的申请,为编制遗产清册设定一个期限(第 1994 条第 1 款第 1 句)。关

---

[1] 在计算时还必须包括扶养权利人对继承人的(假定的)特留份补足请求权(第 2325 条以下,见边码 839 以下),见 BGHZ 146,114 = NJW 2001,828。

[2] BGH NJW 1985,3068,3069(关于第 2027 条的通知义务的可继承性);BGHZ 104,369 = NJW 1988,2729(根据第 259 条第 2 款,在委托关系的框架下,转移宣誓担保之义务)。

[3] 然而,通过遗产管理或遗产破产程序分离财产并不改变继承人仍然是遗产权利的*所有人*和遗产债务的*债务人*的事实,只是他的*责任*以遗产为限。

于遗产清册的编制，见第 2002 条和第 2003 条。需要注意的是，编制遗产清册（Inventarerrichtung，见第 1993 条以下）不属于限定责任措施。但是，遗产法院为编制遗产清册*设定期限*，继承人未按时完成编制（第 1994 条第 1 款第 2 句），或故意提供虚假信息（第 2005 条第 1 款第 1 句）的，继承人将*丧失*限定责任的机会。[1] 有关启动遗产破产程序申请被拒后，编制遗产清册期限的设定下文将详细叙述（见边码 716）。

继承人被遗产债权人起诉后，仅**判决**为继承人承担**有限责任做出保留**的，事后继承人才能主张承担有限责任（见《民事诉讼法》第 780 条）。 699

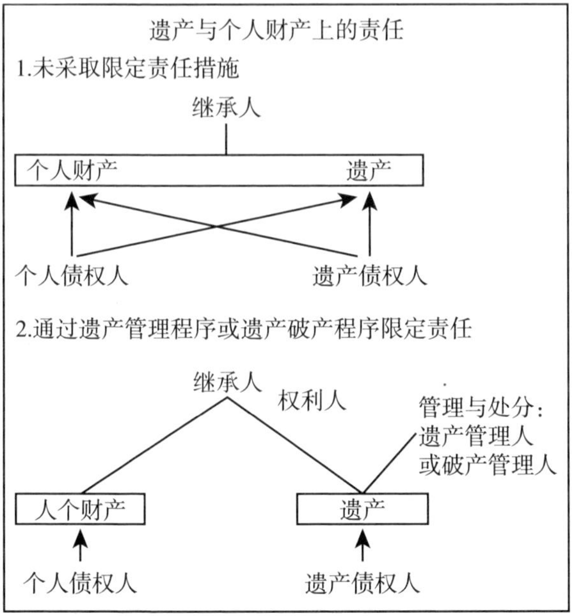

---

〔1〕 第 1994 条、第 2005 条、第 2013 条误导性地采用的“无限”责任用语，就是此意；其实本应使用“不可限制的”。

二、遗产债务与债务查明

(一)概念

700 **遗产债务**指继承人承担有限责任的情况下以遗产为责任财产的债务。

(二)种类

遗产债务包括以下几种:

1. 被继承人债务

701 *被继承人债务(Erblasserschulden)*是**被继承人自己建立的债务**,至于债务源于何法律原因,则在所不论。具体如租赁债务、[1]分期付款买卖中的剩余债务、继承开始后到期的银行贷款债务、由属于遗产的独资商人营业产生的债务[2]等。继承开始后才完全生效的债务,如所附条件成就后的债务,亦属于被继承人债务;被继承人创建的尚**在形成中的(效力待定的)法律关系**亦由继承人继受。[3]

2. 继承事件债务

702 遗产事件债务(Erfallschulden)是**基于发生继承**而产生的,继承人因具有继承人身份而需承担的债务(第1967条第2款)。遗产事件债务举例:遗赠请求权、特留份请求权、先取份和三十天扶

---

〔1〕 如果根据第564条第1句的规定,与承租人的继承人续租,则继承发生后到期的租金也是纯遗产债务,见BGH ZEV 2013,208(如果在第564条第2句确定的期限内终止租赁关系,则肯定是);BGH BeckRS 2019,24132(使继承人没有行使第564条第2句规定的特别终止权,但也没有表示将该租赁关系作为自己的租赁关系予以延续的意愿)。——译者注:前句BGH BeckRS 2019,24132括号中法条,本书原文为第549条第2句,但查判决原文中并未出现549条,应为564条第2句。

〔2〕 关于继承人在原商号名称下继续从事商事活动的情况下的责任上文已予以描述(见边码583b)。

〔3〕 参见BGH JuS 1976,816(就此见K. Schmidt)= MDR 1976,1013(即使主债务在继承发生后才产生,保证仍然有效);BGH NJW1991,2558(如果赠与人在受赠人死亡后变得穷困,可向受赠人的继承人主张返还)。

养费(法定遗赠),丧葬费用(第 1968 条)及法院相关程序的费用、法院指定措施产生的费用等。法院相关程序的费用与法院指定措施产生的费用又称作遗产费用债务(Nachlasskostenschulden),如遗嘱开启费用、遗产管理程序或遗产破产程序的费用。增益分配请求权(第 1371 条第 2 款和第 3 款)和遗产税[1](《遗产税法》第 20 条第 3 款)也属于遗产事件债务。

3. 遗产继承人债务

遗产继承人债务(Nachlasserbenschulden),又称遗产自身债务 703
(Nachlasseigenschulden),指继承人在**适当管理遗产**过程中产生的债务,[2]如继续经营属于遗产的苗圃所产生的水电费用。此类债务应**以遗产进行清偿**,另由于此类债务系由继承人创建的,故**继承人自己也须负担**。即使引入限定责任措施,如启动遗产管理程序,继承人仍须在遗产外以个人财产清偿此类债务。[3] 仅在创建债务时,继承人与债权人有关于**限定责任**——以遗产为限承担责任——的约定,[4]继承人才承担有限责任。上述约定可由双方明确做出,也可能是继承人做出仅以遗产为限承担责任的表示,债权人未提出异议,继而视为达成约定。

---

〔1〕 BFH BeckRS 2016,94457 = NZI2016,411(附 Fridgen 之评论):遗产税可以在遗产破产程序中予以主张。然而,遗产税同时也是各取得人的责任(《遗产税法》第 20 条第 1 款第 1 句)。因此,在未分割遗产的情况下,根据第 2059 条第 2 句,不可能对继承人的责任进行限制,见 BFH ZEV 2019,603。

〔2〕 这些债务应算作遗产债务,这一点在法律中没有明确规定,但自 RGZ 90,91 以来已被普遍承认,在 BGHZ 32,60,64ff. 的裁判中也是如此。

〔3〕 这也适用于在继承发生后到期的物业费,或通过公寓业主的决议对属于遗产并由继承人持有的公寓新产生的物业费,见 BGH ZEV 2013,609(见关于国库继承权的边码 232 脚注 4)。

〔4〕 RGZ 146,343,346.

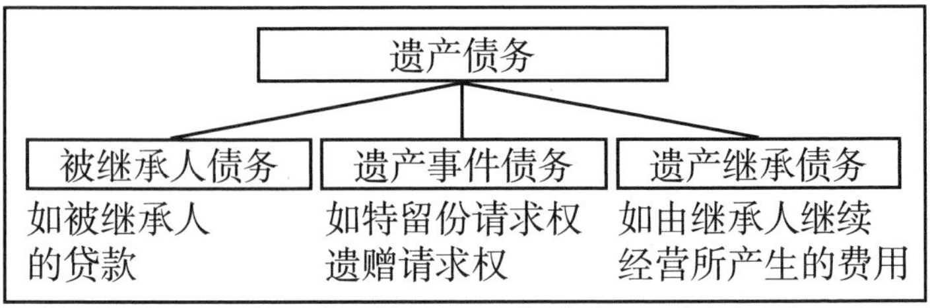

（三）遗产债务的查明与主张

1. 公示催告程序与沉默抗辩权

704 大多数情况下，遗产债权人在得知继承开始的消息后，出于对自身利益的保护第一时间就会申报债权。但为查明债权债务关系，法律还规定了一项特殊的程序（**公示催告程序，Aufgebotsverfahren**），见第 1970 条以下。法院经该程序督促债权人申报债权。有关该程序的详细规定见《家事事件暨非诉事件程序法》第 433 条以下及第 454 条以下。基层法院依继承人的申请（《家事事件暨非诉事件程序法》第 455 条第 1 款）启动程序后，**要求遗产债权人**在一定期限内申报债权。法院应当公示催告内容，如悬挂在法院公告栏中和刊登在全国性刊物上，还可视具体情况再辅以其他公示方式，如刊登在日报上（《家事事件暨非诉事件程序法》第 435 条）。申报期限届满后，法院将做出**排除债务裁定（Ausschließungsbeschluss）**。该裁定作出后，未及时申报的债权虽不至于被完全排除，但在遗产已用于清偿未被排除的债权且没有剩余的情况下，继承人可以**拒绝清偿**（第 1973 条第 1 款第 1 句）。

704a 继承开始 5 年后，债权人才主张债权的，即使此前未经过公示催告程序，但在遗产没有剩余的情况下，继承人也可拒绝（以个人财产）清偿，此称作**沉默抗辩权（Verschweigungseinrede）**，见第 1974 条。

2. 最初三个月抗辩权

继承人接受继承后，债权人可在法院通过起诉或强制执行的方式，向继承人主张遗产债权（第 1958 条、《民事诉讼法》第 778 条）。为使继承人有时间查明债权债务，继而决定是否引入责任限定措施，法律在继承人接受继承后给继承人留有**三个月的宽限期**，继承人在该期限内（第 2014 条），最迟至公示催告程序终结时（第 2015 条），可**拒绝清偿债务**。继承人在遗产债权人对其提起的诉讼中主张该项**抗辩权**的，法院虽仍判决继承人清偿债务，但会同时做出继承人仅承担有限责任的保留（《民事诉讼法》第 305 条）；对继承人进行强制执行时，在继承人提出该抗辩后，强制执行应仅限于对遗产采取保全措施（《民事诉讼法》第 782 条）。 705

三、责任限定之可能性

（一）遗产管理程序

1. 目的

遗产虽未出现资不抵债的情况，但**继承人**为省却清算遗产的烦恼和避免以个人财产承担责任的风险，**遗产债权人**为防止出现债权无法得到实现的风险，双方都可启动遗产管理程序（第 1975 条）。遗产管理程序旨在确保遗产不打折扣地用于清偿遗产债务。该程序既在保护继承人的利益，也在保护遗产债权人的利益。 706

2. 程序细节与法律效果

正如第 1975 条所规定的，遗产管理程序属于遗产保佐[1]措施的一种特殊情形，目的在于向遗产债权人清偿遗产债务。**继承** 707

[1] 由于这是一项保佐，故准用监护权的规定（第 1915 条第 1 款、第 1773 条以下）。例如，见 BayObLG FamRZ 1988，543 关于因危害继承人利益而解任遗产管理人的规定（准用第 1886 条）。依第 1987 条之规定，遗产管理人始终有获得适当报酬的请求权。该规定优先于第 1915 条第 1 款、第 1836 条适用，见 BGH ZEV 2018，394（附 Küpper 之评论）。

人提出申请后(第 1981 条第 1 款),作为遗产法院的基层法院就可命令进行遗产管理,启动该程序无需满足特殊条件。继承人的责任不再可限定的,不可启动遗产管理程序[第 2013 条第 1 款第 1 句(见边码 698)]。存在多个继承人的,继承人应共同提出申请(第 2062 条);遗产已经分割的,不可启动遗产管理程序。继承人的行为或继承人个人财产状况(如继承人个人高度负债)**可能致遗产债权的清偿发生危险**的,**遗产债权人提出申请**后,遗产法院也可命为遗产管理(第 1981 条第 2 款)。

708 法院命为遗产管理,将使**继承人的责任得到限定**(第 1975 条)。遗产管理程序产生**遗产和继承人个人财产相分离**的效果。继承人自己的债权人不得再执行遗产(第 1984 条第 2 款)。法律关系因权利义务集于继承人一身发生混同而消灭的,得以恢复(第 1976 条)。遗产债权人对继承人的个人债权所做的抵销(第 1977 条第 1 款)及继承人自己的债权人对隶属遗产的债权所做的抵销(第 1977 条第 2 款),均不再有效。继承人对遗产丧失管理和处分的权限,也不得作为当事人参与诉讼;该等权限均转移给法院指定的**遗产管理人**,其依职务取得当事人身份(Partei kraft Amtes),[1]见第 1984 条和第 1985 条。根据第 1978 条第 1 款第 1 句,继承人因自接受继承时起**对遗产进行管理**而须对遗产债权人承担的责任,参照委托关系中受托人的责任,即参照第 662 条以下;根据第 1978 条第 1 款第 2 句,继承人在自继承开始起至接受继承时止期间的责任,参照无因管理关系中管理人的责任。

709 遗产管理人经审慎审查[2]后认为,遗产足以清偿所有遗产债

〔1〕 然而,遗产管理人无权行使合伙人——继承人个人的成员权,参见 BGHZ 47,293;BayObLGZ 1990,306=FamRZ 1991,485;OLG Hamm Rpfleger 1993,282。

〔2〕 BGH NJW 1985,140。如果遗产管理人违反其义务,应根据第 1985 条第 2 款、第 1980 条第 1 款第 2 句、第 2 款对遗产的债权人负责,还应根据第 1915 条第 1 款、第 1833 条第 1 款对继承人负责,见 BGH aaO。

务的,方能**以遗产对遗产债务进行清偿**(第1985条第2款第2句、第1979条)。遗产管理人发现,遗产出现**资不抵债**情况的,应申请启动**遗产破产程序**(第1985条第2款第2句、第1980条第1款第1句)。

所有遗产债务经遗产管理人清偿后,若遗产尚有剩余,则归继承人取得(第1986条第1款)。出现以下情形时遗产管理程序**终结**:启动遗产破产程序(第1988条第1款);遗产法院**终止**遗产管理,终止的原因可能是遗产管理目的已经达成,[1]即遗产债务已经清偿,剩余遗产已交还给继承人,也可能是遗产不足以覆盖管理费用(第1988条第2款)。遗产管理被法院终止后,仍有遗产债权人主张债权的,应类推适用第1990条,即**继承人**将以**剩余遗产**为限承担责任。[2] 710

(二)遗产破产程序

1. 目的

遗产资不抵债或缺乏支付能力时,有必要通过遗产破产程序确保**遗产债权人按比例平均得到清偿**。遗产破产程序的首要目的在于保护债权人,但由于同时可起到限定继承人责任的效果,故也可达到保护继承人的目的。遗产破产程序仅解决遗产债务问题,继承人自己的债权人不得主张债权(《破产法》第325条)。 711

2. 程序细节与法律效果

程序方面详见破产法的规定:《破产法》第1条以下及第315条以下。根据《破产法》第320条第1句,遗产**资不抵债**或**缺乏支付能力**时,依继承人(存在多位继承人时,每位继承人均可提出申请)、遗产管理人或其他遗产保佐人、遗产债权人或有管理权限的 712

---

〔1〕 因目的实现而解除(法律依据为第1919条)的,也应准许依职权为之,OLG Düsseldorf ZEV 2016,701(附Küpper肯定性评论)。持开放态度者如BGH ZEV 2017,513,据此,在任何情况下,开场审判程序(Ausgangsverfahren)中的一个实质参与人的撤销申请即为足够。

〔2〕 BGH NJW 1954,635.

遗嘱执行人的申请(《破产法》第 317 条),破产法院(基层法院,《破产法》第 2 条)可启动遗产破产程序。根据《破产法》第 320 条第 2 句,在遗产**存在缺乏支付能力的风险**时,破产程序也可被启动,但遗产债权人不得以此为由申请破产。已接受继承的继承人,[1]在知晓遗产资不抵债或缺乏支付能力后,**有义务提出破产申请**,否则应承担损害赔偿责任(第 1980 条第 1 款第 1 句和第 2 句);遗产管理人也负担此项义务(第 1985 条第 2 款第 2 句)。

713 法院应指定**破产管理人**,将遗产的管理和处分权限转移给该破产管理人(《破产法》第 80 条第 1 款)。遗产破产程序同样可起到**分离**遗产和继承人个人**财产**(见第 1976 条以下)及限定继承人责任于遗产的效果(第 1975 条)。继承人根据委托关系的规定,就在遗产破产程序启动前对遗产所做的管理,对遗产债权人承担相应责任(第 1978 条)。

714 对**遗产债务**进行**清偿**时,应优先考虑取回权(《破产法》第 47 条和第 48 条,如遗产中某物归第三人所有)和别除权(《破产法》第 49 条以下,如担保物权)等优先权。根据《破产法》第 54 条、第 55 条和第 324 条,财团债务(Masseschulden[2])应*优先*受偿。同时法律规定,有些遗产债务的清偿顺序置于其他债务之后(《破产法》第 327 条)。同一顺位的债权无法得到全额清偿时,应按债权数额比例进行清偿。**特留份权和遗赠、负担所生之债务应最后得到清偿**。换言之,遗产中的积极财产部分因清偿前顺位债权而无

---

〔1〕 BGH NJW 2005,756(在遗产冒名顶替者之间起争议而指令对遗产进行保佐的,在第 1980 条第 1 款第 2 句的框架内,遗产保佐人的知悉不应归于继承人;即使如此,继承人也有就此提出破产申请之义务)。

〔2〕 译者注:Masseschulden 的概念在德国《破产法》第 54 条和第 55 条有规定(译作财团债务),其相当于我国《企业破产法》第 41 条和 42 条中规定的破产费用和共益债务的总和。德国《破产法》中也区分以上两种费用,但为二者另创设财团债务的上位概念。

剩余时，置于末尾清偿顺位的债权将会落空。法律如此设计有其正当性：特留份权和遗赠、负担的权利人本只能分配剩余财产；被继承人遗留的债务若高于遗产价值，则无剩余财产可供分配。根据第 1989 条和第 1973 条，**遗产破产程序即使因破产财产分配或破产计划而被终结**，继承人也无需再以个人财产承担责任，其有权行使**遗产罄尽抗辩权（Erschöpfungseinrede）**。

3. 遗产不足抗辩权

遗产中的积极财产部分价值极低，尚不足于覆盖遗产管理程序或遗产破产程序所可能产生的费用的，[1]启动此等程序已无意义，为此继承人可以不启动程序，径行**拒绝清偿**遗产债务超出遗产的部分[2]（第 1990 条）——**遗产不足抗辩权（Dürftigkeitseinrede）**。此情形下，继承人根据第 1991 条第 1 款和第 1978 条，在管理遗产方面对遗产债权人承担责任；遗产债权人依此规定所享有的请求权可径行向继承人主张。[3] 遗产本为充足，[4]仅因**遗赠**和**负担**而资不抵债的，继承人可在遗产不足清偿的范围内，径行拒绝清偿遗赠和负担的债务（第 1992 条）。在此的法律考量为：遗产扣除其他债务后若无可供分配的财产，则遗赠和负担的债权因其自身性质应该落空。 715

遗产破产因缺乏必要费用而不予启动的，法院仍可要求继承 716

---

〔1〕 如果管理遗产的命令或针对遗产的破产程序的启动因缺乏足够的财产支付费用而被拒绝，则诉讼法院（Prozessgericht）在对财产不足抗辩权作出裁决时受此约束，见 BGH NJW-RR 1989，1226。

〔2〕 在诉讼中，主张抗辩权会导致对继承人的判决中保留其有限责任（《民事诉讼法》第 780 条第 1 款），或者如果已经确定不存在具有经济价值的遗产标的，则主张抗辩权会导致因毫无根据而驳回诉讼，见 BGH ZEV 2000，276。

〔3〕 BGH NJW-RR 1989，1226.

〔4〕 与此相反，如果即使没有遗赠和负担，遗产也会过度负债，则不适用第 1992 条，见 OLG München ZEV 1998，100。在这种情况下，继承人有义务申请启动遗产破产程序（第 1980 条，见边码 712）。

人限期编制遗产清册,继承人若发生逾期,则应承担无限责任[1](见边码 698)。

第二十章自检试题:

1. 如何理解继承人承担的有限责任?

2. 继承人在何种情形下承担有限责任?

3. 遗产债务的种类有哪些?

4. 满足哪些条件可启动遗产管理程序或遗产破产程序?

答案:

717 1. 有限责任指继承人**仅以遗产为限**,而不以自己的其他财产对遗产债务**承担责任**。

718 2. 继承人承担**有限责任**的情形有以下几种:

(1)启动遗产管理程序(第 1975 条);

(2)启动遗产破产程序(第 1975 条);

(3)继承人有权提起遗产不足抗辩权的情形(第 1990 条、第 1992 条)。

719 3. 遗产债务的种类包括:

(1)被继承人债务;

(2)继承事件债务;

(3)遗产继承人债务(又称遗产自身债务)。

720 4. 若申请由继承人提出(第 1981 条第 1 款),则遗产法院命为**遗产管理**,无需满足特殊条件。若申请由遗产债权人提出,则仅在继承人的行为或继承人个人财产状况可能导致遗产债权清偿发生危险情况下,遗产法院才可命为**遗产管理**(第 1981 条第 2 款第 1 句)。遗产资不抵债、缺乏支付能力或有缺乏支付能力的风险(针对最后一种情形,遗产债权人无权提出申请)时,根据《破产法》第 320 条可以启动**遗产破产程序**。

---

[1] LG Stuttgart NJW 1995, 1227.

第二十一章　继承人共同体

案例 26：Josefa 于 2017 年死亡，丈夫 Friedrich 和两个子女 Walter、Erna 继承其遗产，继承份额各为 1/3。遗产主要是一处不动产（被称作 Angerwald）。Walter 于 2019 年死亡，其唯一继承人是妻子 Wilhelmine。Wilhelmine 在丈夫死亡后，与兄弟 Viktor 签订一份公证书证形式的协议。在该协议中，Wilhelmine 以 60,000 欧元的价格向 Viktor 转让其在 Josefa 遗产上的份额。Friedrich 和 Erna 两人均主张该协议无效，理由是，Wilhelmine 和 Viktor 就该处不动产既未形成物权转让合意，也未在不动产登记簿上为变更登记。为此，两人委托律师解答现有法律状况，并委托查明两人是否可以——必要时支付 60,000 欧元——独自取得 Angerwald。律师该如何作答？

一、继承人共同体的法律性质与共同继承人的份额

（一）共同共有关系

大多数遗产继承案件中，继承人并非一人，而是多人。根据第 2032 条以下，全体共同继承人组成继承人共同体（Erbengemeinschaft）。继承开始时，遗产作为一个整体由该 721

继承人共同体继受;根据第 2032 条第 1 款,遗产是**全体继承人的共同财产**。就法律性质而言,继承人共同体属于**共同共有共同体(Gesamthandsgemeinschaft)**。[1] 依照通说,[2]继承人共同体**无权利能力**;全体继承人共同作为遗产权利的权利人和遗产债务的债务人。有学术观点认为:应赋予继承人共同体以权利能力和当事人能力。[3] 该观点主要参考了联邦最高法院较近的一则判决,认为判决观点对继承人共同体同样适用。该判决认为,只要民事合伙通过法律交易建立起自己的权利和义务,就应被赋予权利能力和当事人能力——称作民事外部合伙(Außengesellschaft des Bürglichen Rechts)。[4] 但是,尽管司法观点存在上述发展,联邦最高法院[5]却仍然拒绝承认继承人共同体的权利能力和当事人能力。至于理由,联邦最高法院指出:继承人共同体与民事合伙不同,不是通过法律行为组建起来的,且也不以长期存续为目的,反而以清算为目的;此外,继承人共同体因没有配备相应机构,无法借由机构参与法律交易。从联邦最高法院的上述观点出发,结合对承认继承人共同体权利能力本就需求不大的现状,故对是否承认继承人共同体的权利能力的问题仍应持否定观点。

---

〔1〕《德国民法典》承认三种共同共有的共同体:合伙(第 718 条),婚姻财产共同体(又译夫妻财产共同制,第 1416 条)和继承人共同体(第 2032 条)。

〔2〕 Ulmer AcP Bd. 198(1998),113,124ff.;Bork in:100 Jahre BGB - 100 Jahre Staudinger(1999),181;Heil ZEV 2002,296;Lange Kap. 14 Rn. 12;Muscheler Rn. 3852ff.;MünchKomm/Gergen § 2032 Rn. 19;Palandt/Weidlich § 2032 Rn. 1.

〔3〕 Grünewald AcP Bd. 197(1997),305;Eberl-Borges, Die Erbauseinandersetzung(2000),41ff.;dies. ZEV 2002,125;Ann, Die Erbengemeinschaft(2001),394ff.;Weipert ZEV 2002,300,301;M. Wolf, FS Canaris(2007),Bd. 1,1313,1320ff.

〔4〕 BGHZ 146,341 = NJW 2001,1056;由 BGH NJW 2002,1207 加以确认。

〔5〕 BGH NJW 2002,3389 = ZEV 2002,504;NJW 2006,3715。“向继承人共同体”表示土地所有权让与合意应被解释为向作为共同共有共同体的所有共同继承人表示土地所有权让与合意,见 BGH ZEV 2017,627。

由共同共有人共同体的概念可知，属于遗产的权利并非由单个继承人单独享有，而**由全体继承人共同享有**，共同共有的具体效果见第2032条以下的规定。遗产由继承人共同体继受后，形成一项**独立财产（Sondervermögen）**，与每个继承人的个人财产相区别，一般置于**全体继承人的共同管理和共同处分**之下（见边码732以下）。 721a

即使属于遗产的权利自身可分（如金钱债权），发生继承也**不会**导致该权利**自行分割**。例如，遗产中有一项8000欧元的债权，A、B、C和D四人共同继承，份额各为1/4。继承开始后，每人不取得2000欧元的按份债权；8000欧元应作为共同债权，由四人组成的继承人共同体取得。此外，与按份共有关系（第741条以下）不同，继承开始后，在继承人之间也**不会形成按份共有份额**。比如，属于遗产有一处不动产，上述四人对该不动产不能取得各为1/4的共有份额。不动产所有权将作为一个整体，由继承人共同体继受，即不动产在**土地登记簿**上进行变更登记时，所有人项应登记为"组成继承人共同体的A、B、C、D四人"，且不登记各人的继承份额（另见边码40中的图例）。 722

第2033条第2款明确规定，单个共同继承人不能*处分*单个遗产标的上的份额。在第2033条第2款的文义之外，我们还应作以下理解，即每个共同继承人**对于单个遗产标的根本不享有独立的份额**，[1]而只**对整个遗产享有份额**。 723

（二）单个共同继承人的份额及对份额的处分

单个共同继承人的**继承份额**所代表的是在遗产上的份额，即**在整个共同财产上的份额**。根据第1922条第2款，对于继承份额**适用有关遗产的规定**，如有关遗产自动继受、继承接受和拒绝的法 724

---

[1] Muscheler Rn. 3903；MünchKomm/Gergen § 2032 Rn. 16. 不同观点见 Lange Kap. 14 Rn. 23。

律规定(第1942条以下),均适用于单个共同继承人。继承份额属于继承人的财产,故继承人死亡时,其已取得的继承份额由其继承人继受。

725 单个共同继承人也可**处分**自己的继承份额[1](第2033条第1款第1句),如通过法律行为将其转让给他人,或为担保贷款而将其质押。处分行为应通过**公证书证形式的合同**做出(第2033条第1款第2句)。通过对继承份额的处分,单个共同继承人在遗产分割前就可实现继承份额的变现。继承份额被处分后,继承份额取得人成为共同共有共同体的新成员,即继受原继承人此前在继承人共同体中享有的权利和所负的义务。如果所有的继承份额都转让于同一取得人,那么继承人共同体就不复存在,该取得人应被视为唯一继承人。[2] 与此相反,将所有继承份额转让于多人,并不影响继承人共同体的继续存在。[3]

(三)继承份额的买卖与共同继承人的优先购买权

726 依据第2033条第1款做出的**处分**属物权行为,其与**债法上的原因行为**应区分开来。继承份额的出售是原因行为,对其适用遗产买卖的规定,即第2371条以下的规定(有关遗产买卖,见边码873以下)。外部人员进入继承人共同体,可能对遗产的管理,尤其对遗产的清算产生巨大障碍。因此,涉及继承份额买卖时,[4]法律赋予其他共同继承人以**法定的优先购买权**(第2034条),其他共同继承人借此可阻止外部人员进入继承人共同体。有关优先

---

〔1〕 继承份额的一部分也可被处分,见BGH NJW 1963,1610;详见Jung, Die bruchteilige Übertragung des Miterbenanteils(2003)。

〔2〕 BGH ZEV 2016,84 Rn. 11(附Zimmer之评论).

〔3〕 BGH ZEV 2016,84 Rn. 12ff.(如果继承份额是以按份形式转让的,因此在继承份额中产生了按份共有,这也适用)

〔4〕 但在破产管理人出售属于遗产的共同继承人的份额的情况下则不然,BGH NJW 1977,37参考了第512条(现在的第471条)。

购买权，优先适用第2034条至第2037条的特别规定，无特别规定的，适用一般规定，即第463条以下。[1]

727 优先购买权人以**向出卖继承份额的共同继承人做出意思表示**的方式行使优先购买权后，在优先购买权人和继承份额出卖人间成立一项法定[2]债务，其内容与出卖人与第三人之间约定的遗产买卖内容相一致（第464条第2款）。假如继承份额向第三人**转移**已产生物权效力，则共同继承人**可以向买受人行使**优先购买权（第2035条第1款）；就这点而言，优先购买权具**物权性质**。共同继承人行使优先购买权后，在继承份额取得人和作为优先购买权人的共同继承人之间形成一项法定之债[3]，其内容与遗产买卖合同的内容相一致。

728 共同继承人**出卖自己的继承份额**后丧失优先购买权，[4]理由是：其自身不再是共同共有共同体的成员，已不存在值得保护的阻止第三人进入原继承人共同体的需求。但是优先购买权也不移转于继承份额取得人。[5] 即使继承份额取得人后来成为继承份额出卖人的继承人，也不再取得优先购买权。[6]

案例26答案：

1. Angerwald不动产的所有权

729 Josefa死亡后，不动产所有权作为一个整体，由继承人Friedrich、Walter和Erna三人组成的继承人共同体继受（第2032

[1] BGH JZ 1965,617.

[2] MünchKomm/Gergen § 2034 Rn. 35.

[3] BGH NJW 2016,3233 Rn. 7. 关于双务契约的规定可准用于此，见BGHZ 15,102［继承份额的取得人不能对有优先购买权的人主张第326条（现在的第323条）的权利］。

[4] BGHZ 121,47 = NJW 1993,726.

[5] BGH FamRZ 1983,691（即使取得人是共同继承人也不行）.

[6] BGHZ 188,109 = NJW 2011,1226.

条第1款)。Walter死亡后,其继承份额同自己的其他财产,由唯一继承人Wilhelmine继受(第1922条第1款)。Wilhelmine和Viktor签订过一份公证书证形式的协议,故Wilhelmine已将上述**继承份额**转移给Viktor(第2033条第1款)。Argerwald不动产的现所有人为Friedrich、Erna和Viktor,三人组成继承人共同体。此处所转移的并非不动产上的共有份额,而是共同财产上的份额,故买卖双方无须达成不动产所有权转移的物权合意,也无需进行变更登记(第873条第1款、第925条第1款)。如需将Viktor登记入土地登记簿,则该登记也只是*对土地登记簿的纠正*,不是权利创设性登记。即使一处不动产是遗产的主要组成部分,甚至构成全部遗产,上述阐述也仍适用,[1]因为根据第2033条第2款,Wilhelmine根本无法处分在单个遗产标的(本案中的不动产)上的共有份额。

2. 共同继承人Friedrich和Erna的优先购买权

(1)是否成立优先购买权

730 根据第2034条第1款,共同继承人向第三人出售继承份额时,其他共同继承人有优先购买权。Wilhelmine和Viktor之间的协议涉及继承份额的买卖;该协议也符合法定形式,即公证书证形式(第2371条)。但是值得考虑的是,第2034条1款在此是否适用,因为此案中遗产份额出卖人**并非原始继承人**Walter,而是**继承人Walter的继承人**Wilhelmine。法律之所以赋予其他共同继承人以优先购买权(第2034条),目的在于使其他共同继承人有机会阻止外部人员(继承份额买受人)进入继承人共同体。案涉继承份额流入他人之手是通过继承,其他共同继承人无法阻止继承份额以此方式发生转移,故有必要回答以下问题:前述法律对于其他共同继承人的保护在此情况下是否同样适用?需注意的是,大多

[1] BGH NJW 1969,92.

数情况下，继承人的继承人难谓外部人员，所以其出卖继承份额时，对其他共同继承人的前述保护还是有必要的。从第 2034 条第 2 款第 2 句的规定——继承人的继承人继受取得优先购买权——可以看出，立法者对前述情形之利益状况也做出了相同的评价。既然继承人的继承人进入继承人共同体时可受保护，取得优先购买权，那么其出售继承份额时，也应承认其他共同继承人的优先购买权。[1] 综上，本案 Friedrich 和 Erna 的**优先购买权已成立**。

(2)优先购买权的行使和法律效果

由于出卖的继承份额已转移给买受人 Viktor，故 Friedrich 和 731
Erna 只能向 Viktor 行使优先购买权(第 2035 条第 1 款第 1 句)。继承份额转移后，原可向 Wilhelmine 行使的优先购买权即告消灭(第 2035 条第 1 款第 2 句)。Friedrich 和 Erna 应共同**行使优先购买权**(第 472 条第 1 句)，在规定的期限(第 2034 条第 2 款第 1 句)内向 Viktor 做出意思表示(第 464 条第 1 款)。优先购买权行使后，其他共同继承人不能直接取得出售的继承份额，[2] 效果只是在继承份额取得人 Viktor 和 Friedrich、Erna 之间形成一项法定债务，此债务的内容与 Wilhelmine 和 Viktor 之间订立的买卖合同的内容一致(第 464 条第 2 款)。根据此债务，Friedrich 和 Erna 有权共同**请求** Viktor **移转继承份额**；与之对应，前者有义务向 Viktor 支付 60,000 欧元。继承份额完成转移后，每个共同继承人的继承份额按比例增加(类推适用第 2094 条[3])，即每个共同继承人的继承份额增加 1/6；Friedrich 和 Erna 组成继承人共同体，共同共有

---

[1] BGH NJW 1966,2207；NJW 1969,92. 相反，如果继承人之继承人出售自己作为共同继承人在遗产 2 中的份额，而遗产 1 的共同继承人在遗产 1 中的份额也属于该遗产 2 的一部分，则来自第一次继承的共同继承人不享有优先购买权，见 BGH NJW 1975,445。

[2] BGH LM § 2034 Nr. 1.

[3] BayObLGZ 1980,328,330；Staudinger/Löhnig(2016) § 2034 Rn. 28.

Angerwald 不动产。两位继承人以上述途径,可以实现单独持有不动产的目标。

二、遗产管理、对遗产标的的处分及物上代位

案例 27: Anton 死亡后,妻子 Ella(继承份额为 1/2)和三个孙子女 Nina、Oliver、Theo(继承份额各为 1/6)继承遗产。Ella 在丈夫死亡后,为排遣孤独,在电视机销售商 Röhricht 处花费 1800 欧元购买电视机一台,钱款来自 Anton 留下的现金(总共 4000 欧元);Ella 在购买电视机时未提及继承一事。孙子女得知后,不同意 Ella 购买电视机,其认为应先查明死者还有多少债务尚需偿还。孙子女可以向 Röhricht 要回价款,或在无法要回价款情形下将电视机作为遗产吗?

(一)遗产管理[1]

732 遗产分割(遗产清算见边码 742 以下)之前,为遗产的保值、使用和增值,一些事实行为(如收割庄稼)或法律行为(如出租属于遗产的房屋)在所难免。所有这些措施在法律概念上统称**遗产管理(Verwaltung des Nachlasses)**(第 2038 条第 1 款)。行政机关和法院不负责管理遗产。此事务应由**共同继承人**自行、**共同**完成(第 2038 条第 1 款第 1 句);从现有法律规定可知,遗产管理以全体继承人共同参与为原则——**一致同意原则(Einstimmigkeitsprinzip)**。[2] 根据第 2038 条第 1 款第 2 句,若一项措施属于适当管理遗产且为必要的,则每个继承人对其他继承人都负有协助配合的义务。为达成继承人的一致同意,同意采取一项管理措施的继承人可以起诉不同意的继承人,请求法院判决后者对该管

---

〔1〕 对此的详细研究,见 Ann(Fn. 3),13 ff.。

〔2〕 在这种情况下,如果对归咎于某共同继承人的不当行为(例如在使用授权书方面)进行表决,则根据一般原则排除该共同继承人的表决权,见 BGH ZEV 2007,486。

理措施表示同意。但是,若一项措施将致遗产发生重大变动,[1]则希望采取该措施的继承人无权要求其他继承人表示同意(第2038条第2款第1句结合第745条第3款第1句)。

733 由于第2038条第2款第1句援引第745条,**一致同意原则**在很大程度上被**突破**。根据前述规定,遗产及遗产标的的适当管理措施和使用,只要符合遗产的特性,且不会导致遗产发生重大变动的,就只需**继承人多数决**通过(第745条第3款)。根据第745条第1款第2句,此处的多数指继承份额的多数。[2] 根据第2038条第1款第2句后段,**为遗产标的保值而必须**[3]采取的措施,每个继承人均有权**单独**做出。

734 一项管理措施不论需由全体继承人一致同意,多数决同意,还是共同继承人有权单独进行,为采取该管理措施而有必要做出债权行为的,允许做出该项管理措施的权利中均包含**对继承人共同体的代理权**。[4] 例如,为适当管理遗产有必要修理属于遗产的一处楼房,继承人中的多数与第三人订立修理承揽合同,则效果是,全体继承人因该合同取得权利并负有义务;换言之,支付修理费的义务属于遗产债务。有关遗产标的的处分在下文予以介绍(见边码736)。

---

〔1〕 依BGH NJW 2006,439,第745条第3款第1句意义上的标的应理解为整个遗产,而不是有关的个别遗产标的,因此,可以由第2038条第1款第2句得出同意处分遗产标的(如转让不动产)的义务。另一个问题是,多数人是否可以单独作出处分(见边码736)。

〔2〕 即使个别共同继承人因无行为能力而未有效投票,也必须达到所有共同继承人的多数份额,见BVerfGE ZEV 2019,473(附Löhnig之评论)= NJW 2019,2690(因违反恣意禁止之规定而推翻了一州高等法院的持不同意见的判决)。

〔3〕 这也可能包括提起诉讼,BGHZ 108,21,30 = NJW 1989,2694,2696(关于对有限公司股东决议的撤销之诉)。

〔4〕 BGHZ 56,47(在关于管理的有效多数决议的情况下,多数人的代理权).

(二)对遗产标的的处分

735 根据第 2040 条第 1 款,处分遗产标的应由**全体继承人一致同意**。所谓处分,指对已有权利产生直接影响的法律行为,如权利的转移、权利内容的变更、权利的废止或在权利上设置负担。可归入第 2040 条第 1 款的处分如:转移属于遗产的动产或不动产的所有权;通知终止由被继承人订立的使用租赁合同或用益租赁合同;[1]以属于遗产的债权抵销遗产债务。[2] 处分只能由继承人共同做出不意味着全体继承人必须直接经手处分行为。根据处分权的一般规定,其他继承人事先**同意**(第 185 条第 1 款)或事后**追认**(第 185 条第 2 款第 1 句)一位继承人所做出的处分[3]的情况下,该继承人的处分为有效。

736 **第 2040 条第 1 款与有关管理权的第 2038 条之间的关系问题**,尚值讨论。第 2040 条第 1 款规定,处分行为应由全体继承人共同做出。但根据第 2038 条第 1 款第 2 句后段,为遗产保值而有必要时,每个继承人可采取管理措施,无需其他继承人的同意。在处分行为层面,若将第 2040 条视作特殊规定,则应优先于第 2038 条得到适用,其效果是,所有针对遗产标的的处分行为(如出售易腐物品并转移所有权)都应由全体继承人共同做出。同理,多数决通过一项适当管理措施后,处分遗产标的即使旨在完成此项管理措施,处分行为也应由*全体*继承人共同做出。申言之,如需取得反对继承人的同意,则必须通过诉讼。因为该项诉请理由正当,即该管理措施或属于必要保值措施(第 2038 条第 1 款第 2 句后

---

[1] BGH ZEV 2006,358(附 Werner 之评论).

[2] 第 2040 条第 2 款涉及相反的情况,并规定遗产债务人不能以其针对个别共同继承人(而不是针对继承人共同体)的债权抵销属于遗产的债务;在这方面缺乏相互性。

[3] 然而,*单方处分*不能通过追认而生效,因为这里的效力待定状态对另一方来说是不可期待的,见 RGZ 146,314,316;Staudinger/Löhnig(2016) § 2040 Rn. 14。

段),或属于经多数决通过的适当管理措施,对全体继承人具约束力,所以根据第 2038 条第 1 款第 2 句,其他继承人有义务对上述处分行为做出同意的表示。但不得不考虑的是,通过诉讼实现目标十分费时费力;而且涉及必要的保值措施时,根据第 2038 条第 1 款第 2 句,应优先照顾单个继承人使遗产保值的想法,其他继承人对遗产的共同管理权应退居次位,处分遗产标的如还需经过诉讼,则明显有违该条款的意旨。因此,现有观点普遍承认,在第 2038 条第 1 款第 2 句规定的范围内,**单个继承人为遗产保值的目的有权做出必要的处分行为**。[1]

针对经**多数决通过的适当管理遗产措施**,落实措施有必要为处分行为的情况,现有意见对处分行为是否需要全体继承人一致同意尚未达成统一观点。联邦最高法院认为,原则上应优先适用第 2040 条,即应由全体继承人共同做出处分。[2] 但在一则较新的判决中,联邦最高法院则倾向于为上述原则创设下列例外:一项处分若不会侵害其他继承人希望遗产保值的利益,则无需全体继承人一致同意。[3] 如依此观点,则在考虑处分行为是否需要全体继承人一致同意时,必须结合个案中的利益状况做判断,此将导致与处分行为所要求的法律安定性原则严重不符。为使遗产管理切实可行,有必要采纳以下观点,即处分行为如在于执行经多数决通过的管理措施,则法律一般也应赋予继承人中的多数以相应权利, 736a

[1] BGHZ 108, 21, 30 = NJW 1989, 2694, 2697; Lange/Kuchinke § 43 IV 3; Schlüter/Röthel § 32 Rn. 53; MünchKomm/Gergen § 2038 Rn. 62; NK-BGB/Ann § 2038 Rn. 30; Staudinger/Löhnig(2016) § 2038 Rn. 21. 不同意见见 Kipp/Coing § 114 IV 4b a. E。

[2] BGH ZEV 2006, 358, 359 即持此种观点;(没有讨论的)赞同者 BGH NJW 2006, 439 Rn. 9; Lange/Kuchinke § 43 III 6c; MünchKomm/Gergen § 2038 Rn. 54。

[3] BGH ZEV 2006, 358, 359.

使其可以对遗产标的为有效处分。[1] 在通知终止遗产标的上继续性债务关系的相关案例中,联邦最高法院[2]就已采纳上述观点。

(三)主张属于遗产的请求权

737 属于遗产的请求权归继承人共同享有,**全体继承人**可共同以非诉或诉讼的途径主张。如继承人以诉讼途径主张,则该诉讼属**共同之诉(Gesamthandsklage)**[3]。债务人应向全体继承人为给付,否则不产生清偿债务的效果(第2039条第1句);该条款还规定,**单个继承人**有权请求债务人*向全体继承人为给付*。因此,即使其他继承人反对,[4]单个继承人也有受领给付的实体权利,且有权向债务人提起诉讼,请求向继承人共同体为给付[5](诉讼权利)。单个继承人提起诉讼,则是以自己的名义(该继承人自己是一方诉讼主体)主张他人的权利(属于全体继承人的债权),此个

[1] 同样持此意见者 Brox/Walker § 30 Rn. 20; Muscheier Rn. 3870; Soergel/M. Wolf § 2038 Rn. 5; Staudinger/Löhnig(2016) § 2038 Rn. 33a ff.; Jauernig/Stürner § 2038 Rn. 1; Palandt/Weidlich § 2038 Rn. 5; Ann(Fn. 3) 57ff.; Eberl-Borges NJW 2006, 1313。

[2] 此种意见之体现:关于终止一项遗产标的上的租赁关系,见 BGHZ 183, 131 = ZEV 2010, 36(附 Ann 评论)= JZ 2011, 478(附 Müßig 评论);关于终止金钱借贷契约,见 BGH FamRZ 2015, 497。依 KG ErbR 2019, 650,终止构成遗产唯一标的的储蓄帐户结存额(Sparguthaben)不是适当管理的措施,仅仅因为这个原因不能由大多数继承人为之。依 BGH ZEV 2013, 81(附 Leipold 的批评性评论),如果符合适当的管理,多数继承人可以授权共同继承人之一在其(受信托)持有的账户上收取遗产债权。联邦最高法院对授权收取是否应被视为对遗产中某一标的的处分没有定论。

[3] 在日本被译作合有之诉。——译者注

[4] BGH NJW 2014, 1886 Rn. 9(关于继续进行被继承人对某个共同继承人的费用确定程序)。

[5] 给付之诉构成通常情形。然而,个别共同继承人的诉讼实施权也适用于针对强制执行遗产标的的执行异议之诉(Vollstreckungsabwehrklage),其目的是实现继承人共同体的不作为请求权,见 BGHZ167, 150 = NJW 2006, 1969。

别诉讼(Einzelklage)在性质上属于法定诉讼担当(gesetzliche Prozessstandschaft)。[1] 与第2038条和第2040条相较,第2039条属于特别规定:单个继承人享有给付受领的权利和诉讼权利无需符合第2038条第1款第2句规定的事务处理紧急性的构成要件。[2]

(四)物上代位

属于遗产的权利在继承开始后可能经历诸多变化,如继承人 738
做出有权的管理措施或处分行为、主张债权并受领给付、或遗产受到不法侵害等。因此,为照顾继承人的利益,也为照顾遗产债权人的利益,使遗产价值最大限度得以保留,[3]第2041条规定了范围极广的**物上代位制度(dingliche Surrogation)**:基于属于遗产的权利而取得的权利,因损毁、毁坏或侵夺遗产标的而取得的补偿,或通过与遗产有关的法律行为而取得的权利,均归入遗产。正如联邦最高法院[4]所指出的,如果根据行为人的意图(主观要素),取得的目的是使遗产受益,并且与遗产有内部联系(客观要素),则为与遗产有关。只要满足第2041条规定的要件,**继承人共同体就直接取得前述权利**。例如,有一项请求他人供货的权利属于遗产,义务人向继承人供货后,上述权利得到实现,货物的所有权就归入遗产,此不以继承人有货物所有权归入遗产的意思为前提。只有在第2041条的框架内,共同继承人才能以他们的共同共有的团体关系为遗产取得所有权。[5]

---

[1] BGH NJW 2006, 1969, 1970; Stein/Jonas/Jacoby, ZPO, 23. Aufl., vor § 50 Rn. 36; Lange/Kuchinke § 43 III 4 d; Staudinger/Werner § 2039 Rn. 25.

[2] BGH NJW 2006, 1969, 1970.

[3] 关于该物上代位的目的,见BGH ZEV 2017, 627 Rn. 12。

[4] BGH ZEV 2017, 627 Rn. 10.

[5] BGH ZEV 2017, 627 Rn. 10.

案例 27 答案:

1. 请求 Röhricht 返还价款的权利

739 孙子女基于第 2039 条没有 Ella 的协助也可单独主张的继承人共同体的该项请求权,可能产生自第 985 条。继承开始时,Ella、Nina、Oliver 和 Theo 四人成为 1800 欧元的所有人。根据第 2040 条第 1 款,对遗产标的的处分应由全体继承人共同做出。故 Ella 无法根据第 929 条第 1 句将金钱所有权转移给 Röhricht。但是,Röhricht 可以根据第 932 条第 1 款第 1 句**善意取得**所有权,因为其将 Ella 认作是所有权人,且又不存在证据证明其因重大过失不知 Ella 没有所有权(第 932 条第 2 款)。本案中,金钱的所有权归继承人共同体享有,而非 Ella(Ella 并非仅仅没有处分权),因此第 932 条可以适用。全体继承人根据第 857 条共同占有遗产标的,Ella 为购买电视机独自占有该笔金钱,导致共同继承人对金钱的占有发生中断,成立其他继承人丧失该笔金钱。但是,第 932 条第 2 款又规定,第 935 条第 1 款不适用于丧失金钱的情形。故丧失对金钱的占有不阻却善意取得。综上,Röhricht 成为该笔 1800 欧元的所有权人,以第 985 条为请求权基础的请求权不成立。

740 本案也不得以第 812 条第 1 款第 1 句规定的不当得利请求权要求 Röhricht 返还价款,因为 Ella 基于其与 Röhricht 之间**有效的买卖合同**给付价款,Röhricht 基于此取得价款的所有权,所以 Röhricht 取得价款所有权并非无法律上的原因。第 2038 条不影响该买卖合同的效力;Ella 并非为管理遗产而购买电视机。

2. 对电视机的所有权

741 虽然电视机的所有权由 Röhricht 转移给 Ella,而非转移给继承人共同体,但可能根据**物上代位**的规定(第 2041 条)而归入遗产。买卖合同中的请求权不归继承人共同体享有,而仅归 Ella,故取得电视机所有权并非基于属于遗产的一项权利。电视机所有权构成属于遗产的 1800 欧元的*对待给付*,故不得将其视为第 2041

条意义上的对侵夺遗产标的所作的*赔偿*,但是物上代位亦可通过与遗产有关的法律行为而取得权利时发生。但法律对此的表述不甚明确:法律行为仅需*客观上*与遗产有关,还是需要行为人有为遗产目的做成法律行为的*主观*意愿?在本案中,法律行为客观上与遗产有关,因为取得是用遗产的资金进行的,但 Ella 是为自己的私人目的,而不是为遗产或共同继承人的目的订立买卖合同,故缺少相应的主观意愿。与第 2111 条(前后位继承中物上代位,就此见边码 677)不同,第 2041 条并未特别提及通过利用遗产做成的法律行为所取得的权利归属。但第 2041 条意旨在于保护共同继承人和遗产债权人的利益,将经济上作为遗产价值延续的财产重新自动归入遗产,故从该目的出发,无论行为人是否有相应的主观意愿,**利用遗产取得的权利**均应视为是通过与遗产有关的法律行为而取得的。[1] 综上,电视机所有权归入遗产,即在 Röhricht 与 Ella 达成所有权转移合意及交付电视机时,电视机的**所有权**直接归**继承人共同体**享有。

三、遗产清算[2]

(一)继承人共同体的清算或存续

继承人共同体的目的不在于长期存续,而在于清算。因此,根据第 2042 条第 1 款,每个继承人原则上都**可随时要求清算**。 742

---

〔1〕 持此种意见者有 Muscheler Rn. 3887;Lange Kap. 14 Rn. 42;Schlüter/Röthel § 32 Rdn. 62;MünchKomm/Gergen § 2041 Rn. 13;Staudinger/Löhnig(2016) § 2041 Rn. 8;Soergel/M. Wolf § 2041 Rn. 8;BGH NJW 1968,1824 也倾向于这种观点。不同意见见 Lange/Kuchinke § 41 IV。——如果客观上与遗产相关*且*主观上有为遗产取得的意图,第 2041 条毫无疑问可予适用,BGH WM 1999,2412,2413f。在部分情况下,仅在主观上与遗产相关(用自己的资金获取一项标的,意图用于遗产)的情况下也肯定了物上代位,持此种意见 Schlüter/Röthel § 32 Rn. 62;不同意见见 Muscheler Rn. 3890;详细说明 MünchKomm/Gergen § 2041 Rn. 20ff. 。

〔2〕 就此见 Eberl-Borges,Die Erbauseinandersetzung(2000)。

743 被继承人可**经死因处分排除遗产清算**[1]（第 2044 条第 1 款第 1 条）。这种死因处分一般与指定遗嘱执行人及指定发生前后位继承的处分组合使用，以达到遗产留在家族内、不被分割的目的。但是，与指定后位继承人情况下的规定（第 2109 条）相似，被继承人排除遗产清算也**受时间限制**：一般在继承开始 30 年后，被继承人的这种死因处分失去效力（第 2044 条第 2 款）。

744 即使被继承人没有排除遗产清算，共同继承人也可达成**使继承人共同体存续、不被分割的合意**，不分割的存续状态可存在于整个遗产上，也可存在于单个遗产标的（如不动产）上。继承人达成的不分割的合意不受时间限制。一项**独资商人营业（Handelsgeschäft）**[2]可由不分割的继承人共同体经营，长期存续（见边码 763）。

（二）部分**清算**与成员退出继承人共同体

745 单个继承人根据第 2042 条第 1 款，只得请求对整个继承人共同体进行清算，不得请求仅以个人为限进行清算，即**部分清算（Teilauseinandersetzung）**。[3] 但是，全体继承人有相关合意时，可达成部分清算的效果。完成部分清算有**两条路径**：第一条路径为，继承人将其继承份额转移给其他继承人（第 2033 条第 1 款）。第二条路径为，在继承人之间达成继承人（如以收取一定补偿款为对价）退出继承人共同体的约定，该约定为不要式行为。继承人退出继承人共同体后，类推适用有关合伙份额增加的规则：整个遗产[4]归其他继承人享有，即其各自份额按其原有份额间的比例

---

〔1〕 就此见 Weckbach, Die Bindungswirkung von Erbteilungsverboten（1987）。

〔2〕 见边码 583b。——译者注

〔3〕 BGH NJW 1985, 51.

〔4〕 通过成员退出继承人共同体方式进行的部分清算不能局限于遗产的个别标的，见 OLG Frankfurt FGPrax 2019, 106。

相应增加。[1] 第二条路径称作“**继承人退出继承人共同体(Abschichtung)**”,做此约定无需采用特殊形式,即使遗产中有不动产,甚至达成此约定后继承人共同体仅剩下一位继承人,继而最后的继承人成为该不动产的唯一所有权人,此约定也无需采用特殊形式。[2]

(三)清算的执行

遗产清算[3]程序包括**清偿遗产债务**(第2046条)和继承人按 746
继承份额比例**分割剩余财产**(第2047条第1款)。遗产分割主要参照适用按份共有的规定(见第2042条第2款的援引)。以**实物分割为原则**(第752条);不能实物分割的,则变卖遗产(分割不动产的情形,如继承人无法达成其他一致意见,则应对不动产进行强制拍卖),分割所得价款(第753条)。遗产具体如何清算不由行政机关或法院决定,而应由继承人自主决定,继承人之间可以订立**清算协议(Auseinandersetzungsvertrag)**。依单个继承人的申请,**公证员**(见边码8)可在遗产清算过程中主持调解(《家事事件暨非诉事件程序法》第363条以下);但有继承人不同意调解方案时,公证员不得强制通过遗产清算方案。[4] 继承人间无法就清算形成合意时,其中一位继承人可在法院**起诉**其他继承人,**请求**其他继承人对自己依据法律规定起草的**清算计划做出同意表示**。

---

〔1〕 BGFIZ 138,8=NJW 1998,1557;BGH NJW 2005,284.反对这样的成员退出继承人共同体方案,见 Keller ZEV 1998,281;Rieger DNotZ 1999,64,69;详细讨论见 K. Schmidt AcP Bd. 205(2005),305;Muscheler Rn. 3995;类推第2033条第1款第2句、第2371条赞成形式要求的意见,见 Eberl-Borges(Fn. 43),269ff.,280;Lange Kap. 14 Rn. 128;Schlüter/Röthel § 32 Rn. 76。

〔2〕 BGHZ 138,8;LG Köln NJW 2003,2993;Wesser/Saalfrank NJW 2003,2937.

〔3〕 对此——比较法和法律政策方面的论述也——见 Krenz, Modelle der Nachlassteilung(1994);ders. AcP Bd. 195(1995),361。

〔4〕 关于农业法庭根据《农地交易法》第13条以下将农业经营分配给共同继承人之一的问题,见——肯定其合宪性的——BVerfGE 91,346=NJW 1995,2977。

747 继承人间达成的有拘束力的清算合意,应依据一般规定通过做成**物权行为**予以**履行**。继承人根据分割计划可以取得遗产标的的,继承人共同体应通过物权行为向其转让该标的的所有权(动产适用第929条;不动产适用第873条和第925条)。此与继承人退出继承人共同体而实现遗产清算的方式不同(见边码745)。继承人之间在整个遗产清算过程中出现纠纷的情况并不少见。为避免纠纷发生,被继承人可在遗嘱或继承契约中指定**遗嘱执行人**(见边码789),由其负责遗产清算的执行(第2204条)。

(四)分割指示

748 被继承人可在遗嘱或继承契约中对遗产如何清算做出具体**指示**(第2048条)——称作**分割指示(Teilungsanordnung)**或**清算指示(Auseinandersetzungsanordnung)**,例如规定,遗产清算时某个遗产标的归某位继承人取得。分割指示以受益人取得法定继承权或意定继承权为前提,且受益人的**继承份额数额不受**分割指示的**影响**。详言之,受益人仅成为继承人的情况下,方可根据分割指示主张取得特定遗产标的;且该遗产标的的价值应折抵入该继承人继承份额的价值。被继承人希望通过分割指示,将在价值上超出继承份额的标的分配给继承人的,应同时使该继承人对超出部分承担*补偿义务*。[1] 分割指示**不具有调整受益人继受财产总额的功能**。[2] 此与*先取遗赠*(Vorausvermächtnis)不同,关于两者的界限划分下文将详细介绍(见边码777)。

749 分割指示**不具有物权效力**。被继承人即使做出分割指示,如规定某位继承人在遗产清算时取得特定不动产,在继承开始时,该不动产的所有权也仍由全体继承人取得。分割指示的效果在于,

---

〔1〕 BGHZ 82,274,279;BGH NJW 1985,51,52;WM 1984,1006,1007.

〔2〕 BGH FamRZ 1987,475,476(除第2049条外)。然而,该指定可以被解释为是一种先取遗赠,见BGH NJW-RR 1990,391。

继承人共同体在清算遗产时,负有将该不动产分配给该继承人并向其转移所有权的义务。

(五)补偿义务

1. 直系血亲卑亲属间就被继承人生前的给予为补偿

被继承人通常希望,**自己的直系血亲卑亲属**[1]在作为法 750
定[2]继承人参与继承时,应平均取得遗产(见第 1924 条第 4 款,子女享有同等的继承份额)。假如某位直系血亲卑亲属在被继承人生前已从被继承人财产中取得**重大给予**,则遗产仅仅被平均分配,尚无法实现被继承人平等对待各位的愿望。上述情形下,在遗产清算时,作为共同继承人的直系血亲卑亲属之间应对上述给予进行相应补偿。如根据第 2050 条第 1 款,对于**婚嫁立业资金(Ausstattungen)**——其立法定义见第 1624 条第 1 款——应进行补偿。婚嫁立业资金包括彩礼嫁妆和直系血亲卑亲属在立业或购买自用房屋时获得的资助[3]等。被继承人负有扶养子女的义务,例如需要在一定程度上承担子女职业培训的费用,被继承人若未负担该笔费用,而仅给予其一笔嫁妆,则该嫁妆可视为对没有负担教育费用的一种补偿,根据第 2050 条第 2 款的意旨,该子女在遗产清算时无需再对嫁妆为补偿。[4] 根据第 2050 条第 3 款,被继

[1] 关于其他共同继承人之间的补偿正文也予以介绍(见边码 753a)。

[2] 如果直系血亲卑亲属不是依据法律成为继承人,而是*通过死因处分成为继承人*,原则上不存在补偿的义务;在这种情况下,应假定被继承人在评估继承份额时已经考虑到了生前的给予。但是,如果被继承人指定给直系血亲卑亲属以他们作为法定继承人将得到的,即基本上只确认了法定继承权,那么在有疑问的情况下,必须认为这些直系血亲卑亲属也有补偿的义务(第 2052 条)。

[3] OLG Karlsruhe ZEV 2011,531.

[4] BGH NJW1982,575.

承人在生前[1]给予时**特别明确**,就该给予应**在直系血亲卑亲属之间进行补偿**的,接受该给予的受益人应为补偿。

751 **如何进行补偿**适用第 2055 条以下的规定。所有应进行补偿的给予应先计入遗产,再从补偿义务人的继承份额中扣除补偿额。遗产以在继承开始时的价值为准;[2]给予以在做出当时的价值为准(第 2055 条第 2 款),但同时应结合给予做出后到继承开始时期间内购买力下降的因素,对给予的价值做相应调整。[3] 不参与补偿的继承人的份额应优先确定。根据第 2056 条第 1 款,受给予人虽然负有为补偿的义务,但任何情况下无需返还在被继承人尚在世期间已经取得的给予[4]。

752 直系血亲卑亲属间进行补偿后,将导致直系血亲卑亲属间的**分割比例(Teilungsquoten)**与原继承份额间的比例不同。遗产此后被分割时,无论是涉及金钱的分割,还是实物的分割,均以该分割比例为准。[5]

753 **举例**:被继承人死亡时发生法定继承,妻子继承 1/2 遗产,三个子女 A、B 和 C 各继承 1/6 遗产。清偿遗产债务后,遗产余值为 200,000 欧元。A 和 B 在被继承人生前分别取得婚嫁立业资金 4000 欧元和 75,000 欧元。本案中,首先由妻子取得 100,000 欧

---

〔1〕《继承法和消灭时效法修正之政府草案》(BT-Drucks. 16/8954)希望为被继承人提供嗣后也能通过死因处分命为补偿的可能性。然而,这一规定并没有被纳入 2009 年通过的修正法中(见边码 85)。

〔2〕 BGHZ 96,174,181 = NJW 1986,931 遵从了 Meincke AcP Bd. 178(1978),45 的观点。在某些情况下,也会以清算的时间点为准,持此种意见者例如 MünchKomm/Ann § 2055 Rn. 12。

〔3〕 BGHZ 65,75,77 = NJW 1975,1831;详见 MünchKomm/Ann § 2055 Rn. 15(其认为在这里也以清算的时间点为准)。

〔4〕 译者注:即使被继承人生前给予的价值已超出受给予人继承份额的价值,受给予人也仅以其继承份额为限进行补偿,无需返还超出部分。

〔5〕 BGHZ 96,174.

元,因为根据第 2050 条,补偿只在直系血亲卑亲属之间进行。遗产余值 100,000 欧元加上婚嫁立业资金的数额后,总额为 215,000 欧元。每个子女应分得 71,666.66 欧元。B 在被继承人生前取得的给予超过该数目,故根据第 2056 条第 2 句,B 不再参与分割遗产。补偿只在 A 和 C 之间进行;遗产余值加上 A 的婚嫁立业资金等于 140,000 欧元,A 和 C 每人应分得 70,000 欧元。A 已取得的 40,000 欧元应从中抵扣,故 A 从遗产中最终可分得 30,000 欧元(指可分得该数目的金钱,或实物分割时可分得相同价值的实物),C 最终可分得 70,000 欧元。

补偿的法律规定只适用于遗产在直系血亲卑亲属之间清算的 753a
情况,在**直系血亲卑亲属**和被继承人的**在世配偶**之间不发生补偿。被继承人通过生前行为无法使不负法定补偿义务的人负补偿义务,例如,被继承人无法为配偶创设在遗产清算时就生前所受给予进行补偿的义务。被继承人如希望遗产分割的结果受生前给予的影响,则应**通过死因处分**,如削减配偶的继承份额,或向其他人做出(先取)遗赠。[1]

2. 对直系血亲卑亲属帮助的补偿或对法定继承人照顾的补偿

直系血亲卑亲属可能在被继承人生前提供殊多给付,为被继 754
承人财产的增值或保值做出贡献,但却没有得到相应报酬。发生法定继承后,与其他直系血亲卑亲属相较,该直系血亲卑亲属如在遗产分配上未被优待,则显不公。为此第 2057a 条规定,提供帮助者可在遗产清算中请求一定补偿。例如,在被继承人的家庭生活或生意中提供**帮助**,或长期**照顾**被继承人的直系血亲卑亲属,可以请求补偿(具体规定见第 2057a 条)。

2009 年修法(见边码 85)时,立法者本有计划引入新条款第 754a

---

〔1〕 BGH ZEV 2010,33[附 Leipold 的批评性评论(关于折算协议作为利益第三人的合同的可允许性)]。

2057b 条,将应对照顾负补偿义务的主体范围扩张[1]至全体法定继承人,但该计划最终没有实现。该次修法仅修订了第 2057a 条第 1 款第 2 句,即放宽了直系血亲卑亲属因照顾被继承人可要求在直系血亲卑亲属间进行补偿的条件。修法后,直系血亲卑亲属在照顾被继承人的同时未放弃工作收入的,亦能要求补偿。

754b 直系血亲卑亲属取得补偿权的前提条件是,自己未取得**报酬**,不存在报酬的约定,且不能基于其他法律原因请求报酬(第 2057a 条第 2 款)。补偿的数目,应结合补偿权人的贡献大小和遗产价值大小等因素适当计算(第 2057a 条第 3 款)。遗产分割时,应先从整个遗产中扣除补偿额,再在补偿权人的继承份额外分配给其补偿额(第 2057a 条第 4 款)。

755 **例子:**遗产价值 200,000 欧元。A 和 B 是法定继承人,继承份额各为 1/2。A 由于常年在被继承人的企业中提供帮助,可以请求补偿 40,000 欧元。计算方式如下:先从遗产中扣除补偿额 40,000 欧元,遗产剩余 160,000 欧元。两个继承人各取得 1/2,即 80,000 欧元。除继承份额外,A 另取得补偿额 40,000 欧元。最终结果为:A 取得 120,000 欧元;B 仅取得 80,000 欧元。

四、共同继承人对遗产债务的责任

(一)遗产分割前

756 根据概括继受原则,全体继承人作为**连带债务人**对遗产债务负连带清偿责任(第 2058 条和第 421 条)。遗产债权人可以单独起诉任一继承人,请求其为全额给付——称作**连带债务之诉(Gesamtschuldklage)**。在遗产分割之前,被诉的继承人得拒绝以个人财产为给付(第 2059 条第 1 款第 1 句),即该继承人**暂时地**对

---

[1] 关于政府草案(附部分更进一步的建议)见 Otte ZEV 2008,260;Windel ZEV 2008,305;Köhl,FS Frank(2008),159。

债务仅**承担有限责任**。该规定不影响法院判令该继承人为全额给付,但判决若对该继承人承担有限责任作了保留(见《民事诉讼法》第780条),则该继承人有权提起执行异议之诉,以阻却对其个人财产的执行(《民事诉讼法》第781条、第785条和第767条)。遗产债权人凭该执行名义只得强制执行该继承人的继承份额,不得强制执行具体遗产标的(《民事诉讼法》第8590条第2款)。

除连带债务之诉外,遗产债权人在遗产分割之前,还可根据第 757
2059条第2款提起**共同之诉**,即起诉全体继承人。此情形下,债权人可**执行尚未分割的遗产**,即可执行遗产标的(《民事诉讼法》第747条)。

(二)遗产分割后

1.有限责任抑或无限责任

根据第2058条,遗产分割之后,全体继承人仍作为*连带债务* 758
人对遗产债务承担清偿责任。仅在**承担有限责任的一般要件**满足时,如启动遗产破产程序[*遗产分割后*,根据第2062条不得再申请遗产管理,但根据《破产法》(InsO)第316条第2款仍可申请遗产破产],继承人对遗产债务方可承担有限责任;如不满足上述条件,则继承人都应承担*无限责任*,即需以非来自遗产的财产承担责任。

2.连带责任抑或按份责任

责任限制讨论的是遗产债权人可执行哪些财产的问题。除此 759
之外,还值讨论的是:遗产债权人是否有权要求**任一继承人**为**全额**给付。对此问题**通常应作肯定回答**,除非存在第2060条以下规定的仅需承担按份责任的例外情况。出现以下情形,继承人向债权人仅承担**按份责任**:遗产债权人在公示催告程序中已被排除;继承开始5年后才主张债权;遗产破产程序已经终结(第2060条第1项至第3项)。存在以上情形的,遗产债权人只得请求继承人按与其继承份额相同之比例对遗产债务承担责任。

第二十一章自检试题：

1. 继承人共同体、民事合伙和夫妻财产共同制下的财产共同体在法律性质上是否相同？

2. A 继承被继承人 E1/8 的遗产。E 在遗嘱中规定：A 取得属于遗产的一辆货车，但该货车应在继承份额中扣除。A 急需现金，希望立即将该车出卖给 B。A 的愿望可否实现？

3. Sepp 的法定继承人是两个儿子 Max 和 Moritz，继承份额各为 1/2。

（1）属于遗产有一项已届清偿期的贷款债权，债务人是 Dreier，金额为 8000 欧元。Max 可否要求 Dreier 向自己账户汇入 8000 欧元？若该请求不成立，Max 可否主张其向自己账户汇入 4000 欧元？

（2）清偿遗产债务后，遗产剩余 20,000 欧元。Max 和 Moritz 在继承开始 3 个月后完成遗产分割。几个星期后，Spät 通知 Max 和 Moritz，被继承人尚欠自己 12,000 欧元未还。Spät 要求 Moritz 清偿债务，但 Moritz 至多只肯偿还 6000 欧元。法律状况如何？

4. 商人 Max 2014 年死亡。Max 死亡前，作为独资商人经营一家农业机械企业——企业组织形式为独资商人营业（einzelkaufmännisches Handelsgeschäft）。Max 死亡后发生法定继承，继承人为配偶 Anna（继承份额 1/2）和两个儿子 Franz、Oskar。Franz 于 2001 年出生，Oskar 于 2004 年出生。继承开始后，继承人未变更企业商号，仍沿用旧商号 Max Anker。Anna 向工商登记部门申请，由未经分割的继承人共同体继续对该营业的经营。随后，Anna、Franz 和 Oskar 三人以继承人共同体的形式被登记为该营业的持有人。2019 年年初，该营业陷入资金困难。Anna 在 2018 年以商号 Max Anker 的名义，与农具厂 Faber 订立一份合同，根据该合同尚欠 800,000 欧元未还。

(1)继承人共同体沿用旧商号 Max Anker 是否允许？若允许沿用,将引起什么法律效果？

(2)Franz 和 Oskar 是否有义务向农具厂 Faber 偿还 800,000 欧元？如有义务,则应以什么财产承担责任？

答案:

1. 三者在法律性质上均属于**共同共有共同体**。但需要注意的是,根据联邦最高法院的相关判决(判决见 BGHZ 146,341 = NJW 2001,1056),持有合伙财产的民事合伙(BGB-Gesellschaft)——称作外部合伙,**具有权利能力和当事人能力**,但根据通说(见边码 721),夫妻财产共同体和继承人共同体仍无上述能力。 760

2. 根据第 1922 条第 1 款和第 2032 条第 1 款,继承发生时,货车所有权由继承人共同体继受。遗嘱中的规定属于**分割指示**(第 2048 条第 1 句);根据该分割指示,继承人共同体负有在分割遗产时向 A 转移货车所有权的义务。但在遗产分割之前,A 并非货车的所有权人,其既不能处分货车的所有权,也不能处分所有权份额(第 2033 条第 2 款)。根据第 2040 条第 1 款,处分货车的行为应由全体继承人共同做出。但是,鉴于债权合同的效力不以出卖人是标的物所有权人为前提,故上述法律现状并不影响 A 与 B 订立有效的**买卖合同**。[1] 但为防止承担瑕疵履行的责任(根据第 311a 条因订立合同时存在给付障碍,或根据第 280 条第 2 款和第 286 条因给付迟延而所需承担的责任),A 在订立买卖合同时应告知 B,自己在遗产分割后方能履行买卖合同。 761

3. (1)该项债权由 Max 和 Moritz 组成的**继承人共同体**享有。Max 既不能要求债务人向自己为给付,也不能要求支付 4,000 欧

〔1〕 参见 BGH WM 1967,978,979:该共同继承人可依债法负有移转遗产中的某一标的的所有权的义务。

元。但根据第 2039 条第 1 句,Max 有权要求债务人**向全体继承人**为给付。

762 (2)根据第 2058 条,全体继承人作为**连带债务人**承担责任。根据第 421 条,Spät 可以要求 Moritz 清偿所有债务。遗产的分割不影响继承人的连带清偿责任;另本案也不存在继承人可承担**按份责任**的情形(第 2060 条以下)。Moritz 偿清所有债务后,可根据第 426 条第 1 款和第 2 款,向 Max 追偿 6000 欧元。

763 4.(1)继承开始时,Max 持有的独资商人营业由继承人共同体继受,属于全体继承人的共同共有财产(第 1922 条、第 2032 条第 1 款)。**独资商人营业可以继承**,《商法典》第 22 条第 1 款和第 27 条的规定也以此为基础。旧商号上即使没有附加使他人得以辨认营业发生继受的信息,根据《商法典》第 22 条第 1 款,沿用旧商号也是允许的。根据通说,**继承人共同体**可以不受时间限制的**持有独资商人营业**。部分少数观点以商法上各企业形式对应各自特征、不能创设新企业形式为由,反对通说,其认为,继承人共同体超过《商法典》第 27 条第 2 款规定的 3 个月考虑期后继续经营的,自动成立无限公司(OHG)。联邦最高法院[1]在以往判决中与该少数观点有过交锋,但最终还是支持迄今为止的主流司法观点,理由主要在于保护继承人的利益。联邦最高法院认为,继承人为继续经营固然可以成立无限公司,而且成立无限公司的意思可经继承人的行为推知,但是,仅仅因为继承人继续经营,尚不能得出其有为成立无限公司而订立公司章程的意思。本案在继承人继续经

[1] BGHZ 92,259,262ff. =NJW 1985,136(附 Karsten Schmidt 评论)。反对联邦最高法院的该项裁判的详细意见,见 Dauner-Lieb, Unternehmen in Sondervermögen (1998),467ff.。另外,(通过法律行为)取得所有共同继承人份额的人不应该在未分割的继承人共同体中继续属于遗产的商业中营业,持此种观点者为 KG ZEV 1999,28,其论证不大令人信服。持反对意见者另有 Heil MittRhNotK 1999,148;Ann EWiR § 2033 BGB 1/99,159;Keller ZEV 1999,174。

营外，未提及可从中推知继承人订立公司章程而成立公司的信息。因此，**该独资商人营业**继续由**未分割的继承人共同体持有**。

(2) Franz 和 Oskar 作为该营业的共同持有人，因他人以商号 764 名义做成的有效法律行为也承担个人责任。鉴于父母对子女的照顾义务，及对未成年子女 Franz 和 Oskar 的法定代理权，Anna 可以为营业，换言之为作为营业持有人的继承人共同体订立合同。与订立公司章程的情形（第 1643 条第 1 款和第 1822 条第 3 项）不同，继续经营独资商人营业**无需取得家事法院的同意**。[1] 综上，Franz 和 Oskar 作为连带债务人（第 2058 条），对以 Faber 为债权人的整个债务，承担个人无限责任。

依据联邦宪法法院[2]的判决观点，父母在继续经营所继承 765 的、由未分割的继承人共同体所持有的独资商人营业过程中，凭借父母代理权（第 1629 条）使子女承担无限经济责任，与未成年人享有的一般人格权（《基本法》第 2 条第 1 款结合第 1 条第 1 款）相冲突。

立法者因联邦宪法法院的上述判决，经 1999 年 1 月 1 日起施行的**《限制未成年责任法》（Gesetz zur Beschränkung der Haftung Minderjähriger）**引入新法第 1629a 条。[3] 根据第 1629a 条第 1 766 款第 1 句，2019 年成年的 Franz，对其母作为法定代理人为其建立的债务，仅以自己成年时所剩的财产为限承担责任。根据第 1629a 条第 1 款第 2 句，Franz 可参照适用对遗产不足抗辩权的规定（第 1990 条和第 1991 条，另见边码 715），向债权人主张**仅承担有限责任**。Franz 为保护自己，应在成年之日起三个月内要求对继

〔1〕 BGHZ 92,259,266 ff. 也否定了类推适用。

〔2〕 BVerfG 72,155 = NJW 1986,1859（推翻了 BGHZ 92,259）.

〔3〕 就此见 Behnke NJW 1998,3078；Muscheler WM 1998,2271；Habersack FamRZ 1999,1；Christmann ZEV1999,416 sowie ZEV 2000,45。

承人共同体进行清算,否则,根据第 1629a 条第 4 款将对其适用倾向于认定成立无限责任的解释性规则。

767 Oskar 最初承担无限责任,在自己 2022 年**成年**后,可要求以此时所剩的财产为限承担责任。

第二十二章 遗赠与负担

案例 28：Lieb 夫妇立过一份共同遗嘱，双方互相指定对方为唯一继承人，同时规定，两个双方共同的子女在后死亡一方死亡后以相同的份额取得双方的财产。丈夫死亡后，Lieb 女士立过一份符合形式要求的遗嘱，内容为：女儿 T 应取得坐落于 Schlossallee 大道的不动产；儿子 S 应取得坐落于 Badstraße 街道的不动产；两人各自取得对应不动产内的物品。坐落于 Schlossallee 的不动产源于丈夫的遗产。Lieb 女士在自己的遗嘱中还提及：她希望平等对待两个子女；假如坐落于 Schlossallee 的不动产的价值高于坐落于 Badstraße 的不动产的价值，则由于后者不动产内的物品价值更高，故两处不动产在价值上的差额可因此抵销。Lieb 女士死亡后，两个子女发现，坐落于 Schlossallee 的不动产在价值上比坐落于 Badstraße 的不动产高出 300,000 欧元，而后者不动产内的物品在价值上仅比前者不动产内的物品高出 2000 欧元。Lieb 夫妇没有其他遗产。两个子女现对母亲后立遗嘱的效力存在争议。本案的法律状况如何？

一、遗赠

(一)法律性质

768 遗赠是一种死因处分。被继承人通过遗赠仅给予他人一项**存在于特定财产客体上的权利**,而不指定该他人为继承人(第 1939 条)。被继承人在遗嘱或继承契约中均可设立遗赠。遗赠的受益人(受遗赠人)因此取得**一项请求权,义务人为被加重负担人(Beschwerter),请求权内容为请求给付遗赠标的**(第 2174 条)。由此可知,继承发生时,遗赠标的不直接移转给受遗赠人;遗赠标的的转移须通过被加重负担人与受遗赠人之间做成生前法律行为(遗赠的履行)。[1] 换言之,遗赠仅有**债权效力**(债权效力遗赠,Damnationslegat[2]);被继承人根据现行法无法设立物权效力的遗赠(*物权效力遗赠,Vindikationslegat*[3]),此亦遗赠与指定继承人处分之间的主要区别。一项死因处分究系遗赠抑或指定继承人处分,在认定上会存在困难。认定时应结合第 2078 条的解释性规则(见边码 366 以下)。然而,基于《欧洲继承法条约》,**外国法中物权效力遗赠**也将在德国直接得到承认(见边码 23d 和 23e)。

(二)遗赠标的

769 **任何财产性质的利益(Vermögensvorteil)**均可成为遗赠的标的。财产性质的利益如:支付一定数额的金钱;移转动产或不动产的所有权;在隶属遗产的某物上创设一项物权(土地债务或用益

---

[1] 将遗赠物所有权移转于受遗赠人(不同时是共同继承人)构成所谓的交易行为,即根据第 892 条,可以善意取得,OLG Naumburg NJW 2003,3209。

[2] 罗马私法上遗赠分两种:债权效力的 Damnationslegat 和物权效力的 Vindikationslegat。——译者注。详见 Kaser/Knütel/ Lohsse, Römischer Privatrecht, 22. Auflage, § 76;[德]马克斯·卡泽尔、[德]罗尔夫·克努特尔:《罗马私法》(第 17 版),田士永译,法律出版社 2018 年版,第 756 页。

[3] 我国继承法上的遗赠应属物权效力遗赠,因为受遗赠人无需与继承人做成转移遗赠标的的物权行为,于继承开始时即取得遗赠标的的物权。——译者注

物权)；让与某项债权；免除受遗赠人的某项债务等。受遗赠人取得遗赠标的不一定是无偿的，如被继承人可通过遗赠为受遗赠人创设一项请求权：受遗赠人得请求购买（优先购买权[1]）或租赁隶属遗产的某物。

770 在众多种类的遗赠中，有必要特别介绍一下**目的遗赠**（**Zweckvermächtnis**）。目的遗赠，指被继承人仅确定遗赠的目的，给付内容由被加重负担人或第三人依合理裁量而决定的遗赠，如被继承人为达受遗赠人完成大学学业之目的提供资金。目的遗赠属于对第 2065 条第 2 款的例外规定，上文已予以介绍（见边码 278 以下）。

771 若**继承开始时，遗产中不存在遗赠标的**（如被继承人生前已将该遗赠物转让给他人），则该遗赠一般不生效力（第 2169 条第 1 款）。但若该遗赠标的是被他人损毁，被继承人就此取得**赔偿请求权**的，对遗赠进行解释存在疑义时，则该赔偿请求权应成为遗赠标的（第 2169 条第 3 款）。侵害人已向被继承人支付赔偿金的，受遗赠人可请求给付该赔偿金（第 2173 条第 2 句）。

772 不在被继承人财产中的标的，被继承人也可遗赠。此类遗赠称作**使取遗赠**（**Verschaffungsvermächtnis**，第 2170 条）。被加重负担人负有义务先取得该标的，如买进该标的，然后转让给受遗赠人；如被加重负担人无法取得该标的，则须向受遗赠人赔偿与该标的相当之价值（第 2170 条第 2 款）。被继承人遗赠*非独自*所有之物，如与他人共同共有之物，就可能成立使取遗赠。被继承人做遗赠时明知该标的非由其独自所有的，该遗赠一般应解释为使取遗

[1] BGHZ148，187 = NJW 2001，2883（也关于预告登记能力）.

赠。[1] 被继承人还可设立**种类遗赠(Gattungsvermächtnis)**,即被继承人仅明确遗赠标的的种类。被加重负担人应依第2181条和第2182条规定的标准,对遗赠标的承担物和权利的瑕疵担保责任。

773 根据第2171条第1款,遗赠在继承开始时**对任何人而言均构成给付不能债务**的,[2] 该遗赠一般不生效力,但遗赠是针对给付不能之情势事后可能消除的情况而设立的,则其效力不受限制(第2171条第2款和第3款)。受遗赠人的请求之给付**在继承开始后才发生给付不能**的(至于仅对受该遗赠负担的继承人构成给付不能,还是对任何人均构成给付不能,则在所不论),根据第275条,受遗赠人不可再主张原给付,但给付不能的发生可归责于被加重负担人时,受遗赠人可转而主张损害赔偿(第283条第1句结合第280条第1款第1句和第2句)。

(三)被加重负担人

774 **被加重负担人即应承担遗赠给付义务**者,其称作被加重负担人。遗赠的被加重负担人可以是法定或意定**继承人**,也可以是其他**受遗赠人**(第2147条第1句)。后者情况下的遗赠,即受遗赠人同时负有义务给付一项遗赠,被称作**复遗赠(Untervermächtnis)**。被继承人未做特别规定的情况下,继承人是被加重负担人(第2147条第2句)。存在多个继承人的,遗嘱内容存在疑义时,各继承人按其继承份额间的比例负担遗赠(第2148条)。但此规定只涉及继承人之间的内部关系。遗赠属于**遗产债务**(第1967条第2款),受遗赠负担的所有继承人作为连带债务人对遗赠人承担责

---

[1] BGH NJW 1984,731,732. 与此相反,如果缺乏这种意识,那么在联邦最高法院看来,“给予意图的强度”对是否存在使取遗赠具有决定性意义,见BGH NJW 1983,937。

[2] 因此,自始客观给付不能的法律制度(其特殊地位在2001年的债法改革中被取消)在这里得到了保留。

任(第 2058 条),即受遗赠人可向任一被加重负担人请求全额给付(第 421 条)。[1]

有关继承人责任的限定,应适用一般规定(见边码 706 以下)。针对遗产由于遗赠或负担的存在才资不抵债的情况,继承人可主张的**遗产不足抗辩权(Dürftigkeitseinrede)**(见边码 715)。 775

(四)受遗赠人

由谁取得遗赠,即谁是**受遗赠人**,一般由被继承人确定。但被继承人也可提供数个人选,并交由被加重负担人或第三人确定受遗赠人(第 2151 条第 1 款)。 776

(五)先取遗赠

应该特别指出的是,被继承人也可指定继承人为受遗赠人(第 2150 条),此种遗赠称作**先取遗赠(Vorausvermächtnis)**。存在多个继承人时,经此方法,被继承人可指定其中的个别继承人为受遗赠人。先取遗赠与**分割指示**(第 2048 条第 1 句)相似,区分时有一定难度。两者相似之处在于,分割指示也可起到将特定遗产标的给予个别继承人的效果。订立继承契约情形下,对两者进行区分尤其重要,因为先取遗赠可成为契约性处分,继而生拘束力,而分割指示不能成为契约性处分(第 2278 条第 2 款)。一项死因处分究竟属于哪一种,以被继承人的意思为准,必要时应对遗嘱进行**解释**,以探究被继承人的意思。分割指示的特点在于,受益人的继承份额不因此改变:如分配给受益人的遗产标的在价值上高于继承份额,则受益人负有补偿差额部分的义务。[2] 若探知被继承人的意思是,希望受益人**在自己的继承份额外另**取得一项遗 777

[1] 就此见 BGH NJW 1998,682:通过分割拍卖取得财产单独所有权的共同继承人,基于共同继承人的连带债务人责任,仍有履行移转遗产中某一土地所有权的(先取)遗赠的义务。对其他共同继承人而言给付已为不能,因第 425 条第 2 款的规定,与前句所述作为单独所有权人的共同继承人仍有履行遗赠义务并不冲突。

[2] BGHZ 82,274,279.

产标的，即受益人无须将该标的折抵入继承份额或补偿该标的的价值，则应成立先取遗赠。[1] 有些情形下，即使受益人**从经济角度出发未取得更优的待遇**，给予标的仍须按市场价折抵入继承份额，但只要被继承人相对于其他继承人而言有使该受益人特别受益的意思，[2]或希望为该受益人创设一项独立于继承份额的其他受益理由，[3]则此种给予也可成立先取遗赠。

（六）遗赠的取得与拒绝

778 受遗赠人在继承开始时**自动**取得经遗赠创设的债权（第 2176 条），但尚不能取得遗赠所给予之标的。受遗赠人在接受遗赠前，可做出**拒绝遗赠**的表示（第 2180 条第 1 款），拒绝的效力溯及继承开始之时（第 2180 条第 3 条和第 1953 条第 1 款）。与拒绝继承不同，法律**对拒绝遗赠未规定期限**。[4] 根据第 2180 条第 2 款，接受遗赠或拒绝遗赠的意思表示应向被加重负担人做出，无需特殊形式。此与拒绝继承不同，拒绝继承表示有时应向遗产法院做出。由遗赠创设的请求权的**消灭时效**一般为三年（见边码 641a）；有关消灭时效的起算上文已阐明（见边码 641b）。

779 受遗赠人取得遗赠的前提条件是，受遗赠人在继承开始时尚在世（第 2160 条）。针对受遗赠人在继承开始前已死亡的情形，被继承人可指定**替补受遗赠人**（**Ersatzvermächtnisnehmer**，第 2190 条）。被继承人还可设立**后位遗赠**[5]（**Nachvermächtnis**，第

---

〔1〕 BGH NJW 1985,51,52;WM 1984,1006,1007. 关于此解释也见 BGH NJW-RR 1990,391。

〔2〕 BGHZ 36,115.

〔3〕 BGH NJW 1995,721 阐明了，即使无价值方面的优待，也可能存在先取遗赠。

〔4〕 BGH NJW 2011,1353（在共同遗嘱中的相互性处分的情形，法律亦未规定期限）。

〔5〕 就此见 Baltzer, Das Vor - und Nachvermächtnis in der Kautelarjurisprudenz (2007);Muscheler AcP 208(2008),69。

2191 条),效果为:前位受遗赠人先取得遗赠标的,后位遗赠条件(如前位受遗赠人死亡)成就时,后位受遗赠人再取得标的。后位受遗赠人在继承开始后可做出拒绝后位遗赠的表示,即使此时后位遗赠条件尚未成就。[1]

二、负担

780 被继承人在遗嘱或继承契约中还可创设**负担**(**Auflage**,第 1940 条)。负担与遗赠相同之处在于,被加重负担人(**继承人**或受遗赠人)**都有义务为一定的给付**(作为或不作为,见第 241 条第 1 款第 2 句);不同之处在于,设立负担情形下,**没有人被给予请求给付的权利**(第 1940 条)。负担的例子:对被继承人的坟墓进行照顾;属于遗产的文学作品应被安排出版;一部分遗产应用于公益目的等。[2]

781 虽然负担的**受益人无请求给付的权利**,但是否履行负担也并非听凭被加重负担人的决定。被加重负担人在法律上负有履行负担的义务。根据第 2194 条第 1 句,因被加重负担人出缺而得直接受益者,**可要求**被加重负担人**履行负担**。如被加重负担人是受遗赠人,则继承人可要求该受遗赠人履行负担;被加重负担人是某位继承人,则其他继承人可要求该继承人履行负担。根据第 2194 条第 2 句,负担的履行关乎公共利益的,可由州法确定的相关机关要求被加重负担人履行负担。[3] 应与负担加以区别的是被继承人在遗嘱中所表达的**不具约束力的愿望**;在遗嘱中的指示非常不确定的情况下,很明显可以做此种意义上的解释。

---

[1] BGH NJW 2001,520(另外涉及后位遗赠和特留份权的关系)。

[2] 例如,财产应“有利于动物”的指定可被解释为一个负担(第 2193 条意义上的目的负担),见 BayObLG NJW 1988,2742。

[3] 对此见 BGHZ 121,357 = NJW 1993,2168。

案例 28 答案:

782 根据遗嘱文义结合第 2269 条第 1 款的解释性规则,两个子女在共同遗嘱中被指定为**后死亡配偶的继承人**(柏林式遗嘱,详见边码 463),而非先死亡配偶的后位继承人,即针对先死亡配偶(案例 28 中的丈夫)的遗产不发生前后位继承效果。共同遗嘱中的**相互性处分**对在世配偶具拘束力。根据第 2270 条第 2 款的解释性规则,本案中丈夫指定妻子为继承人的处分与妻子指定子女为继承人的处分属于相互性处分。

783 根据第 2271 条第 2 款第 1 句,丈夫死亡后,Lieb 女士不得再废止指定子女为继承人的处分。现 Lieb 女士又订立一份遗嘱,若该死因处分已**侵害**指定 S 继承 1/2 遗产的处分,则 Lieb 女士后做成的死因处分不生效力。Lieb 女士指定 T 取得坐落于 Schlossalle 的不动产,若将该处分认定为先取遗赠(第 2150 条),则 T 所能取得遗产的价值大于 1/2 遗产,S 的继承地位因此受侵害。若将 Lieb 女士的死因处分认定为分割指示(第 2048 条第 1 句),则两子女最终仍应平分遗产,S 依共同遗嘱取得的继承地位不受侵害。

784 分割指示应不改变继承人所能取得遗产的价值。现 Lieb 女士的死因处分似将改变两子女所能取得遗产的价值,故该死因处分似应被认定为先取遗赠,而非分割指示。但在后立遗嘱中,Lieb 女士已明确表达希望使两个子女**平均受益**的意思。Lieb 女士只是没有预计到处分无法达到预期的效果。此情况下有必要对 Lieb 女士的遗嘱进行**补充性解释**。需回答的问题是:假如 Lieb 女士知晓遗嘱不能达到两个子女平均受益的效果,将如何做出死因处分。Lieb 女士可推知的意思应该是:T 就超出应得部分向 S 支付相应**补偿款**,补偿款支付后才可取得坐落于 Schlossalle 的不动产。[1] 因此 Lieb 女士的死因处分应被认定为分割指示。结合两处不动产的价值及各自不动产内物品的价值,T 应向 S 支付 140,000 欧元的补偿款。补偿款支付后,两个子女取得遗产的价值相等。综上,T 向 S 支付上述补偿款后,可主张取得坐落于 Schlossalle 的不动产。[2]

第二十二章自检试题:

1. 阐述受遗赠人的法律地位及遗赠的取得。

2. Sorg 希望指定子女为继承人。Sorg 同时希望,在自己死亡后的很长一段时间内,侄儿 N 可以每月从遗产中领到一笔钱,但又希望尽量避免 N 的债权人要求以该笔金钱清偿债务。Sorg 对 N 的给予应理解为遗赠还是负担?

3. Klug 希望自己死亡后,遗产中的特定款项可用于资助环保事业,但还不能确定资助哪个机构。Klug 可否订立以下内容的遗嘱:在自己死亡后的 10 年内,继承人应每年向有资助需求且致力于环保事业的协会支付一笔数额为 10,000 欧元的款项?

4. Erich 资产丰厚,拥有多处房产。Erich 订立一份遗嘱:指定在第一桩婚姻中生育的女儿 Frieda 为唯一继承人;第二任妻子 Sabine 应从遗产中取得一处房产,该房产在 Sabine 死亡后应归 Frieda。Erich 在世时已将该房产无偿转让于 Sabine。Erich 在转让房产时提及,自己死亡后 Sabine 本应取得该房产,索性生前就转让给她。Erich 死亡后不久,Sabine 也相继死亡。此后,Sabine

---

〔1〕 OLG Braunschweig ZEV 1996,69 以及 BGH ZEV 1996,70 的不接受裁定(Nichtannahmebeschluss)。

〔2〕 依据联邦最高法院的意见,没有必要将补偿支付作为分割指示生效的延缓条件;相反,在分割计划(清算计划)中规定赔偿义务,为解决共同继承人的问题就足够了(见边码 746)。T 可以要求 S 同意此种清算计划,并反对对土地进行分割拍卖(拍卖和分割拍卖所得)。

的继承人和 Frieda 就 Frieda 是否有权取得该房产起了争议。本案的法律状况如何?

答案:

785 1. 通过遗赠,被继承人为受益人(受遗赠人)创设一项**请求权**,受遗赠人可**请求被加重负担人给付遗赠标的**。根据第 2147 条第 2 句,如被继承人未做其他规定,则继承人是遗赠的被加重负担人。受遗赠人**在继承开始时**取得经遗赠创设的请求权,但法律为受遗赠人保留**拒绝遗赠**的权利(第 2176 条)。根据第 2180 条第 1 款,受遗赠人在接受遗赠前可拒绝遗赠。法律未规定拒绝遗赠的期限。拒绝遗赠后,受遗赠人视为自始没有取得遗赠(第 2180 条第 3 条结合第 1953 条第 1 款)。

786 2. 如将 Sorg 的死因处分理解为遗赠,则受益人 N 取得经遗赠创设的请求权(第 2174 条),N 的债权人有权将该请求权作为 N 的责任财产,并可要求对该财产进行强制执行(根据《民事诉讼法》第 829 条和第 835 条,可对该金钱请求权进行扣押,继而由 N 的债权人收取金钱,第三人即遗赠被加重负担人应向 N 的债权人支付金钱)〔1〕。为实现 Sorg 的预期,该死因处分应解释为负担,〔2〕受益人 N **不**因此**取得请求权**。后续 N 因该负担取得相应款项,且该款项尚未被处分的情况下,N 的债权人才可要求 N 以此款项清偿债务。

---

〔1〕 根据《民事诉讼法》第 835 条的规定,债务人对第三人之债权已经扣押的,实现时有两种方式:一种为按票面价额代替清偿之转付(Überweisung an Zahlungs statt zum Nennwert),即债务人对第三人之债权转让给债权人,债权人承担第三人履行不能的风险;另一种为债权人收取之转付(Überweisung zur Einziehung),即债权不发生转让,债权人仅有权收取金钱。——译者注。见 Lüke, Zivilprozessrecht, 10. Aufl. Rn. 646 ff. 。

〔2〕 此类考虑在遗赠和负担之间进行选择时(以及嗣后在解释是某种或另一种处分方式为被继承人所愿意时)可以发挥作用,明确指出这一点的如 KG ZEV 1998, 306, 307。

3. 根据第 2065 条第 2 款,被继承人一般不得交由第三人(本案中为继承人)确定受给予人,但涉及遗赠和负担时存在例外规定。根据第 2151 条第 1 款可由继承人确定受遗赠人,但即使如此,被继承人也必须事先提供多个人选供继承人选择。如被继承人不提供任何受益人人选,则只能创设负担。**被继承人已明确负担的目的**,根据第 2193 条第 1 款,可由被加重负担人(本案中的继承人)确定由谁取得给付。 787

4. Frieda 或许可以基于 Erich 创设的遗赠,请求返还该房产并移转该房产的所有权(请求权基础为第 2174 条)。Erich 在遗嘱中为 Sabine 创设一项遗赠,将该房产给予 Sabine。遗嘱同时规定,该房产在 Sabine 死后由 Frieda 取得。因此,该死因处分应解释为**后位遗赠**,被加重负担人为前位受遗赠人 Sabine(第 2191 条第 1 款)。在本案中有问题的是,该房产的所有权在 Erich 生前已转让给 Sabine,继承开始时已非遗产,根据第 2169 条第 1 款,Erich 设立的前后位遗赠似不生效力。但需要注意的是,Erich 之所以生前无偿向 Sabine 转让该房产,目的仅在**提前处理**遗嘱中的前位遗赠。故而 Erich 的意思应是,前位遗赠的提前履行**不至影响后位遗赠的效力**。[1] 综上,Frieda 有权向 Sabine 的继承人主张该房产。 788

[1] 此种观点见 OLG Frankfurt ZEV 1997,295。

第二十三章　遗嘱执行人

案例 29:丧妻的被继承人 Berg 订过一份符合形式要求的遗嘱,内容为:“我指定两个女儿为共同继承人,每人的继承份额相同。我请求我的朋友 Strecker 作为遗嘱执行人。他应当履行所设立的遗赠和负担,并在两个继承人去世前管理遗产。遗嘱执行人无论如何不得处分我在 Bergheim 的两处不动产;它们应当长期保留,用以保障我两个女儿的生活费。”该遗嘱中还设立一系列遗赠和负担。继承开始不久后,Strecker 提出以下问题:

问题 1:他是否已是遗嘱执行人?作为遗嘱执行人,他需要做些什么?

问题 2:他作为遗嘱执行人是否有报酬?

问题 3:他作为遗嘱执行人的职务开始后,一位买家愿意出极高的价格购买两处不动产中的一处,他自己或者在得到两个女儿的同意后是否可以出售该处不动产?

问题 4:两个女儿提出问题:即使不考虑两处不动产,她们是否至少可以向遗嘱执行人主张遗产中她们应得的其余部分。

本案的法律状况如何?

一、遗嘱执行人的指定

(一)通过死因处分

遗产在继承开始后的命运如何?被继承人的终意能否得到实现?这些问题的答案与直接利害关系人,尤其是继承人的行为有着重大关系。为确保死因处分得到顺利执行,也为保障遗产在继承人之间被公正的清算,**被执行人**可将自己信任的人指定为**遗嘱执行人**。此外,为达将遗产作为一个整体继续保留的目的,被继承人也可指定遗嘱执行人,例如,指定后位继承人的情况下,被继承人为达上述目的,一般同时指定遗嘱执行人。被继承人在**遗嘱**中(第2197条)或在**继承契约**中作为单方性处分(第2299条第1款),均可指定遗嘱执行人。[1] (关于变更遗嘱执行人见边码505a)非经被继承人做出相关死因处分,则遗嘱执行人无法被指定。 789

(二)遗嘱执行人的人选

被继承人在终意处分中一般都会明确由谁充当遗嘱执行人。但被继承人也可将遗嘱执行人的**选定**工作交由**第三人**或**遗产法院**处理,如被继承人可以规定,首选遗嘱执行人不接受职务或之后出缺时,由第三人或遗产法院决定人选。被继承人的此种意思经遗嘱解释可得而知即可。[2] 然而,即使被执行人做出类似规定,遗产法院*无义务*必须选定遗嘱执行人,遗产法院仅须进行*必要考量*,结合遗产状况和各相关利害关系人的利益,衡量是否有必要选定一位遗嘱执行人。[3] 790

遗嘱执行人在接受职务时应具备完全行为能力(第2201

〔1〕 不一定要使用"遗嘱执行人"一词;如果能通过解释确定意图指定遗嘱执行人即为足够,参见BayObLGZ 1982,59以及上述案例15(见边码384)。

〔2〕 OLG Zweibrücken ZEV 2007,31.

〔3〕 通说,OLG Hamm Rpfleger 1984,316;OLGZ 1984,282,288;BayObLG Rpfleger 2004,164。

791

条)。除此之外,对遗嘱执行人**人选**没有限制性要求。存在**多位继承人**时,其中的一位继承人[1]可以被指定为遗嘱执行人。**继承人只有一位**时,该继承人[2]一般不得被指定为遗嘱执行人,[3]毕竟按照实际情况,如此操作无意义;但唯一继承人可被指定为多位遗嘱执行人中的一位。[4] 此外,根据联邦最高法院[5]的观点,为使遗赠及时得到履行,唯一继承人也可被指定为完成此职务的遗嘱执行人。未成年继承人的**法定代理人**可成为遗嘱执行人。[6]

(三)接受或拒绝遗嘱执行人的职务

792 **遗嘱执行人职务**不始于继承开始之时,而始于遗嘱执行人**接受**职务之时(第 2202 条第 1 款)。遗嘱执行人接受或拒绝职务的表示应向遗产法院做出(第 2202 条第 2 款),表示无需特殊形式。一般而言,遗嘱执行人无义务必须接受职务;但遗嘱执行人与被继承人就此订过协议的,遗嘱执行人应履行该义务。

二、遗嘱执行人的任务与法律地位

(一)任务

793 遗嘱执行人的任务通常在于清算遗产(**清算型遗嘱执行,Abwicklungsvollstreckung**):将被继承人的终意处分(如遗赠或负

---

[1] BGHZ 39,67,70;依 BayObLG ZEV 2002,24,所有的共同继承人亦可被指定为遗嘱执行人。

[2] 允许指定唯一的继承人作为遗赠的遗嘱执行人,由其负责管理已遗赠给和已移转给他人的标的(见边码 795)。

[3] BayObLG FamRZ 2002,991,993;ZEV 2006,455.

[4] MünchKomm/Zimmermann § 2197 Rn. 11;Staudinger/Reimann(2016) § 2197 Rn. 82.

[5] BGH ZEV 2005,204。联邦最高法院认为,另一个前提条件是,所做出的处分允许遗产法院在遗嘱执行人严重违反职责的情况下指定另一名遗嘱执行人。

[6] 对此参见 BGH ZEV 2008,330(关于因利益冲突而为未成年人指定补充保佐人的前提条件)。

担)付诸实现(第 2203 条);为共同继承人分割遗产(第 2204 条);[1]管理遗产(第 2205 条第 1 句)。

被继承人通过终意处分可调整遗嘱执行人的任务。如被继承人可以规定,遗嘱执行人仅需管理遗产或具体的遗产标的(第 2208 条第 1 款第 2 句),也可同时规定,遗嘱执行人在完成其他任务后,仍需**长期管理遗产**(第 2209 条第 1 款)——**继续遗嘱执行(Dauervollstreckung)**。遗嘱仅指定一位继承人,但同时又指定遗嘱执行人的,一般应解释为被继承人规定了长期遗嘱执行,否则该遗嘱执行无意义。[2] 根据第 2210 条第 1 句,长期遗嘱执行一般在**继承开始起满 30 年**时终结。但该期限是可以突破的,根据第 2210 条第 2 句,被继承人可以规定,管理性的遗嘱执行任务可一直延续至继承人(或后位继承人)或遗嘱执行人死亡之时。该规定将引发下述疑问:根据第 2199 条第 2 款或第 2200 条第 1 款还可指定遗嘱执行人的继任人时,遗嘱执行的最长期限为多长。联邦最高法院[3]在结合第 2210 条的字面意思和法律目的——不应存在"永久性的"遗嘱执行——后认为,遗嘱执行的期限最长可延续至继承开始起 30 年内最后指定的遗嘱执行人死亡之时。 794

被继承人还可**仅为某一共同继承人的继承份额**[4]指定遗嘱执行人,或在后位继承情形下仅为**后位继承人**指定**遗嘱执行人(Nacherben-Testamentsvollstrecker)**,使其在后位继承发生前行 795

---

[1] 遗嘱执行人只有在遗嘱中规定的情况下,才可以依公平裁量为清算,否则就必须遵循有关清算的法律规定(见第 2042 条第 2 款),见 OLG Karlsruhe NJWRR 1994,1905。

[2] BGH NJW1983,2247.

[3] BGHZ 174,346=NJW 2008,1157。也见 KG ZEV 2008,528 关于在最后一位遗嘱执行人的任期内任命替补的共同执行人。

[4] BGH NJW 1997,1362=ZEV 1997,116(如果涉及共同继承人未分割的共同财产,根据联邦最高法院的意见,遗嘱执行人的报酬还是要由所有共同继承人承担)。

使后位继承人的相应权利(第 2222 条)。[1] 此外,根据第 2223 条,被继承人可指定遗嘱执行人履行受遗赠人所负担的义务——如负担或复遗赠(见边码 774)。虽然法律没有明文规定,但参照第 2209 条和第 2210 条,为达继续管理(已转移给受遗赠人的)遗赠标的之目的,被继承人也可指定遗嘱执行人(**遗赠型遗嘱执行,Vermächtnisvollstreckung**)。[2]

(二)权限

796 遗嘱执行人有权占有遗产并**处分遗产标的**,[3]但一般不允许为无偿处分[4](第 2205 条第 2 款和第 3 款)。遗嘱执行人不得处分存在于遗产上的继承份额;[5]被继承人规定遗嘱执行人不得处分特定遗产标的的,遗嘱执行人对该些标的无处分权(第 2208 条第 1 款)。[6] 凡遗产标的由遗嘱执行人管理的,**继承人**虽系权利人,但无处分权限(第 2211 条第 1 款)。此效果适用于所有类型的遗嘱执行,仅遗嘱执行终结或遗嘱执行人将特定标的交还给继承人后,继承人才取得处分权限。[7] 尽管如此,但根据第 2211 条第 2 款,**从继承人处善意取得**仍为可能。针对遗嘱执行人管理的

---

[1] 关于向后位继承人提供信息的义务(在前位继承人和后位继承人的身份问题上),见 BGHZ 127,360=NJW 1995,456。

[2] BGHZ 13,203;Palandt/Weidlich § 2223 Rn. 2.

[3] 由于遗嘱执行人依自己的权利行事,在继承人是未成年人时,遗嘱执行人不需要家事法院的许可,即使是在第 1821 条、第 1822 条的情况下,例如处分遗产标的,见 BGH ZEV 2006,262。——与此相反,依据通说,第 181 条可类推适用,因此,只有在被继承人或继承人准许的情况下,遗嘱执行人才能与自己实施法律行为,见 BGHZ 30,67=NJW 1959,1429;MünchKomm/Zimmermann § 2205 Rn. 85。

[4] 部分无偿的处分也是不生效力的,见 BGH ZEV 2016,202 Rn. 10。

[5] BGH NJW 1984,2464。共同继承人可以处分其遗产份额(第 2033 条第 1 款),但遗嘱的执行继续进行。

[6] BGH NJW 1984,2464.

[7] 概述见 BGH NJW 2009,2458,2459(也是关于不允许进行分割拍卖以解除属于遗嘱执行范围的一块土地上的共有关系)。

不动产，**在不动产登记簿中会做遗嘱执行人批注**（《土地登记条例》第52条），此一批注阻止遗嘱执行人从无处分权限的继承人处善意取得。

遗嘱执行人如对某一遗产标的有处分权限，则相对应的，其也有权限为遗产**负担处分该标的的债务**（第2206条第1款第2句），[1]如买卖该遗产标的。此外，在**适当管理**的限度内，遗嘱执行人也可为遗产建立债务（第2206条第1款第1句）。[2] 797

根据第2212条，凡受遗嘱执行人管理的权利，遗嘱执行人均有权限通过诉讼方式主张（**主动诉讼中独占的诉讼担当权限，ausschließliche Prozessführungsbefugnis für Aktivprozesse**）。[3]根据第2213条第1款第1句，权利人在诉讼中既可向继承人主张针对遗产的请求权（遗产债务），也可向遗嘱执行人主张（**被动诉讼中竞合的诉讼担当权限，konkurrierende Prozessführungsbefugnis für Passivprozesse**）。但如涉及特留份请求权，则只应以继承人为被告提起诉讼（第2213条第1款第3句）。 798

（三）法律地位

遗嘱执行人并不具有公权意义上的职能，而仅有私法意义上的职能。与破产管理人相类似，针对遗嘱执行人也存在如何定性 799

---

〔1〕　如果遗嘱执行人在这方面违反了适当管理的原则，在有意识地合作损害遗产的情况下，法律行为因违反善良风俗而无效（第138条第1款）；否则，在遗嘱执行人滥用代理权和有明显可疑行为的情况下，继承人可以针对履行请求权提出遗嘱执行人存在恶意的抗辩，见BGH NJW-RR 1989,642。

〔2〕　如果契约相对人在没有过失的情况下假定承担义务是适当管理所必需的，就足以产生效力，见BGH NJW 1983,40。

〔3〕　这也适用于被继承人未另有处分时，被继承人基于另一继承事件而享有的特留份请求权，见BGH NJW 2015,59。如果恰恰是针对作为遗产债务人的遗嘱执行人的请求权，则应假定遗嘱执行人进行诉讼的权利存有例外；继承人可以在法庭上主张这一请求权，见BGH ZEV 2003,75。关于在对人合团体的股份或者份额执行遗嘱时的诉讼权利下文将予以介绍（见边码807）。

其法律地位的问题,不过该问题的重要性不应被过度夸大。通说[1]认为,遗嘱执行人在遗产问题上不应是继承人的法定代理人(代理人说,Vetretertheorie),而只是一项职务的受领人,遗嘱执行人在非诉和诉讼事务中(作为诉讼担当人,即依职务具有当事人身份)以自己的名义,以效果及于他人权利的方式管理他人事务(**职务说,Amtstheorie**)。

(四)报酬与责任

800 被继承人针对遗嘱执行人的报酬未做规定的,遗嘱执行人因行使职务可取得**适当的报酬**(第2221条)。[2] 遗嘱执行人**负有对遗产进行适当管理的义务**(第2216条第1款),其因过失违反此义务的,应对继承人(或不适当履行遗赠时对受遗赠人)承担**损害赔偿责任**(请求权基础为第2219条第1款)。关于委托的规定很大程度上适用于继承人和遗嘱执行人之间的法律关系(第2218条第1款),如通知义务、返还义务、费用偿还义务等。

801 遗嘱执行人具体如何管理,不受遗产法院的监督;然而,若存在重大事由,则依继承利害关系人的申请,遗嘱执行人可由遗产法院解任(第2227条)。[3] 至于何为重大事由,法条中明文规定的主要有重大的义务违反和缺乏适当的事务执行能力;此外,存在重

〔1〕 BGHZ 13,203,205;25,275,279;MünchKomm/Zimmermann vor § 2197 Rn.5;Staudinger/Reimann(2016)vor § § 2197ff. Rn. 19f.

〔2〕 强烈建议在遗嘱中确定报酬,因为经常会出现关于适当金额的争议。这取决于遗嘱执行人任务的范围和难度。根据实践中广泛使用的(不具约束力的)表格(如“新莱茵表格”,参见 OLG Köln ZEV 2008,335;OLG Schleswig RNotZ 2010,267),按照遗产价值的份额进行计算,原则上是允许的,但不得以公式化的方式进行,见 BGH ZEV 1995,22,23。

〔3〕 有权提出申请的当事人尤其包括继承人、特留份权人、受遗赠人,但不包括遗产的普通债权人,因为他们的权利并不直接受到遗嘱执行的影响,BGHZ 35,296。就此由事实审法官依裁量做出裁判,法官在权衡解任的利益和继续执行的利益时还必须考虑到被继承人的意愿,见 KG FamRZ 2011,1254。

大利益冲突,或对遗嘱执行人的公正性存在客观上有理由的不能信任的情势的,遗产法院也可依申请将其解任。[1] 大多数此类纠纷中所反映出的其实是遗嘱执行制度的根本问题,即被继承人认为遗嘱执行应该有助于继承人,而相反的是,尤其在长期遗嘱执行(见边码 794)中,继承人认为此措施对自己构成无法忍受的监护。另外,被继承人**不能**将解任遗嘱执行人的决定**委托于仲裁庭**(见边码 356)。

(五)遗嘱执行人证书

802 依申请,遗产法院应向遗嘱执行人颁发**证书**,用于证明其已被指定为遗嘱执行人(第 2368 条第 1 句)。有关遗嘱执行人证书的申请程序和内容见《家事事件暨非诉事件程序法》第 354 条。遗嘱执行人在法律交往中凭该证书可以证明自己的身份。有关遗嘱执行人证书,可参照适用针对继承证书的规定(第 2368 条第 2 句)。参照第 2365 条,**推定**证书上的被登记人就是遗嘱执行人。然而最重要的是,参照第 2366 条,遗嘱执行人证书具有**公信力**。第三人与证书上登记的遗嘱执行人做成法律行为,且为善意时,即使证书登记有误,也应视该被登记人有遗嘱执行人的法律身份,即第三人的信赖应受保护。第三人与被登记人做成属于遗嘱执行人职务范围内的*负担行为*的,第三人的信赖亦受保护,此与继承证书的公信力不同(见边码 660)。[2] **欧洲遗产证书(Europäische Nachlasszeugnis)**[3]也能证明遗嘱执行人的身份。

(六)继承人的责任与破产

803 若已指定遗嘱执行人,则继承人对遗产债务的**责任不再限定**

[1] 对此见 BayObLG ZEV 1995,366;OLG Frankfurt FamRZ 1998,926。

[2] MünchKomm/Grziwotz § 2368 Rn. 48; Palandt/Weidlich § 2368 Rn. 8; Staudinger/Herzog(2016) § 2368 Rn. 27.

[3] 见边码 660d。

在遗产范围内,但继承人或遗嘱执行人仍有机会根据一般规定限定责任(见边码706以下)。**继承人自己的债权人不得执行**置于遗嘱执行人管理之下的**遗产标的**(第2214条);遗产将作为一项**独立的财产**。对继承人的财产启动**破产程序**的,置于遗嘱执行之下的遗产应归入破产财产,但该遗产在遗嘱执行终结前仍构成一项独立的财产,仅遗产债权人可以执行,继承人自己的债权人尚不得执行。[1]

三、对独资商人营业或人合团体上份额的遗嘱执行

(一)对独资商人营业的遗嘱执行

804 被继承人有时希望隶属遗产的**独资商人营业**可以置于遗嘱执行人的长期管理之下(如继承人尚未成年的情况),不过被继承人的该意愿在实现时存在一定困难。由遗嘱执行人进行管理,根据继承法的规定将产生以下效果:一方面,遗嘱执行人对营业中的债务不承担个人责任;另一方面,继承人能够将责任限定在遗产范围内。此与商法原则——独资商人营业的持有人必须承担个人无限责任——相冲突。故通说认为,仅在**独资商人承担个人无限责任**的条件满足的情形下,遗嘱执行人才可管理独资商人营业,其可在以下两个方案中任选其一:遗嘱执行人作为继承人的信托受托人,以个人名义承担个人无限责任继续经营(**信托方案,Treuhandlösung**);遗嘱执行人作为继承人的代理人,继承人以自己的全部财产承担无限责任(**代理方案,Vollmachtlösung**;该方案中须由继承

[1] BGHZ 167,352=NJW 2006,2698。遗嘱的执行不因破产程序的启动而终止,因此,破产管理人必须注意遗嘱执行人的管理和处分权,在遗嘱的执行终止之前不能变现遗产。

人向遗嘱执行人授予代理权)。[1]

(二)对人合团体上份额的遗嘱执行

若由遗嘱执行人长期管理**民事合伙**上份额或**无限公司**、**两合公司**股权,则也存在类似问题。根据现今的通说,如存在多位继承人,则人合团体上份额在转移给其中的一位或多位时发生个别继受的效果,需要注意的是,人合团体上份额虽不属于继承人共同体的共同财产(Gesamthandsververmögen),但仍属于遗产(见边码594),因此被继承人规定遗产应接受遗嘱执行的,遗嘱执行人可对人合团体上份额进行管理。但是,人合团体上份额置于遗嘱执行人管理之下,与个别继受的下述意旨间可能存在冲突:通过个别继受,一方面基于商事组织法上的考虑,旨在使继受份额的继承人直接承担其作为**成员**所必须承担的**无限责任**;另一方面旨在使承担个人责任的继受人能够行使其作为人合团体成员的权利。 805

鉴于遗嘱执行人对**承担个人责任的成员**的份额(民事合伙上份额、无限公司股权或两合公司中无限责任股权)进行**全面管理**(**uneingeschränkte Verwaltung**)后,将产生继受该份额的继承人对遗嘱执行人的行为承担个人无限责任的效果,故大部分观点不支持遗嘱执行人可以全面管理。[2] 但对承担个人责任成员的份额的**遗嘱执行仅及于个别事项**(**eingeschränkte Testamentsvollstreckung**)的,仍为可行。

---

[1] 详见 BGHZ 12, 100, 102; 35, 13, 15; Dauner - Lieb, Unternehmen in Sondervermögen(1998), 298ff.; Lange Kap. 22 Rn. 18ff.; Palandt/Weidlich § 2205 Rn. 7ff.。不同意见见 Muscheler, Die Haftungsordnung der Testamentsvollstreckung(1994), 285ff.。

[2] BGHZ 68, 225, 239; BGH NJW 1981, 749, 750; BGHZ 108, 187, 195 = NJW 1989, 3152, 3154; Lange Kap. 22 Rn. 118ff. 在文献中,相反的观点正在逐渐得到支持,见 Muscheler(Fn. 31), 534ff.; Michalski/J. Schmidt Rn. 891; Erman/Westermann § 2205 Rn. 29; MünchKomm/Zimmermann § 2205 Rn. 36ff.。

806 需特别明确：遗嘱执行人执行资合公司上的份额（尤指**有限公司**股权），不受上述所讨论内容中的限制。[1]

807 遗嘱执行人可以管理的事项是成员份额中的**财产权**（如分红请求权或将来清算盈余分配权），遗嘱执行人也可对其进行处分；但管理不能及于与继承人的成员权直接相关的权限。[2] 因此，遗嘱执行人不能参与人和团体的内部事务，也不可行使继受人的成员权（执行业务、投票权）。[3] 同理，由于缺乏相应的管理权限，遗嘱执行人在成员资格纠纷中无诉讼担当权限（第2212条、第2213条）。[4] 遗嘱执行人在财产权范围内也可执行继承人在**民事合伙上**的份额。[5]

807a 假如希望遗嘱执行人的管理范围及于所有权限，则可通过以下方式：继承人授予遗嘱执行人代理权（**代理方案，Vollmachtlö-sung**）；遗嘱执行人以信托方式接受成员身份，即对外作为成员（参与实践），并对团体债务承担个人无限责任（**信托方案，Treuhandlö-sung**）。[6] 另两个方案付诸实施还需满足下述两个条件：如此操作与被继承人的意愿相符；不违反合伙协议或公司章程中的规定。

808 两合公司中的其余股东对**有限责任股权**由遗嘱执行人长期管理表示同意的（公司章程中有相应规定，或其余股东在公司章程

[1] BGHZ 201,216=ZEV 2014,662（包括投票权在内的股东权限的行使，只属于遗嘱执行人，要求召开股东大会的权利也是如此，即使遗嘱执行人因禁止投票——《德国有限责任公司法》第47条第4款——而被排除在决议的通过之外）.

[2] 综述见 BGH NJW 1998,1313；之前的可参见 BGH NJW 1985,1953,1954。

[3] OLG Düsseldorf ZEV 2008,142,143.

[4] BGH NJW 1998,1313.

[5] BGH NJW 1996,1284=ZEV 1996,110.

[6] 就此见 OLG Düsseldorf ZEV 2008,142。

签订后表示同意），有限责任股权一般可由遗嘱执行人长期管理。[1] 鉴于有限责任股东仅以认缴出资为限对两合公司的债务承担责任，故有限责任股权基本不存在无限公司股权及两合公司无限责任股权所可能出现的问题情形。

四、职务的终结

遗嘱执行人**完成**指派给其的所有**任务**后，**职务**自行**终结**。除此以外，遗嘱执行期满（第 2210 条）、遗嘱执行人死亡（第 2225 条）、丧失完全行为能力或针对所有财产事务被指定辅助人（第 2225 条、第 2201 条），或**被遗产法院解任**（第 2227 条，见边码 801）的，遗嘱执行人的职务均告终结。当然，**遗嘱执行人**也可随时向遗产法院做出**终结职务的表示**（第 2226 条），以自力终结职务。职务终结后，遗嘱执行人应向继承人返还遗产（第 2218 条第 1 款、第 667 条）。 809

案例 29 答案：

针对问题 1：尽管 Strecker 在 Berg 的遗嘱中被指定为遗嘱执行人（第 2197 条第 1 款），但 Strecker 的职务在其**为接受表示**后才真正开始（第 2202 条第 1 款）。接受遗嘱执行人职务的表示应向遗产法院做出（第 2202 条第 2 款第 1 句）。 810

针对问题 2：如被继承人未做相反规定，则 Strecker 作为遗嘱执行人有权要求**合理报酬**（第 2221 条）。本案遗嘱中对此问题未做规定。仅从被继承人指定朋友为遗嘱执行人出发，尚不足以得出被继承人有不希望遗嘱执行人取得报酬的意思。因遗嘱未有相反规定，故 Strecker 有权请求合理报酬。 811

针对问题 3：Strecker 既被指派履行使被继承人的终意处分得 812

---

〔1〕 BGHZ 108,187,192＝NJW 1989,3152,3153，应遗嘱执行人的申请，应将遗嘱执行人批注登记于商业登记簿，见 BGH ZEV 2012,335。

到实现的职务(第 2203 条,清算型遗嘱执行),又被指派履行管理遗产的职务(第 2209 条,管理型遗嘱执行)。因此原则上,Strecker 应有处分遗产标的的权限(第 2205 条第 2 句)。但被继承人可做出**相反规定**(第 2208 条第 1 款第 1 句)。本案中,被继承人针对两处在 Bergheim 的不动产就做了相反规定。被继承人禁止出售两处不动产的规定具有物权效力。换言之,遗嘱执行人在本案中无处分两处不动产的权限。

813 不无疑问的是,若在两位继承人同意的情况下,遗嘱执行人是否可以处分不动产。从被继承人在两个女儿死亡前阻止不动产出售的意愿出发,对此问题似应持否定答案。但如持该观点,则任何人均不得处分该不动产,此与第 137 条第 1 句规定的不得以法律行为排除处分权限的法律原则相冲突。本案中最为关键的是,还应考虑 Berg 做此规定的**保护目的**。Berg 只是出于保护女儿的目的排除遗嘱执行人出售不动产。如两个女儿同意出售,则保护目的不再成立。因此,在**两个女儿同意的情况下,**遗嘱执行人处分不动产的行为**应视为有效**。[1]

814 针对问题 4:被继承人规定,遗嘱执行人应长期管理遗产(第 2209 条第 1 句),此规定中包含被继承人**排除共同继承人分割遗产的指示**(第 2044 条第 1 款第 1 句)。[2] 根据第 2044 条第 2 款第 2 句和第 2210 条第 1 款第 2 句,遗嘱执行的期限可长至共同继承人死亡之时,即使该期限超过 30 年。因此根据被继承人的规定,即使不涉及两处不动产,两个女儿也不得请求分割其他遗产。两个女儿确有需要当下就分得部分遗产价值的,只得拒绝继承,转而根据第 2306 条第 1 款行使特留份请求权(见边码 824b)。

---

〔1〕 BGH 56,275=NJW 1971,1805.

〔2〕 MünchKomm/Zimmermann § 2209 Rn. 3.

第二十三章自检试题：

1. Schrull 至死亡时未婚，也没子女。Schrull 订立过一份遗嘱，将多名侄子、侄女指定为继承人，继承份额不等，另设立多项遗赠和负担，但有些内容不甚明确。后来，继承利害关系人之间就如何分配遗产产生了一系列争议。一位被指定为继承人的侄子向遗产法院求助，请求遗产法院为遗产清算事宜指定一位遗嘱执行人。他自己推荐在弗莱堡大学任教的熟悉继承法的 L 教授任遗嘱执行人。遗产法院会允许该申请吗？

2. 遗嘱执行人在清算遗产中的法律地位是什么？(1)履行公权力；(2)作为继承人的法定代理人；(3)以自己的名义履行一项私法上的职务。

3. 遗产法院根据 Schwenk 公证遗嘱中的一项指示向律师 Vorn 颁发遗嘱执行人证书。Vorn 将遗产中的一幅画出售给一个艺术爱好者，并将价款分配给诸位继承人。不久后，Schwenk 一份订立日期更近的手书遗嘱被人发现，遗嘱指定 Schwenk 的朋友 Spät 为遗嘱执行人。

(1)遗产法院该如何做出反应？

(2)Spät 可要求该艺术爱好者返还画吗？

4. 遗嘱执行人 Spät 被被继承人指派清算遗产。指定继承人是三个子女，其中一位名叫 Klag 的继承人一再要求 Spät 编制并向其寄送遗产清册。Spät 起初未做任何答复，最后回复 Klag 称，自己现阶段有更重要的任务要完成。紧接着，Klag 凭上述事实向有管辖权的遗产法院申请解任 Spät。

(1)遗产法院会同意该项申请吗？

(2)遗产法院在做决定前应给 Spät 陈述的机会吗？

答案：

1. 本案遗嘱中**不存在**指定遗嘱执行人的**死因处分**，因此遗产 815
法院不能同意该项申请，至于被推荐人是否熟悉继承法，则与本案无关。指定遗嘱执行人的前提是存在死因处分,被继承人可经死因处分或者自己指定遗嘱执行人(第 2197 条第 1 款),或者请求遗产法院指定遗嘱执行人(第 2200 条第 1 款)。

816 2. 答案(3)是正确答案。遗嘱执行人不享有公权力。由于遗嘱执行人不以继承人的名义行事,故通说也不认为遗嘱执行人是继承人的代理人。根据通说,遗嘱执行人系以自己名义为法律行为,而其权利源于私法上的职务(**职务说**)。

817 3. (1)根据第 2258 条第 1 款,将 Vorn 指定为遗嘱执行人的死因处分被该份自书遗嘱撤回。故此,已颁发的遗嘱执行人证书不再正确。根据第 2368 条第 3 款结合第 2361 条第 1 款,遗产法院应**收回**该证书。

818 (2)Spät 作为遗嘱执行人依其职务可向该艺术爱好者请求返还该画(第 985 条),但这是在该画的所有权仍归继承共同体的情形下。本案中,Vorn 已做成所有权转让合意和交付(第 929 条),该艺术爱好者可能已取得该画的所有权。虽然 Vorn 被指定为遗嘱执行人的死因处分没有效力,故而上述所有权转让合意系由无处分权人做出;但根据第 2368 条第 2 句结合第 2366 条,向 Vorn 颁发的**遗嘱执行人证书**具有**公信力**,可该艺术爱好者并不知情遗嘱执行人证书有误,故已取得该画的所有权。因此 Spät 不得要求返还。

819 4. (1)根据第 2227 条,解任遗嘱执行人须**依利害关系人的申请**。Klag 系共同继承人,毫无疑问属于利害关系人。解任还需存在**重大事由**,对此法律中以遗嘱执行人存在重大违反义务或欠缺为适当事务管理之能力为例。根据第 2215 条第 1 款,遗嘱执行人负有在接受职务后及时向继承人提供遗产清册的义务。现遗嘱执行人一再拒绝履行该重要义务，故将其解任的事由应已充分。[1]本案中遗嘱执行人对其职务内容知之不详，才会以其所认为的理由为由拒绝提供遗产清册，而这一点正好构成解任的事由。

（2）根据《家事事件暨非诉事件程序法》第 345 条第 4 款第 1 句第 2 项，遗产法院应使作为关系人的遗嘱执行人参与到程序中，故应给予其听审的机会。 820

---

〔1〕 BayObLG FamRZ 1998,325；在具体案例中有所不同 OLG Zweibrücken FGPrax 1997,109 以及 OLG Hamm OLGZ 1986,1。

第二十四章　特留份

案例 30:Max 于 2019 年死亡,生前订过一份符合形式要件的遗嘱——指定妻子 Anna 继承 8/10 遗产,指定子女 Frieda 和 Heiner 各继承 1/10 遗产。遗产价值 160,000 欧元。Max 死亡前两年半,曾赠与侄女一处价值 350,000 欧元的不动产。该不动产的所有权现在侄女名下,价值在赠与后未有变动。Heiner 在 2018 年底曾从 Max 处取得 50,000 欧元,Max 当时和 Heiner 口头提及:该笔款项应从 Heiner 的特留份中抵扣。Anna、Frieda 和 Heiner 可以主张哪些权利?

一、成立条件

(一)内容与目的

821 被继承人有遗嘱自由,可以排除法定继承人的继承,[1]也可使法定继承人的受益范围小于法定继承权。但被继承人的遗嘱自由受到法律规定的特留份制度的限制。特留份制度确保被继承人的**近亲属在最低程度上享受到遗产的价值**,其效果不以被继承人的意志

[1] 然而,必须遵守禁止违背善良风俗的法律行为(第 138 条第 1 款)这一限制(见边码 243)。

为转移。

特留份权（Pflichtteilsrecht）和**特留份请求权（Pflichtteilsanspruch）**存在以下差别：特留份权系一项综合性的权利，在继承开始前即已存在；特留份请求权在继承开始时成立，乃是由特留份权引发的法律效果，当然也是其最为重要的一项法律效果。[1] 821a

特留份制度不仅合宪，而且其核心领域还**受宪法保障**，如《基本法》第 14 条第 1 款规定对继承权的保障，《基本法》第 6 条第 1 款规定对家庭的保护（见边码 72 以下）。但宪法给立法者制定有关该制度的具体规则预留了大量自由空间。**2009 年修法**虽保留了该制度的大框架，对特留份权人的范围和特留份的数额未做修订，但还是有一系列重大改动。改动内容主要涉及继承份额上存在负担或限制时主张特留份权的条件（见边码 824b）、被继承人生前做赠与情形下的特留份补充请求权（见边码 844）及特留份剥夺制度（见边码 854 以下及本章自检试题第 3 题）。 821b

（二）特留份权能否被排除？

原则上，被继承人无法通过死因处分排除特留份权。仅在极为严格的前提下，主要指特留份权人存在严重过错的情形，才可根据第 2333 条以下的规定**剥夺特留份权（Pflichtteilsentziehung）**（见边码 854 以下）。除此之外，被继承人与特留份权人协商一致的，如双方签订放弃继承协议或放弃特留份协议，被继承人给予一定的补偿，特留份权也可被排除（见边码 545 以下）。隶属遗产的企业发生继受时，若允许继承人（拒绝继承转而）主张高昂的特留份，则企业的生存将受极大影响，因此被继承人通常考虑，事先以与继承人协商一致的方式排除其特留份权。[2] 根据第 2346 条第 1 款第 2 句和第 2 款，签订放弃继承协议或放弃特留份协议后，特 821c

---

〔1〕 BGHZ 28，177 = NJW1958，1964；MünchKomm/Lange § 2303 Rn. 16f.

〔2〕 就此见 Winkler ZEV 2005，89。

留份权被排除。

（三）特留份权人的范围

822 **特留份权人**仅限于被继承人的**直系血亲卑亲属**（第2303条第1款第1句）、**父母**和**配偶**（第2303条第2款第1句）。因此，被继承人的兄弟姐妹不再属于特留份权人。根据第2309条，远顺位直系血亲卑亲属或父母，因存在有特留份权的近顺位直系血亲卑亲属而被排除法定继承权的，也不享有特留份权。[1]

822a 联邦最高法院[2]审理的下述案件在法律适用方面尚值疑问：被继承人的女儿（被继承人的唯一子女）与被继承人订过协议，女儿自己**放弃法定继承权**——不涉及自己的直系血亲卑亲属；之后，被继承人**经遗嘱指定**女儿为**唯一继承人**，女儿在继承开始后接受继承；女儿的女儿（被继承人的外孙女）就外祖父的遗产向母亲主张特留份。由于女儿已签订放弃继承协议，根据第2346条第1款第2句，其法定继承权已被排除，效果视同女儿在继承开始时已经死亡。根据第1924条第3款，被继承人的外孙女为法定继承人。外孙女被排除继承，故根据第2303条第1款第1句，有权主张特留份。不过该法律效果与第2309条的字面意思存在冲突——被继承人的女儿作为近顺位的直系血亲卑亲属，已经接受为其留下的遗产，故远顺位的直系血亲卑亲属不再享有特留份权。但联邦最高法院认为，第2309条的制度目的仅在于避免出现以下情形：被继承人直系血亲卑亲属中的一个支系利用上述法律效果享受双份特留份的价值，从而对其他支系构成不利。在本案中，由于仅存在一个支系，故特留份问题仅局限在该支系内部，因此，对第2309

[1] 然而，如果近顺位的直系血亲卑亲属不仅被剥夺了继承权，而且还被有效地剥夺了特留份（见边码854以下），那么同样被剥夺了继承权的远顺位的直系血亲卑亲属，在法定继承的情况下本该作为备取人的，有权获得特留份，BGHZ 189,171 = NJW 2011,1878。

[2] BGHZ 193,369 = NJW 2012,3097.

条做目的性限缩解释后，联邦最高法院认为该条不应适用，即外孙女有权主张特留份。笔者认为，法院的观点——适用第 2309 条时应区分被继承人的直系血亲卑亲属究竟属于一个支系还是多个——在说理上并不十分令人信服。[1]

（四）被完全排除继承情形下的特留份请求权

根据第 2303 条，特留份权人**经死因处分**（遗嘱或继承契约）被排除继承后，有权主张特留份。死因处分若仅**给予**特留份权人以**特留份**，则根据第 2304 条的解释性规则，存在疑义时，不应视作指定该特留份权人为继承人（指定继承相当于特留份数额的继承份额），而应视作被继承人对法定特留份权的援引，或视作被继承人以遗赠方式给予特留份权人以特留份。 823

（五）继承人和受遗赠人的特留份请求权

1. 继承份额以外的特留份不足额

特留份权人除被完全排除继承的情况下可主张特留份外，继承份额或所受给予在价值上低于特留份——法定继承份额所值的一半，见第 2303 条第 1 款第 2 句——时，亦有权主张特留份。由此可见，法律确保特留份权人至少在特留份数额范围内可以享受到遗产的价值。 824

根据第 2305 条第 1 句，在自己的继承份额**低于法定继承份额的 1/2** 时，继承人有权主张**特留份不足额（Zusatzpflichtteil）**，又称剩余特留份请求权（*Pflichtteilsrestanspruch*），其数额为法定继承份额 1/2 与实际取得的继承份额之间的差额。 824a

2. 拒绝受限制或被加重负担的继承份额后主张特留份请求权

[1] 在文献中观点不一，同意联邦最高法院者有 Reimann FamRZ 2012, 1382; Löhnig JA 2013, 228；与联邦最高法院观点相左者有 Röhl DNotZ 2012, 724, 727；G. Müller MittBayNot 2012, 478；Häberle NJW 2012, 3759, 3760；MünchKomm/Lange § 2309 Rn. 8; Staudinger/Otte（2015）§ 2309 Rn. 11；持怀疑态度者有 Palandt/Weidlich § 2309 Rn. 3。

824b 特留份权人虽享有继承份额,但继承份额的价值可能被被继承人创设的各种**限制**(如指定后位继承人或遗嘱执行人)或**被加重的负担**(遗赠或负担)大幅削减。出现上述情形时,第 2306 条第 1 款允许继承人**拒绝继承**,[1]转而请求特留份。该法律条款在 2009 年修法时被增订入民法典(见边码 85)。特留份权人取得继承份额的大小不影响该条款的适用。根据第 2306 条第 1 款后半句的规定,拒绝继承的期间,自继承人知悉继承份额受限制或受负担时起算。

824c 与此不同,特留份权人一旦接受继承,也就必须接受继承份额上的限制或被加重的负担,不得再就该部分请求特留份。根据第 2305 条第 2 句的明文规定,计算特留份不足额(见边码 824a)时,对继承份额上存在的限制或被加重的负担不做考虑。

825 除第 2306 条第 1 款规定的情形外,无论发生意定继承还是法定继承,继承人拒绝继承后一般不得再主张特留份。针对采用**增益共同财产制**的夫妻适用第 1371 条第 3 款的特殊规定——在世配偶拒绝继承后,可主张分配增益,同时主张小特留份(见边码 175)。

3. 受遗赠情形下的特留份请求权

826 未被给予继承份额,而被给予遗赠的特留份权人,根据第 2307 条第 1 款第 1 句,可以**拒绝遗赠**,转而主张特留份。该权利不受遗赠数额大小的影响。遗赠的价值如低于特留份,则根据第 2307 条第 1 款第 2 句,受遗赠人在遗赠外可以另行主张**特留份不足额**——特留份与遗赠之间的差额。

827 特留份权人虽被同时给予**继承份额和遗赠**,但两者合计在价值上仍低于法定继承份额 1/2 的,可就差额部分主张特留份不足

---

[1] 例如,被遗赠加重负担的唯一继承人,也可以拒绝继承,要求获得特留份,见 OLG Karlsruhe ZEV 2008,39。

额(第2305条、第2307条第1款第2句)。该情形下,特留份权人依据第2307条第1款第1句还可采取以下措施:仅拒绝遗赠,并主张相应的特留份不足额——继承份额与特留份之间的差额。特留份权人如拒绝继承,则仅继承份额上存在限制或被加重的负担时,才可主张特留份(见边码824b)。

二、特留份请求权的内容与数额

(一)金钱请求权

特留份权的效果为:特留份权人在继承开始时(第2137条第 828
1款)取得一项**金钱请求权**,请求权的相对人为**(全体)继承人**,在性质上属于遗产债务(第1967条第2款)。与继承权不同,特留份权人对遗产不享有物权,仅有债法上的请求权。该请求权的客体为金钱。换言之,特留份权人无权要求债权人向自己转让遗产标的。特留份请求权**可以继承和转让**(第2137条第2款),也**可质押**(第1273条以下)。如需对特留份请求权采取强制执行中的**扣押**措施,则根据《民事诉讼法》第852条第1款的字面意思,该请求权须已经协议被确认或针对其已发生诉讼系属。不过,联邦最高法院[1]认为,该条款的限制条件仅针对请求权可否处置的问题,出于对债权人的保护,请求权应可被预先扣押,扣押的效果为在顺位方面以预先扣押的时间为准。但是,处置该请求权,即由法院做出转付裁定,由债权人受领该债权(《民事诉讼法》第835条第1款)之前,仍需满足该请求权已经协议被确认,或经特留份权人提起诉讼已发生诉讼系属的条件。[2]

(二)特留份份额

全额特留份的金额为**法定继承份额所值的一半**(第2303条第 829

---

[1] BGHZ 123,183=NJW 1993,2876.

[2] BGH ZEV 2009,247.

1 款第 2 句)。为查明特留份,应先查明发生法定继承情形下特留份权人的法定继承份额。计算特留份权人的法定继承份额时,被排除继承者、拒绝继承者和被宣告丧失继承资格者均应列为继承人(第 2310 条第 1 句);因签订放弃继承协议而被排除法定继承者,不应列为继承人(第 2310 条第 2 句),但签订放弃特留份协议者应列为继承人(具体见边码 552)。

830 夫妻采用**增益共同财产制**的,**在世配偶的特留份份额**视具体情形而定。在世配偶在特留份外,另行请求分配夫妻财产法上增益的,其特留份份额以第 1931 条第 1 款规定的未增加前的**小特留份(kleiner Pflichtteil)**为准。在世配偶根据第 2305 条、第 2307 条第 1 款第 2 句主张特留份不足额的,其特留份份额为第 1371 条第 1 款规定的增加后的**大特留份(großer Pflichtteil)**。上述情形前文已做详细介绍(见边码 170 以下及边码 185 的表格)。

831 计算**其他特留份权人**,尤其是被继承人直系血亲卑亲属的特留份份额时,被继承人配偶的继承份额通常应确定为**增加后的继承份额**,以下情形中即是如此:配偶作为法定继承人取得增加后的继承份额;经死因处分被指定继承与法定继承份额相同的继承份额;被指定为唯一继承人。[1] 例如,有三个子女的被继承人指定配偶为唯一继承人,则三个子女的特留份份额各为遗产价值的 1/12。[2] 与上述情形不同,如配偶仅有权请求小特留份(另可请求分配增益),则计算其他特留份权人的特留份份额时,配偶的继承份额应确定为未增加的继承份额(第 1371 条第 2 款后半句)。综上,如配偶的继承份额不同(继承法上方案抑或夫妻财产法上方案),则**直系血亲卑亲属的特留份**也有不同。后者方案情形下,

---

〔1〕 如此详细说明的见 BGHZ 37,58。

〔2〕 计算:根据第 1931 条第 1 款第 3 句、第 3 款以及第 1371 条第 1 款的规定,配偶的法定继承份额为 1/2,因此每个子女的法定继承份额为 1/6(第 1924 条第 4 款)。

遗产上有负担,即配偶的增益分配请求权;前者方案情形下,遗产上没有负担。

(三)遗产估值

特留份请求权的金额为特留份份额与**继承发生时**(第 2311 条第 2 款第 1 句)**遗产价值**——遗产标的总和减去遗产债务[1]——的乘积。必要时,遗产价值[2]应以估价方式予以确定(第 2311 条第 2 款第 1 句)。需要注意的是,根据第 2312 条第 1 款第 1 句,如经被继承人的死因处分或根据第 2049 条的解释性规则,某一有特留份权的继承人应当以收益价格(Ertragswert)继受属于遗产的田产,则计算特留份金额时,原则上[3]以该收益价格为该处田产的价值。

被继承人在**无限公司、两合公司上股权**的价值应计入遗产(见边码 594 末尾)。 832

[1] 清偿顺位根据《德国破产法》第 327 条第 1 款第 2 项排在特留份请求权之后的债务,如遗赠和负担,不应从遗产中扣除。因此,特留份请求权的金额完全可能高于法定继承份额所值的一半,参见 BGH NJW 1988,136,137(关于当时非婚生子女的遗产替代请求权)。若配偶或生活伴侣有权取得先取份(第 1932 条),则在计算直系血亲卑亲属或父母的特留份时,遗产价值中应先扣除该先取份(第 2311 条第 1 款第 2 句)。通说认为,遗产扣除先取份,以配偶有权取得先取份为前提,如配偶经死因处分取得继承权(此时无先取份权,见边码 195),或被指定为唯一继承人,则遗产无需扣除先取份,见 BGHZ 73,29;OLG Naumburg FamRZ 2001,1406。

[2] 法律没有规定具体的估价方法,自然经常在特留份权人和继承人之间产生争议,参见例如 BGH NJW 2015,2336(一块土地上的按份共有份额将被估价而不被扣除,如果继承人已经持有其他按份共有份额)。

[3] 这一规定是为了保护农业企业而制定的,它使退出的共同继承人处于严重的不利地位。因此,联邦最高法院根据《德国基本法》第 3 条第 1 款对其进行了限制性解释,如果在任何情况下都不能在受益人手中保持有效的农业经营,则不适用这一规定,见 BGHZ 98,375,或者只要准备用于建筑的土地可以从农庄财产中分离出来而不危及其生存能力,亦不适用之,见 BGHZ 98,382;同样,准备用于砾石的土地,见 BGH FamRZ 1992,172。

833 权利或义务**附延缓条件**或**不确定**的,先不计入遗产,[1]但在所附条件成就后,应计入遗产(第 2313 条第 1 款和第 2 款)。例如,被继承人购买的彩票在继承开始后中奖的,奖金应计入遗产。[2]

(四)抵扣与补偿

834 被继承人**生前**自愿**给予**特留份权人财产,且与给予受领人明确,该财产应**在特留份中抵扣**的,该特留份权人的特留份数额应当相应减少(第 2315 条第 1 款)。

835 给予应予抵扣的,计算给予受领人的特留份数额时,并非径行从其特留份中减去给予财产,而应首先将给予财产的价值[3]计入遗产(第 2315 条第 2 款第 1 句)。例如,特留份份额为 1/4,遗产价值 40,000 欧元,应予抵扣的给予价值[4] 8000 欧元,则计算特留份减去抵扣后的数额如下:(40,000+8000)×1/4-8000=4000 欧元。

836 直系血亲卑亲属在被继承人生前取得给予,[5]或为被继承人做过特殊贡献的,在该**直系血亲卑亲属与其他直系血亲卑亲属之**

---

〔1〕 这也适用于属于遗产的土地上的物权负担(Belastung),只要实际的实现是不确定的,见 BGHZ 187,304-NJW 2011,606。

〔2〕 与此相反,如果只有继承人通过支付相应的款项获得了该彩票,即使是在仍然由被继承人签订的抽奖活动合同的范围内,该奖金也不属于遗产,因此不能惠及特留份权人,AG Pirmasens NJW-RR 1998,1463。

〔3〕 根据第 2315 条第 2 款第 2 句,给予时的价值是决定性的。如果被继承人想确定一个不同的估价日期,导致更高的抵扣,必须根据通说遵守放弃继承或特留份的形式(第 2346 条);那么宪法方面就不存在问题,见 BVerfG DNotZ 2006,773 = FamRZ 2006,927。

〔4〕 要考虑到给予以来购买力的下降,也就是说,如果有必要,要对给予的价值适用相应的高额,BGHZ 65,75。

〔5〕 在“事先继承”的情况下,应明确提出是否打算进行补偿(第 2050 条第 3 款,第 2316 条第 1 款)或抵扣特留份(第 2315 条第 1 款)或两者并用(第 2316 条第 4 款)。关于解释,见 BGH ZEV 2010,190。

间产生补偿关系,而此也可能影响特留份的数额。根据第 2316 条第 1 款第 1 句,发生法定继承效果情形下,各直系血亲卑亲属之间根据第 2050 条以下或第 2057a 条产生补偿关系的(见边码 750 以下),特留份数额应以考虑该补偿关系后的继承份额的价值为基数。[1]

(五)全体继承人的连带责任与内部责任

837 对外关系中,**全体继承人作为连带债务人**对于特留份请求权承担责任(第 2058 条);**内部关系**中,仅替代特留份权人成为法定继承人(第 2320 条第 1 款)或意定继承人(第 2320 条第 2 款)者,受清偿特留份请求权的负担。例如,被继承人保留两个女儿的法定继承权,但指定儿子的子女替代儿子为继承人,则在内部关系中,仅该儿子的子女承担清偿特留份请求权的负担。

838 继承人承担连带清偿责任,故遗产分割后可能出现以下情形:某一继承人所分得的遗产在支付特留份后,余下部分的价值甚至低于自己的特留份。对此第 2319 条第 1 句规定:继承人在与自己的特留份相对应的遗产价值范围内,得拒绝履行特留份请求权;第 2319 条第 2 句规定:特留份权人就特留份中的未得满足部分应当向其他继承人主张。

三、特留份补充请求权

(一)请求权效力所及的赠与

839 特留份权通常是无法被剥夺的,为使特留份权人尽量少取得、甚至无法取得财产,有些被继承人在生前会做出大量赠与。为此第 2325 条第 1 款规定:针对**被继承人死亡前 10 年内做出的赠与**(第 2325 条第 3 款),特留份权人可以主张**特留份补充请求权**

[1] 被指定为唯一继承人的直系血亲卑亲属,做出了应予补偿的给付的,对其也应考虑以该补偿关系后的继承份额的价值为基数,见 BGH NJW 1993,1197。

(**Pflichtteilsergänzungsanspruch**)。特留份权人若自己从被继承人处取得赠与,则计算特留份补充额时,该赠与应予扣减(第 2327 条第 1 款第 1 句)。[1]

840 成立赠与的条件为:受给予人从给予人(此处为被继承人[2])财产中受益,且二者**就给予的无偿性达成一致**(第 516 条第 1 款)。例如,为促进基金发展而向公益基金所做的给予应认定为赠与。[3] 被继承人的给予属于混合型赠与的,亦可成立特留份补充请求权。所谓混合型赠与,指尽管双方约定受领人应当支付对价,但给予的价值高于对价,且双方就差额部分的无偿性达成一致。约定的对价与被继承人的给付客观上差距悬殊时,该给予一般可认定为混合型赠与。[4] 需要注意的是,给予原本无偿,但被继承人事后又与受领人就该给予约定了全额对价的,针对该给予不成立特留份补充请求权。[5]

841 **夫妻间**的给予,尽管在亲属法上被认定为无名给予(unbenannte Zuwendungen)或与婚姻有关的给予(ehebezogene Zuwen-

---

〔1〕 根据通说,第 2325 条第 3 款的十年时间限制不适用于本案,见 BGH NJW 1990,180,181;OLG Koblenz ZEV 2005,312(LS)= NJOZ 2005,935——一种令人难以信服的不平等对待,通过引入按比例的规则,此种处理变得更加不公正(见边码 844)。因此,Zacher-Röder/Eichner ZEV 2011,557 赞成不同的解释,将第 2327 条第 1 款第 1 句所载的指示参照扩展到第 2325 条第 3 款。在法律政策方面持批评态度者,也见 MünchKomm/Lange § 2327 Rn. 7;Staudinger/Olshausen(2015) § 2327 Rn. 9。

〔2〕 在没有从自己的财产中为给予的情况下就不存在赠与,如果被继承人没有利用通过拒绝继承获得(对另一个被继承人的)特留份请求权(第 2306 条第 1 款)的可能性,BGH NJW 2002,672。

〔3〕 参见撤销了 OLG Dresden NJW 2002,3181 的 BGH ZEV 2004,115。

〔4〕 BGH NJW 2009,1143,1145。给付和对待给付之价值的证明责任应由特留份权人承担,见 BGH NJW 1981,2458。

〔5〕 BGHZ171,136=NJW-RR 2007,803.

dungen)[1],但在继承法语境下,仍被认定为第 2325 条意义上的赠与。[2] 但是无名给予也可能是有偿的,比如其旨在为配偶提供足够的养老保障。[3] 与其类似,非婚共同生活中的无偿给予也应认定为赠与。与此不同的是,夫妻因采用共同财产制,致一方财产发生增长的,该财产增长一般不认定为第 2325 条意义上的赠与。其理由在于,选择何种夫妻财产制乃夫妻的自由,特留份权人必须接受被继承人的选择。[4] 受给予人在成为特留份权人*之前*(尤其在与被继承人结婚之前)受赠,就该赠与应否成立特留份补充请求权的讨论下文将予以详述(见边码 864)。

根据第 2330 条,针对被继承人因履行**道德上的义务**[5]或出于礼仪上的考虑(日常生活中的**偶发性赠与**,Gelegenheitsgeschenke)做出的赠与,不成立特留份补充请求权。 842

要成立特留份补充请求权,则赠与必须**由被继承人做出**。例如,夫妻双方订立柏林式遗嘱(统一说,见边码 463 以下),后死亡配偶死亡后,特留份权人不得就先死亡配偶生前做出的赠与请求补充特留份;同理,先死亡配偶向特留份权人所做的赠与也无需抵扣(第 2327 条第 1 款在此不适用)。[6] 被继承人为第三人购买**人寿保险**,该第三人无需支付对价的情况,应视为赠与,有关成立特留份补充请求权及如何对该赠与估值的讨论上文已有介绍(见边 843

---

〔1〕 联邦最高法院认为,为实现或建立夫妻共同生活所为的给予,因其目的与婚姻有关,故不应认定为第 516 条第 1 款意义上的赠与。——译者注

〔2〕 BGHZ 116,167 = NJW 1992,564(也见边码 523).

〔3〕 BGH NJW 2018,1475 Rn. 22.

〔4〕 BGHZ 116,178 = NJW 1992,558.

〔5〕 因此,此赠与不仅在道德上是合理的,而且在道德上是必需的。在评价时,必须将赠与的动机和目的与对特留份权利的必要保护进行权衡,见 BGH NJW 1984,2939。例示参见 OLG Karlsruhe OLGZ 1990,457(将家庭住房的按份共有的一半份额移转给在丈夫生意中共同参与工作的基本不受供养的妻子,符合道德义务)。

〔6〕 详见 BGHZ 88,102 = NJW 1983,2875。

码 581a)。针对被继承人以生前行为向他人无偿给予(无限公司或两合公司上的)**股权**(见边码 588、边码 589)的情况,亦成立特留份补充请求权。

(二)时间跨度

1. 十年期限与补充额的递减

844 做出赠与与继承发生在时间上间隔得越远,就越难保证,被继承人即使没有做出该赠与,该标的在继承发生时也还会留在遗产中。此外,针对被继承人做出赠与的情况,一般猜测被继承人的目的在于削减遗产,但随着时间的推移,如此猜测的合理性变得越来越弱,[1]相对应的,特留份补充请求权的合理性也将削弱。修法以前,法律对特留份补充请求权已设置时间限制。旧法在**2009 年修法**(见边码 85)时经历较大改动,修订的整体趋势为削减特留份补充额。根据第 2329 条,作为补充责任,受赠人可被要求返还受赠标的(见边码 847),借助此次修法,立法者[2]尤其希望这种不稳定的状态可以尽早结束。旧法规定,针对发生在继承开始前 10 年内的赠与,都应进行特留份补充。现行第 2325 条第 3 款第 1 句(针对 2010 年 1 月 1 日起发生的继承适用新法[3])规定,针对继承开始前 10 年内发生的赠与,特留份补充额每年削减 10%。据此,赠与若发生在继承开始当年,则特留份补充额为赠与全额;赠与若发生在继承开始前第 4 年内,则特留份补充额为赠与的 7/10。赠与若早于继承开始前 10 年,则现行法律效果与旧法相同,即不需要再进行特留份补充(第 2325 条第 3 款第 2 句)。

---

〔1〕 这也是 2009 年改革的立法理由的假设,见 BT-Drucks. 16/8954,S. 21。

〔2〕 Begr. BT-Drucks. 16/8954,S. 21,其中特别提到公益的基金会或协会是赠与的受领人。

〔3〕 《德国民法典施行法》第 229 节第 23 条第 4 款第 2 句(Art. 229 § 23 Abs. 4 Satz2 EGBGB)。这也适用于在以前的法律生效时完成的赠与。

2. 赠与时间的确定 844a

第 2325 条第 3 款第 2 句规定的十年期限,自赠与标的给付时起算。但是,有些情形下,赠与标的是否完成给付较难判断,例如受赠人取得标的的时间跨度较长,或标的虽已赠出,但仍由被继承人自己使用。联邦最高法院的认定标准是:仅被继承人对赠与所生之效果愿意承担十年之久,且可排除被继承人"恶意"赠与的情况下,上述期限才予起算。[1] 针对**赠与不动产**的情形,联邦最高法院[2]认为,仅不动产在土地登记簿中完成变更登记,赠与人才最终丧失不动产,故土地登记簿上的变更登记时间为十年期限的起算点,土地登记部门收到受赠人的登记申请尚不能视作完成赠与。此外,不动产虽已完成变更登记,但赠与人为自己保留终身用益权的,上述期限不予起算。[3]

根据第 2325 条第 3 款第 1 句,特留份补充额在赠与起算后逐 844b
年递减,故赠与究竟发生在哪一年对补充额的确定尤为重要。赠与发生在哪一年的认定标准,与十年期限起算的认定标准相同。

3. 向配偶做赠与情形下的特殊规定

第 2325 条第 3 款第 3 句规定,夫妻间做赠与的,十年期限在 845
婚姻关系解除前不予起算。如果婚姻持续到继承发生之时,即使是在遥远的过去对配偶所为之赠与,也会引发被继承人的有特留份权的直系血亲卑亲属对特留份权的补充请求权。由于 2009 年继承法的改革,上述规定被赋予了更重的分量,因为被继承人向非配偶做赠与的,特留份补充额在期限起算后的 10 年内逐年递减,向配偶做赠与则非如此。针对此一不平等对待,存在合宪性方面

〔1〕 BGHZ 98,226 = NJW1987,122.

〔2〕 BGHZ 102,289 = NJW 1988,821.

〔3〕 BGHZ 125,395 = NJW 1994,1791;ebenso BGH ZEV 2016,445,446 关于现在的法律状况(边码 846)。

的严重质疑:[1]一方面,其涉嫌违反《德国基本法》第 3 条第 1 款规定的平等对待原则;另一方面,由于该条款是针对配偶间赠与的特定情形而制定的,故还涉嫌违反《德国基本法》第 6 条第 1 款的保护婚姻原则。例如,被继承人通过对未与其结婚的伴侣的赠与,比对其配偶的赠与,更容易减少其子女的特留份请求权。然而,在一个不能让人信服的裁判中,联邦宪法法院[2]认为该条款是合宪的,其理由在于:被继承人对配偶的赠与和对其他人,特别是对被继承人的非婚姻伴侣或子女的赠与的不平等对待在客观上是合理的。联邦宪法法院指出,即使在向配偶为赠与后,例如在互负扶养义务的框架内或在增益补偿的情况下,被继承人仍然分享已经移转的财产。然而,情况是否如此(如联邦宪法法院所说的那样),则完全取决于个案的情况,特别是已移转的财产是否产生用益,如何满足扶养需要,以及配偶是否生活在法定的夫妻财产制(增益共同制)下。立法者最好废除第 2325 条第 3 款第 3 句,无论如何,针对受赠人在受赠时尚不具有配偶身份,事后才与被继承人结婚的情形,不应扩张适用第 2325 条第 3 款第 3 句。[3]

(三)赠与的估值与特留份补充额

846 根据第 2325 条第 2 款第 1 句,标的为消费物的**赠与的价值**以赠与当时的价值为准。其他赠与标的以继承开始时的价值为准,但根据第 2325 条第 2 款第 2 句,其在赠与时的价值更低的,应当

---

〔1〕 认为其违宪的观点有 LG Braunschweig NJW 1988,1857(针对旧法);Derleder ZEV 2014,8;Brox/Walker § 32 Rn. 21;Muscheler Rn. 4253f.。表达宪法上的疑问者有 MünchKomm/Lange § 2325 Rn. 78;Staudinger/Olshausen(2015) § 2325 Rn. 60。认为合宪的有 Staudinger/Otte(2017) Einl. zum Erbrecht, Rn. 87c,93。

〔2〕 BVerfG ZEV 2019,79。针对效力到 2009 年为止的规定持同样观点者为 BVerfG NJW 1991,217(审判庭裁判/Kammerentscheidung)。

〔3〕 参见驳斥了 OLG Zweibrücken FamRZ 1994,1492 的 OLG Düsseldorf NJW 1996,3156 的正确的观点。

以后者为准——适用**最低价值标准（Niederstwertprinzip）**。[1] 因此，赠与标的发生贬值的不利因素由特留份权人承担；相反，若赠与标的发生增值，则特留份权人无法享受该增值利益。具体计算时，应先将赠与标的或给予中无偿部分的价值*计入遗产价值*，再在此基础上得出特留份金额。

（四）向继承人主张请求权的界限及向受赠人主张请求权

计算特留份金额时需将赠与标的的价值计入遗产，在此基础上得出一个虚拟的遗产价值。由此可能导致，继承人以继受的遗产支付特留份及补充额后，留给自己的部分甚至低于自己的特留份。若出现该情形，则根据第 2328 条，继承人可以拒绝支付特留份补充额；但根据第 2329 条，特留份权人可以*向受赠人*请求返还赠与标的。[2] 受赠人若自身也是特留份权人，则类推适用第 2328 条，仅需返还赠与中超出自己特留份的部分。[3] 847

（五）继承人的特留份补充请求权

“特留份补充请求权”这一表述的完全准确的意思仅指，先依照一般规定（尤指特留份权人被排除继承）成立特留份请求权，然后加上第 2325 条的请求权。但有些情况下，法定继承人虽取得全部的法定继承权，但因被继承人生前做出大量赠与，致法定继承权几无价值。为此第 2326 条规定：只要第 2325 条规定的前提条件 848

〔1〕 在这种情况下，在确定赠与时的价值时要考虑到此后发生的购买力下降，见 BGHZ 85，274，282 = NJW 1983，1485；OLG Schleswig ZEV 2009，81；Palandt/Weidlich § 2325 边码 18。即使是在被继承人保留了终身用益权（或居住权）的土地赠与的情况下，因该十年期限也没有开始起算（见边码 844a），联邦最高法院也适用最低价值原则。如果纯土地价值的比较取决于赠与的时间，则联邦最高法院只扣除（资本化的）用益物权价值，见 BGHZ 118，49 = NJW 1992，2887；BGHZ 125，395，399 = NJW 1994，1791；BGH FamRZ 2006，777 = NJW-RR 2006，877；就此持批评意见者有 Palandt/Weidlich § 2325 Rn. 22；Muscheler Rn. 4248；Leipold JZ 1994，1121。

〔2〕 关于请求权的内容（见边码 861）。

〔3〕 BGHZ 85，274，284.

已经满足,**继承人**就有权向其他继承人或在第 2329 条规定的前提条件下向受赠人[1]主张特留份补充请求权。第 2326 条第 1 句规定:特留权人取得的继承份额不超过法定继承份额的 1/2 时,有权全额主张第 2325 条规定的特留份补充额。第 2326 条第 2 句规定:继承份额超过法定继承份额的 1/2 时,两者的差额应在特留份补充额中扣除。该条旨在确保继承人所能取得财产的价值不低于特留份。另需注意的是,由于特留份补充请求权不以特留份权人被排除继承为前提,故继承人即使*拒绝*继承,也可在该条规定的范围内主张该请求权。[2]

四、知情权

849 没有成为继承人的特留份权人无法准确得知遗产的组成,此为常态。为此第 2314 条第 1 款第 1 句规定:特留份权人有权**向继承人主张知情权**。[3] 特留份权人可以要求针对遗产标的编制清册,也可要求查明遗产标的的价值,还可要求由公证员[4]编制遗产标的清册(见第 260 条及第 2314 条第 1 款第 2 句和第 3 句),由此产生的费用由遗产承担(第 2314 条第 2 款)。根据第 2314 条第 1 款第 1 句,特留份权人为查明是否有权主张**特留份补充请求权**,

---

[1] 就此见 BGHZ 80,205(如果遗产不足以清偿特留份补足请求权,有特留份权利的共同继承人也可以基于类推第 2329 条第 1 款第 2 句,直接对受赠人或其继承人提起诉讼)。

[2] BGH NJW 1973,995.

[3] 提供信息的义务不仅延伸到继承发生时既有的遗产标的,而且还包括遗产债务、须补偿的给予和死者在生命最后十年内的赠与(基于第 2325 条),见 BGHZ 33,373。

[4] 在这种情况下,公证人不仅要将有义务提供信息的一方的表示作成书证,还要自己独立地确定遗产的状况,见 BGH NJW 2019,231 Rn. 32。然而,由于公证人本身没有调查能力,人们很难要求对继承人进行审视性的询问和审阅继承人提交的文件,见 Keim ZEV 2018,501;更进一步见 Horn ZEV 2018,376。

还可调查被继承人的**赠与行为**，并要求继承人提供相关信息。[1]

850 为方便特留份权人行使特留份补充请求权，其还可**向受赠人主张知情权**，要求受赠人提供从被继承人处取得无偿给予的相关信息（类推适用第 2314 条）。[2]

五、延期支付特留份

850a 特留份请求权在继承开始时成立，届清偿期。假如遗产中或继承人的自有财产中的现金不甚充足，则继承人为清偿该债务，可能需要变卖部分遗产。继承人若需变卖家庭住房或企业才能支付特留份，则对继承人过于严苛，对此第 233 条第 1 款规定，继承人在极端情形下可以要求延期给付。

850b 遗产法院管辖继承人能否延期支付特留份的问题（第 2331a 条第 2 款第 1 句）。法院做出判决前，有必要对继承人和特留份权人的利益进行衡量[3]（第 2331a 条第 1 款第 2 句）。遗产法院依申请，可以要求继承人为延期给付提供担保（第 2331a 条第 2 款第 2 句结合第 1382 条第 3 款）。

六、消灭时效

（一）3 年普通消灭时效

851 针对特留份请求权、特留份不足额请求权（第 2305 条、第 2307 条第 1 款第 2 句）和特留份补充请求权（第 2325 条），均适用 3 年普通消灭时效（第 195 条）。根据第 199 条第 1 款，消灭时效期间在下列条件均已满足年度结束时起算：请求权成立；请求权人

---

〔1〕 BGHZ 89，24（也有价值查明请求权，第 2314 条第 1 款第 2 句，即使已经证明存在一个负有补充义务的赠与）；BGHZ 107，200 = NJW 1989，2887。

〔2〕 BGHZ 55，378；89，24，27. 但是，不存在请求受赠人自费进行价值评估的权利，BGHZ 107，200 = NJW 1989，2887。

〔3〕 就此见 OLG Rostock ZEV 2019，589。

或其法定代理人(见边码 604)**知悉**或无重大过失应知请求权成立事项。特留份请求权在继承开始时成立(第 2317 条第 1 款),故若不考虑知情要件(请求权人知悉或无重大过失应知请求权成立事项),则消灭时效期间自继承开始的年度结束时起算。上述知情事项包括继承的发生、请求权人自己具有法定继承人的身份和存在损害特留份权人权益的死因处分。遗产的组成和价值不属于特留份权人应当知情的范围——特留份权人嗣后才得知遗产中有另一项标的的,消灭时效期间不得重新计算。[1] 向继承人主张的特留份补充请求权的消灭时效的起算,还应以请求权人得知(或因重大过失不知)被继承人做过损害请求权人权益的无偿给予为要件。[2]

851a 举例:特留份权人知悉遗嘱的存在,且有机会了解遗产的具体内容,但却疏于了解的,一般可以被认定为因重大过失不知损害自己权益的死因处分。相反,特留份权虽知悉死因处分或无偿给予的存在,但却有合理理由认为该死因处分不生效力的,不得认定其知悉或因重大过失不知。[3] 特留份权人知悉排除自己继承的遗嘱的存在,消灭时效已经起算,但嗣后在该消灭时效期间内又得知另一份遗嘱的存在,且善意认为后一份遗嘱构成对前一份遗嘱的有效撤回的,不因其知悉前一份遗嘱的存在而*起算*消灭时效期间。[4]

---

〔1〕 BGH NJW 2013,1086(关于以前的法律,但在 2009 年的改革后,该法也同样适用;Lange DNotZ 2013,458,460 持相同观点;不同意见见 Joachim ZEV 2013,261)。

〔2〕 就此见 BGFIZ 103,333=NJW 1988,1667:在因死因处分*和*赠与而受有侵害的情况下,对特留份请求权而言应基于对死因处分的知悉,而对特留份补足请求权应基于对无偿给予的(后来才获得的)知悉。

〔3〕 BGH NJW 1964,297;如果特留份权人基于对终意处分的解释不认为其法定继承权受到侵害,亦同,见 BGH NJW 2000,288。

〔4〕 BGHZ 95,76=NJW 1985,2945.

(二)向受赠人主张请求权情形下的特殊消灭时效

针对向受赠人主张的请求权适用特殊消灭时效。第 2332 条第 1 款规定:该消灭时效期间自继承开始时起算,至于请求权人对请求权成立事项是否知悉或因重大过失不知,则非所问。该规定旨在保护受赠人,使其避免长时间处于可能被请求返还赠与标的的不确定状态。 852

(三)30 年最长消灭时效

根据第 199 条第 3a 款,即使特留份权人不知或无重大过失不知请求权成立事项,请求权在成立后经过**30 年**也罹于消灭时效。 852a

(四)消灭时效的中止计算与重新计算

特留份请求权和特留份补充请求权的消灭时效期间起算后,特留份权人拒绝继承或拒绝遗赠的,消灭时效不中止计算(第 2332 条第 2 款);权利人应在三年的消灭时效期间内行使权利。 853

除此之外,有关**消灭时效的中止计算与重新计算**,适用第 203 条以下的一般规定。继承人做出表示,同意为查明特留份而提供遗产信息的,视为其做出**承认**请求权的表示(第 212 条第 1 款第 1 项),消灭时效应重新计算。[1] 在通过权利伸张,特别是通过提起诉讼来中止消灭时效(第 204 条第 1 款第 1 项)的情况下,必须注意的是,该消灭时效的中止只限于所主张的请求权。特留份权人仅**提起知情权诉讼**,消灭时效不中止计算,除非特留份权人根据《民事诉讼法》第 254 条提起**阶段诉讼(Stufenklage)**,即在提起知情权诉讼的同时,一并主张特留份请求权(请求金额在起诉时尚不确定,待查清后再予明确)。[2] 853a

---

[1] BGH NJW 1975,1409.

[2] BGH NJW 2019,1219.

七、特留份的剥夺

(一)制度目的

854 特留份请求权制度旨在保护特留份权人的利益,被继承人的意思自治为此受到一定限制。一般情况下,特留份权人主张特留份应属合理,但有些情况下,尤其是特留份权人对被继承人犯下严重过错的,应无法期待被继承人还能忍受特留份权人主张特留份。若出现此等特殊情形,则第 2333 条允许被继承人剥夺特留份权人的特留份。[1] 第 2333 条对剥夺特留份事由的规定是封闭的。[2] 剥夺特留份法律规定的合宪性,在修法前已由联邦宪法法院进行确认。2009 年修法(见边码 85)时,相关条文经历重大改动,主要体现在以下两个方面:其一,此前针对直系血亲卑亲属、父母和配偶规定了不同的剥夺事由,新法将其统一;其二,新法对剥夺事由的具体表述做了修订。修法后,剥夺事由的范围有所扩大,此意味着被继承人的遗嘱自由有所扩张。修法时曾有建议引入下列剥夺事由,即被继承人和特留份权人的关系完全破裂或已经疏远的,被继承人应有权剥夺特留份,但如此规定的合宪性遭到联邦宪法法院的质疑,故该建议最终未被采纳(见边码 72b)。

(二)特留份剥夺事由

855 特留份权人对被继承人及与被继承人关系密切之人做出严重犯罪行为的,其特留份可被剥夺。第 2333 条第 1 款规定:直系血亲卑亲属图谋被继承人、被继承人配偶、其他直系血亲卑亲属或其他“与被继承人关系密切之人”[3] 的性命的,可被剥夺特留份(第

---

[1] 这要区别于根据第 2338 条(在直系血亲卑亲属生活方式浪费或过度负债的情况下)善意地限制特留份的可能性。

[2] BGH NJW 1974,1084.

[3] 与以前的法律情况相比,2009 年《继承法修正案》的这一扩展是指,例如,非婚共同生活关系的伴侣、继子女和寄养子女(Pflegekinder),参见 Begr. BT Drucks. 16/8954,S. 23。

1 项)；对被继承人或第 1 项中所列人员犯下重罪或故意型轻罪的，也可被剥夺特留份(第 2 项)。[1] 被继承人父母、配偶或生活伴侣有上述行为的，可被剥夺特留份(第 2333 条第 2 款)。特留份权人恶意不履行对被继承人的法定扶养义务的，可被剥夺特留份(第 2333 条第 1 款第 3 项)。

第 2333 条第 5 项旧条文，曾将直系血亲卑亲属的生活作风不名誉或不道德，与被继承人意愿有悖的情形，规定为剥夺特留份事由，但因该规定现已不合时宜，故已被废除。根据现有的第 2333 条第 1 款第 4 项，特留份权人因故意犯罪被判处一年以上有期徒刑，且不适用缓刑的，可被剥夺特留份。现有条文的判定依据为生效判决，故与旧条文相较，现有条文对当事人而言更具确定性。[2] 但应注意，根据该条款剥夺特留份还应满足以下要件，即无法期待被继承人还能忍受该特留份权人享受遗产；然而由于该要件成立与否存在极大的不确定性，因此前述确定性在此又打了折扣。立法理由[3]认为，“特留份权人的犯罪行为与被继承人在家庭中所持有的价值观存在很大冲突的”，可以认定无法期待被继承人还能忍受；相反，如被继承人自己也有犯罪嫌疑，甚至还参与了特留份权人的犯罪行为，则不得认定无法期待被继承人还能忍受。这种试图维持以前规定的残余(生活方式违背被继承人意愿)的做法似乎并不十分成功。一般而言，特留份权人的犯罪行为特别严重的，因其客观上的不法，通常本已构成无法期待被继承人还能忍受；[4] 其他情形，如特留份权人的犯罪行为侵犯被继承人或其家 855a

〔1〕 盗窃被继承人的现金也可能属于这种情况，至少在根据个别情况构成对被继承人感情方面的特别伤害时即是如此，见 OLG Stuttgart ZEV 2019, 284。

〔2〕 Begr. BT-Drucks. 16/8954, S. 23.

〔3〕 Begr. BT-Drucks. 16/8954, S. 24.

〔4〕 Begr. BT-Drucks. 16/8954, S. 24 也认为，罪行的特别严重性可以证立不可期待之推定。

庭成员的权益,则也应构成无法期待被继承人还能忍受——而且此种情形通常已为第 2333 条第 1 款第 1 项和第 2 项所吸收。另见本章自检试题第 3 题。

856 根据第 2333 条第 1 款第 4 项第 2 句,直系血亲卑亲属虽未被判刑,但因类似故意且情节严重的行为,而被判处收容于精神病院或戒毒机构的,也可被剥夺特留份。立法者增加该条款,旨在照顾联邦宪法法院的一则判决,根据该判决,特留份权人虽没有罪责能力,但在对被继承人的侵害行为中存在自然故意时,应允许被继承人剥夺其特留份,否则法律规定就属违宪。

(三)特留份剥夺的方式

857 根据第 2336 条第 1 款和第 2 款,被继承人剥夺特留份,应**做出死因处分**;**剥夺事由**在该死因处分做出时应已存在,且应当在死因处分中明确。被继承人若以第 2333 条第 1 款第 4 项规定的事由剥夺特留份,则根据第 2336 条第 2 款第 2 句,除说明特留份权人存在涉嫌犯罪的行为外(相应判决可待事后做出),还需在死因处分中明确自己无法忍受特留份权人取得特留份的原因。对于作为非法律人的被继承人,该要求本已显严苛。但根据修法前已经存在的司法观点,被继承人的陈述还应符合较严的形式标准:被继承人应在遗嘱中表述,用于支撑剥夺特留份的核心事实部分;被继承人就该部分内容仅援引其他不符合遗嘱形式要件的文件,不符合剥夺特留份的形式要求。[1] 联邦宪法法院[2]也认为,为被继承人设置的该些要求从宪法角度出发是无可指责的。

(四)证明责任

857a 根据第 2336 条第 3 款的明文规定,剥夺事由的**证明责任**,由

[1] BGHZ 94,36=JZ 1985,746;关于对说明剥夺理由的要求相当高的例子,见 OLG Saarbrücken ZEV 2018,146 Rn. 22(附 Litzenburger 批评性评论)。

[2] BVerfG NJW 2005,2691.

主张特留份为被继承人剥夺者承担，例如，主张特留份因被剥夺故而拒绝支付的继承人，应承担证明责任。

（五）宽恕

858 被继承人在剥夺事由成立后做出*宽恕*的，其剥夺特留份的权利消灭（第2337条第1句）。宽恕的意思表示无需明确做出；从被继承人对特留份权人做出的行为中可推知，其已放下特留份权人伤害自己的往事，不愿再予追究的，即应构成宽恕。[1]

858a 被继承人做出宽恕后，此前做出的剥夺特留份的处分失效（第2337条第2句）。除该失效的剥夺特留份的处分外，遗嘱中若还存在其他死因处分，如指定继承人处分，则根据第2085条，其他处分一般仍为有效，除非可推知，被继承人在剥夺特留份处分失效情形下，不会做出该指定继承人处分。剥夺特留份处分因宽恕而失效后，一般不能简单认定，被继承人就会做出与原有处分不同的其他死因处分。[2]

案例30答案：

1. 特留份不足额

Frieda和Heiner或许有权根据第2305条第1句，在1/10的继承份额之外，另行主张特留份不足额。前提是，给予他们的继承份额低于法定继承份额的1/2。本案中，被继承人与妻子采用法定财产制，即增益共同财产制，故计算直系血亲卑亲属的法定继承份额时，妻子的继承份额为增加后的继承份额（见边码831）。根据第1931条第1款第1句和第3款、第1371条第1款，妻子的继承份额总共为1/2。故Frieda和Heiner的法定继承份额各为1/4（第1924条第1款和第4款）。法定继承份额的1/2（1/8）与遗嘱

---

〔1〕 BGH NJW 1974，1084；OLG Nürnberg NJW-RR 2012，1225。但是依据OLG Stuttgart ZEV 2019，284 Rn. 15，对默示宽恕的要求不能太低。

〔2〕 参见BGH NJW 1959，2113。

指定的继承份额(1/10)之间的差额为 1/40。

859 因此,Frieda 可向作为共同继承人的 Anna,主张 160,000 欧元中的 1/40,即 4000 欧元。

859a 被继承人给予 Heiner 50,000 欧元时就已明确:该笔款项应在特留份中抵扣。法律对该种表示未规定特殊形式,被继承人的口头表示亦为有效。故根据第 2315 条第 1 款,Heiner 应将给予的 50,000 欧元从特留份中抵扣。抵扣的方法适用第 2315 条第 2 款第 1 句的规定:仅计算该给予受领人的特留份时,才应将该给予计入遗产(计算其他人的特留份时无需考虑此项抵扣)。因此,Heiner 的特留份不足额为 210,000 欧元(160,000 欧元+50,000 欧元)的 1/40,即 5250 欧元。由于需抵扣的给予高于特留份不足额,故 Heiner 实际不得请求特留份不足额。

2. 特留份补充请求权

860 被继承人向侄女赠与不动产发生在被继承人死亡前 10 年(第 2325 条第 3 款第 2 句)内,故根据第 2325 条第 1 款,Frieda 和 Heiner 可以主张特留份补充请求权。该赠与发生在继承开始前的第三年内,根据第 2325 条第 3 款第 1 句,[1]该不动产价值的 8/10(数额为 280,000 欧元)应予考虑。

860a 在考虑 Heiner 的此项请求权时,对 Heiner 受领的给予也应考虑抵扣。故计算 Heiner 的特留份时,对应的遗产总值为 160,000 欧元+50,000 欧元+280,000 欧元=490,000 欧元。Heiner 特留份份额为 1/8,价值 61,250 欧元。Heiner 经遗嘱指定取得 1/10 的遗产(价值 16,000 欧元),还取得需抵扣的给予 50,000 欧元,两者之和已超过 61,250 欧元,因此,Heiner 不得主张特留份补充请求权。

860b 不动产价值的 8/10 计入遗产后,结合 Frieda1/8 的特留份份额,Frieda 的特留份应增加 35,000 欧元(280,000 欧元×1/8)。故

---

〔1〕 就此见边码 844。

Anna 本应向 Frieda 支付 39,000 欧元。然而,若 Anna 向 Frieda 支付上述款项,则将导致留给自己的遗产剩余部分低于自己的特留份(计算时应将因不动产赠与而产生的特留份补充请求权考虑在内),根据第 2328 条,针对超出**自己特留份**的部分,Anna 可以拒绝向 Frieda 支付。计算 Anna 的特留份的方式如下:(遗产价值+所赠不动产价值的 8/10)×Anna 的特留份份额 1/4 = 110,000 欧元。若 Anna 向 Frieda 支付 39,000 欧元,则指定自己取得的继承份额的价值(160,000 欧元的 8/10,即 128,000 欧元)仅剩余 89,000 欧元,该数额低于自己的特留份。因此,Anna 仅需向 Frieda 支付 18,000 欧元(128,000 欧元-110,000 欧元)。

Frieda 无法向 Anna 主张的差额部分,即 21,000 欧元(39,000 861
欧元-18,000 欧元),根据第 2329 条第 1 款第 1 句,可向**受赠人即被继承人的侄女**主张。Frieda 可以主张以该数额为限,对受赠标的即不动产进行强制执行。[1] 侄女若向 Frieda 支付差额部分对应的款项 21,000 欧元,则根据第 2329 条第 2 款,可以阻却 Frieda 的强制执行。

第二十四章自检试题:

1. 被遗嘱排除继承的在世配偶可以要求取得哪些遗产标的?

2. Nett 丧偶,2016 年 1 月时赠与两个儿子每人一处价值 300,000 欧元的不动产。Nett 在 2017 年 10 月再婚,2019 年 2 月 1 日死亡,生前未做死因处分,遗产价值 220,000 欧元。如今两个儿子和 Nett 的配偶就应该如何分配遗产产生纠纷。本案的法律状

[1] 第 2329 条第 1 款第 1 句的请求权,根据其目的来理解,应做如此理解,即使法律的文义谈到了"返还",见 BGHZ 85,274,282 = NJW 1983,1485,1486。有趣的是 BGH NJW 2013,3786 认为:如果已经通过赠送按份共有之份额在受赠人手中产生单独所有权,为了执行的目的,该按份共有份额仍被认为继续存在。

况如何？

3. 高中老师 E 丧偶，唯一的直系血亲卑亲属是儿子 S(1987 年生人)。E 特别热心环保事业，曾作为镇议员为环保党派服务好几年。相反，S 不顾 E 的反对，与极端团体走得很近。2008 年期间，S 由于作为共犯参与一起故意伤害政治意见相左人员致死案件，被判处有期徒刑 16 个月，且不适用缓刑。S 服完刑后，与极端人士彻底断绝交往，也不再参与政治事务。E 在 2019 年病中订立一份遗嘱。在遗嘱中，E 希望自己价值 300,000 的遗产主要由与自己共同生活多年但未结婚的女士 L 继承，以使 L 在自己死亡后生活上有所保障。S 与 E 已几无联系，E 不希望 S 取得遗产。E 委托律师向 S 发出要约，希望 S 与自己订立放弃特留份协议，但 S 未做答复。为使法律效果明确，E 考虑在有管辖权的州法院向 S 提起确认之诉，请求确认：因 S 曾有刑事犯罪，故自己有权剥夺其特留份。如 E 提起该诉讼，判决结果如何？

4. 被继承人丧偶，生前订过一份遗嘱——指定女儿 T 为唯一继承人，排除儿子 S 继承，为 D 女士创设一项价值 190,000 欧元的遗赠。遗产总值 240,000 欧元。T 接受继承。S 和 D 可向 T 主张哪些请求权？

答案：

862 1. 配偶无权取得任何遗产标的。根据第 2303 条第 2 款第 1 句，配偶的特留份为其法定继承份额价值的 1/2。该项在继承开始时成立的请求权属**金钱请求权**，请求权客体不是遗产标的。在世配偶没有成为法定继承人，故也不得主张先取份(第 1932 条)。(某一标的在被继承人生前若属于被继承人与配偶的按份共有之财产，则配偶虽被排除继承，但其共有权不受影响)。

2. (1)继承权

863 配偶和两个儿子均系继承人，配偶的继承份额为 1/2(第 1931 条第 1 款第 1 句和第 3 款、第 1371 款第 1 款)，两个儿子的继承份额各为 1/4(第 1924 条第 1 款和第 4 款)。鉴于案情不明,故无从分析,配偶拒绝继承转而请求小特留份(遗产所值的 1/8)并请求分配夫妻财产法上增益的方案,对其是否更为有利。

(2)在世配偶对两个儿子的特留份补充请求权

在世的妻子或许由于被继承人生前赠与不动产,根据第 2325 条第 1 款,享有特留份补充请求权。本案中,被继承人**做出赠与时**与其现在在世的妻子**尚未成婚**。对此应有以下疑问:某人在赠与发生时尚没有特留份权,事后才取得的,能否主张特留份补充请求权。从特留份补充请求权的目的——防止被继承人通过生前向第三人做赠与的方式规避特留份权——出发,对该问题似应持肯定意见。然而,被继承人做赠与时,他人既然尚无特留份权,那么也就难以得出被继承人有规避该他人特留份权的想法。基于此点考量,联邦最高法院[1]在早期的判决中认为,仅特留份权人在赠与发生时已有特留份权的,才可主张特留份补充请求权。但是,联邦最高法院[2]基于第 2325 条的文义和沿革,现已放弃原有裁判观点,其认为,适用该条时应从特留份权制度的根本目的出发,即应保障至近亲属可在最低程度内分享被继承人生前所创造财产的价值,[3]至于赠与发生时特留份权是否存在,则非所问。尽管在联邦最高法院处理的相关案件中,所涉及的是直系血亲卑亲属的特留份补充请求权是否成立的问题,但根据法院在判决中给出的说理,应可认定,针对在世配偶的特留份补充请求权是否成立的问

864

〔1〕 BGHZ 59,210;BGH NJW 1997,2676.

〔2〕 BGHZ 193,260=NJW 2012,2730.

〔3〕 然而,这仍没有回答为什么会有特留份权利,即这一法律制度的目的;而且具体提到被继承人创造的财产价值也是令人惊讶的,因为特留份权利同样指涉被继承人自己继承的财产。

题,应采用同一标准。[1]

865 被继承人向两个儿子赠与不动产发生在继承开始前的第 4 年内,故根据第 2325 条第 3 款第 1 句,赠与标的价值的 7/10(210,000 欧元)应被考虑。根据第 2326 条,特留份权人虽已成为继承人,但仍可主张特留份补充请求权。依据第 2326 条第 2 款之规定,所继受遗产中超过法定继承份额 1/2 的部分,应在特留份补充额中抵扣。依第 2325 条规定,特留份补充额=在计入给予后的遗产价值基础上计算得出的特留份数额-在实际遗产基础上计算得出的特留份数额。本案中,在计入给予后的遗产价值基础上计算得出的特留份数额为:(220,000 欧元+210,000 欧元+210,000 欧元)×特留份份额 1/4=160,000 欧元;在实际遗产基础上计算得出的特留份数额为:220 000 欧元×1/4=55,000 欧元。故特留份补充额为 105,000 欧元。根据第 2326 条第 2 款,该特留份补充额中应扣除超出配偶自己特留份的部分(特留份为遗产价值的 1/4),超出部分也是遗产价值的 1/4,即 55,000 欧元。综上,该配偶可向两个儿子主张的特留份补充额为 50,000 欧元。

3. (1)起诉条件是否满足?

866 该起确认之诉的起诉条件为:被继承人剥夺特留份的权利成立《民事诉讼法》第 256 条第 1 款意义上的**法律关系**。尽管剥夺特留份在被继承人死亡后才生效力,但在被继承人生前,该项在被继承人与特留份权人的关系中被继承人所享有的权利已经成立。被继承人生前与特留份权人之间存在一系列法律关系,被继承人剥夺特留份的权利就属于其中的一个组成部分。根据现有司法观

---

〔1〕 此观点也见于 OLG Hamm BeckRS 2016, 117427 Rn. 160; Keim NJW 2012, 3484, 3485; ders. NJW 2016, 1617; MünchKomm/Lange § 2325 Rn. 9(没有最终意见); Staudinger/Olshausen(2015) § 2325 Rn. 66。不同意见见 Bonefeld ZErb 2012, 225; 持开放态度者如 Palandt/Weidlich § 2325 Rn. 4。

点,针对综合性法律关系中的一项权利可提起确认之诉。[1]

《民事诉讼法》第 256 条第 1 款另要求:原告对于现需确认的事项存在**法律上的利益**。E 现希望 L 在自己死亡后因享受遗产而生活上有所保障,故 E 迫切希望知道,L 成为指定继承人后是否需要支付特留份。因此,本案存在法律上的利益,**满足起诉条件**。 866a

(2)诉请是否成立?

E 在遗嘱中指定 L 为唯一继承人,根据第 2303 条第 1 款第 1 句,S 因此有权主张特留份请求权。如发生法定继承,则儿子 S 为唯一继承人(第 1924 条第 1 款)。根据第 2303 条第 1 款第 2 句,S 可以请求遗产价值 1/2 的特留份,即可请求唯一继承人 L 支付 150,000 欧元(金钱请求权)。 867

S 因故意犯罪行为被判处一年以上的有期徒刑,且不适用缓刑,因此可能成立第 2333 条第 1 款第 4 项第 1 句规定的特留份剥夺事由。需进一步查明的是,是否无法期待被继承人 E 还能忍受 S 享受遗产。支持 E 的理由是:S 的犯罪行为不仅就一般社会价值观念而言可被谴责,而且还与 S 明知的 E 的个人价值观明显相悖。根据第 2336 条第 2 款第 2 句,在剥夺特留份的处分中也必须说明不可期待的事由。 867a

但需要考虑的是,S 是在自己年幼时犯下的罪行,现已服刑完毕,且还脱离了此前诱使自己犯罪的环境。尽管 S 罪行不轻,但随着时间的推移,又结合对 S 的矫正,S 的犯罪行为已被渐渐忘却。根据第 2336 条第 2 款第 2 句,成立无法期待被继承人还能忍受特留份权人享受遗产的理由,应在死因处分做出时尚还存在。时间推移至 2019 年时,从 S 的犯罪行为中已体现不出持续性存在 867b

[1] BGH NJW 1974,1084。特留份权人提出的关于被继承人无权剥夺特留份的消极确认之诉也将可以受理,OLG Saarbrücken NJW 1986,1182。

的反社会因素,[1]而且该犯罪行为对 E 的家庭声誉所构成的伤害[2]也已式微。第 2333 条第 2 款旧条文中曾规定:生活作风曾经不名誉或不道德,但特留份权人已经长时间摆脱该生活作风的,剥夺特留份事由不复成立。该条款虽现已废除,但在考察无法期待被继承人还能忍受特留份权人享受遗产这一要件中,还应考量特留份权人的后续生活状态。

868 尽管 E 和 S 已经几乎没有联系,但此在考察上述要件时所占的权重应该不大。其理由为:其一,根据案情无法得知,两人没有联系是否主要由 S 导致;其二,正如联邦宪法法院[3]所明确的那样,家庭关系不合正是特留份权存在的主要理由之一。E 希望以自己的财产使同居者 L 的生活有所保障,此与特留份制度的目的——一定程度上限制被继承人的遗嘱自由——有所相悖,故从该点出发,应不能成立无法期待 E 还能忍受 S 享有遗产。[4] 因此,尽管 S 曾犯下严重罪行,但够不上无法期待 E 还能忍受 S 享有遗产的理由,E 剥夺 S 特留份的理由不能成立。[5]

综上,E 提起的确认之诉不成立,应被驳回。

4. (1)S 的请求权

869 S 法定继承份额为 1/2(第 1924 条第 1 款和第 4 款),现经遗

[1] 在 Begr. des Erbrechtsänderungsgesetzes 2009, BT-Drucksache 16/8954, S. 22, 23,第 2333 条第 1 款第 4 项规定的剥夺事由被定性为一般的严重反社会的过错行为。

[2] 在 Begr. zur Reform, BT-Drucksache 16/8954, S. 22 中,一方面,废除以违背被继承人意愿的不名誉或不道德行为为由剥夺财产的旧事由,说是为了"保护在今天几乎难以确定的家庭荣誉",但另一方面,关于第 2333 条第 1 款第 4 项中剥夺特留份的新事由中的不可期待性的主观要求,又说剥夺特留份"不能完全与保护家庭脱钩"。

[3] BVerfGE 112, 332, 355f. = NJW 2005, 1561, 1565(就此参见边码 72b)。

[4] 自然而然,就会出现此种想法:E 可以通过与生活伴侣 L 结婚,大大削减 S 的特留份请求权(到遗产价值的 1/4)。

[5] 这个——自由编写的——案例显示了与 2009 年新制定的第 2333 条第 1 款第 4 项 3 的剥夺事由相关的法律不确定性。

嘱被排除继承,故可向继承人 T 主张特留份请求权,数额为遗产价值的 1/4。计算遗产价值时**不应扣除**作为遗产债务的**遗赠**(见边码 832 脚注)。因此,S 可以要求 T 支付特留份 60,000 欧元。

(2)D 的请求权

如 T 向 D 支付遗赠 190,000 欧元,则即使不考虑还需要向 S 支付特留份的情况,T 自己也只留下 50,000 欧元,该数额比 T 自己的特留份 60,000 欧元还低。因此,根据第 2306 条第 1 款,T **可以拒绝继承**,转而主张全额的特留份。 870

如果 T 不根据第 2306 条第 1 款拒绝继承,而是接受继承,则根据第 2318 条,T 向 D 支付**遗赠的数额应该削减**。根据第 2318 条第 1 款,S 的特留份 60,000 欧元由 T 和 D 按比例承担,在 D 应承担的限度内,T 得拒绝履行遗赠。根据第 2324 条,第 2318 条第 1 款可经被继承人的死因处分被排除适用,但本案中,被继承人没有做过类似的死因处分。T 和 D 应承担 S 的特留份的比例为:50,000 欧元(T 继承份额的价值减去遗赠的价值):190,000 欧元(遗赠的价值),即 5 : 19。故特留份债务中的 12,500 欧元(5/24×60,000 欧元)由 T 承担,47,500 欧元(19/24×60,000 欧元)由 D 承担。D 的遗赠应削减为 142,500 欧元(190,000 欧元-47,500 欧元)。 871

鉴于 T 自己也**有特留份权**,根据第 2318 条第 3 款,对遗赠还可做进一步削减。第 2318 条第 3 款旨在防止继承人的特留份受其他人特留份权人的侵害,此与第 2306 条第 1 款的规范目的有别,因此,虽然 T 未根据第 2306 条第 1 款拒绝继承,但不妨碍第 2318 条第 3 款在本案中适用。但是,适用第 2318 条第 3 款的结果,不应是 T 有权保留自己全额的特留份,T 从遗赠中有权扣除的 872

仅是自己的特留份因承担 S 的特留份而减少的部分。[1] 因此,适用第 2318 条第 3 款后,遗赠中可再扣除 12,500 欧元(根据第 2318 条第 1 款,S 的特留份中最终由 T 承担的部分)。

结论:T 应向 S 支付 60,000 欧元,向 D 支付 130,000 欧元。

[1] BGHZ 95,222=NJW 1985,2828;v. Olshausen FamRZ 1986,524;MünchKomm/Lange § 2318 Rn. 14。获得联邦最高法院肯定回答的另一个问题,即第 2318 条第 3 款是否也适用于有权获得特留份的共同继承人(除第 2319 条外),在此并不相关。

第二十五章　遗产买卖及针对在世第三人遗产的合同

一、遗产买卖合同的内容与形式

遗产买卖合同是继承人(出卖人)与他人(买受人)订立的合同,继承人负有向该他人**转让已归属于自己的遗产**的义务,该他人则负有向继承人**支付一定对价**的义务。通过遗产买卖,继承人不仅可以实现遗产的迅速变现,而且还可省去清算遗产的烦恼。由于遗产买卖的标的是*已归属于*继承人的遗产(见第2371条),故*在继承开始后*,继承人*才能*订立有效的遗产买卖合同——有关继承开始*前*订立的合同下文将进行叙述(见边码877)。遗产买卖合同的标的可以是唯一继承人的继承权,也可以是一位共同继承人的继承权。遗产买卖合同 873

应采用**公证书证形式**[1](第2371条)。在法律性质上,遗产买卖合同属于**债法合同**,即第433条以下意义上的**买卖合同**,但对其应适用特殊规定,此为遗产买卖合同的特殊之处。针对**遗产**在一次买卖做成后的**再次买卖**,及其他涉及遗产转让的合同,均可参照适用遗产买卖的法律规定(第2385条第1款);有关**遗产的赠与**,见第2385条第2款。

二、遗产买卖合同的履行与瑕疵担保责任

874 出卖人如何履行遗产买卖合同,应视买卖标的是唯一继承人的继承权还是多人继承情况下一位继承人的继承份额而定。**唯一继承人的继承权**不可作为一项权利经一个处分行为进行转让;[2]针对属于遗产的每项标的,继承人应**单独做出向买受人转让的处分行为**,如转让动产或不动产所有权、转让债权等。根据第2033条第2款,有**多人继承**时,任一继承人不得单独处分遗产标的或遗产标的上的份额,因此,继承人履行遗产买卖合同,只需以一个处分行为**转让自己的继承份额**即可(第2033条第1款)。

875 继承法对**出卖人的返还义务**(包括代位物的返还)、出卖人因遗产标的已经消费而须承担的赔偿义务等有特殊规定,详见第2374条以下。根据第2376条第1款的**权利瑕疵担保责任**,出卖人仅限于保证:所出售的继承权真实存在;在继承权上不存在限制

---

[1] 形式的欠缺(例如与第311b条第1款第2句的情况不同)也不能通过履行来补正,BGH NJW 1967,1128,1131;NJW-RR 2013,713 Rn. 16;Lange Kap. 13 Rn. 13;Muscheler Rn. 4320;Jauernig/Stürner § 2371 Rn. 2;MünchKomm/Musielak § 2371 Rn. 6f.;Palandt/Weidlich § 2371 Rn. 2. -A. M. Lange/Kuchinke § 45 II 2;Brox/Walker § 45 Rn. 3;Frank/Helms § 23 Rn. 6;Staudinger/Olshausen(2016) § 2371 Rn. 27;Keller ZEV 1995,427,433,赞同补正,如果出售共同继承人的份额是通过转让该份额(第2033条第1款)来履行的。与此相反的详细论述见 Pohlmann, Die Heilung formnichtiger Verpflichtungsgeschäfte durch Erfüllung(1992),211ff.。

[2] BGH WM 1967,978.

或负担;对遗产债权人不承担无限责任(遗产尚未达到责任不可限定的状态)。至于遗产的价值和隶属遗产的具体有哪些标的,出卖人对此不承担瑕疵担保责任,除非合同中对此有特别约定。出卖人对遗产标的也不承担**物的瑕疵担保责任**,除非出卖人恶意隐瞒瑕疵,或已向买受人就标的属性做出保证(第 2376 条第 2 款)。与买卖合同法的一般规定(第 446 条第 1 句)有别,**遗产买卖合同一经订立**,遗产标的的**意外灭失**和损毁**风险**就转移给买受人(第 2380 条第 1 句)。

三、对遗产债务的责任

遗产的出售,但即使是将遗产转让给买方,并不改变这一事 876
实:卖方最先成为继承人(或共同继承人),因而是遗产债务的债务人。因为债权人没有免除债务,债务人自己无法通过与第三人签订的合同起到免除该债务的效果,所以遗产出卖以及转移后,**出卖人**仍应对遗产债务承担责任,第 2382 条第 1 款第 1 句对此有明确规定。除此之外,第 2382 条第 1 款第 1 句还规定,自遗产买卖合同订立时起,**买受人**也应对遗产债务承担责任。至于出卖人和买受人(第 2383 条)对遗产债务所应承担的责任范围是否以遗产价值为限,则适用有关继承人责任的一般规定,即责任范围原则上不可限,除非已发生可限的特殊情形(见边码 706 以下)。在与遗产债权人的对外关系中,出卖人和买受人对遗产债务承担**连带清偿责任**;[1]在对内关系中,原则上由遗产买受人承担对遗产债务的责任(第 2378 条)。

---

〔1〕 Kipp/Coing § 112 vor I; Staudinger/Olshausen (2016) § 2382 Rn. 7; MünchKomm/Musielak § 2382 Rn. 3.

四、针对在世第三人遗产的合同

877 被继承人在世时,他人尝试将**未来的继承权**变现的做法是为法律所禁止的(第 311b 条第 4 款)。根据该条规定,以**在世第三人的遗产**或源自遗产的特留份权、遗赠为标的签订的**合同无效**。[1] 如此规定,其理由之一在于:作为标的的继承权可能基于各种原因落空,如继承人在继承开始前死亡,被继承人做出相反内容的死因处分等,故此类合同的履行存在极大风险。理由之二在于:此类合同违反善良风俗,若允许之,将致遗产在被继承人生前就被觊觎,未来的继受人将期待甚至希望被继承人在可预见的将来死去。

878 第 311b 条第 5 款构成上述禁止性规定的一处**例外规定**。据此,可在**将来的法定继承人之间**订立的以法定继承份额[2]或特留份为标的的合同[所谓的**遗产合同(Erbschaftsverträge)**];此类合同有效,但必须采用公证书证形式。[3] 此类根据第 311b 条第 5 款有效的合同参照适用遗产买卖合同的法律规定。[4]

---

〔1〕 然而,如果被继承人同意转换为*放弃继承权*并遵守第 2348 条的形式,则转换为放弃继承权是可能的,参见 BGH NJW 1974,43。

〔2〕 然而,如果基于死因处分获得与法定遗产份额相对应的遗产份额,第 311b 条第 5 款也适用,见 BGHZ 104,279-NJW 1988,2726。

〔3〕 如果合同是在被继承人同意的放弃继承权和特留份协议的背景下签订的,这也适用,见 BGH ZEV 1995,142。

〔4〕 Staudinger/Olshausen(2016) Einl. zu § § 2371-2385 Rn. 25.

内容索引

数字代表边码;重要对应处的数字加粗。"f."代表下一边码,"ff."代表以下两个及多个边码。

续表

续表

续表

续表

续表

Anstandsschenkung	出于礼仪上考虑的赠与	675,842
Anteile an Kapitalgesellschaften	公司股权/股份	
—Vererblichkeit	——可继承性	583c f.
Anteil des Miterben am Nachlass	共同继承人在遗产上的份额	724f.
Anteil des Staates am Nachlass (Erbschaftsteuer)	国家在遗产上的份额（遗产税）	74ff.
Antragsberechtigung im Erbscheinsverfahren	继承证书程序中的申请权人	645,651(Fn. 112)
Anwartschaftsrecht	期待权	
—Vererblichkeit	——可继承性	632
—des Nacherben	——后位继承人的	**683**,686
Arglisteinwand	恶意抗辩	505 (Fn. 21), 527 (Fn. 66), 797 (Fn. 21)
Arglistige Täuschung	恶意欺诈	430,628a
—über Formbedürftigkeit	——针对要式性	501
Aufenthaltsprinzip	居住地主义	13ff. ,649
Aufgebotsverfahren	公示催告程序	**704**,759
Aufhebung	废止	
—der Ehe	——婚姻关系的	154f.
—des Erbvertrags	——继承契约的	509f.

续表

续表

续表

续表

续表

续表

—im Streit der Erbprätendenten	——声称有继承权人之间的纠纷案件中	655
—Pflichtteilsergänzung	——特留份补充	840(Fn. 24)
Bewusstseinsstörung	意识障碍	269
Bezeichnung des Erben durch einen Dritten	经第三人选定继承人	**281ff.**,286ff.
BGB-Gesellschaft	民法上合伙[1]	26,584,588ff.,760,805ff.
Bindungswirkung	拘束力	
—Erbvertrag	——继承契约	37, 239, 276, 349, 491ff.,**503ff.**,508ff.,515,**519ff.**,530ff.,541ff.
—gemeinschaftliches Testament	——共同遗嘱	37,275,456,**471ff.**,483,489ff.
Bonifatius-Fall	波尼法爵案	576(Fn. 20)
Bote	使者	575f.
Bruchteil des Erbteils	继承份额的部分	725(Fn. 7,9)
Bruchteile(Erhöhung, Minderung)	给予份额(增加或减少)	375
Bürgermeistertestament	市长遗嘱	326
Damnationslegat	债权效力遗赠	768
Dauervollstreckung	继续执行	794

[1] 民事合伙。——译者注

续表

[1] 原民主德国。——译者注

续表

续表

续表

续表

续表

续表

续表

续表

续表

续表

[1] 如公司股权、合伙份额等。——译者注

续表

〔1〕 即祖父母、外祖父母。——译者注

续表

续表

续表

续表

续表

续表

续表

续表

续表

续表

续表

续表

续表

续表

续表

续表

续表

续表

续表

续表

续表

续表

Universalsukzession (Gesamtrechtsnachfolge)	概括继受	39,351,382,**631ff.**,696
Unmöglichkeit der Leistung	给付不能	773
Unrichtigkeit des Erbscheins	继承证书错误	**651f.**,654,656,659
Unterhaltsansprüche	供养请求权	156,523,**634**,696
—der werdenden Mutter	——胎儿母亲的	199
Unternehmensnachfolge	企业继承	79a, 284, **583a ff.**, 763ff.
—Testamentsvollstreckung	——遗嘱执行	804ff.
Unterschrift beim eigenhändigen Testament	自书遗嘱中的签名	307,**310ff.**,318ff.
Untervermächtnis	复遗赠	774
Unvererbliche Rechte	不可继承的权利	634
Unwirksamkeit	不生效	
—von Testamenten	——遗嘱的	410
—wechselbezügliche Verfü-gungen	——相互性处分	468,477,481,488
—zweiseitiger Erbvertrag	——双方继承契约	494
Urgroßelternerbrecht	曾祖辈血亲的继承权	111,140f.
Urheberrecht	著作权	631a,635b
Urlaubsabgeltungsanspruch	假期经济补偿请求权	631a

续表

续表

续表

续表

Vertrag über den Nachlass eines nochlebenden Dritten	针对在世第三人遗产的合同	877f.
Vertrag zugunsten Dritter für den Todesfall	基于死亡的利他合同	**577ff.** ,589
Vertraglicher Güterstand	约定财产制	186,191,193a
Vertragsmäßige Verfügungen	契约性处分	491, **502ff.** , 530f. , 541ff.
Vertrauensschaden bei Anfechtung	撤销情形下的信赖利益损失	439,453,518
Verwahrung	保管	
—eigenhändiges Testament	——自书遗嘱	316
—Erbvertrag	——继承契约	500
—notarielles Testament	——公证遗嘱	293,304
—Rücknahme	——取回	331,340,500,509
Verwaltung des Nachlasses	遗产管理	
—Haftung	——责任	703,707ff.
—durch Miterben	——通过共同继承人	732ff.
Verwaltungsvollstreckung (Dauervollstreckung)	管理型遗嘱执行(继续执行)	260,794,812
Verwandte(Einsetzung)	血亲(指定为受益人)	370
Verwandtenadoption	血亲收养	107,151
Verwandtenerbrecht	血亲的继承权	34f. ,71,**86ff.** ,110
Verwandtschaft	血亲关系	89ff.

续表

续表

续表

续表

续表

作者和译者简介

迪特·莱波尔德(Dieter Leipold),生于1939年。曾在慕尼黑大学和萨兰曼卡大学学习法律,1962年在慕尼黑通过了第一次国家法律考试。1965年在慕尼黑大学获得了博士学位,并于1966年通过了第二次国家法律考试。1970年取得了教授资格。从1970年起在埃尔朗根大学任正教授。1979年转赴弗莱堡大学的德国和外国民事诉讼法研究所继续从事研究和教学,直到2001年退休。莱波尔德被色雷斯大学和大阪大学授予荣誉法学博士称号。其研究重心为继承法、民法、民事诉讼法和日本法。

林佳业,1985年生于江苏省无锡市。2004年起在中国政法大学国际法学院学习,2008年获法学学士学位,后在中国政法大学中德法学院就读,获法学硕士学位。2010年起在德国弗莱堡大学就读,获法学硕士学位(LLM)。2017年起律师执业,现任江苏某律所主任。德文译作有《德国继承法》(中国政法大学出版社2015年版)。

季红明,1983年生于河南省淮阳县。2002年起在北京化工大学文法学院学习,2006年获法学学士学位,后在中国政法大学中德法学院就读,获法学硕士学位。2010 年起在德国汉堡大学就读,获法学硕士学位(LLM)、法学博士学位。2017 年起任教于中南财经政法大学法学院。德文译作有《法律解释》(北京大学出版社 2020 年版)。研究方向为民法、婚姻财产法、法学方法论和法律人教育。

Rechtsgeschäft

21. 卡泽尔/克努特尔:罗马私法

M. Kaser/R. Knütel:Römisches Privatrecht

22. 克茨:欧洲合同法(上卷)

H. Kötz:Europäisches Vertragsrecht

23. 拉伦茨:德国民法通论

K. Larenz:Allgemeiner Teil des Deutschen Bürgerlichen Rechts

24. 梅迪库斯:德国民法总论

D. Medicus:Allgemeiner Teil des BGB

25. 梅迪库斯:德国债法总论

D. Medicus:Schuldrecht Ⅰ (Allgemeiner Teil)

26. 梅迪库斯:德国债法分论

D. Medicus:Schuldrecht II (Besonderer Teil)

27. 施密德:德国公司法

K. Schmidt:Gesellschaftsrecht

28. 施瓦布:德国民法导论

D. Schwab:Einführung in das Zivilrecht

29. 齐默尔曼:债法——民法传统的罗马法基础

R. Zimmermann: The Law of Obligations - Roman Foundations of the Civilian Tradition

30. 梅迪库斯:请求权基础

D. Medicus:Grundwissen zum Bürgerlichen Recht - Ein Basisbuch zu den Anspruchsgrundlagen

31. 施瓦布:德国家庭法

D. Schwab:Familienrecht

32. 齐默曼:德国新债法——历史和比较的视角

R. Zimmermann:The New German Law of Obligations - Historical and Comparative Perspectives

33. 里特纳:欧洲与德国经济法

F. Rittner:Europäisches und deutsches Wirtschaftsrecht

34. 施瓦尔贝/齐默尔:卡特尔法与经济学

U. Schwalbe/ D. Zimmer: Kartellrecht und Ökonomie: Moderne ökonom-ische Ansätze in der europäischen und deutschen Zusammen-schlusskontrolle

35. 科英:欧洲私法

H. Coing:Europäisches Privatrecht

36. 弗莱斯纳:国际私法中的利益法学

A. Flessner:Interessenjurisprudenz im internationalen Privatrecht

37. 瓦尔特曼:德国劳动法

R. Waltermann:Arbeitsrecht

38. 莱波尔德:德国继承法

D. Leipold:Erbrecht

刑法·行政法·国家法·宪法

39. 齐佩利乌斯:德国国家学

R. Zippelius:Allgemeine Staatslehre

40. 毛雷尔:行政法学总论

H. Maurer:Allgemeines Verwaltungsrecht

41. 韦塞尔斯:德国刑法总则

J. Wessels:Strafrecht, Allgemeiner Teil

42. 施莱希/科里奥特:德国联邦宪法法院:地位、程序与裁判

K. Schlaich/S. Korioth: Das Bundesverfassungsgericht. Stellung, Verfahren, Entscheidung

43. 舍恩克/鲍尔/施蒂尔纳/布伦斯:德国强制执行法

A. Schönke/ F. Baur /R. Stürner /A. Bruns: Zwangsvollstreckungs-recht

背景系列

44. 雅科布斯：十九世纪德国民法科学与立法

H. H. Jakobs：Wissenschaft und Gesetzgebung im bürgerlichen Recht nach der Rechtsquellenlehre des 19. Jahrhunderts

45. 克斯勒：马克斯·韦伯的生平、著述及影响

D. Käsler：Einführung in das Studium Max Webers

46. 考夫曼：古斯塔夫·拉德布鲁赫传——法律思想家、哲学家和社会民主主义者

A. Kaufmann：Gustav Radbruch-Rechtsdenker, Philosoph, Sozialdemokrat

47. 克莱因海尔/施罗德：九百年来德意志与欧洲法学家

G. Kleinheyer/ J. Schröder：Deutsche und Europäische Juristen aus neun Jahrhunderten

48. 克尼佩尔：法律与历史——论《德国民法典》的形成与变迁

R. Knieper：Gesetz und Geschichte-Ein Beitrag zu Bestand und Veränderung des
Bürgerlichen Gesetzbuches

49. 格林德曼/里森胡贝尔：二十世纪的德国民法学家

S. Grundmann/ K. Riesenhuber：Deutschsprachige Zivilrechtslehrer des 20. Jahrhunderts in Berichten ihrer Schüler 1-Eine Ideengeschichte in Einzeldarstellungen

图书在版编目(CIP)数据

德国继承法 / (德) 迪特·莱波尔德著 ; 林佳业, 季红明译. -- 北京 : 法律出版社, 2023
(当代德国法学名著)
ISBN 978-7-5197-7600-8

Ⅰ. ①德… Ⅱ. ①迪… ②林… ③季… Ⅲ. ①继承法－研究－德国 Ⅳ. ①D951.63

中国国家版本馆 CIP 数据核字(2023)第 032439 号

德国继承法
DEGUO JICHENGFA

[德]迪特·莱波尔德 著
林佳业 季红明 译

责任编辑 韩满春
装帧设计 李 瞻

出版发行 法律出版社
编辑统筹 学术·对外出版分社
责任校对 晁明慧
责任印制 陶 松
经 销 新华书店

开本 850 毫米×1168 毫米 1/32
印张 17.75 **字数** 437 千
版本 2023 年 3 月第 1 版
印次 2023 年 3 月第 1 次印刷
印刷 三河市龙大印装有限公司

地址:北京市丰台区莲花池西里 7 号(100073)
网址:www.lawpress.com.cn
投稿邮箱:info@lawpress.com.cn
举报盗版邮箱:jbwq@lawpress.com.cn

销售电话:010-83938349
客服电话:010-83938350
咨询电话:010-63939796

书号:ISBN 978-7-5197-7600-8
定价:78.00 元

凡购买本社图书,如有印装错误,我社负责退换。电话:010-83938349